Management & Commencement of
Food Service Business
최신 외식산업의 창업 및 경영

개정3판

Management & Commencement of
Food Service Business
최신 외식산업의 창업 및 경영

김은숙 · 한동여 공저

 백산출판사

Preface_

　21세기의 외식산업은 급속한 성장을 거듭하여 거대한 산업으로 발전하여 왔다. 국민소득과 여가시간의 증대로 급속히 증가하고 있는 외식산업은 선진국의 경제여건과 더불어 외식산업의 환경이 놀라울 정도로 그 범위와 규모가 커지고 있는 실정이다.

　이렇게 변화하는 외식산업의 현상을 감안하여 이 책은 외식관련 분야를 전공하는 학생들이 좀 더 쉽게 접근하고 이해할 수 있도록 하였다.

　외식산업의 발전과 함께 사회적 관심이 증가하고 학문적 관심 또한 증가하고 있으므로 외식산업과 관련된 학과가 많이 증설되는 것 또한 이 학문의 발전으로 연결되리라 예상하고 이에 따라 외식산업발전에 기여할 수 있는 여건 또한 조성될 것으로 보인다.

　이 책의 구성은 크게 4개 영역으로 분류하였다. 제1부는 외식산업의 기초 부분으로 외식산업의 이해와 발전과정 및 외식산업의 환경요인들을 살펴보았고, 제2부는 외식산업의 경영관리 부분으로 외식산업의 창업과 상권분석 및 외식산업의 조직관리를 분석하여 외식산업의 창업현장에서 도움이 되도록 하였으며, 제3부는 외식산업의 마케팅 부분으로 외식산업과 서비스, 외식산업과 소비자행동, 외식산업과 고객만족경영을 통해서 실천적인 외식산업현장에 도움이 되고자 하였으며, 제4부는 외식산업의 운영실무 부분으로 외식산업의 운영지침과 메뉴관리, 외식산업의 식재료관리를 통한 현장 중심의 운영실무를 다루었다.

　각 장마다 실질적인 사례들을 모아놓았기 때문에 외식산업과 관련된 분야를 공부하는 학생들뿐만 아니라 외식업체에서 근무하시는 실무자들에게 많은 정보를 제공하였기에 이 책이 외식산업에 대한 관심과 연구의 영역이 되기를 바라는 마음 간절하다.

향후 수정되어야 할 부분과 오류 및 부족한 부분은 보완·발전시켜 나갈 것임을 약속드립니다.

끝으로, 이 책의 출간을 흔쾌히 맡아주신 백산출판사의 진욱상 사장님, 진성원 상무님 그리고 편집부 여러분의 노고에 진심으로 감사드립니다.

저자 일동

Contents_

PART_3 외식산업의 마케팅

PART_1

외식산업의 기초

Chapter_1

외식산업의 이해

01 외식산업의 의의와 특징

1. 외식의 의의

최근 한국은 국민소득이 높아지고 삶의 질quality of life이 많이 향상되었다. 그래서 가정 밖에서 음식을 사먹는 외식활동이 자연스러운 일상생활의 한 부분이 되면서 외식에 대한 관심이 점차 높아지기 시작하였다.

국어사전의 의미를 살펴보면, 외식(外食)이란 "가정이 아닌 밖에서 음식을 사서 먹는 것"이라고 정의내리고 있다. 그러나 이러한 외식의 국어사전적인 정의만을 가지고 외식을 정의하기는 약간의 무리가 있다고 할 수 있다. 왜냐하면 외식과 관련한 다양한 업종과 업태의 등장, 식생활의 변화, 음식의 다양한 공급방법들, 외식업 관련 유통구조 변화 등으로 외식의 범위를 명확하게 규정하기 어렵기 때문이다.

일본의 한 외식산업 관련 연구소에서는 "가정 내에서 음식을 만들거나 먹는 가정 내 식생활은 내식, 가정 외에서 음식을 만들거나 먹는 가정 외 식생활은 외식"이라고 내식과 외식에 대한 정의를 구분하기도 하였다. 또한 최근에는 테이크아웃take out 형태의 외식업소에서 제공하는 요리를 가정 안에서 먹는 외식의 내식화 현상과 가정 내에서 인스턴트식품이나 배달음식을 제공받아 식사를 하는 내식의 외식화 현상이 두드러지고 있다고 말하고 있다.

도이 토시오는 "가정 외에서 식사를 하는 행동은 물론 가정 외에서 준비한 음식물을 가정 내에서 반조리 내지는 바로 먹을 수 있도록 준비한 음식물도 외식으로 인정해야 한다"며 외식의 범위를 보다 넓게 해석하고 있다. 그는 내식에 대하여 가정 내의 식사는 가정에서 조리가공을 하는 내식적 내식과 가정에서 일부 조리가공은 하지만 조리된 상품이나 반찬을 말하는 외식적 내식으로 내식을 구분하였다.

또한 외식에는 가정에서 먹을 수 있는 식사내용을 가정 외에서 간단하게 먹을 수 있도록 하는 배달도시락, 배달피자 등과 같은 대중적 식사를 내식적 외식으로 보았다. 반면에 외식적 외식은 그야말로 외식의 개념으로 맛있는 음식을 제공하는 전문 외식업소에서의 식사라고 표현하였다.

시오다 죠애이는 외식이란 "먹는 것이나 마시는 것 등을 총칭하는 음식이라 말하고, 그 음식은 목적, 장소, 음식물의 내용, 공급자, 소비자 등 여러 가지 요인에 따라 가정 내와 가정 외를 구별하여 내식과 외식으로 구분하여 정의할 수 있다"고 하였다. 외식이라는 말이 가정 내에서의 생산과 소비에 투입되는 노동을 덜어준다는 목적을 포함한 개념이라면, 가정 외에서 생산된 것을 가정 내·외를 불문하고 먹는 경우를 어느 정도 외식에 포함시켜야 한다고 주장하였다. 따라서 인스턴트식품, 레토르트식품, 통조림, 냉동식품, 반조리제품 등을 외식에 포함시키는 것도 가능하다고 하였다.

이상에서와 같이 외식에 대한 여러 정의들을 종합해 보면, 외식이란 식생활, 식사, 음식 및 소비자의 식사형태, 장소 등이 가정 내에서 이루어지는지 아니면 가정 외에서 이루어지는지에 따라서 외식과 내식에 대한 정의를 내리는 것이 가장 일반적이라고 볼 수 있다.

현대적인 의미에서의 외식개념을 간략하게 정리하면, 〈표 1-1〉과 같다.

표 1·1 외식과 내식의 개념적 구분

구 분		특 징	예
내 식 (in-house)	내식적인 내식	· 가정 내에서의 일상적인 식사형태 · 가정 내 직접 조리, 가공	· 집에서 엄마가 해주시는 가정 식사
	외식적인 내식	· 완제품, 반제품을 구입하여 가정 내에서 식사하는 형태	· 출장연회, 배달음식으로 식사

외 식 (eating-out)	내식적인 외식	·가정 내에서 조리한 음식을 외부에서 식사하는 형태	·야유회에 가서 집에서 만든 김밥으로 식사
	외식적인 외식	·외식업소에서 식사하는 형태	·외식업소의 식사

〈표 1-1〉과 같이 내식과 외식은 겹치는 부분이 있고, 경계가 모호한 것이 있으므로 다음의 예를 통해 외식과 내식의 차이를 생각해 보는 것도 필요하겠다.

① 어머니께서 식품점에서 식품재료를 구입하셔서 집에서 요리를 하여 식구들이 함께 맛있게 먹었다.

② 어머니께서 식품점에서 식품재료를 구입하셔서 집에서 요리를 하여 대공원 가족나들이에서 먹었다.

③ 아버지의 승진을 축하하기 위하여 시내에 있는 패밀리레스토랑에서 온 식구가 저녁을 맛있게 먹었다.

④ 옆집 사는 친구가 나를 초대하여 식품점에서 사온 냉동피자를 오븐에서 요리하여 맛있게 먹었다.

⑤ 아버지께서 내 생일날 피자를 사오셔서 집에서 맛있게 먹었다.

⑥ 아버지께서 갑자기 친구들을 모시고 오셔서 어머니가 중국집에 전화하여 중국 음식을 배달시켜 접대를 하셨다.

⑦ 일식집에서 사온 초밥을 집에서 온 가족이 맛있게 먹었다.

⑧ 생선회집에서 배달하는 회를 주문하여 맛있게 먹었다.

⑨ 집에서 준비해 온 도시락을 학교 구내식당에서 맛있게 먹었다.

위의 예시와 같이 먹는 장소만을 기준으로 외식과 내식을 구분하면 ①, ⑤, ⑥, ⑦, ⑧은 내식, ②, ③, ⑨는 외식이다. 그리고 ④의 경우 친구는 내식, 초대받은 나는 외식을 한 것이다.

만약 구입한 식품재료의 상태와 장소, 조리한 장소, 그리고 소비한 장소 등을 고려하여 내식과 외식을 구분하면 피자집에서 사온 피자를 집에서 먹은 ⑤의 경우, 중국집에서 중국음식을 시켜 집에서 먹은 ⑥의 경우, 일식집에서 사온 초밥을 집에서 먹은 ⑦의 경우, 그리고 생선회집에서 배달된 회를 집에서 먹은 ⑧의 경우 음식을 생산한 장소는 외부(중국집, 일식집, 피자집, 생선회집 등)이고, 소비한 장소는 내 집이기 때문에 외식적 내식이다. 또한 도시락을 준비한 장소는 내 집이고 먹은 장소는 학교의 구내식당인 ⑨의 경우를 내식적 외식이라고 한다. 최근에는 외식과 내식의 중간형태를 중식이란 이름으로 구분하는 경우도 있다.

CJ제일제당, 비비고 순댓국·콩비지찌개 출시…
"외식의 내식화 이끈다"

▲ 비비고 순댓국·돼지김치콩비지찌개 2종(사진=CJ제일제당)

CJ제일제당은 외식형 메뉴를 구현한 비비고 국물요리 신제품 '순댓국'과 '콩비지찌개' 2종을 출시했다고 30일 밝혔다.

이번 제품들은 소비자들이 선호하는 국물요리 중 재료 준비와 맛내기 등 조리가 어려워 외식 의존도가 높은 메뉴를 제품으로 구현했다. 앞서 CJ제일제당은 육개장, 미역국, 설렁탕부터 삼계탕, 갈비탕, 추어탕 등 외식 메뉴로 국물요리 종류를 확대해 왔다.

비비고 순댓국은 병천식 순대를 넣은 제품이다. 순대 속은 돼지고기, 양배추, 양파, 부추, 당면을 넣어 병천식 순대의 식감을 살렸다. 순대 속 당면이 퍼지지 않으면서도 순대를 감싸는 피 또한 수축되지 않도록 했다. 육수는 푹 끓여낸 돼지고기 육수에 오랜 시간 우려낸 사골 육수를 더해 풍미가 진하고 깊다.

비비고 돼지김치콩비지찌개는 돼지고기와 곱게 간 콩비지가 입안 가득 씹혀 고소한 맛이 특징이다. 돼지고기는 솥에서 마늘과 함께 직접 볶아 감칠맛과 고소함을 살리고 특유의 콩 비린내를 잡았다. 담백한 돈골 육수에 사골 육수를 더해 육수와 김치의 시원함이 어우러졌다.

이번 출시된 신제품 2종은 CJ더마켓과 대형마트 등에서 구매 가능하다.

CJ제일제당 관계자는 "앞으로 집에서 만들기 어려운 보양식이나 특별식 등 외식형 메뉴 중심으로 다양한 제품을 선보여 '외식의 내식화'를 이끈다는 방침"이라며 "세분화된 소비자 입맛과 취향을 겨냥한 제품을 통해 HMR 국물요리 시장의 수요를 확대하고 시장 성장을 리딩할 것"이라고 말했다.

출처 : 한국스포츠경제, 2019. 07. 30일자, 장은진 기자 jej416@sporbiz.co.kr

2. 외식산업의 의의

1) 외식산업의 의의

외식산업은 국가 전체 산업 중 큰 부분을 차지하고 있는 중요한 산업으로 외식서비스 산업이라고도 하며, 가정에서의 식사 범위를 벗어나 음식과 음료를 생산하고 제공하는 다양한 외식경영활동의 본질적인 요소를 포함하고 있다. 즉 한식, 중식, 일식, 양식, 패스트푸드, 패밀리레스토랑 등의 일반 외식업소, 호텔의 식음료업장, 단체급식, 아이스크림, 커피전문점, 제과점, 카페 등을 통해 다양하게 이루어지고 있는 아주 넓은 의미의 외식경영활동을 하는 사업들의 집합체이다.

외식산업이라고 하는 것은 1950~1960년대 미국의 경제발전에 따른 식생활의 변화와 함께 미국에서 'Foodservice Industry'라는 용어로 정착되기 시작하면서부터 사용되었다. 일본에서는 1970년대 〈마스꼬미〉라는 잡지에서 '외식산업(外食産業)'이란 용어를 처음 쓰기 시작하였다. 우리나라에서는 음식의 생산 및 판매와 관련된 사업들이 밥장사, 물장사, 먹는 장사, 요식업(料食業), 식당업(食堂業), 음식업(飮食業) 등으로 불려왔지만, 해외브랜드 외식기업들이 본격적으로 진출하기 시작한 1980년대 후반부터 업소들의 업종 및 업태가 다양해지고 대규모화·전문화되는 양상이 나타나면서, 외식산업이라는 용어가 본격적으로 사용되기 시작하였다.

따라서 외식산업이란 "식사와 관련된 음식·음료·주류 등을 제공할 수 있는 일정한 장소에서 직·간접적으로 생산 및 제조에 참여하는 특정인 또는 불특정다수에게 상업적 혹은 비상업적으로 판매 및 서비스 경영활동을 하는 모든 업소들의 집합체"라고 정의내릴 수 있다.

2) 외식산업의 형태

업종은 외식업체에서 판매하는 음식을 단순하게 유형화한 것이다. 외식산업은 크게 네 가지로 구분되는데, 한식, 일식, 양식, 중식 등을 말한다. 최근에는 동서양의 음식재료를 혼합하여 퓨전음식의 유형과 외국 전통음식Ethnic Foods의 유형이 등장하고 있다.

업태란 고객의 다양한 취향이나 기능을 기준으로 서비스, 서비스 제공시간, 분위기 등에 따라 분류하는 것이다. 예를 들어 패스트푸드, 패밀리레스토랑, 캐주얼 다이닝, 파인 다이닝 등으로 구분하는 방법이 있다.

표 1·2 외식산업의 업종과 업태

구 분	패스트푸드	패밀리레스토랑	캐주얼 다이닝	파인 다이닝
서비스 메뉴 제공시간	셀프, 카운트 서비스 한정된 메뉴 5분 이내	정형화된 풀 서비스 다양한 메뉴 15~30분 이내	풀 서비스 선택성 있는 메뉴 15~30분 이내	고급서비스 한정된 메뉴 30~60분 이내
한 식	우리만두 미가 도시락 분식집	함흥냉면 마포돼지갈비 대중 한식점	늘봄공원 삼원가든(쇠고기) 대중 한정식	용수산, 석파랑 고급 한정식 호텔 한정식
중 식	취영루 만두전문점	대중 중식당	선궁 로터스가든	만리장성 호텔 중식당
일 식	장우동 장터국수	기소야 미도야	군산횟집 부산횟집	코오라 베니하나 호텔 일식당
양 식	KFC 맥도날드 피자헛	코코스 스카이락 마이 하우스	TGI 베니건스 마르쉐	아테네 호텔 양식당

3. 외식산업의 특징

외식산업이 지니고 있는 특징을 다른 산업과 비교해 볼 때 여러 가지의 차이점이 있다. 즉 외식산업이 음식과 음료를 만들거나 가공한다는 점에서는 제조업과 같지만 일반 대중에게 직접 판매를 한다는 점에서는 소매업이고, 상품의 생산 외에 장소가 갖는 특성과 인적 자원이 판매에 막대한 영향을 미친다는 점에서는 서비스업의 특징을 갖고 있다.

외식산업이 지니고 있는 특징을 간략하게 살펴보면 다음과 같다.

1) 소규모·영세성

외식업체의 해외브랜드는 세계적 대규모의 체인기업도 있으나, 개별 점포단위로 보면 영세성의 산업적 특성을 지니고 있다. 현재 우리나라의 외식업소를 분석해 보면, 종업원 4명 이하 점포가 전체의 70% 수준에 있으며, 1점포당 매출액, 종업원 1인당 매출액도 타 산업에 비하여 현저히 낮아서 노동생산성 역시 낮음을 알 수 있다.

외식산업은 다른 산업에 비해 적은 자본과 특별한 기술이 없어도 누구든지 쉽게 참여할 수 있는 산업이라 생각하고 있다. 그러나 경영자의 사업가적인 마인드와 경영전략 등의 부족으로 인하여 실패율이 다소 높은 사업이기도 하다. 또한 대다수의 외식관련 업소들이 영세성으로 인해 임대형식으로 운영하고 있기 때문에 안정성이 낮은 점이 특징이라고 할 수 있다.

2) 높은 인적 의존성

외식산업은 타 산업에 비해 생산부문에 있어서 자동화의 한계점과 함께 서비스부문에서의 높은 인적 의존성이 차지하는 비율이 매우 높다고 볼 수 있다. 따라서 사람의 손에 의존하는 부분이 많아서 인건비가 차지하는 비중이 매우 높아 노동집약적 산업이라고 할 수 있다. 특히 서비스의 제공여부에 따라 성공여부가 좌우되는 만큼 외식산업에 있어서 사람이 제공하는 서비스는 매우 중요하다고 볼 수 있다.

3) 시간과 공간의 제약성

외식산업은 영업을 할 수 있는 시간이 제약되어 있다. 따라서 한정된 시간에 대부분의 매출이 이루어지므로 종업원들의 인력관리가 필요하며, 공간의 활용에 있어서도 수요가 불규칙함으로 인해 공간이용에 여러 가지의 애로사항이 발생하게 된다.

외식산업은 서비스산업이라고 할 정도로 서비스의 제공이 중요한 문제로 등장한다. 특히 서비스는 소멸성, 비분리성이라는 특성으로 인해 외식업소를 이용하는 고객들은 맛있는 음식을 제공받기 위해서 종종 기다려야 한다. 대기는 고객이 서비스를 받을 준비가 되어 있는 시간부터 서비스가 개시되기까지의 시간을 의미하며, 고객들이 기다리게 되는 일은 서비스를 제공받기 전, 서비스를 제공받는 도중 그리고 서비스를 제공받고 난 후에 모두 발생할 수 있다. 음식점의 경우 자리에 앉기까지 기다리는 경우, 주문을 받고 식사가 나올 때까지 기다리는 경우, 식사 후 요금의 계산과정에서 기다려야 할 때가 있다.

대기는 어쩔 수 없이 발생하는 것이지만 모든 고객들이 이러한 상황을 이해하고 당연한 것으로 받아들이는 것은 아니다. 많은 사람들은 서비스를 받기 위해 기다리는 것을 부정적인 경험으로 인식하고 있다. 따라서 외식업소의 경우 이러한 서비스를 제공하기 위한 시간적·공간적 제약을 잘 해결해야만 할 것으로 보인다.

4) 식자재의 부패 용이성

외식산업에서는 음식을 생산하는 식자재와 상품의 보존방법 및 기간이 짧아서 관리를 소홀하게 하면 부패의 위험성이 매우 높아서 관리에 신중을 기해야 한다. 또한 위생관리의 문제도 발생할 염려가 있으므로 특별히 다른 어떤 산업에 비해 부패와 위생에 주의를 요하는 산업이라고 할 수 있다.

5) 입지의존성

외식산업은 그 영업점을 고객이 스스로 찾아와 상품을 구매하거나 서비스를 제공받는 곳이기 때문에 외식업소의 장소에 따라 영업실적에 큰 차이를 보이게 된다. 따라서 다른 산업에 비해서 입지의존도가 매우 높은 산업이라고 볼 수 있다.

점포의 영업이 여러 요인에 의해 결정되지만, 실제로 가장 영향이 큰 요인은 점포가 입지한 요인에 의해 영업의 상당부분이 결정되어지므로 입지에 대한 의존성이 다른 어떤 업종보다 크다고 볼 수 있다. 대부분의 외식점포 입지가 번화가, 역전 오피스가, 교외의 도로변road side 등에 있으며, 중소도시에서도 중심가나 주택단지에 있는 것은 영업실적이 입지조건에 의해 크게 좌우된다.

6) 기타

외식산업의 기타 특징들을 보면, 첫째, 종업원의 이동이 심하다. 둘째, 타 산업에 비해 성장률이 높고 비교적 적은 자본으로 창업이 가능하므로 타 업종으로부터 수시로 위협을 당할 수 있다. 셋째, 상품의 계절적 변화가 심하여 계속적인 변화가 필요하다. 넷째, 대량화·표준화·전문화 등에 의한 능률향상이 대단히 어려운 산업이다.

미니사례 1·2____

맛도 패션이다 … 한국인 혀 끝의 '권력 이동' 10년史

2000년대 중반 이후, 인기 끈 음식의 변화 '천지개벽' 수준이라는데…

이태리식, 소수에서 대중으로
한때 佛 요리만큼 대우받던 고급 서양식… 이젠 가정집서 라면 끓이듯 스파게티 요리
2007년 에드워드 권 등 스타 요리사 등장, 개성 있는 음식 선보이며 '美食 세계' 넓혀

막걸리를 보라, 술에도 '패션' 있다
소주에 밀리고 와인에 치였던 막걸리, 韓食 세계화 타고 열풍… 최근 거품 꺼져
국민소득 2만불 시대 '웰빙' 수요 커져… 해산물 뷔페 늘고 정육식당들 문 열어

올해의 키워드, 디저트 & 단팥빵
백화점, 호텔 대신 '美食 트렌드' 이끌어… 식품관에 햄버거·갈비 등 최고 맛집 유치
한입거리 '디저트'가 미식계의 소황제로… 한편에선 푸근한 단팥빵·고로케가 인기

지난 7월 26일 서울 삼성동 현대백화점 무역센터점 지하에 전에 없던 긴 줄이 생겼다. '디저트계의 피카소'라는 프랑스 제과명장 피에르 에르메의 이름을 내건 국내 첫 매장 앞이었다. 개당 4000원인 마카롱을 사려고 150여명이 기다렸다. 개업한 이날 하루 매출은 4000만원이었다.

맛도 패션이다. 경기를 타고 유행을 따른다. 4000원짜리 한입 간식을 사려고 줄을 서는 풍경은 지난 10년간 급속도로 변모해온 대한민국 음식 문화를 단적으로 보여준다. IMF의 여진이 남아 있던 2000년대 초반만 해도 2000원이면 속이 든든해지는 저가 메뉴가 주도했다. 2005년 발간을 시작한 레스토랑 가이드 '블루리본'은 이달 10주년 기념판을 낼 예정이다. 10년 전 서문에는 '언젠가는 이탈리아 음식을 대중적으로 즐길 날이 오기를 희망한다'고 씌어 있다. 이제는 가정집에서 라면 끓이듯 스파게티를 만들어 먹는다. 혀끝의 권력은 불과 10년 사이 소수에서 대중으로 빠르게 옮겨왔다.

❖ 10년 변모의 상징, 스파게티

10년 역사 중 가장 두드러진 것은 이태리 식당의 변모다. 이태리식은 한때 고급 서양식이었다. 2006년에는 고급 정찬의 상징인 프랑스식을 밀어낼 정도로 성장했다. 고급 서양식을 먹고는 싶은데 거추장스러운 격식은 싫은 이들이 보다 친근한 이태리식으로 옮겨갔다. 쉐라톤워커힐호텔은 20년간 운영한 프랑스 식당 '세라돈'을 닫고 이태리 식당 '델 비노'를 열기도 했다. 레스토랑 가이드인 '다이어리R'의 분류도 이태리식의 득세를 보여준다. 조리법 분류가 확실하고 추천 등급 이상을 받은 전국 식당 4800곳 중 프랑스식이 73곳, 이태리식이 261곳으로 3배 이상 많았다.

무겁고 복잡한 프랑스식 소스보다는 올리브, 토마토, 크림소스로 활용이 다양한 이태리식이 개업하기도 쉬웠다. 이태리 식당은 우후죽순으로 늘며 2009년 정점을 찍었다가 저가 프랜차이즈가 난립하며 정체기를 맞았다. 최근에는 고급 정식부터 1만원 이하 저가 메뉴까지 가장 넓은 스펙트럼을 가진 음식으로 자리 잡았다.

❖ 국민소득 2만 달러 시대, 식문화 지형도 흔들어

2008년은 식문화의 지형도를 뒤흔든 해다. 국민 소득 2만 달러 시대가 만개하며 양보다 질을 따지는 단계로 접어들었다. 아메리카노의 전국시대가 이 무렵 시작됐다. 스타벅스가 국내 1호 매장을 연 지 햇수로 10년 만에, 가루를 타

먹는 커피가 아니라 원두로 뽑아먹는 에스프레소를 전 국민이 일상적으로 마시게 됐다.

대중화 뒤엔 반드시 고급화 바람이 분다. 흔한 아메리카노에 만족하지 못한 소비자들이 직접 손으로 내려먹는 핸드드립 커피에 빠졌다. 곳곳에 강좌도 개설돼 인기를 끌었다. 지난해부터는 미국 뉴욕의 스페셜티(specialty) 커피가 소개됐다. 쉽게 말해 고급 원두를 쓰는 커피다.

소득이 높아지면서 건강식, 유기농 음식에 대한 욕구가 높아졌다. 고기만 찾던 이들이 해산물을 찾으면서 시푸드 뷔페 식당이 영토를 넓혔다. 고기 중에서는 소고기, 그중에서도 한우를 주로 파는 정육식당이 생겼다. 2008년 5월 광우병 파동 여파였다. 고가(高價)의 한우를 믿고 먹으려는 손님이 몰렸다.

❖ 스타 요리사의 등장, 미식의 업그레이드 이끌어

스타 요리사의 탄생은 미식 문화의 도약에 크게 일조했다. 첫 주자는 에드워드 권(권영민)이다. 2007년 두바이의 7성급 호텔이라는 버즈 알 아랍의 총괄조리사로 국내에 소개됐다. 화려한 이력에 뛰어난 대중 친화력으로 인기를 끌면서 '요리사도 뜰 수 있다'는 인식이 생겼다. 식당 이름이 아니라 요리사 이름을 믿고 찾아가는 이들이 많아졌다. 뚜또베네 등 청담동 이태리 식당의 인기를 주도한 박찬일, 압구정동 고급 한식당 '정식당'의 임정식 등이 대중의 주목을 받았다. 미국 요리학교인 CIA나 프랑스 코르동블루에서 배운 이들이 잇따라 귀국하면서 엘리트 요리사의 시대를 열었다. 임정식씨는 미국 뉴욕에 '정식'이라는 레스토랑을 열어, 지난해에 이어 올해도 미슐랭가이드의 별 2개를 받는 저력으로 한국 요리사의 실력을 과시했다.

❖ 막걸리의 상승과 추락

마시는 술도 뜨고 진다. 극적인 상징이 막걸리다. 2008년 정부가 치고 나선 것이 한식 세계화다. 2017년까지 한식을 세계 5대 음식으로 키우겠다고 한식재단을 설립하고 대통령 부인이 요리책도 냈다. 한식을 먹자니 술도 어울려야 했다. 1960년대까지 국민주였으나 소주에 밀리고 와인에 치였던 막걸리가 부각됐다. 유산균이 많아 건강에 좋다고 웰빙 음식으로도 소개되며 연간 70%대의 높은 성장률을 과시했다.

막걸리의 부상은 와인 인기에 대한 반동도 작용했다. 국민소득이 늘면서 고급 식문화에 대한 갈증이 와인으로 쏠렸다. '이 맛은 해 질 녘 하늘에 끝없이 울려 퍼지는 종소리에서 느끼는 신의 목소리와 같다'는 식의 추상적이고 감각적인 수사로 와인의 맛을 묘사하던 일본 만화 '신의 물방울'이 수십만권 팔려나갔다. 점차 부담을 느끼던 대중이 돌아서면서 일시에 막걸리로 몰렸다. 부담감은 해소됐으나 입맛을 충족하기에는 한계가 있었다. 막걸리 열풍은 3년을 못 넘겼다. 2011년을 정점으로 3년째 출하량이 곤두박질 치고 있다.

❖미식의 리더, 호텔에서 백화점으로

2000년대 중반까지도 맛의 최전선을 가늠하려면 호텔로 가야 했다. 해외 최신 유행도 호텔이 앞장서 들여왔다. 최근에는 백화점이 미식의 리더로 부상했다. 먼저 나선 것은 갤러리아백화점이다. 2012년 10월 식품 편집매장인 고메이 494를 개장하며 스타 요리사의 메뉴를 한자리에 불러모았다. 햄버거, 갈비 등 분야별 최고 맛집을 유치해 크게 성공하자 다른 백화점도 잇따라 식품관을 재단장했다.

불황 때 적은 지출로 만족감을 느끼려는 '작은 사치(small luxury)'를 반영하는 것이 화장품 중 립스틱, 음식으로는 디저트다. 백화점 식품관을 영토로 디저트가 미식계의 소황제로 등극했다. 한입 거리가 미식계를 장악했다고 하면 의아할 수 있다. 결론은 숫자가 말한다. 벨기에 초콜릿 고디바의 백화점 매장 월평균 매출은 3억원, 일본 오사카의 롤케이크 몽슈슈는 5억원이다. 백화점 해외 명품 패딩 점퍼의 월 매출이 4억~5억원인 점에 비춰보면 그 위세를 짐작할 수 있다.

바다 건너온 해외 명품의 느낌도 원하지만 푸근한 음식도 먹고 싶다. 그래서 뜬 것이 단팥빵과 고로케이다. 지하철역을 중심으로 인기가 폭발한 '서울연인'의 단팥빵, 압구정과 명동의 고로케 전문점들은 '수제' '즉석' 열풍을 타고 매일 수백 개씩 팔려나간다.

출처 : 조선일보, 2014. 10. 11일자

02 외식산업의 분류

외식산업은 각 나라의 국민소득이 향상되면서 다양한 식생활의 변화와 외식행태의 변화를 가져왔다. 따라서 각 나라마다 외식산업의 정의와 범위를 합리적으로 설정하기 위한 연구가 이루어져 왔다. 미국과 일본의 경우에는 이미 외식산업의 분류가 체계적으로 이루어져 있으며, 우리나라의 경우에도 시대적인 환경변화에 대응하면서 보다 유연한 외식산업의 분류가 필요한 것 같다. 다음에서는 미국, 일본 및 한국 등이 분류하고 있는 외식산업의 분류체계를 비교함으로써 보다 명확한 외식산업의 범위에 대해 살펴보고자 한다.

1. 미국 외식산업의 분류

미국의 외식산업은 이미 오래전부터 체계적인 연구활동이 이루어져 왔으며, 외식산업의 분류체계를 정부가 아닌 민간협회에서 주도해 왔다. 특히 미국 레스토랑협회National Restaurant Association ; NRA가 영리를 목적으로 하느냐에 따라 상업적 외식사업과 비상업적 외식사업으로 분류하고 있다. 상업적 외식사업은 영리를 목적으로 음식을 판매하는 모든 외식업소가 포함되고, 비상업적 외식산업은 학교, 회사, 군대 등과 같은 단체에 음식을 판매하는 외식업소를 말한다. 미국의 식당협회에 의한 외식산업의 분류는 〈표 1-3〉과 같다.

표 1·3 미국 식당협회(NRA)의 외식산업 분류

구 분		항 목
상업적 외식사업	영리적 외식업 (Commercial Food service)	일반 외식업체(Eating places) · 일반음식점(Fullservice restaurants) · 전문, 패스트푸드음식점(Limited-service, Fast food restaurants) · 카페테리아(Commercial cafeterias) · 출장음식(Social caterers) · 간이음식점(Ice cream, frozen custard stands) · 바 또는 여관음식(Bars and taverns)

구　　분		항　　　목
상업적 외식사업	영리적 외식업 (Commercial Food service)	위탁경영(Food contractors) · 공장, 산업시설(Manufacturing & Industrial plants) · 상업건물(Commercial & Office Bldg.) · 초, 중, 고등학교(Primary and secondary schools) · 대학교(Colleges & Universities) · 병원과 탁아소(Hospitals and Nursing Homes) · 오락 및 스포츠센터(Recreation & Sports centers) · 기내식 항공기(In-transit, Airlines) 숙박시설(Lodging places) · 호텔식당(Hotel restaurants) · 자동차호텔식당(Motor-Hotel restaurants) · 여관급 식당(Motel restaurants) 기　타 · 포장마차(Retail-host restaurants) · 자판기 및 무점포 판매점(Vending & Nonstore retailers) · 편의점(Mobil caterers) · 오락 및 스포츠용품점(Recreation & Sports)
비상업적 외식사업	비영리목적 급식업 (Institutional Food service)	· 직원식당(Employee restaurant services) · 국·공립 초, 중, 고등학교(Public elementary & Secondary school) · 대학교(Colleges & Universities) · 교통시설(Transportation) · 병원(Hospitals) · 탁아소, 고아원, 특수재활원, 양로원(Nursing Homes, Homes for aged, blinded, orphans, mentally & physically disabled) · 클럽, 스포츠와 오락시설(Clubs, sporting & Recreational Camps) · 교도소(Community centers)
	군대급식 (Military Food service)	· 장교식당(Officers & Non-commissioned Officers Clubs) · 일반군인식당(Food service-military exchanges)

자료 : 한국외식산업연구소(2003), 『외식산업경영론』, 서울 : 백산출판사, p. 28.

2. 일본 외식산업의 분류

일본에서는 1970년대에 외식산업이 학문적인 체계를 갖추어서 연구되어 왔으며, 통상산업성(通商産業省)에서 상업통계의 목적으로 분류된 일본 표준산업분류표를 가장 일반적으로 사용하고 있는데, 이는 〈표 1-4〉와 같다.

표 1·4 일본 표준산업협회의 외식산업 분류

분 야	정 의	업 소
식당, 레스토랑	주로 주식을 그 장소에서 먹을 수 있는 영업소(서양요리점, 일식 및 중화요리점은 제외)	식당, 대중식당, 기호음식점, 미반 식당
일본요리점	특정한 일본요리를 제공하는 업소(초밥 제외, 소바, 유흥음식을 제공하는 영업소)	덴뿌라, 장어, 산천어, 청진, 돌솥밥, 주먹밥, 다채욱 등
서양요리점	주로 서양요리를 제공하는 영업소	그릴, 레스토랑, 러시아·이태리·프랑스 등 서양요리점
중화요리점 (동양요리점)	중화요리 및 동양제국의 민속요리를 제공하는 영업소	중화요리, 상해·북경·대만·사천요리, 한국요리, 중화국수, 만두집 등
소바(국수), 우동점	일본식 국수와 우동을 제공하는 영업소	소바(국수)집, 우동집 등
요 정	주로 일본요리를 제공하고, 접대하는 고객에게 유흥음식을 제공하는 영업소	요정 등 기생집
바, 카바레, 나이트클럽	주로 주류 혹은 요리를 제공해서 접대하는 고객에게 유흥음식을 제공하는 영업소	카페, 살롱, 카바레, 나이트클럽, 바, 스낵바 등
주장, 비어홀	대중적 설비를 갖추고 주로 주류 내지 요리를 제공하는 영업소	대중주장, 조류구이집, 오뎅집, 주방, 비어홀 등
낏다점	주로 커피, 홍차, 청량음료 또는 간단한 식사를 제공하는 업소	낏다점, 음악다실, 순낏다, 스낵 등

자료 : 김헌희·이대홍(2002), 『외식산업경영의 이해』, 서울 : 백산출판사, p. 20.

3. 한국 외식산업의 분류

우리나라에서는 각 정부 부처별로 관련 소관 사업을 추진하기 위한 목적에 따라 외식산업을 분류하고 있다. 가장 널리 통용되는 외식산업 분류는 통계청의 한국표준산업분류, 식품위생법 시행령의 영업의 종류(제21조)이다.

통계청의 한국표준산업분류에서 외식산업은 음식점 및 주점업에 해당되며, 음식점업은 한식 음식점업, 외국식 음식점업, 기관 구내식당업, 출장 및 이동 음식점업 및 기타 간이 음식점업으로 세분되고 주점 및 비알코올 음료점은 주점업, 비알코올 음료점업으로 세분된다. 식품위생법 시행령에서는 외식산업(식품접객업)을 휴게음

식점영업, 일반음식점영업, 단란주점영업, 유흥주점영업, 위탁급식영업, 제과점영
업으로 세분하고 있으며, 관광진흥법 시행령에서는 외식산업을 관광객 이용시설업
과 관광객 편의시설업으로 분류하고 이를 휴게음식점영업, 일반음식점영업, 제과
점영업, 관광유흥음식점업, 외국인전용 유흥음식점업, 관광식당업으로 세분하고
있다.

표 1·5 통계청 한국표준산업분류(KSIC)

대분류	중분류	소분류	세분류	세세분류
I. 숙박 및 음식 점업	56 음식점 및 주점업	561 음식점업	5611 한식 음식점업	56111 한식 일반 음식점업
				56112 한식 면요리 전문점
				56113 한식 육류요리 전문점
				56114 한식 해산물요리 전문점
			5612 외국식 음식점업	56121 중식 음식점업
				56122 일식 음식점업
				56123 서양식 음식점업
				56129 기타 외국식 음식점업
			5613 기관 구내식당업	56130 기관 구내식당업
			5614 출장 및 이동 음식점업	56141 출장 음식 서비스업
				56142 이동 음식점업
			5615 제과점업	56150 제과점업
			5616 피자, 햄버거 및 치킨 전문점	56161 피자, 햄버거, 샌드위치 및 유사 음식점업
				56162 치킨 전문점
			5619 김밥 및 기타 간이 음식점업	56191 김밥 및 기타 간이 음식점업
				56199 간이음식 포장 판매 전문점
		562 주점 및 비알코올 음료점업	5621 주점업	56211 일반 유흥주점업
				56212 무도 유흥주점업
				56213 생맥주 전문점
				56219 기타 주점업
			5622 비알코올 음료점업	56221 커피 전문점
				56229 기타 비알코올 음료점업

자료 : 통계청 통계분류포털 (http://kssc.kostat.go.kr)(2023)

미니사례 1·3 _____ [日本 초밥 장인이 말하는 초밥의 역사]

초밥, 처음엔 길거리 패스트푸드였다

7세기, 생선 절여 밥 채운 게 시초
18세기, 서민 상대 포장마차 판매
지금처럼 날생선 얹은 건 50년 전

윗줄은 오늘날의 초밥, 아랫줄은 18세기 중반의 초밥을 재현한 것. 요즘 초밥 보다 2~2.5배 크다. 길거리 간식 달걀빵과 비슷한 크기와 모양이다.

다카시마씨의 '초밥 맛있게 먹는 법'

"3분 안에 먹어라" 초밥은 생선살이 마르면 맛이 없다. 가능한 한 빨리 먹어야 좋다. 생선 종류·날씨·계절 따라 다르지만 보통 2~3분 이내 먹어야 맛있다. 그래서 테이블보단 요리사 앞 카운터 좌석이 더 맛있다.

"젓가락보단 손으로" 젓가락보다 더 부드럽게 집을 수 있어서 초밥이 덜 부서진다. 여성 손님이 늘면서 젓가락 사용이 대세가 됐지만, 초밥은 원래부터 손으로 먹는 음식이다.

"간장은 생선에 찍는다" 초밥을 손이나 젓가락으로 잡고 살짝 돌려 생선살로 간장을 찍는다. 밥을 찍으면 밥알이 떨어지거나 간장이 너무 많이 묻는다.

"소금을 찍어보라" 색다른 맛을 느낄 수 있다. 생선 자체의 맛을 더 잘 드러내기도 한다.

"초밥 사이사이 초생강을" 종류가 바뀔 때마다 초생강 한두 점을 씹는다. 입에 남은 맛을 씻어내 새로운 초밥의 맛을 더 잘 느낄 수 있다. 녹차로 입을 헹궈도 좋다.

과장을 조금 보태자면, 초밥이 주먹만 했다. 평소 먹어온 한입 크기 생선초밥보다 3배는 커 보였다. 이 초밥을 쥐어준 63빌딩 일식당 슈치쿠 초밥요리사 다카시마 야스노리(高島康則·47)씨는 20년째 한국에서 초밥만 만들어온 장인. 그는 "150년 전 탄생 당시의 에도마에즈시(江戶前壽司)는 이만했다"고 말했다. 에도마에즈시는 '에도(江戶) 성문 앞(前)에서 파는 초밥(스시・壽司)'이 란 뜻. 에도는 도쿄의 옛 이름이다. 다카시마씨는 "에도마에즈시는 현대 초밥의 원형"이라고 했다.

일본에서 생선초밥을 만들어 먹은 건 7세기로 알려졌다. 붕어 따위 민물생선 내장을 제거한 다음 소금에 절이고 밥을 채워 삭혔다. 우리의 식해와 비슷했다. 16세기부터는 도시락 같은 틀에 밥과 생선살을 담아 짧게는 며칠, 길게는 몇 달씩 숙성시켜 먹었다. 성미 급한 에도 사람들은 생선초밥이 숙성될 때까지 기다리지 못했다. "18세기 중반 에도성 앞 포장마차 주인들이 식초로 간한 밥에 생선살을 올려 팔기 시작했습니다. 하루도 채 걸리지 않았으니, 당시로서는 '패스트푸드'였죠. 인기를 끌자 같은 방식으로 초밥을 만들어 파는 가게가 성 안에도 생겨났어요. 포장마차 손님들은 가게 앞에 서서 허기를 때웠고, 가게 손님들은 '테이크아웃' 해서 집에 가져가 먹었죠."

당시 초밥은 주머니 사정이 넉넉지 않은 노동자들이 식사 대용으로 먹었기 때문에 크고 양이 많았다. 다카시마씨는 "요즘 초밥은 샤리(밥) 30g에 생선 15g이 표준"이라며 "18세기에는 2~2.5배 더 커서 두세 입에 나눠 먹어야 할 정도였다"고 말했다. 냉장 시설이 없었던 시절이라 날생선은 사용하지 않았다. 간장에 절인 참치나 초절임 전어, 데친 새우나 오징어를 사용했다. "현재 먹는 날생선을 얹은 초밥은 역사가 50여 년에 불과합니다. 샤리는 2차대전 이후 차츰 작아졌고요."

다카시마씨는 1995년부터 한국에서 일했다. 그는 "이제 일본과 한국의 초밥 문화는 큰 차이가 없다"고 말했다. "1990년대 중반 한국에 처음 왔을 때는 '올챙이스시'라고 해서 밥은 적고 생선살이 길게 꼬리처럼 늘어진 초밥이 유행이었습니다. 붉은살 생선을 선호하는 일본과 달리 흰살 생선을 선호하는 손님이 더 많았고요." 하지만 그는 "한국 손님들이 선어(鮮魚)보다 활어(活魚)를 선호하는 건 여전히 일본과 다르다"고 말했다. 잘 만든 초밥을 알아보는 방법은 없을까. 다카시마씨는 "겉은 단단하지만 속은 부드러워야 한다"고 말했다. "꼬챙이로 초밥을 세로로 찔러 관통한 다음 살짝 들어 올릴 수 있지만, 입에 넣으면 밥알이 확 퍼지며 생선살과 고루 섞이는 느낌이 나야 합니다."

출처 : 조선일보, 2014. 12. 10일자

외식산업의 발전과정

Chapter_2

01 미국 외식산업의 발전과정

미국의 외식산업 발전을 보면, 유럽 국가들에 비하여 그 역사와 문화적 전통이 매우 짧다고 할 수 있다. 그러나 시작은 늦었지만 제2차 세계대전 이후 우수한 과학기술과 미국 특유의 실용적이고 합리적인 경영방법을 바탕으로 급속한 경제적 발전을 이루었다. 최근에는 세계의 경제뿐만 아니라 세계의 외식산업을 선도하는 최강국의 위치를 차지하고 있다고 할 수 있다.

미국에 있어서 외식산업의 태동은 1920년대라고 할 수 있지만 산업으로서 본격화된 것은 1950년대였고, 1960년대는 미국 내 외식산업의 번영뿐만 아니라 외국에 미국의 외식기업이 진출하는 등 국제적으로도 커다란 지위를 차지하게 되었다.

미국에서는 특히 패스트푸드를 중심으로 외식산업이 발전하였는데, 그 이유는 다양한 인종으로 구성된 복합국가이며, 미국인들은 식습관상 즐기는 식사를 하고 있으며, 스피드와 편의주의를 추구하고, 여성의 사회참여와 사회적 현상으로서 핵가족과 전후의 젊은 세대증가 등이 외식산업의 발전을 더욱 촉구하였다. 이러한 사회환경 속에서 미국의 외식산업은 다양화되었고, 급속한 성장을 거치면서 산업화에 성공했을 뿐만 아니라 세계적인 다각적·다국적 외식기업을 탄생시킨 것이다 (〈표 2-1〉 참조).

표 2·1 미국 외식산업의 성장과정

연 도	국민소득	특 징
1920년대	0	·음식업의 태동기 ·레스토랑, 열차식, 호텔식, 카페테리아, 급식, 프랜차이즈, 센트럴키친(central kitchen) 출현 ·한정된 장소에서만 고객대상의 영업. 새로운 경영방식 등장 ·델모닉(1827), 하이베(1876), 톰슨(1893), 나센(1916) 등
1930년대	$440	·외식산업의 태동기(음식점→외식산업) ·로드사이드 레스토랑, 커피숍, 기내식 출현 ·도심과 리조트 중심, 생산자 지향 ·하워드 존슨(1935), 빅보이(1936), 메리어트(1937) 등
1940년대	$750	·외식산업의 전환기 ·아이스크림, 도넛의 출현 ·개인판매지향, 부분적인 합리화 추구 ·데이리 퀸(1940), 던킨(1941) 등
1950년대	$1,875	·외식산업의 도약기 ·프라이드치킨, 호텔업, 병원급식, 커피숍, 햄버거, 피자 출현 ·개인판매에서 대량판매지향, 테이크아웃, 퀵 서비스, 경영혁신, 세계 외식산업의 혁명(시스템화 출현) ·KFC(1952), 홀리데이(1952), ARA(1953), 맥도널드(1955), 피자헛(1958) 등
1960년대	$2,800	·외식산업의 성장기 ·스테이크, 로스트비프, 샌드위치, 게요리, 시푸드, 패밀리레스토랑 출현 ·시스템화 상장기업화, 대량판매지향, 기업인수 및 합병(M&A) 등 ·아비스(1964), 래드랍스터(1968), 쇼니스(1968), 웬디스(1969) 등
1970년대	$4,952	·외식산업의 성숙기 ·신 콘셉트(concept) 및 신 업태의 출현 ·프랜차이즈의 직영화, 드라이브 수루(drive-through) 유행, 대기업 참여 등
1980년대	$15,000	·외식산업의 고도성숙기 ·자본력에 의한 경쟁가속, 내식과 외식 경쟁치열 ·외식의 국제화, 민족·민속요리의 활성화
1990년대	$27,000	·외식산업의 안정성숙기 ·특화시장, 틈새시장 공략, 감성형, 테마콘셉트형 등 ·21세기 미래도구 연구, 고객만족과 감동연출, 창의적인 아이디어 중시 ·퓨전형 활성화, 테마콘셉트형 등
2000년대	$41,800 (2005년)	·외식산업의 정체기 ·대량 개별화 현상 ·개성과 라이프스타일에 기인한 고감성 외식의 출현 ·품질과 서비스 측면의 극심한 양극화 초래
2010년대	$47,882 (2016년)	·외식산업의 안정적인 발전이 지속 ·커피전문점 등 패스트푸드점 이외의 식품점에서 Drive Thnu의 중요성 인식 ·아침식사 시장에 대한 치열한 경쟁 ·건강식에 대한 수요 증가(글루텐 프리(Gluten Free)) 제품에 대한 수요 증가 ·패스트푸드의 수요 감소 및 신선하고 이국적 풍미의 음식을 제공하는 Fast Casual Dining 성장 ·테크놀로지 활용의 중요성 증대(PC, 모바일을 이용한 주문·결제)

자료 : 정용주(2022), 『외식경영론』, 백산출판사 및 저자 재수정

1. 외식산업의 태동기(1800년대)

1826년 미국 최초의 레스토랑인 유니온 오이스터 하우스Union Oyster House가 보스턴에 세워졌다. 그 후 1827년 코렌죠 델모니코Corenzo Delmonico가 윌리암 스트리트William Street에 상업계의 굵직한 부호들을 위해 오늘날과 같은 현대적 모습을 갖춘 레스토랑에서 케이크와 와인을 판매하는 델모니코Delmonico's를 개점하였다. 이 레스토랑은 화려한 연회와 371가지나 되는 메뉴를 최초로 영어와 프랑스어로 표기하면서 국제적으로 명성을 얻었다. 1923년까지 그의 가족들은 뉴욕시에 9개의 다른 레스토랑을 개업하였다. 델모닉사는 메뉴판을 사용하는 점포의 경영방식을 채택하여 운영하는 등 뉴욕시를 중심으로 지점망을 확대해 나갔다.

1876년에는 프레드 하베이Fred Harvey가 캔사스의 토페카Topeke역에 레스토랑을 개점한 이후 애치슨Atchison역, 산타페Santa Fe역 등에 레스토랑을 개점하면서, 이것이 오늘날 대규모 체인레스토랑의 효시가 되었다. 1912년 프레드 하베이는 12개의 호텔과 철도역을 중심으로 65개의 레스토랑과 60개의 다이닝 카dining car를 운영하였다.

1930년대에는 하워드 존슨Howard Johnson사가 대도시 교외의 도로변road side에 레스토랑을 개업하기 시작하면서 급성장하였다. 1936년 빅보이Big Boy사의 커피숍, 1937년 메리어트Marriott사가 기내식, 1940년 데이리 퀸Dairy Queen사의 아이스크림, 1941년 던킨도너츠Dunkins Donut사의 도넛을 출점하면서 외식산업으로서 기반을 마련하였다. 그러나 이 시대의 제2차 세계대전은 미국의 경제·사회구조 전반을 변화시켰으며, 특히 핵가족화, 소득증대, 레저문화지향, 여성의 사회진출 등 전쟁 전과는 전혀 다른 사회구조를 나타내면서 외식산업 발전에 대한 확고한 기틀을 마련하는 계기가 되었다.

2. 프랜차이즈 본격 도입(1950년대)

미국은 제2차 세계대전 이후 외식산업을 포함한 관광산업이 급속도로 발전하기 시작하였다. 이 당시 일반 소매업체들의 연간 성장률이 6%였지만, 외식산업의 성장률은 그 2배인 10~11%의 괄목할 만한 성장을 하였다. 이러한 성장의 가장 큰 요인은 바로 단체급식의 증가와 패스트푸드의 등장이었으며, 공장과 회사에서 직원들의 식사를 제공하는 시스템을 갖추기 시작하면서부터이다.

1950년대 이후는 미국의 최대 경제부흥기였다. 패스트푸드는 1940년대 후반과 1950년대에 이르러 본격적으로 시작되었는데, 저렴한 가격과 신속한 서비스와 닭요리 상품 등을 주로 개발하면서 대중에게 폭발적으로 인기를 얻었다. 낮은 가격과 높지 않은 이익을 대량판매로 대체하면서 성장해 나갔다. 또한 한정된 메뉴를 앞세워 경영의 합리화와 간편성을 꾀하였으며, 일정한 기술을 습득함으로써 간단한 음식의 제조와 서비스를 제공할 수 있게 되었다.

1950년대가 세계 외식산업의 혁명, 미국 외식산업의 신기원, 외식산업 시스템화의 출현, 패스트푸드의 효시 등으로 불리게 된 것은 맥도날드가 등장한 때부터이다. 맥도날드의 창업자 레이 크락Ray A. Kroc은 당시 자동차산업에서 활용하고 있는 자동화의 과학화를 외식업에 적용하여 과학적인 관리기법, 품질균일화, 신속한 형태의 셀프서비스, 경제성 등을 고려한 대량시스템의 프랜차이즈 기법, 기계화에 의한 조리법 등 창조적인 경영혁신을 이룩하여 비약적인 발전을 하게 된 것이다.

1952년 커넬 센더스에 의해 켄터키 프라이드치킨Kentucky Fried Chicken이 창업되고 프랜차이즈시스템을 도입하여 성공시켰으며, 1952년 캐먼즈 윌슨은 홀리데인인Holiday Inn이라는 호텔업에 진출하여 서비스의 표준화, 셀프서비스 시스템 도입, 프랜차이즈 체인에 의한 대량출점 등 경영혁신을 시도하였다.

3. 외식산업의 성장(1960~1980년대)

1960년대 후반부터 1970년대 전반까지는 외식산업의 매수나 합병이 가속화되었다. 1970년대부터는 성장일변도의 다양한 업태출현과 기존 업체 간의 경쟁이 치열하게 전개되는 시기로서 업종 및 업태별 신규출현이 대량 속출하면서 미국 외식산업에 있어서 전성기를 맞이하게 되었다.

1980년대는 마케팅전략을 적극적으로 활용하던 시기로서 외식업체 간 매수, 합병, 시장점유율 확대 등 자본력에 의한 경쟁이 치열해지면서 계열화를 통한 외식그룹화가 증폭되었다. 경영의 합리화가 이루어지고 거대 식품업체에서 외식분야에 진출할 뿐만 아니라 유럽, 일본, 동남아시아 등의 자본이 미국 외식산업에 참여하게 됨에 따라 국제적인 다양성을 추구하게 되었다.

특히 1980년대의 특징인 건강지향, 다양한 고객욕구에 대한 충족, 고급화·차별화 중심의 신업태 및 신개념지향, 민족요리의 시스템화 등 대자본화와 고객밀착형 위주의 고도화를 추구하였다. 따라서 외식산업은 본격적인 산업분야로 뛰어들어 정착되었고, 자본력·경쟁기술력·마케팅력·인재력 등을 중시하면서 성장하였다.

4. 외식산업의 재도약기(1990년대)

1990년대는 미국 경제의 대호황으로 외식산업의 재도약기를 맞이하였다. 소비자들의 외식기회는 폭발적으로 증가하였으며, 외식산업이 미국의 4대 산업으로 부상할 만큼 거대산업으로 자리잡기 시작하였다. 퓨전요리와 퓨전레스토랑이 관심을 끌기 시작하였으며, 각국의 민속요리는 외식소비자와 미식가들의 인기를 끌기 시작하였다. 또한 업종과 업태의 구분이 모호해지는 복잡화 현상이 대두되기 시작하였다.

5. 정체기(2000년대)

2000년대는 이미 시장이 포화상태이기 때문에 성장이 정체하고 있는 것으로 보여진다. 최근에 소비자들은 다양한 라이프스타일을 가지며, 다른 사람과 차별화된 개성을 표현하고자 하는 추세이다. 최근의 외식소비 패턴은 소비자의 대량 개별화 현상이 뚜렷하기 때문에 그들의 소비취향을 만족시키기 위한 감성마케팅을 적용한 외식기업들이 다수 출현하고 있다.

외식업체별로 음식상품과 서비스품질의 차이가 극심하기 때문에 이에 따른 결과도 성공과 실패로 극명하게 나타나고 있다. 또한 소비계층의 소득불균형과 양극화 현상에 기인하여 소비의 가격양극화 현상도 뚜렷하게 보여지고 있다. 한편으로는 테이크아웃, 옥외 레스토랑, 저렴한 외식업소 등이 증가하는 추세에 있다.

6. 외식산업의 침체안정기(2010년대)

외식소비자들의 소비성향이 점차 다양해짐에 따라 외식업체들은 고객확보를 위하여 매년 새로운 트렌드를 반영한 메뉴개발에 노력하고 있다. 또한 로컬 푸드 및 건강한 음식에 대한 소비자들의 수요가 증가함에 따라 지역 식자재를 사용하는 레스토랑 및 영양가 높은 메뉴를 제공하는 레스토랑의 비율이 증가하고, 소비자들은 인터넷이나 스마트폰, 태블릿 PC 등의 기술을 활용해 레스토랑 관련 소비행동을 보이고 있다. 실제 NRA^{National Restaurant Association}에 의하면 63%에 달하는 소비자들이 레스토랑 선택 시 기술을 사용한 적이 있으며, 가장 많이 사용하는 기능으로는 레스토랑 위치검색, 주문, 음식의 영양정보의 순으로 나타나고 있다. 이에 레스토랑 역시 스마트폰 애플리케이션, 태블릿 PC 등의 기술을 도입하여 서비스에 접목시키는 레스토랑이 늘어나기 시작했으며 이러한 기술 서비스를 제공하는 레스토랑이 더욱 보편화될 것으로 예상된다.

02 일본 외식산업의 발전과정

일본의 외식산업은 제2차 세계대전 후 경제체제의 많은 변화와 함께 식습관 및 식생활에 있어서도 다양한 변화가 나타나기 시작했다. 특히 미국과 같이 패스트푸드에서부터 시작된 일본 외식산업의 발전요인은 경제성장과 소득증대를 토대로 노동의 균등화 현상과 레저문화의 향상, 여성 및 주부의 사회진출 기회의 증가, 핵가족화의 급속한 확대, 자동차의 증가현상 등을 배경으로 급속하게 진전되었다.

외식산업이 소매업으로 분류되어 사회로부터 하나의 산업으로 크게 인식받지 못하였지만, 다양한 외식업소의 출현이 시작되면서 이때를 일본 외식산업의 태동기라고 말할 수 있다. 그러나 1970년대 일본의 외식산업은 국민소득 1만 달러를 달성하는 선진국형 경제구조를 이루었고, 또한 이때 미국의 패스트푸드점들을 선두로 해외브랜드 외식기업들이 일본 외식시장에 진출하기 시작하였다. 이들 외국계 외식기업들의 막강한 자본력과 마케팅, 운영시스템, 체인사업 등은 일본 외식산업시장에 엄청난 경영환경의 변화를 가져오면서 본격적인 외식산업의 성장을 가져왔다(〈표 2-2〉 참조).

표 2·2 일본 외식산업의 성장과정

연 도	국민소득	특 징
1940년대	0	· 요식업으로 전개 · 우동, 덴뿌라, 초밥, 장어요리, 열차식, 구내식당 출현 · 교통 관련지역 출점(열차 내, 역사 내), 일부 중심지 · 不二家(1827), 日本食堂(1938), 西洋(1947), 스카이락(1948) 등
1950년대	$500	· 음식업의 태동기(기업화의 모색과 기반 조성기) · 전통음식중심, 패밀리레스토랑, 아이스크림 출현 · 교통 관련지역, 일부 중심지로 점차 확대 · 로얄(1950), 경존(1950), 죠나산(1954), 예스터데이(1957), 吉野家(1958) 등
1960년대	$1,400	· 외식산업의 태동기 · 프랜차이즈, 센트럴 키친, 기업형 체인화 출현 · 음식업 자유화 · 도토루(1962), 더스킨(1963), 링거허트(1964), 留圓(1964), 東天紅(1964) 등
1970년대	$5,000	· 외식산업의 성장기 · 외식의 대중화, 패스트푸드 전성기, 패밀리레스토랑 활성화 · 기술도입 러시, 레저화, 세계화, 외식기업 성장화 · KFC(1970), 던킨(1971), 맥도날드(1972), 롯데리아(1972), 피자헛(1973), 코코스 (1978) 등
1980년대 (상)	$9,906	· 외식산업의 성장기 · 업종 및 업태 다양화, 테이크아웃점, 카페, 바, 캐주얼레스토랑 출현 · 프랜차이즈 가속화, 다점포지향 등 · 호카호카(1981), 쯔보하찌(1983), 편의점, 델리카숍 유행 등
1980년대 (하)	$23,786	· 외식산업의 안정성숙기 · 고감도화, 정보화, 과학화, 고도화 추구 등 · 센트럴 키친, 물류센터, 종합정보관리 시스템 도입 등 · 외식그룹 태동(스카이락, 로얄, 다이에이, 세이브세존 등)
1990년대	$40,000	· 외식산업의 성숙기 · 해외진출, 복합공동출점, 가격파괴, 업태전환 등 · 종합생활기업 추구, 경영혁신, 규모경제실현 등 · 타 산업과의 변화적응력 속에서 21세기 외식산업의 전략적 변신 모색
2000년대	$31,500 (2005년)	· 외식산업의 침체회복기 · 버블경제의 붕괴로 외식은 마이너스 성장 · 가격의 대폭하락, 고감도 외식업 등장 · 불경기에 생존을 위한 경량 경영혁신

자료 : 홍기운, 전게서, p. 94 및 저자 재수정

1. 외식산업의 태동기(1950년대)

1950년대까지는 전후 세계적인 변화에 편승하여 일본의 경제가 크게 발전하게 되면서 경제력의 증대를 수반하게 되고, 식료품의 수입량도 증가하게 되면서 생산력의 증가와 더불어 식생활수준도 한층 높아졌고, 영양상태도 개선되는 시기여서 1950년대를 일본 음식업의 태동기라 보고 있다.

1960년대는 새로운 기업의 탄생과 함께 기업으로 출발하기 위한 준비단계였다. 1962년 도토루 커피, 1963년 더스킨, 1964년 링거허트가 출점하였고, 미가도의 극장식 레스토랑 등이 등장하였다. 동경올림픽은 오늘날 일본이 선진국으로 돌입한 계기가 된 커다란 국가적 행사였다. 올림픽행사로 세계 각지의 선수단 및 보도진을 위한 식사를 담당하게 되면서 서비스의 집중적인 훈련과 강화는 물론 과학적 시스템을 활용한 생산을 시작함으로써 외식산업의 새로운 도약의 발판을 마련하였다.

1969년 3월 제2차 자본자유화에 의해 외식업소들이 자유화 업종에 지정되어 기술제휴·합병 등에 의해 해외기업이 갖고 있던 새로운 경영기술의 도입이 가능하게 되었다. 일본의 외식업소들이 성장하는데, 해외 브랜드 외식기업으로부터 프랜차이즈를 통한 다점포 전개, 점포운영의 매뉴얼화 등의 새로운 경영기술을 위시하여 많은 노하우를 얻게 되면서 합리적인 외식사업 경영에 대한 의식개혁이 싹트기 시작하였다. 이러한 영향은 해외 외식기업과 직접관계를 갖지 않은 기업에도 커다란 영향을 주었다.

2. 외식산업의 발전과 도약기(1970년대)

1970년대 일본의 외식산업은 1969년에 실시된 자본자유와의 물결을 타고 KFC, 맥도날드, 웬디스, 미스터도넛 등 주로 미국의 외식브랜드가 도입되기 시작하면서 외식산업의 일대 변혁과 더불어 도약발전기를 맞이하였다. 외식산업에 햄버거·치킨·도넛 등 패스트푸드 중심의 대형 체인형태로 대기업이 탄생하기 시작했으며, 수많은 일본 고유의 외식업소들이 미국 외식체인기업들의 진출에 자극받아 외식사업에 진출하기 시작하였다. 1970년대 3월 일본에서 만국박람회가 개최되면서 국내

외에서 약 150여 개의 외식업소가 출점하여 외식산업 발전의 커다란 계기가 되었다.

특히 1965년 후반부터 1975년대에 걸쳐서는 외식사업의 신업태가 개발되어 크게 성장하기 시작하였다. 그전에 존재하지 않았던 햄버거와 같은 신상품과 전국적으로 점포망을 갖춘 외식기업에서 공통된 맛·가격·서비스의 제공 등으로 고객들에게 신뢰감을 주어 소비의욕을 고취시켰으며, 그것은 곧 외식산업시장의 확대에도 공헌하게 되었다.

1970년대 중반기부터 급격한 성장은 패스트푸드를 중심으로 시작되면서 패밀리레스토랑 붐이 조성되기 시작했고, 외식업계의 양적인 팽창과 질적인 인식이 더욱 확산되면서 경쟁이 심화된 시기였다. 급속한 경제발전 속에서 비약적인 성장을 하게 되고 외식혁명이 일어나 명실상부한 외식산업으로서 지위를 확보하게 되었다.

1975년에 접어들면서 패밀리레스토랑의 전성시대가 서서히 시작되었다. 스카이락, 로얄 호스트, 데니스 등의 출점이 다점포 위주로 전개되면서 24시간 영업, 시간대별 판매품목을 변화시키는 메뉴의 등장, 청결 및 위생중시, 교외중심 등으로 다변화되어 갔고, 패스트푸드에 있어서는 출점수의 증가로 최전성기를 맞이하였다. 패스트푸드의 비약적인 성장과 새로운 라이프스타일인 교외형 패밀리레스토랑의 등장은 외식산업에 있어서 외식혁명이란 신조어를 탄생시키게 되었다.

1978년에는 로얄이 증권거래소에 상장을 하게 되었으며, 스카이락은 주식공개를 단행하는 등 촉망되는 산업으로 외식산업은 인식되었고, 1979년 오일쇼크 영향으로 인한 대기업의 경영다각화의 일환으로 대형상사, 운수, 섬유, 식품 등의 업체에서 신규참여를 하게 되었다. 1975년 일본 식품서비스 체인협회가 대만에서 식재료를 공급하는 등 식생활의 패턴은 레저화와 세계화를 지향하면서 일본의 외식산업을 고도로 성장시키면서 활성화되었다.

3. 안정 성장기(1980~1990년대)

1980년대 초는 일본 외식산업에 있어서 가장 장기간에 걸쳐 경기가 후퇴하였던 시기였다. 이러한 영향으로 1983~1985년 외식시장의 연간 실질증가율은 2% 수준이었다. 1986년 이후는 버블경기를 맞이하여 3~5%의 증가율을 나타내기도 하였다.

일본경제는 내수 주도로 고급소비품에 대한 소비가 크게 증가하였으며, 또한 주식과 부동산에 대한 투자열기가 높았다.

소비자들이 상품을 찾는 데 있어 질적인 소비형태의 모습을 보였으며, 여가생활을 중시하는 선진국형 라이프스타일이 보편화되기 시작하였다. 이러한 변화는 외식산업에도 외식활동의 일반화와 더불어 다양한 개념을 가진 외식기업들이 속속 등장하면서 외식산업이 크게 성장하는 단계로 들어서게 만들었다. 외식기업은 더욱 대기업화·시스템화되는 모습을 갖추고 일본뿐만 아니라 해외로 사업진출을 확대하면서, 1980년대는 20조 엔 규모로 성장하였으며 스카이락, 로얄, 세이브세존, 다이에이 등의 외식그룹이 등장하였다.

1990년대까지 성장을 보인 일본의 외식산업은 1991년부터는 일본 전후 최대의 불황이 시작되면서 계속된 경기침체와 거품경제 붕괴로 적자생존의 시대로 돌입하게 되었다. 대규모 외식체인인 맥도날드, 롯데리아, 스카이락, 로얄호스트, 서양푸드시스템 등은 상장 이래 이익 감소현상이 나타나고, 비교적 낮은 성장률을 나타내기 시작한 것이다.

특히 스카이락 등은 가격파괴, 중저가 메뉴개발, 업태 개념의 전환으로 고객흡수에 노력을 기울이는 경향이 뚜렷하게 나타났지만, 소비자의 식생활 소비패턴은 극히 위축되어 소비지출을 줄이게 되고, 가정 내의 식사로 전환하는 추이를 나타냈다.

일본의 사회구조는 50% 이상을 차지하고 있는 주부의 취업률, 20% 이상인 실버세대, 주 2회 휴가제 정착 등에도 불구하고 경기침체로 가계비 지출이 줄어들면서 생활방위형 외식이 강해짐에 따라 가정 내의 외식이 증가하면서 외식산업은 침체 국면에서 벗어나지 못하였다. 편의점 내의 외식코너가 활발해지고 상권 중심 내의 출점이 어려워지면서 소비패턴은 중·저가 지향의 가격파괴 업태지향과 식도락 중심의 고급화 업태지향으로 양분화되었다.

1990년대 중반기 이후부터는 점포운영형태를 차별화시켜 일정가격으로 제한된 시간 내에서 다양한 고품질음식을 즐기는 뷔페식이 인기였고, 고객이 필요에 따라 종업원을 부르는 전자시스템calling bell system을 설치하여 활용하고 있다.

표 2·3 일본 외식기업 매출액 현황

순 위	회사명	매출액	점포수	업 종
1	일본 맥도날드	333,133	2,437	햄버거
2	호까호정본부	172,812	3,192	도시락
3	스카이락	150,767	993	양식(패밀리레스토랑)
4	일본 KFC	137,362	1,278	치 킨
5	더스킨	134,034	1,234	도 넛
6	모스푸드	129,000	1,481	햄버거
7	로 얄	121,795	487	양식(패밀리레스토랑)
8	혼까가마도야	114,433	2,411	도시락
9	데니스 JAPAN	103,640	499	양식(샌드위치, 커피)
10	서양 푸드시스템	98,248	775	양식(종합서양요리)

자료 : 신재용·박기용 공저(2003), 『외식산업개론』, 서울 : 대왕사, p. 327.

4. 외식산업의 침체회복기(2000년대)

종합생활기업을 추구하고 있는 일본의 대기업과 외식산업의 과제는 경기침체에서 벗어나 회복을 위해 고객만족지향의 철저한 서비스, 점포수의 확장, 가격파괴, 신업태로의 전환, 채산성을 중시한 출점, 다양한 고품질 메뉴개발, 상권특성별 대응 메뉴 접목, 교육훈련 강화, 인재육성, 원가 및 비용절감 등 전략과 경영혁신에 초점을 맞추고 있다. 또한 1993년에는 오사카대학교 상학부에 외식산업론이 정규강좌로 개설되었고, 농수산성과 외식산업협회가 공조체제를 강화하고 외식관련 국가자격제도를 실시하고 있다. 이와 같이 일본 외식산업은 21세기를 향한 빠른 변신과 함께 침체 속에서도 국제화를 추진하고 있다.

5. 외식산업의 침체안정기(2010년대)

일본은 2011년 3월 지진과 쓰나미로 인해 외식산업의 급격한 트렌드에 변화가 발생하였으며 지속적인 경제상황의 부진으로 인해 소비자들은 불필요한 지출 대신 합리적인 가격에 양질의 제품을 소비하는 경향을 보이기 시작하였다. 이로 인하여 소비자들은 저가 상품을 제공하는 업체에 대한 선호도가 높아지기도 하였다. 2013년 아베노믹스로 인해 일본 전체 산업에 걸쳐 소비가 증진되는 현상이 나타났으며, 외식산업에 있어서도 소비 심리 개선으로 활성화 및 편의점, 패스트푸드 제품군이 지속적으로 성장을 보이고 있다. 또한 산업전반에 있어서 성장률이 회복세로 접어들게 되어 프리미엄을 지향하는 외식업체의 인기가 높아지는 경향을 보이고 있다. 반면 1990년대 인기를 끌었던 체인형태의 패스트푸드업체는 마이너스 성장률을 보이고 있다. 실제 일본 시장 내 전반적인 지역에 걸쳐 외식업체의 가장 일반적인 형태는 독립형이 2013년 기준 매출의 71%를 차지하고 있다. 사회·문화적인 현상으로 볼 때 일본 역시 1인 가구 수의 증가에 따라 집에서 혼자 식사를 해결하고자 하는 사람들이 늘어났으며, 이에 따라 스마트폰 애플리케이션 플랫폼을 활용한 가정배달 서비스의 이용률이 증대되었다. 또한 편의점 업체의 패스트푸드 제품군이 2013년부터 꾸준한 성장을 보이고 있으며, 편의점 소비 형태에 있어서는 직장인들에게 인기가 있는 테이크아웃 형태의 도시락 및 원두 커피류가 빠른 성장을 보이고 있다.

03 한국 외식산업의 발전과정

한국은 1960년대에 들어오면서 경제개발 5개년 계획과 함께 경제발전이 서서히 진행되었다. 그리고 국민소득의 증가와 함께 식생활 향상으로 점점 외식산업의 기초가 마련되었다. 미국과 일본의 외식산업이 패스트푸드를 중심으로 발전해 왔듯이 한국 외식산업 발전의 주체도 패스트푸드에서 시작되었다고 볼 수 있다. 한국 외식산업 발전의 원동력은 경제성장과 소득증대에서 찾을 수 있으며, 짧은 연륜에도 불구하고 변화할 수 있었던 것은 식생활의 국제화지향, 가공식품의 발전, 레저화의 추구, 외식화 현상, 경제·사회적인 영향 등으로 볼 수 있다(〈표 2-4〉 참조).

표 2·4 한국 외식산업의 성장과정

연 도	국민소득	특 징
1950년대 (전)	0	· 음식업의 태동기(주막, 주식점, 목로, 전통음식점 형태) · 식량자원 부족으로 침체 · 식생활 및 식습관의 가내 주도형 · 이문설렁탕(1907), 용금옥(1930), 한일관(1934), 조선옥(1937), 남포면옥(1948) 등
1960년대	$100~ 210	· 음식업의 침체기 및 여명기 · 생활의 궁핍, 밀가루 위주의 분식 확산 · 식생활 개선문제 부상, 일부 서구음식문화 침투(우유 등) · 뉴욕제과(1967), 제과·제빵·제면·제분업 중심의 식문화 등
1970년대	$248~ 1,644	· 외식산업의 태동기 · 분식 및 대중음식점의 우후죽순 출현(한식·중식 위주) · 경제개발계획 성공에 따른 식생활 개선 · 난다랑(1979 / 국내 프랜차이즈의 효시), 롯데리아(1979 / 서구식 외식의 효시) 등
1980년대 (상)	$1,592~ 2,158	· 외식산업의 도입적응(패스트푸드 중심) · 영세체인 난립, 프랜차이즈 속출(햄버거, 치킨, 국수, 맥주 등) · 해외브랜드 도입 러시, 서구식 식문화의 유입 및 확산 · 아메리카나(1980), 버거킹(1980), 미스터도넛(1981), 윈첼도넛(1982), KFC (1984), 신라당(1980), 장터국수(1983) 등
1980년대 (하)	$2,194~ 4,127	· 외식산업의 적응성장기 · 원두커피, 양념치킨, 베이커리, 국수, 패스트푸드, 생맥주 성장 · 프랜차이즈 확대, 업체 난립, 다점포 위주, 한식체인 출현 등 · 피자헛(1985), 맥도날드(1986), 피자인(1987), 코코스(1988), 도토루 (1989), 만리장성(1986), 크라운베이커리(1988), 놀부보쌈(1988), 나이스데이(1989) 등
1990년대	$5,883~ 10,000	· 외식산업의 성장기 · 중 / 대기업 진출, 시스템화, 프랜차이즈 활성화, 해외진출 등 · 패밀리레스토랑 및 급식 주도, 외식근대화, 고감도 신업태 출현 · 하디스(1990), TGI(1991), 판다로사(1992), 파파이스(1993), 씨즐러 (1993), 스카이 락(1994), 캐니로저스(1994), 베니건스(1995), 마르쉐(1996), 우노피자(1996) 등
2000년대	$20,000 (2005)	· 경기침체로 소규모 자영업 고전 · 과다한 점포확대로 과당경쟁 · 전반적으로 외식업 부진 · 외식의 양극화 · 건강과 웰빙, 퓨전 외식문화 추구
2010년대	$25,167 (2016)	· 외식산업의 성숙기 · 스마트폰, SNS의 확대로 인한 전시성 소비증가 · 요리프로그램의 변화(먹방 신드롬) · 단일소비자의 이중적 소비패턴 · 패밀리레스토랑의 쇠퇴(한식뷔페의 재조명) · 편의점 도시락시장 급성장 · CJ 계절밥상(2013), 이랜드 자연별곡 (2014), 신세계푸드 올반(2014) 등

자료 : 한국외식산업연구소(2006), 『외식사업경영론』, p. 36(저자 재구성)

1. 프랜차이즈 시스템의 도입(1970년대)

1970년대 음식업의 발전은 주로 분식을 중심으로 한식·중식에서 시작되었으며, 1980년대 전반기에 서구식 브랜드의 도입으로 국내 외식산업 발판의 활력소가 되었다. 특히 기존의 요식업, 식당업, 음식업 등의 명칭이 퇴조하고 외식산업으로 발전되면서 다양한 업종과 업태 출현이 계속되었다. 해외 유명브랜드의 경우 햄버거, 프라이드치킨, 피자, 도넛 중심의 패스트푸드가 진출하였고, 자생브랜드로서 발전한 업태는 국수, 양념치킨, 생맥주, 베이커리 등 중소규모업체에서 전개되기 시작하였다.

1979년 7월 우리나라 최초의 프랜차이즈인 난다랑은 고급 커피 전문점으로서 주요 도시의 1급지 상권에 출점하면서부터 기존의 다방업을 획기적으로 변화시킨 계기가 되었다. 또한 1979년 10월 롯데그룹의 롯데리아는 일본 롯데리아의 기술지원을 받아 국내에 상륙하면서 국내 외식산업사에 큰 획을 긋는 계기가 되었다. 롯데리아는 국내 최초로 시스템화된 서구식 패스트푸드를 도입하면서 이제까지의 음식업 형태와는 전혀 다르게 서구식으로 전환시킨 외식산업의 태동이면서 시발점이 되었다.

2. 패스트푸드와 해외브랜드의 성장(1980년대)

해외브랜드 도입의 경우 1979년 롯데리아를 선두로 하여 1980년 아메리카나, 버거킹, 1981년 미스터도넛, 1982년 윈첼도넛, 처치스치킨, 1984년 데일리퀸, KFC, 웬디스 등 대부분이 패스트푸드였다. 국내 자생브랜드의 경우 1980년 신라당(베이커리), 1981년 독일빵집, 1982년 다림방(국수), 1983년 장터국수(국수), 1984년 하이델베르크(패밀리레스토랑), 투모로우타이거(패밀리레스토랑), 딕시랜드(햄버거), 신라명과(베이커리) 등 대부분이 국수, 햄버거, 양념치킨, 베이커리 중심이면서 프랜차이즈 형태로 전개되었다.

중소규모의 영세업체를 중심으로 외식시장은 우후죽순처럼 확대되어 가면서 성장하였고, 체인본부의 기능과 역할을 다하지 못하는 업체가 속속 등장하였다. 한편 해외 도입브랜드의 경우 1985년 버거잭(햄버거), 피자헛(피자), 쉐이키스 피자(피자), 이태리 피자(피자), 1986년 맥도날드(햄버거), 1987년 피자인(피자), 1988년 코코스(패밀리레스토랑), 1989년 도토루(커피)가 출점하였고, 1980년대 대부분의 해외 도입 브랜드는 미국과 일본 중심이었다.

국내 자생브랜드의 경우 1986년 만리장성(패밀리레스토랑), 1987년 민속마당(국수), 1988년 크라운베이커리(베이커리), 놀부보쌈(보쌈), 1989년 나이스데이(캐주얼레스토랑), 쟈뎅(커피) 등이 출점하였다. 특히 한식관련 프랜차이즈가 서서히 나타나고 그 대표적인 성공업체가 보쌈중심의 놀부보쌈이었다.

우리나라 외식시장의 선도라고 할 수 있는 패스트푸드 시장은 외식시장 초기에는 햄버거시장과 치킨시장으로 양립되었다. IMF 이후 경영사정이 악화되면서 이 두 업체가 혼재되기 시작했다. 그리고 테이크아웃, 배달형태의 소형점포가 생겨나면서 해외 패스트푸드의 브랜드 이외에 중소형 체인형태의 브랜드가 많은 비중을 차지하고 있다. 또한 업체들 간의 경쟁으로 인한 가격할인과 과다출점, 건강식에 대한 관심증대 등으로 인해 눈에 보이는 마이너스 성장을 하고 있는 실정이다. 브랜드별 패스트푸드업계 현황은 〈표 2-5〉와 같다.

표 2・5 브랜드별 패스트푸드 시장의 규모

브랜드명	업체명	매출액(억 원)			점포수(개)		
		2007	2008	2009	2007	2008	2009
롯데리아	(주)롯데리아	2,404	2,982	3,758	730	751	797
맥도날드	한국 맥도날드	778	857	-	231	234	239
KFC	SRS 코리아	1,520	1,107	-	151	140	120
파파이스	TS Food&system	266	293	442	106	113	115
버거킹	SRS 코리아	-	919	1,023	87	94	102

자료 : 통계청 자료 편집

3. 패밀리레스토랑의 성장(1990년대)

1980년대 중소규모·영세업체를 중심으로 패스트푸드업계가 시장을 주도한 반면, 1990년대는 중·대기업을 중심으로 기업형 패밀리레스토랑과 피자업계가 주도하였다. 패밀리레스토랑family restaurant은 미국에서 10달러 이하의 메뉴들로 이루어져 있으며, 목표고객은 29~49세까지의 가족을 중심으로 한 최소한 2인 이상이 이용할 수 있는 음식점을 말한다.

우리나라 패밀리레스토랑의 효시는 1988년 올림픽을 기점으로 일본 코코스coco's사와 제휴한 미도파의 코코스 레스토랑이 개점하였다. 1992년 (주)아시안스타가 캐주얼 다이닝 레스토랑T.G.I. Friday's을 개점하였고, 1993년 판다로사 등이 출점하여 그동안의 국내 외식시장의 판도를 패스트푸드에서 패밀리레스토랑으로 바꾸어 놓았으며, 이후 10개 이상의 외국 브랜드명을 가진 패밀리레스토랑이 등장하였다.

국내 외식산업의 태동기를 패스트푸드의 시장진입으로 본다면, 본격적인 성장에 가속화를 이루고 있는 외식산업의 기술적·경영적 발전의 기틀을 마련한 것은 패밀리레스토랑 시장이라고 할 수 있다. 1990년대 초 셀프서비스와 서구식 음식문화에 대한 동경 등으로 시작된 패스트푸드 시장이 점차 둔화되면서 풀서비스full service형태의 패밀리레스토랑이 고객들에게 선택받기 시작했으며, 이러한 추세는 현재까지 지속되고 있다.

7개 기업형 업체가 패밀리레스토랑 업계를 주도하고 있으며, 매출액을 기준으로 2001년에는 7개 업체 총 2,843억 원의 매출에서 2003년에는 5,147억 원의 매출로 증가하였다. 브랜드 인지도가 서울, 경기 중심으로 형성되어 있어 패스트푸드 시장처럼 지방으로의 급속한 확장이 다소 힘들지만 적극적인 홍보활동과 각종 카드사와의 할인 제휴 등 여러 가지 촉진전략으로 고객확보에 주력하고 있다. 브랜드별 패밀리레스토랑 현황은 〈표 2-6〉과 같다.

표 2·6 브랜드별 패밀리레스토랑 시장의 규모

브랜드명	업체명	매출액(억 원)			점포수(개)		
		2007	2008	2009	2007	2008	2009
아웃백	아웃백스테이크	2,700	2,750	2,774	98	101	102
빕스	CJ푸드빌	2,700	2,600	2,880	80	74	74
T.G.I.F	(주)롯데리아	1,100	615	630	51	30	31
베니건스	롸이즈온(주)	853	938	900	32	30	26
마르쉐	(주)아모제	514	520	630	6	5	4
씨즐러	TS Food&system	170	140	60	8	5	2
토니로마스	(주)썬앳푸드	120	99	-	6	5	15
세븐스프링스	(주)삼양사	-	222	223	-	12	15
카후나빌	사보이 F&B(주)	110	-	-	6	-	-

자료 : 통계청 자료 편집

　　해외브랜드의 경우 1990년 하디스(햄버거), 라운드테이블 피자(피자), 1991년 TGI Friday's(캐주얼다이닝레스토랑), 1992년 판다로사(스테이크하우스), 도미노피자(피자), 1993년 파파이스(치킨), 씨즐러(스테이크하우스), 데니스(패밀리레스토랑), 코라(게요리), 1994년 플래닛 헐리우드(캐주얼다이닝레스토랑), 스카이락(패밀리레스토랑), 캐니로저스로스터스(바비큐치킨), 1995년 베니건스(캐주얼다이닝레스토랑), 토니로마스(스테이크하우스), 1996년 마르쉐, 토마토 앤 오니언스, 우노피자, 스바로피자 등의 식품이 중·대기업을 중심으로 확대되고 있었으며, 1998년 이후에는 다점포 전개보다는 내실 위주로 가고 있음을 볼 수 있다.

　　또한 퓨전열풍이라는 유행을 앞세워 강남을 중심으로 퓨전을 주제로 우후죽순격으로 외식업소들이 생겨남으로써 유행을 선도하는 그룹들이 모이기 시작하였다. 즉 심플한 인테리어, 젊은 감각, 그리고 동양과 서양을 섞었다고 설명하는 메뉴 등이 유행을 선도하는 그룹들에게 매력적으로 다가왔다.

　　국내의 대기업이 외식사업에 진출하면서 중소 외식사업의 전유물로 여겨지던 먹을거리업계의 판도가 많이 변화되었다. 대기업의 외식사업 진출은 롯데가 롯데리아, 해태가 (주)델리, LG유통 등이 여러 외식사업에 진출해 있는 것이 대표적이다.

국내 대기업이 운영하는 외식사업체의 현황을 살펴보면 〈표 2-7〉과 같다. 그중에는 현재 철수하거나 사업을 중단한 업체와 브랜드도 있다.

표 2·7 국내 대기업의 외식산업 진출현황

그룹명	업체명	연매출액	보유브랜드	업 태	점포수 / 위치	비 고
CJ	CJ Foodville	1,700억	HanKook	한 식		
			After Rain	태국식		
			시 젠	Asian Noodle		
			소 반	비빔밥		
			뚜레쥬르	Bakery		
			투썸플레이스	Cake / Sandwich		
			VIPS / Skylark / Sweetree	Family Restaurant	52	
GS	OUR HOME	5,800억	싱카이	중 식	Financial Tower	
			이끼이끼	일 식	〃	
			메짜루나	Italy	〃	
			빅 멀리건스	Irish Pub	〃	
			뭄 바	Oriental Bar	〃	
			케세이호	중 식	GS Tower	
			사랑채	한식당	〃	
			실크스파이스	Oriental	〃	
			업타운다이너	American Café	〃	
			도리원	중 식	여의도 Twin Tower	
			송 로	일 식	〃	
			트윈 Pakage	American Café	〃	
			노들원	한 식	〃	
			아시아따	Asian Fusion	Meritz Tower	
			루&락	European Café	〃	
			업타운다이너	American Café	성남 아트센터	
			샤보텐	돈가스	16개 점포	

그룹명	업체명	연매출액	보유브랜드	업 태	점포수 / 위치	비 고
Lotte 그룹			롯데리아	패스트푸드	800여 개	
			TGI Friday	패밀리레스토랑	49	
			크리스피	도 넛	9	
			브랑제리	Bakery		
			나뚜르	아이스크림		
			자 바	커 피		
SPC Group	삼립식품		빚 은	전통떡		
			사누끼보레	일본우동		
			샤 니	제 빵		
			파리바게뜨	Bakery		
			베스킨라빈스	아이스크림		
			던 킨	도 넛		
			파스쿠치	커 피		
			파리크라상	Bakery		
Orion		990억	베니건스	패밀리레스토랑	31	
			아시아 차우	중 식		
두산	SRS Korea		버거킹	햄버거	88	
			KFC	치 킨	176	
			수복성(북경)	한식당		
남양	남양유업		일치프리아니	양 식		
동양제철화학	불스원		삐에프로	스파게티		
			난시앙	중 식		
신세계			스타벅스	커 피		
삼양사			Cafemix & Bake			
			Seven Springs	패밀리레스토랑		
Kolon	스위트밀		Sweet Café	치즈케이크		
			토리고	닭꼬치구이		
한화			Beans & Berries	커 피		

그룹명	업체명	연매출액	보유브랜드	업 태	점포수 / 위치	비 고
대기업 外	Sun &Food		토니로마스	패밀리레스토랑		
			스파게띠아	스파게티		
			매드포갈릭	마늘요리		
			봄날의 보리밥	한 식		
			페퍼런치	Casual Steak		
	아모제		마르쉐	패밀리레스토랑		
			Café아모제	커 피		
			오므토 토마토	퓨 전		
	에렉스 F&B		바이킹 뷔페	뷔 페		
			우 노	패밀리레스토랑		
			용 궁	중 식		
			아까마쓰	일 식		

자료 : 외식동맹, 2007. 7. 24일자

4. 외식시장의 세분화(2000년대)

한국 외식산업시장은 체계적인 경영과 강력한 자본력을 지닌 해외의 유명 외식기업들이 외식산업의 붐을 일으키며 국내시장을 주도하고 있다. 이들은 우리나라 외식시장이 잠재력이 있다고 판단하고 점포망을 더욱 늘리고 있으며, 브랜드의 도입도 미국 일변도에서 일본·유럽 등으로 다양해지고 있다. 그 결과 해외 외식기업들은 동일상권 내에서 동일업종 또는 유사업종과의 다각화된 시장경쟁상태에 놓여 있게 되었다.

이처럼 외국계 외식기업들이 물밀듯이 국내시장을 공략하고 있는 가운데에도 몇몇 한국 외식기업들은 우리 고유음식의 세계화에 앞장서며 말레이시아·미국·중국 등에 직접 진출하여 성공을 거두고 있으며, 브랜드의 역수출에도 나서는 등 활발한 활동을 벌이고 있다.

다양한 형태의 외식산업이 날마다 새롭게 등장하고 국내외적으로 시장쟁탈전이 벌어지는 상황 속에서 한국 외식산업시장이 지속적 성장을 하고는 있지만, 보다 성숙된 발전을 하기 위해서는 개선되어야 할 문제들이 산재해 있다.

한국 외식산업시장을 구성하고 있는 기업들 중에서 특히 한국 고유의 브랜드와 음식을 주 업종으로 하는 기업들은 아직도 해외브랜드 외식기업에 비하여 여러 가지 부족한 면이 많다. 한국 외식산업을 좀 더 깊이 접근해 볼 때, 가장 큰 문제는 아직까지 성숙지 못한 근시안적인 방법으로 접근하려는 외식산업에 대한 전반적인 이해부족과 구조에서 발생하는 것들이다.

이제 외식업계는 상호관계에서 벗어나 무한경쟁시대에 접어들어 기존의 단순화, 전문화, 표준화 등의 개념에서 앞으로는 다양화, 개성화, 차별화 등의 개념으로 변화되어야 한다. 범세계적인 전략에 따른 국가 간 장벽의 철폐와 시장개방의 촉진, 불공정거래 행위규제 등으로 국가적·부분적 경쟁관계에서 다국적 기업과의 경쟁은 피할 수 없는 현실로 다가오고 있다.

2000년대에는 패밀리레스토랑을 대체할 외식형태는 아직 형성되지 않고 있으며, 특이한 현상은 한식에 서양의 외식시스템을 접목시키려는 시도들이 일어나고 있는 것이다. 또한 외국의 커피전문점과 샌드위치 시장 등이 공격적으로 시장에 진출하고 있다.

다른 한편으로는 음식의 실질적인 미각보다는 형식적인 면들을 강조하는 고급지향적인 레스토랑들이 강남을 중심으로 차츰 증가하고 있는 추세이다. 기존의 단체급식에 참여하였던 중소기업들이 대기업에 그 자리를 물려주고 일반 레스토랑 사업에 참여하기 시작하고 있다. 또한 전통으로의 회귀, 자연으로의 회귀, 원초적인 맛으로의 회귀 등을 내세우는 식당들이 인기를 얻고 있으며, 지역적인 맛을 강조하는 향토음식점이 대도시로 진출하고 있다.

우리나라의 외식시장 규모는 지속적인 증가추세를 보이고 있으며 가계 소비지출 비용 중 외식비의 비중도 과거에 비해 크게 증가하였다. 또한 산업별 외식산업의 규모는 각 기관 및 연구별로 차이가 있지만 통계청이 따르면, 우리나라 음식점업의 현황에서 1997년 매출액이 약 30조 원에서 2002년에는 40조 원에 이르는 거대한 규모로 성장하게 된 것을 알 수 있으며, 가계소비와 산업별 규모를 통해서 알 수 있는 것은 IMF 이후 침체기와 회복기를 거쳐 현재는 외식산업의 규모별 성장기가 이루어지고 있다는 것을 알 수 있다.

5. 외식시장(2010년대)

2010년대에 들어 우리나라 외식산업 시장규모는 80조원으로 2000년대 초반에 비해 2배 가까이 성장하였다. 소비트렌드의 경우 경기 침체로 인한 소비 위축 기조와 함께 일상적 외식에 있어서는 소비를 줄이고자 하는 성향이 있으나 특별한 외식이나 자신이 좋아하는 특정 상품에 있어서는 거침없이 소비하는 "작은 사치"의 소비 패턴을 보여 한 개인이 이중적인 소비를 하는 경향이 발생하였다. 또한 라이프스타일의 변화(도시화 및 1인 가구 증가 등)로 아침식사 시장의 경쟁, 배달 서비스, 배달 애플리케이션, 편의점, HMR 시장의 성장이 가속화되었으며 기존의 한식을 그대로 재현하기보다는 현대화된 콘셉트에 맞춰 세련되고 모던하게 재해석하는 방향으로 변화되었다.

특히, 2014년부터는 TV, 스마트폰, 페이스북 등의 다양한 SNS를 통해 자신이 먹은 음식에 관한 정보와 정서를 타인과 함께 공유하는 새로운 형태의 식문화 현상인 먹방 신드롬"이 탄생하기도 하였다. 다만, 1990년대 말부터 2000년대 가족 고객과 젊은 층을 중심으로 큰 인기를 모았던 패밀리 레스토랑의 폐점이 줄을 이으며 위상이 급격히 떨어지기 시작하였다. 호주 자연을 콘셉트로 내세워 1997년에 국내에 첫 상륙한 아웃백의 경우 2002년 국내 패밀리 레스토랑 점포수 1위에 오르기도 했으나 2014년 말부터 아웃백스테이크 전체 매장(109개점) 중 31.2%에 해당하는 전국 34개 매장을 폐점하였고 한때 잘나갔던 코코스, 씨즐러, 마르쉐, 토니로마스 등의 패밀리 레스토랑도 사업을 접고 역사 속으로 사라졌다.

이처럼 패밀리 레스토랑이 부진하는 이유는 장기불황과 함께 내수침체에 따른 소비심리가 위축되고 소비자들 사이에서는 4인 가족 기준으로 비용을 산출하면 10만원이 훌쩍 넘는 패밀리 레스토랑이 다른 레스토랑에 비해 비싸다는 인식이 팽배해졌으며, 건강한 먹거리를 선호하는 소비자들의 눈높이가 오르다보니 고열량에 기름진 메뉴로 가득한 패밀리 레스토랑을 외면하는 방향으로 전환되었다. 이외에도 반가공 상태로 간단히 조리해 소비자 식탁에 내놓는 패밀리 레스토랑 음식의 경쟁력이 온라인 중심으로 발굴, 소개하는 문화의 확산으로 개성 있고 특색 있는 레스토랑에 밀린 것도 하나의 요인이라 할 수 있다.

2021년 음식점 및 주점업의 사업체 수는 80만 648개로 전년대비 3,525개(0.4%) 감소하였다. 업종별 사업체 수 순위를 보면 한식 일반 음식점업(26.2%) > 커피전문점(12.0%) > 기타주점업(9.2%) > 한식 육류 요리 전문점(9.1%) > 김밥 및 기타 간이 음식접업(6.1%) > 치킨전문점(5.3%) 순으로 나타났다.

음식점업 사업체 수는 57만 2,550개로 전년대비 2,388개 감소(-0.4%)하였고, 전체의 71.3%를 차지하였다. 이 중 한식음식점은 33만 5,451개로 전체의 42%를 차지하였다. 이동 음식점업은 매우 큰 폭으로 증가(+23.4%)한 반면, 출장 음식점업은 가장 큰 폭으로 감소(-13.6%)하였다.

주점 및 비알코올 음료점업 사업체 수는 22만 8,098개로 전년대비 1,137개 감소(-0.5%)하여 전체의 28.5%를 차지하였다. 커피전문점은 전년대비 7.3% 상승한 반면, 이외 주점 및 비알코올 음료점업의 모든 업종은 감소하였다.

표 2·8 연도별 음식점 및 주점업 사업체 수_업종별 (단위 : 개)

구분	2018	2019	2020	2021		
				구성비	증감	증감률
□ 음식점 및 주점업	709,014	727,377	804,173	800,648	100.0%	-3,525	-0.4%
− 음식점업	506,407	518,794	574,938	572,550	71.5%	-2,388	-0.4%
· 한식 일반 음식점업	188,565	190,476	213,916	209,764	26.2%	-4,152	-1.9%
· 한식 면 요리 전문점	22,028	22,669	23,908	23,040	2.9%	-868	-3.6%
· 한식 육류 요리 전문점	72,878	74,536	75,622	72,559	9.1%	-3,063	-4.1%
· 한식 해산물 요리 전문점	30,091	29,544	31,153	30,088	3.8%	-1,065	-3.4%
· 중식 음식점업	24,546	25,615	27,974	29,087	3.6%	1,113	4.0%
· 일식 음식점업	13,436	13,982	16,524	17,846	2.2%	1,322	8.0%
· 서양식 음식점업	12,607	13,540	16,472	17,474	2.2%	1,002	6.1%
· 기타 외국식 음식점업	4,547	5,249	5,654	5,886	0.7%	232	4.1%
· 기관 구내식당업	11,325	11,203	12,887	12,016	1.5%	-871	-6.8%
· 출장 음식 서비스업	563	,621	759	656	0.1%	-103	-13.6%
· 제과점업	19,390	21,470	24,777	26,704	3.3%	1,927	7.8%

·피자, 햄버거, 샌드위치 및 유사 음식점업	19,017	20,290	23,581	25,473	3.2%	1,892	8.0%
·치킨 전문점	36,791	37,508	42,743	42,624	5.3%	-119	-0.3%
·김밥 및 기타 간이 음식점업	43,212	44,495	48,822	48,898	6.1%	76	0.2%
·간이 음식 포장 판매 전문점	7,411	7,596	9,881	10,108	1.3%	227	2.3%
- 주점 및 비알코올 음료점업	202,607	208,583	229,235	228,098	28.5%	-1,137	-0.5%
·일반 유흥 주점업	29,905	29,448	30,310	28,105	3.5%	-2,205	-7.3%
·무도 유흥 주점업	1,934	1,944	1,273	1,207	0.2%	-66	-5.2%
·생맥주 전문점	7,562	8,035	10,585	10,539	1.3%	-46	-0.4%
·기타 주점업	79,761	75,543	78,601	74,042	9.2%	-4,559	-5.8%
·커피 전문점	66,231	76,145	89,892	96,437	12.0%	6,545	7.3%
·기타 비알코올 음료점업	17,214	17,468	18,574	17,768	2.2%	-806	-4.3%

2021년 음식점 및 주점업의 종사자 수는 193만 7,768명으로 전년대비 1만 8,109명(0.9%) 증가함을 보여주고 있다. 업종별 종사자 수 순위를 보면 한식 일반 음식점업자(24.2%) > 커피전문점(12.3%) > 한식 육류 요리 전문점(10.4%) > 기타주점업(5.8%) > 피자, 햄버거, 샌드위치 및 유사음식점업(5.3%) 순으로 나타났으며 음식점업 종사자 수는 149만 4,373명으로 전년대비 2,814명 증가(+0.2%)하였고, 전체이 77.1% 차지한 것으로 나타났다.

이 중 출장 음식점업은 큰 폭으로 감소(-17.2%)하는 반면, 이동 음식점업은 전년대비 매우 큰 폭 증가(+42.9%)함을 나타났다.

주점 및 비알코올 음료업점 종사자 수는 44만 3,395명으로 전년대비 1만 5,287명 증가(+3.6%)하였으며 전체의 22.9% 차지하였다.

모든 주점업종 종사자 수가 전년대비 감소하였으며, 감소 폭이 큰 업종은 무도 유흥 주점업(-15.2%), 일반 유흥 주점업(-10.5%), 기타 주점업(-8.1%) 순으로 나타났다.

반면 커피전문점 종사자 수는 전년대비 큰 폭으로 증가(+14.3%)하였다.

표 2·9 연도별 음식점 및 주점업 종사자 수_업종별 (단위 : 명, 전년대비)

구 분	2018	2019	2020	2021		
				구성비	증감	증감률
□ 음식점 및 주점업	2,138,772	2,191,917	1,919,667	1,937,768	100.0%	18,101	0.9%
− 음식점업	1,647,466	1,674,179	1,491,559	1,494,373	77.1%	2,814	0.2%
· 한식 일반 음식점업	539,764	545,848	485,819	468,666	24.2%	-17,153	-3.5%
· 한식 면 요리 전문점	61,497	65,947	57,860	54,550	2.8%	-3,310	-5.7%
· 한식 육류 요리 전문점	251,831	254,553	208,403	201,392	10.4%	-7,011	-3.4%
· 한식 해산물 요리 전문점	91,476	90,481	78,749	74,586	3.8%	-4,163	-5.3%
· 중식 음식점업	92,334	95,963	87,968	91,412	4.7%	3,444	3.9%
· 일식 음식점업	58,697	56,548	51,631	57,160	2.9%	5,529	10.7%
· 서양식 음식점업	70,712	67,130	60,557	63,920	3.3%	3,363	5.6%
· 기타 외국식 음식점업	18,573	19,263	15,727	16,974	0.9%	1,247	7.9%
· 기관 구내식당업	72,258	68,233	67,566	67,159	3.5%	-407	-0.6%
· 출장 음식 서비스업	2,441	2,811	2,566	2,124	0.1%	-442	-17.2%
· 제과점업	75,988	79,871	76,246	84,878	4.4%	8,632	11.3%
· 피자, 햄버거, 샌드위치 및 유사 음식점업	96,332	100,808	94,240	102,204	5.3%	7,964	8.5%
· 치킨 전문점	88,330	93,199	84,822	86,526	4.5%	1,704	2.0%
· 김밥 및 기타 간이 음식점업	107,975	113,232	99,491	101,447	5.2%	1,956	2.0%
· 간이 음식 포장 판매 전문점	19,258	20,292	19,599	20,925	1.1%	1,326	6.8%
− 주점 및 비알코올 음료점업	491,306	517,738	428,108	443,395	22.9%	15,287	3.6%
· 일반 유흥 주점업	72,374	71,196	43,616	39,030	2.0%	-4,586	-10.5%
· 무도 유흥 주점업	7,740	7,147	2,779	2,356	0.1%	-423	-15.2%
· 생맥주 전문점	18,062	20,284	18,388	18,378	0.9%	-10	-0.1%
· 기타 주점업	160,411	156,369	121,545	111,708	5.8%	-9,837	-8.1%
· 커피 전문점	197,088	224,328	208,936	238,849	12.3%	29,913	14.3%
· 기타 비알코올 음료점업	35,631	38,414	32,844	33,074	1.7%	230	0.7%

 2021년 음식점 및 주점업의 매출액은 150조 7632억원으로 전년대비 10조 8,737억 원(7.8%) 증가하였다. 업종별 매출액 순위는 한식 일반 음식점업(24.2%) > 한식 육류 요리 전문점(11.7%) > 커피전문점(9.0%) > 기관 구내식당업(7.0%) > 치킨전문점 (5.6%) > 피자, 햄버거, 샌드위치 및 유사음식점업(5.5%) 순으로 나타났다.

 음식점업 매출액은 127조 7,710억원으로 전년대비 10조 6,701억원 증가(+9.1%)증 가하였다. 모든 음식점 업종에서 전년대비 매출액이 증가하였으며. 이 중 이동 음 식점업 매출액이 가장 큰 폭으로 증가(+52.7%)하였다.

주점 및 비알코올 음료점업 매출액은 22조 9,921억원으로 전년대비 2,036억원 증가(+0.9%)하였다. 모든 주점업종은 전년대비 매출액이 감소하였으며, 큰 폭으로 감소한 업종은 무도 유흥주점업(-54.8%)과 일반 유흥주점업(-41.5%)이다. 반면 커피전문점 매출액은 전년대비 큰 폭으로 증가(+21.4%)하였다.

표 2·10 연도별 음식점 및 주점업 매출액_업종별 (단위 : 백만원)

구분	2018	2019	2020	2021		
				구성비	증감	증감률
□ 음식점 및 주점업	138,183,129	144,391,991	139,889,581	150,763,234	100.0%	10,873,653	7.8%
– 음식점업	114,868,886	120,065,179	117,101,035	127,771,091	84.7%	10,670,056	9.1%
· 한식 일반 음식점업	34,572,560	35,790,474	35,114,539	36,525,942	24.2%	1,411,403	4.0%
· 한식 면 요리 전문점	3,535,730	3,703,156	3,578,572	3,862,000	2.6%	283,428	7.9%
· 한식 육류 요리 전문점	18,134,259	19,471,146	16,943,256	17,620,275	11.7%	677,019	4.0%
· 한식 해산물 요리 전문점	6,890,243	6,982,725	6,786,760	7,098,176	4.7%	311,416	4.6%
· 중식 음식점업	5,802,680	6,282,830	6,643,270	7,523,196	5.0%	879,926	13.2%
· 일식 음식점업	4,451,432	4,432,859	4,264,647	5,220,411	3.5%	955,764	22.4%
· 서양식 음식점업	4,783,493	4,710,015	4,305,013	5,080,674	3.4%	775,661	18.0%
· 기타 외국식 음식점업	1,111,200	1,123,421	970,482	1,189,894	0.8%	219,412	22.6%
· 기관 구내식당업	10,113,324	10,521,197	9,674,173	10,603,441	7.0%	929,268	9.6%
· 출장 음식 서비스업	159,807	186,361	138,804	141,936	0.1%	3,132	2.3%
· 제과점업	5,936,409	5,977,512	6,024,022	6,896,077	4.6%	872,055	14.5%
· 피자, 햄버거, 샌드위치 및 유사 음식점업	6,168,086	6,758,639	7,167,795	8,239,971	5.5%	1,072,176	15.0%
· 치킨 전문점	5,365,202	6,200,994	7,460,346	8,449,777	5.6%	989,431	13.3%
· 김밥 및 기타 간이 음식점업	5,191,216	5,695,228	6,112,898	7,027,438	4.7%	914,540	15.0%
· 간이 음식 포장 판매 전문점	2,653,245	2,228,622	1,908,205	2,279,280	1.5%	371,075	19.4%
– 주점 및 비알코올 음료점업	23,314,243	24,326,812	22,788,546	22,992,143	15.3%	203,597	0.9%
· 일반 유흥 주점업	2,997,373	2,896,332	2,212,285	1,294,152	0.9%	-918,133	-41.5%
· 무도 유흥 주점업	411,697	375,833	143,471	64,831	0.0%	-78,640	-54.8%
· 생맥주 전문점	919,172	1,050,923	1,065,032	1,037,310	0.7%	-27,722	-2.6%
· 기타 주점업	8,108,768	7,552,120	6,975,591	5,734,272	3.8%	-1,241,319	-17.8%
· 커피 전문점	9,687,014	11,067,973	11,129,202	13,516,400	9.0%	2,387,198	21.4%
· 기타 비알코올 음료점업	1,190,219	1,383,631	1,262,965	1,345,178	0.9%	82,213	6.5%

표 2·11 외식산업 현황 　(단위 : 개, 명, 백만원)

산업별	항목	2018년	2019년	2020년	2021년	2022년
음식점 및 주점업	사업체 수	709,014	727,377	804,173	800,648	795,488
	종사자 수	2,138,772	2,191,917	1,919,667	1,937,768	2,040,770
	매출액	138,183,129	144,391,991	139,889,581	150,763,234	177,122,646
음식점업	사업체 수	506,407	518,794	574,938	572,550	569,760
	종사자 수	1,647,466	1,674,179	1,491,559	1,494,373	1,555,574
	매출액	114,868,886	120,065,179	117,101,035	127,771,091	148,339,180
주점 및 비알코올 음료점업	사업체 수	202,607	208,583	229,235	228,098	225,728
	종사자 수	491,306	517,738	428,108	443,395	485,196
	매출액	23,314,243	24,326,812	22,788,546	22,992,143	28,783,466

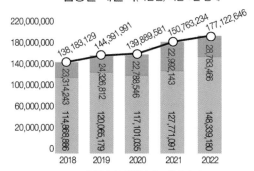

외식업(전체) 주요 정보

[그림 2-1] 사업체 수

[그림 2-2] 종사자 수

[그림 2-3] 매출액

[그림 2-4] 영업비용

[그림 2-5] 급여액

미니사례 2·1

4차 산업혁명과 함께 비상하는 중국의 외식산업

본지는 창간 34주년을 맞아 버블경기 붕괴를 딛고 일어선 일본 외식산업에 이어 1979년 개혁 개방 이후 40년 만에 외식업 시장 규모가 세계 2위로 성장한 중국의 외식산업 현장을 다녀왔다. 세계 최대 모바일 시장으로 성장한 중국은 외식산업에서도 최첨단기술을 통해 인력난 해소 및 효율화를 지속 보완하며 수직 성장을 이어가고 있다.

대형 식당에서 서빙 로봇을 쉽게 접할 수 있고, 쇼핑, 외식업체, 길거리 음식까지도 모바일 결제가 일반화된 중국이 인공지능, 빅데이터, 사물인터넷 등 4차 산업혁명을 바탕으로 어떻게 최첨단기술을 도입하고 있는지, 최근 중국 소비자들이 열광하는 외식 트렌드는 무엇인지 베이징과 상하이의 외식현장을 통해 살펴봤다.

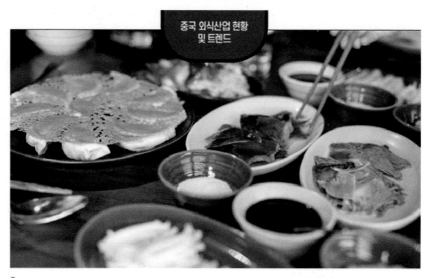

중국 외식산업 현황 및 트렌드

ㅣ 중국 외식산업 규모 2018년 기준 4조 3,000억 위안
ㅣ 40년 만에 시장 규모 약 800배 성장… 폐업도 매년 증가

　중국 외식업 시장은 1979년 개혁 개방 이후 40년 만에 시장 규모가 800배 증가하며 미국에 이어 세계 2위의 거대시장으로 성장했다. 중국은 14억 인구를 바탕으로 모바일 결제의 대중화, 배달앱 서비스의 보편화, 외식산업의 새로운 소비층 형성, 다양하고 개성 있는 음식, 외식업소의 브랜드화 등에 힘입어 성장 가능성이 여전히 높은 것으로 평가받고 있다.

　중국 요리협회의 자료에 따르면 1978년 54억 8,000만 위안(한화 약 9,300억 원) 정도에 불과했던 중국의 외식산업 시장 규모는 2017년 3조 9,644억 위안(한화 약 670조 원), 2018년 4조 3,000억 위안(한화 약 730조 원)으로 약 800배나 증가했다. 2020년 외식업 총매출은 5조 위안(한화 약 850조 원), 2022년에는 6조 위안(한화 약 1,020조 원)을 돌파할 것으로 전망하고 있다.

　외식업계의 매출 규모는 중국 사회 전체 소비 판매액의 10.8%를 차지하고 있으며, 전체 소비시장의 성장 기여도는 11.3%에 달한다. 중국 전역의 외식업체 수 역시 1978년에는 12만 개에 못 미치는 규모였으나 2017년 기준 465만 개, 총 영업점 800만 개의 규모로 증가했다. 종사자 수는 1978년 104만 명에서

2017년 3,000만 명으로 늘어났으며, 중국 국민 1인당 연간 외식 소비금액은 1978년 6위안(한화 약 1,000원)에서 2017년 기준 2,852위안(한화 약 47만 원)으로 약 500배 증가했다.

성장하는 외식시장에서 매년 폐업하는 식당도 증가하고 있다. 2016년 16만 개, 2017년 상반기에만 약 21만 개의 외식업체가 문을 닫았다. 중국 전체 식당 중 월평균 약 10%에 해당한다. 폐업의 주요 원인은 식품안전규정 위반, 전문적 관리능력 부족, 무리한 점포 수 확대, 시장의 치열한 경쟁 등이다. 국가통계국 통계에 따르면 전체 식당 중 20%만이 흑자 경영을 하고 80%의 식당은 경영실적이 좋지 않아 시장 규모 대비 이익을 창출하는 기업이 다소 한정돼 있다.

한편 중국 국가통계국에 따르면 중국의 2018년 실질GDP 성장률은 전년대비 6.6%로 2017년에 비해 0.2%p 둔화됐다. 명목GDP는 90조 위안(원화기준 약 1경 4,700조 원)으로 전년대비 9.7% 증가했다. 산업별로는 1, 2, 3차 산업 모두 성장률이 둔화됐으나 서비스업의 성장기여율 확대는 지속됐으며, 지출부문별로도 3차 산업은 2017년 58.8%에서 2018년 60.1%로 성장해 소비가 성장을 주도한 것으로 나타났다.

2017년 중국 도시별 GDP를 살펴보면 상하이(上海)가 3조 133억 위안(한화 약 512조 원)으로 가장 높고, 다음이 베이징(北京) 2조 8,000억 위안(한화 약 476조 원), 선전(深圳) 2조 2,286억 위안(한화 약 379조 원), 광저우(广州) 2조 1,500억 위안(한화 약 366조 원) 순이다.

상하이시 통계국의 '2017 국민경제사회발전통계보고'에 따르면 2017년 숙박음식업계 총수입은 1,025억 4,000만 위안(한화 약 17조 4,300억 원)으로 2016년 대비 7.9% 성장했다.

❖외식소비 횟수 늘고, 20~34 여성고객의 소비지출 증가

　외식시장 성장에는 외식소비 횟수의 증가가 많은 기여를 했다. 중국의 경제가 지난 10년간 급성장하면서 가계소득이 늘어남에 따라 주 3~4회 이상 외식하는 소비자가 늘어나고 있다. 이는 여성들의 사회진출이 활발해지면서 집에서 밥을 해 먹기보다는 밖에서 간단하게 끼니를 해결하거나 배달앱으로 주문을 해 먹는 추세도 한몫하고 있다.

　외식 소비자들의 니즈도 주 소비 계층이 변화하면서 과거에는 가격, 음식 효능, 품질과 전체적인 서비스를 거시적으로 봤다면 지금은 높은 가성비, 품질, 제품의 표준화, 개성화까지 요구하고 있다. 이에 따라 외식업소에서는 개성적인 서비스 제공, 소비자와의 교감, 간편성, 음식 제공 속도 등을 개선하고 있으며 음식의 안전, 맛을 기본으로 한 음식의 궁합, 다양성, 특색 있는 음식 제공에 초점을 맞추고 있다.

중국 소비자의 외식니즈 변화

출처: 중국산업정보, 톈진무역관 재정리

중국요리협회 설문조사에 따르면 식품의 영양성분 제공이 주문에 영향을 미친다고 응답한 비율이 75.4%에 달해 음식 선택에 있어 건강의 비중이 점차 증가하는 것으로 파악된다.

❖ 취엔쥐더, 샤부샤부 등 20여 곳 상장

중국의 외식기업들 가운데는 상장한 업체들이 상당수 있다. 상하이와 선전 증권거래소에 총 4개 기업이 상장했고, 홍콩 증권거래소에 20여 개 기업이 상장했다.

상하이와 선전 증권거래소에 상장한 외식업체는 시안인스(西安饮食), 취엔쥐더(全聚德), 광저우쥬지아(广州酒家), 중커윈왕(中科云网) 등 4곳이며, 홍콩 증권거래소에는 하이디라오(海底捞)를 비롯한 웨이첸(味千), 샤부샤부(呷哺呷哺), 푸지식품(福记食品) 등 20여 개 업체가 상장했다. 지난 5월에는 루이싱커피(瑞幸咖啡, Luckin Coffee)가 뉴욕 증권거래소에 상장을 해 전 세계의 주목을 받았다.

❖ 스타벅스 대항마 中 루이싱커피 나스닥시장 데뷔

세계 최대 커피체인 스타벅스에 도전장을 내민 중국 토종 커피 브랜드 '루이싱커피'가 지난달 17일 뉴욕 나스닥에 상장해 주목을 받았다. 시세 표시기에 'LK'로 표시된 루이싱커피는 첫 거래에서 공모가인 17달러에서 47% 폭등한 25달러에 장중 거래됐다. 루이싱커피는 전날 기업공개를 통해 3,300만 주의 주식을 발행했는데, 이를 통해 끌어들인 자금은 5억 7,120만 달러, 한화 기준 6,800여억 원에 달한다. 기업가치 평가는 39억 달러(한화 4조 6,600억 원)에 이른다. 루이싱커피는 지난 4월 거대 자산관리업체인 블랙록으로부터 1억 5,000만 달러를 펀딩받아 화제를 모았다. 지난 2017년 7월 사업을 시작한 지 1년여 만에 중국 내 28개 도시에 2,300여 개의 매장을 낸 루이싱커피는 올해 안에 중국 내에서만 3,600여 개의 매장을 운영해 스타벅스를 따라잡겠다는 목표다.

루이싱커피의 빠른 성장 비결은 ▲ 픽업 및 배달 전용 매장 ▲ 테이블과 의자가 있는 릴랙스 스토어 ▲ 배달 주문만 전문적으로 처리하는 딜리버리 키친 ▲ 모바일 주문 시 1+1 전략으로 브랜드 인지도를 쌓은 후 빠른 점포 전개 전략에 있다. 총 2,370개의 점포 가운데 픽업 스토어가 2,163개로 가장 많다. 한편 가파른 성장세에 비해 재무구조는 그다지 건전하지 못하다는 평가를 받고 있다. 지난해 4억 7,500만 달러의 손실을 내는 등 무리한 매장 확장에 따른 출혈

이 크다는 지적을 받았다.

❖ 모바일 배달앱을 기반으로 한 배달시장

  중국의 대표 도시인 베이징과 상하이의 외식산업 발달 속도에 세계가 주목하고 있다. 그중에서 가장 괄목하게 발전한 부분이 모바일 결제와 배달앱을 기반으로 한 배달시장이다.

  베이징시통계국의 '베이징시 2017년 국민경제화사회발전통계보고'에 따르면 2017년 중국의 배달외식 시장규모는 1,028억 8,000위안(한화 약 17조 4,896억 원)으로 전년대비 7.7% 성장했다. 앱을 통해 배달하는 외식업소는 20만 4,000곳이며, 2017년 새롭게 배달을 시작한 곳은 8만 5,000곳이다. 반면 폐업을 한 배달 외식업소는 11만 4,000곳이다. 2016년에 비해 3만 곳이 증가한 것으로 나타났다.

  상하이의 경우 상하이시 통계국의 '2017 국민경제사회발전통계보고'에 따르면 앱을 통해 배달을 하는 외식업소는 22만 8,000곳이며 2017년에만 8만 3,000곳이 배달에 가세했다. 반면 폐업을 한 업소도 11만 3,000곳으로 2016년에 비해 3만 곳이 증가해 중국도 전반적으로 창업보다 폐업률이 높은 것으로 나타났다.

모바일 결제의 대중화, 배달앱 서비스의 보편화, 빠르게 변하는 최근 소비 트렌드를 바탕으로 급성장한 중국의 배달시장은 모든 레스토랑의 음식뿐만 아니라 신선과일과 생과일주스, 커피 음료의 배달 주문이 폭발적으로 증가하고 있다.

특히 텐센트의 위챗(WeChat) 페이 시스템으로 고속 성장한 루이싱커피(瑞辛咖排, Luckin Coffee)와 중국 최대 전자상거래 업체 알리바바의 O2O 신선식품 마켓인 허마셴성(盒马鲜生)이 대표적이다. 그 가운데서도 대표적인 곳이 스타벅스의 대항마로 등장한 루이싱커피다. 커피와 핀테크, 배송서비스를 접목해 단시간에 중국 커피시장을 장악하면서 스타벅스를 위협할 정도로 급성장했다. 루이싱커피는 2년이 채 되지 않은 현재 약 2,370개의 매장을 운영하고 있다.

옴니채널의 최강자 허마셴성도 배달앱을 기반으로 매장 반경 3km 이내 고객에게 신선식품을 배달해 주는 서비스를 개시해 '허세권'이라는 신조어가 등장할 정도로 성공적으로 안착했다.

옴니채널은 모바일, 온라인, 오프라인 등 어느 경로에서 상품을 구매하건 유기적으로 연결되는 쇼핑환경을 의미한다. 알리바바그룹의 회장인 마윈이 2016년 10월 '신유통'을 주창하면서 온라인 플랫폼, 오프라인 경험, 물류의 융합을 통해 제품의 생산, 유통, 판매 경험을 연결하고 있다.

한편 중국은 바이두, 알리바바, 텐센트 등 중국 ICT 기업들이 식품 배달시장에 대규모 투자를 하면서 메이투안(美团外卖), 어러머(饿了么) 등 배달 플랫폼의 성장을 촉진시켰다. 중국의 배달시장을 이끄는 O2O서비스 업체 중 어러머, 메이투완, 바이두와이마이(百度外卖)가 시장점유율 각각 36%, 33%, 17%를 차지하고 있었으나 2017년 어러머가 바이두와이마이를 인수하면서 어러머는 중국 2위 기업인 메이투완과 격차를 확실하게 벌리며 배달앱 점유율 1위에 올랐다.

베이징 지역 배달앱 음식 주문 순위

1 패스트푸드 59.2%
2 사천요리 5.5%
3 베이징요리 4.8%
4 양식 4.4%
5 특색요리 3.0%
6 불고기·구이 2.3%
7 한국요리 1.9%
8 훠궈 1.8%
9 동북요리 2.3%
10 서북요리 1.3%
11 샐러드 1.3%
12 빵·디저트 1.3%
13 커피음료점 1.7%
14 광둥요리 0.7%
15 과일 1.1%
16 일본요리 0.5%
17 기타품목 6.4%

59.2%
패스트푸드

배달음식 가운데 한국요리와 한국식 불고기는 각각 1.9%와 2.3%로 합치면 4.2%에 달해 매우 높은 순위를 차지하고 있다. 전국 다양한 지역 음식뿐만 아니라 세계 각 나라의 음식이 함께 섞여 있는데 이는 베이징이 정치, 경제, 문화 등의 중심지로 세계 각국의 외국인 거주 비율이 높기 때문이다. 베이징시 통계국이 발표한 '베이징시 2017년 국민경제화 사회발전통계보고'에 따르면 2017년 말 베이징의 상주인구는 2170만 7000명이며, 그 가운데 상주외국인이 793만3000명으로 상주인구대비 36.6%를 차지하고 있다.

자료 출처: 2018 중국외식업보고(中国餐饮报告 2018)

❖ 브런치 카페 및 커피음료 시장 성장세 뚜렷飮食報告

유형별 외식업종 분포를 보면 중국요리가 57%로 1위의 점유율을 보인다. 다음으로 휴한간찬(休閑簡餐), 패스트푸드(快餐), 간편식 등이 그 뒤를 잇는다.

휴한간찬은 최근 4년간 평균 20~25%의 성장세를 보이는 업종으로 기존 패스트푸드 매장보다는 고급스러운 분위기와 식사 및 커피를 즐길 수 있는 곳으로 일종의 브런치 카페 형태다. 2017년에는 휴한간찬이 16%의 점유율을 기록했는데 이는 중국 외식산업의 주요 소비층의 변화에서 그 원인을 찾을 수 있다.

중국은 최근 여성 소비자들이 남성 소비자들에 비해 외식 지출이 큰 것으로 파악된다. 금액대별로 살펴보면 100위안(한화 1만 7,000원) 이하 비용의 경우 남성의 지출 비중이 조금 높지만, 100위안 이상의 금액대에는 여성 소비자의 지출 비중이 약 10% 이상 높다.

또한 20~34세 연령이 외식산업에서 74%로 가장 큰 비중을 차지하고 있고, 외식 빈도로 보았을 때 90허우(90년대 이후 태어난 세대를 일컫는 단어) 연령층이 가장 높은 것으로 나타난다. 따라서 젊은 여성 고객들이 외식산업의 새로운 타깃 고객층이 되는 추세다. 이에 따라 전통적인 방식에서 벗어나 새로운 고객층을 타깃으로 한 메뉴 개발 및 식당 분위기 전환 등 새로운 트렌드에 맞춰 변화하고 있다.

중국 커피시장의 고성장도 두드러진다. 대표적인 것이 스타벅스와 루이싱커피, 시차(喜茶, Heytea) 등이다.

그동안 스타벅스가 중국에 도입돼 커피시장을 석권해 왔으나 2017년 중국 토종브랜드인 루이싱커피가 도전장을 내밀면서 두 브랜드 간에 뜨거운 격돌이 펼쳐지고 있다. 모바일 주문과 결제방식을 도입해 빠른 시간 내에 시장을 확대한 루이싱커피는 지난달 미국 뉴욕증시에도 상장해 주목받고 있다.

최근 젊은 여성층인 90허우에게 가장 핫한 브랜드는 단연 헤이티다. 헤이티는 크림치즈폼을 올린 과일차를 대표메뉴로 한다. 커피가 아닌 차와 과일을 혼합한 아이스음료에 크림치즈폼을 올려 메뉴의 차별화를 두고 있으며 SNS를 통해 널리 알려지면서 헤이티를 먹기 위해 1시간 이상 긴 줄을 서서 기다려야 할 만큼 폭발적인 인기를 끌고 있다.

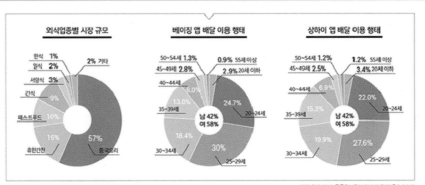

자료 출처: 2018 중국외식업보고(中国餐饮报告 2018)

✤ 프랜차이즈 경영 시스템 도입해 괄목할 만한 성장

　지난 1987년 KFC가 외국 브랜드 최초로 중국 수도 베이징에 입점한 이후 1990년 맥도날드가 중국 동부연안 경제지구의 중심 선전에 입점했다. 이후 피자헛, 스타벅스 등 글로벌 외식 브랜드가 중국에 진출하면서 다양한 식문화와 선진화된 관리 시스템을 도입하기 시작했다.

　이를 계기로 베이징덕요리 전문점 취엔쥐더(全聚德), 중국전통 샤부샤부 동라이쉰(东来顺), 600년 전통의 베이징덕 전문점 피엔이팡(便宜坊) 등 중국 각 지역의 '라오즈하오(老字号, 약 100년 이상 역사를 가진 노포)'가 전통에 혁신을 꾀하고 프랜차이즈 경영방식을 채택하면서 전통 브랜드의 새로운 가능성을 보여줬다.

　동시에 하이디라오(海底捞), 메이조우동포(眉州东坡酒楼), 시베이 요우미엔춘(西贝莜面村) 등 개혁 개방 이후 나타난 비교적 역사가 짧은 음식점들은 프랜차이즈 시스템 도입을 통해 수백 개의 체인점을 거느린 유명 브랜드 기업으로 성장하며 중국 외식업계는 괄목할 만한 발전을 이끌어냈다.

대표적인 브랜드로는 서북지역 요리 전문점 시베이 요우미엔춘이 있다. 대표메뉴는 귀리로 만든 유멘과 양꼬치, 양갈비 등이다. 음식을 제공할 때 모래시계를 함께 제공하는데 모든 요리를 26분 내에 제공할 것을 약속한다. 주문, 결제, 영수증 발행 등 모든 것이 QR코드로 인식 가능하도록 해서 종업원을 따로 부를 필요가 없도록 매장의 스마트화가 이뤄졌다.

1988년 네이멍구(內蒙古)에서 시작해 30년이 흐른 지금 9개 브랜드를 운영하는 중국 최대의 프랜차이즈 기업으로 성장했으며, 주로 대형 쇼핑몰에 매장이 있다.

❖스마트 기기 활용한 언택트 식당 이용 시스템

로봇 카페, 로봇 레스토랑처럼 사람과 직접 대면하지 않고 서비스하는 방식을 언택트라고 한다.

중국 외식산업은 2000년 이후 인터넷의 보급과 2010년 이후 스마트폰이 대중화되면서 온라인 플랫폼을 통해 식당 검색은 물론 예약, 주문 접수, 계산까지 모두 스마트폰으로 해결하는 언택트 원스톱 체계가 확대되고 있다. 언택트는 주로 리테일에서 많이 접목하며 특히 영수증의 정보 입력부터 발급까지 모바일로 가능하기 때문에 매장 직원과 별도로 소통할 필요가 없다.

중국에서 무인매장이 급증하는 이유는 비용절감, 결제환경, 정책지원 때문이다. 상하이, 베이징은 임대료와 인건비가 날로 높아져 운영비를 감당할 수 없게 되자 초기 투자비가 들더라도 무인매장을 선택하고 있다. 또 무인매장의 필수 요소인 무인결제가 가능한 기반이 갖춰진 것도 무인매장 진행속도를 높여주는 요소다. 2017년 중국에서 발생한 결제 가운데 모바일 결제 비중이 78.5%에 달한다. 여기에 중국 정부는 오프라인 매장에 사물인터넷, 빅데이터, 인텔리전스, 스마트 물류 등 최첨단기술의 접목을 적극 지원하고 있다. 이로 인해 중국에는 이미 5,000여 개의 무인매장이 영업 중이다.

징둥닷컴의 JD.ID.X무인마트에서는 RFID, 인공지능, 안면인식, 이미지인식 등 첨단기술을 접목해 소비자가 상품을 골라 매장을 나서면 RFID로 자동 식별해 계산되는 무인매장을 오픈했다.

이 밖에도 QR코드를 기반으로 하는 무인 편의점 오샹미닛(欧尚, Auchan), 자판기형 시스템으로 식음료와 생필품을 판매하는 언택트 편의점 F5 미래상점(未來商店) 등이 있다. 협회의 연구조사에 따르면 2017년 59.7%의 소비자가 외식 후 모바일 결제를 사용했으며, 이는 전년 동기대비 67.7% 증가한 수치로 나타났다.

특히 중국의 유명식당 대다수가 대기시간이 필요한데, 스마트폰을 이용해 대기시간을 효율적으로 활용할 수 있는 서비스를 제공하고 있어 소비자들에게 각광받고 있다.

✤ 사천요리(매운맛) 마라샤오롱샤 열풍

영화 '범죄도시'에서 장첸이 먹었던 마라샤오롱샤(작은 민물가재). 이후 우리나라에도 샤오롱샤를 선보이는 곳들이 꾸준히 늘어나고 있다. 중국에서는 우리나라 치맥의 조합만큼 대중적인 것이 샤오롱샤와 맥주의 조합이다.

중국의 국민야식이라고 할 만큼 초여름부터 선선한 바람이 불기 전까지(4~9월) 롱샤와 맥주는 중국 현지인들의 사랑을 독차지하고 있다.

약 13~15가지의 향신료가 첨가된 샤오롱샤는 비록 작지만 양념이 껍질 속까지 속속 스며든 매콤한 맛이 매력이다. 밤에 식당가가 밀집된 곳을 지나다 보면 샤오롱샤 전문점에는 항상 사람들이 가득한데 테이블마다 거대한 크기의 쟁반에 가득 담긴 롱샤를 까먹는 모습을 볼 수 있다.

중국인의 샤오롱샤 사랑이 워낙 높다 보니 롱샤를 까주는 아르바이트까지 생겨나 화제를 모으기도 했다.

상하이뉴스에 따르면 "지난해 상하이의 한 샤오롱샤 전문점에서 처음으로 롱샤의 껍질을 까주는 아르바이트생이 화제를 모은 이후 아예 롱샤를 까주는 업종이 신종 직업으로 등장했다"고 전했다.

샤오롱샤의 인기가 높아지고 있지만 일일이 까먹어야 하는 불편함 때문에 중국 전역에서 샤오롱샤 껍질을 까주는 직업이 생긴 것. 실제로 알리바바가 운영하는 허마셴성에서는 온라인 공고를 통해 껍질을 까주는 사람, 즉 박하사(剝蝦师)를 모집했다.

출처 : 월간식당, 2019. 06. 05일자, 글사진-육주희 국장, 이동은 기자

미니사례 2•2_____

채식 열풍으로 대체육(肉)이 뜬다

건강·환경에 대한 관심으로 식물성 고기에 주목

미국, 유럽 등을 중심으로 시작된 채식 열풍이 우리나라를 강타했다. 건강과 환경에 대한 인식의 변화로 전 세계 채식인구가 꾸준히 증가하는 가운데 채식은 경제에까지 영향을 미치며 베지노믹스(Vegenomics)라는 단어까지 탄생시켰다. 최근 한국에서도 식물성 원료의 중요성과 대체육에 대한 관심이 급증하고 있는 가운데 채식 열풍으로 인한 외식업계의 변화를 살펴봤다.

❖대체육 급부상, 식문화에 대한 성찰… 채식주의자들에게 인기

30년 전만 해도 채식은 개인의 건강이나 체질적인 이유로 어쩔 수 없이 행해지는 것이었다. 그러나 지금은 2030을 중심으로 지구의 건강, 동물보호와 같은 윤리적인 측면에서 채식을 선호하는 사람들이 늘어나고 있다.

국제채식인연맹(International Vegetarian Union, IVU)이 2018년 발표한 자료에 따르면 전 세계 채식인구는 약 1억 8,000만 명(인도 채식주의자 숫자는 빠진 통계), 이 중에서도 우리나라 채식인구는 전체 채식인구의 2~3%인 약 150만 명(한국채식연합 통계)으로 나타났다. 이는 2008년 15만 명에서 10배가량 증가한 수치다.

그런 면에서 대체육은 채식주의자들에게 육류에 상응하는 영양소를 제공하고 환경과 생명윤리의 가치관까지 가져갈 수 있는 '건강한 채식'으로 주목받고

있다.

채식주의자들이 선호하는 식물성 대체육은 콩, 버섯, 호박 등 식물에서 단백질을 추출해 제조한 식물성 고기를 말한다. 실제 육류와 맛은 비슷하지만 포화지방, 콜레스테롤, 열량은 낮고 철분, 단백질 함량은 더 높다는 사실이 알려지면서 인기를 얻고 있다. 특히 전 세계적으로 육류 소비가 환경 파괴에 영향을 줄 수 있다는 주장이 제기되면서 대체육 시장은 더욱 활성화되고 있다. 국제시장조사 전문기관 유로모니터에 따르면 세계 대체육 시장은 2023년까지 약 27조 원 규모로 커질 전망이다.

대체육은 일찌감치 채식이 보편화된 미국과 유럽에서 주로 생산되고 있다. 육류 소비량이 다른 지역보다 많고 경제수준도 높은 소비자들의 소비행태가 시장 트렌드를 바꾸고 있는 것으로 보인다. 맥도날드는 스웨덴과 핀란드에서 콩으로 만든 햄버거 맥비건을, 버거킹과 델타코는 육류 대신 콩 단백질로 만든 신제품을 개발해 판매 중이며 KFC는 영국에서 치킨을 대체할 채식 메뉴를 개발 중이다. 미국의 화이트 캐슬(White Castle), 비욘드 버거(Beyond Burger), 식물성 햄과 베이컨을 만드는 벤처기업을 매수한 네슬레에서도 채식 버거를 출시했고 이에 따라 식물성 대체육 납품업체인 비욘드 미트(Beyond Meat), 임파서블 푸드(Impossible Foods), 돈리팜스(Don Lee Farms)의 인기도 치솟고 있다. 이 밖에 닭 없이 달걀을 만드는 햄프턴 크릭 푸드(Hampton Creek Food), 동물 줄기세포를 근육조직으로 분화시켜 고기를 배양하는 멤피스 미트(Memphis Meats) 등이 대체육 시장을 이끌고 있다.

❖ 한국의 대체육 시장, 시작 단계지만 발전 가능성 커

우리나라는 현재 대체육에 대해 관심을 갖는 시작 단계로 상용화에 성공한 기업은 롯데푸드와 롯데리아, 동원 F&B가 있다. 롯데푸드는 2년간의 개발 끝에 엔네이처 제로미트 브랜드를 통해 너겟과 가스 2종류를 출시했으며 동원 F&B는 이미 해외에서 성공한 브랜드 비욘드 미트를 단독 수입하는 방식으로 국내 시장을 공략하고 있다. 비욘드 미트는 백화점에서도 판매 중이며 올해 2월 출시 이후 3개월여 동안 2만 4,000팩을 판매하는 기록을 세웠다. CJ제일제

당은 2021년을 목표로 대체육 기술 개발에 집중하고 있다.

그러나 우리나라에는 구이문화가 발달해 육질에 대한 평가기준이 까다롭고 국이나 탕류에 들어갈 수 있는 원물형태의 육류를 선호하기 때문에 대체육의 보편화에는 시간이 걸릴 것으로 보인다. 하지만 콩을 갈아서 만든 콩고기가 두께감이 없고 식감이나 맛에서 고객의 입맛을 충족시키지 못했던 과거와는 달리 요즘은 햄버거 패티처럼 두툼하고 씹는 맛을 즐길 수 있는 제품들이 등장하면서 대체육에 대한 발전 가능성이 큰 것으로 평가되고 있다.

음식 섭취 여부에 따라 채식의 단계 결정

사람들은 동물 보호주의, 자연보호, 비인도적인 축산·도축 거부 등 생명보호와 종교적인 이유, 자기 신념 혹은 자기 관리, 개인적인 건강과 같이 다양한 이유로 채식을 선택한다. 흔히 이런 사람들을 채식주의자로 정의하는데 그 안에서 다양한 단계가 존재하며 개인에 따라 유연하게 혹은 엄격하게 식단을 제한하며 살아간다.
채식의 단계는 육류, 가금류, 생선, 달걀, 유제품, 곡류, 채소·과일의 섭취 여부에 따라 플렉시테리언(Flexiterian), 페스코테리언(Pescatarian), 폴로테리언(Pollotarian), 락토-오보 베지테리언(Lacto-ovo Vegetarian), 오보 베지테리언(Ovo Vegetarian), 락토 베지테리언(Lacto Vegetarian), 비건(Vegan) 등 7가지로 나뉜다.

단계별 채식주의자

구분	육류	가금류	생선	달걀	유제품	곡류	채소·과일
플렉시테리언(Flexiterian)	▲	▲	▲	▲	▲	●	●
페스코테리언(Pescatarian)	×	×	●	●	●	●	●
폴로테리언(Pollotarian)	×	●	×	●	●	●	●
락토-오보 베지테리언(Lacto-ovo Vegetarian)	×	×	×	●	●	●	●
오보 베지테리언(Ovo Vegetarian)	×	×	×	●	×	●	●
락토 베지테리언(Lacto Vegetarian)	×	×	×	×	●	●	●
비건(Vegan)	×	×	×	×	×	●	●

❖채식 전문식당 1년 새 급증… 채식 옵션 메뉴 마련도

과거 채식하면 떠오르는 것은 사찰음식이었으나 약 3년 전부터 외국인 인구가 많은 서울의 이태원이나 강남에 채식 식당이 생기기 시작했고 최근 1년 사이 급격히 증가해 2018년 기준 전국에 350여 곳의 채식 식당이 성행 중이다.

서울 이태원의 몽크스부처, 합정의 쿡앤북, 망원의 다이너 재키와 어라운드 그린, 송파 송리단길의 씨젬므쥬르, 홍대의 야미요밀, 사당의 남미 플랜트 랩과 라이크어스, 해방촌 골목의 베제투스, 신사 가로수길의 칙피스, 대학로의

맞이한 등 채식 레스토랑뿐 아니라 손오공 마라탕에서는 육수를 채수로 바꿀 수 있다. 성수의 중화요리 승리원에서는 고기 없는 짜장 등 채식 메뉴를 옵션으로 선택할 수 있도록 했으며 합정의 가원에서는 가지 안에 고기 대신 두부를 넣은 요리로 채식주의자들의 호응을 얻고 있다.

몽크스부처 이문주 대표는 "대부분의 사람들은 채식이라고 하면 한식을 떠올린다. 그런데 버거나 피자도 채식으로 즐길 수 있다는 것에 호기심을 느끼는 것 같다. 채식주의자뿐 아니라 일반식을 하는 고객도 증가하고 있다"라고 말했다.

호텔에서도 채식 열풍에 맞춰 채식 메뉴를 갖췄다. 그랜드 하얏트 서울 호텔은 그랩앤고(Grab And Go) 메뉴를 통해 지난 6월 국내 호텔 최초로 채식 버거를 출시했다. 비욘드 미트의 패티와 비건 체더 치즈, 비건 마요네즈 및 다양한 채소를 사용해 육류 없이도 풍부한 버거의 맛을 구현했다. 제주신화월드 메리어트 리조트관의 한식 레스토랑 '제주선(濟州膳)', 스테이크하우스 '스카이 온 5 다이닝', 일식 철판요리 전문 레스토랑 '데판야'에서는 단계별 채식주의자들이 유형별로 채식을 즐길 수 있도록 다양한 메뉴를 개발했다. 특히 스카이 온 5 다이닝에서는 애호박 퓌레와 구운 잣으로 만든 파스타, 망고 살사 소스를 곁들인 두부 스테이크 등을 출시했다.

채식은 온라인에서도 인기다. 온라인 식품몰 마켓컬리, 헬로네이처, 오아시스마켓 등에서도 채식 육류부터 소스 및 간편식까지 다양하게 만날 수 있다. 특히 헬로네이처는 최근 비건인이 쉽고 빠르게 장을 볼 수 있도록 비건존(#VEGAN) 카테고리를 오픈하고 신선식품, 간편식, 베이커리, 스낵·아이스크림, 시리얼, 조미·양념·오일, 음료, 대체식품, 생활용품 등 9가지 카테고리, 200여 개의 상품을 판매 중이다.

❖ 일시적 유행 아닌 사회현상될 것

대부분 채식 식당에서는 콩을 이용해 자체적으로 채식 고기를 생산하고 있으며 소스나 드레싱, 향신료까지 손수 만든다. 시판되는 식재료 중에는 완전한 채식주의자를 위한 제품이 드물어 수입한 식재료를 사용해 직접 제조하고 있다. 상황이 이렇다 보니 '채식 식당의 메뉴는 비싸다'라는 편견이 생길 수밖에 없다.

몽크스부처 이문주 대표는 "채식이라고 하면 떠오르는 게 채소이기 때문에 오픈 초반에는 '채소만 들어갔는데 뭐가 이렇게 비싸냐'라는 반응도 많았다. 음식이 만들어지기까지의 중간과정을 모르기 때문에 그런 말이 나올 수밖에 없을 것"이라며 "한국에선 아직 채식이 대중화되지 않아 특별한 음식으로 생각할 수 있지만 점차 상황이 바뀔 것이다. 해외보다는 관심과 수요의 속도가 느린 것 같지만 예전보다는 점점 더 반응이 오고 있어 한국 내 채식 시장이 앞으로 좋아질 것이라고 생각한다"라고 말했다.

(주)티마컴퍼니 이명진 대표는 "요즘 우리나라에서 채식에 대해 자주 언급되고 있는 것은 굉장히 고무적인 현상"이라며 "하나의 트렌드가 아닌 앞으로도 눈여겨봐야 할 부분"이라고 말했다.

❖음식 섭취 여부에 따라 채식의 단계 결정

사람들은 동물 보호주의, 자연보호, 비인도적인 축산·도축 거부 등 생명보호와 종교적인 이유, 자기 신념 혹은 자기 관리, 개인적인 건강과 같이 다양한 이유로 채식을 선택한다. 흔히 이런 사람들을 채식주의자로 정의하는데 그 안에서 다양한 단계가 존재하며 개인에 따라 유연하게 혹은 엄격하게 식단을 제한하며 살아간다.

채식의 단계는 육류, 가금류, 생선, 달걀, 유제품, 곡류, 채소·과일의 섭취 여부에 따라 플렉시테리언(Flexiterian), 페스커테리언(Pescatarian), 폴로테리언

(Pollotarian), 락토-오보 베지테리언(Lacto-ovo Vegetarian), 오보 베지테리언(Ovo Vegetarian), 락토 베지테리언(Lacto Vegetarian), 비건(Vegan) 등 7가지로 나뉜다.

❖ 채식에 대한 오해

• 채식을 하면 항상 배가 고프다?

채식을 하면서도 단백질, 섬유질, 지방 등을 충분히 섭취할 수 있다. 섬유질은 포만감이 오래 가 채소 위주 식단에서는 필수적 요소다. 채식 때문에 배가 고프다면 방법에 문제가 있는 것이다.

• 채식을 하면 살이 빠진다?

모든 채식주의자가 마른 몸을 가지고 있지는 않다. 하지만 육류 위주로 먹던 사람이 점차 고기 섭취량을 줄이고 채소를 먹는 양을 늘려간다면 서서히 체중이 줄어들 수밖에 없을 것이다. 또한 채식을 하면 금방 건강해질 것이라고 믿지만 단기간 내에 효과를 보기는 힘들다.

• 비건은 채소면 다 된다?

비건이 채식주의자의 가장 상위레벨이긴 하지만 핵심은 온도에 있다. 완벽한 비건이라고 말할 수 있으려면 식재료 온도는 75도 이하를 유지해야 하므로 가열해서 먹을 수 없다. 보통 발효기와 건조기만 사용한다.

비건 중에는 완전한 생식을 지양하는 입장이 많은데 이유는 위와 소장에 부담이 많이 가기 때문이다. 이는 건강 악화로도 연결될 수 있어 신중하게 판단해야 한다. 비건식을 표방하는 곳에서도 실제 완전한 비건식은 거의 이루어지지 않고 있다는 것이 업계의 설명이다.

출처 : 월간식당, 2019. 08. 05일자, 글-최민지 기자, 사진-이종호 차장, 업체제공

미니사례 2·3_____

필름 실링에서 스킨 포장까지 배달 음식·
테이크아웃·HMR 포장기술이 상품력을 좌우한다

식품 포장기술이 필름 실링포장에서 진공포장을 거쳐 스킨포장까지 빠르게 변화하고 있다. 특히 최근 HMR(가정간편식)시장이 크게 성장하면서 포장기술에 대한 관심이 높아지는 추세다. 배달 음식, 테이크아웃, HMR시장의 성장과 함께 발전하고 있는 식품 포장기술에 대해 살펴봤다.

한국공업규격(KS A1006)에서는 포장을 '물품의 유통과정에 있어서 그 물품의 가치 및 상태를 보호하기 위해 적합한 재료 또는 용기 등을 시공하는 기술 및 시행한 상태'로 정의하고 있다.(『식품과학기술대사전』)

❖국내 식품 서비스 포장시장 규모, 2022년 2조 6,813억 원 추정

글로벌 리서치 조사회사 마켓츠앤마켓츠(Markets And Markets)가 발표한 '한국 식품 서비스 포장시장 규모 및 전망'(2017) 보고서에 따르면 2017년에는 17억 6,000만 달러(약 2조 698억 원)였으며 2022년에는 22억 8,000만 달러(약 2조 6,813억 원)로 연평균 5.27%의 성장을 예측했고 '글로벌 식품 서비스 포장시장 규모 및 전망'(2017)은 2017년 653억 6,000만 달러(약 75조 6,542억 원)에서 2022년에는 843억 3,000만 달러(약 97조 6,120억 원)로 연평균 5.23%씩 성장할 것으로 예측하는 등 식품 서비스 포장시장은 계속해서 커지고 그 중요성은 더욱 높아질 것으로 전망했다.

우리나라에서는 아직 생소하지만 유럽이나 미국 등 소고기 요리가 대중적인 국가에서는 슈퍼마켓이나 대형마트에서 스킨 포장된 제품들을 쉽게 찾아볼 수 있다. 올해 5월 독일 프랑크푸르트에서 열린 국제 식육 및 육가공 박람회 'IFFA 2019'에서는 420여 개 포장 전문업체들이 스킨 포장을 비롯해 새로운 기술을 접목한 제품들을 선보여 큰 호응을 얻었을 만큼 세계적으로도 관심이 많은 상황이다.

출처: Markets And Markets, Food Service Packging Market, 2017

❖외식업계, 주된 포장방법은 필름 실링포장

배달 음식점에서 주로 쓰는 필름 실링포장은 실링 용기에 내용물을 넣고 실링지를 덮어 압착하는 방식이다. 필름 실링 산소 차단이 잘되고 국물이 새지 않는 것이 특징으로 내용물을 안전하게 배달할 수 있으며 포장도 깔끔해 고객

의 만족도가 높다. 실링 포장기계는 20만 원 내외로 기계 구입 후 실링 용기와 실링 필름만 재구매하면 돼 경제적인 측면에서도 효과적이다.

실링 용기는 플라스틱이지만 환경호르몬 등 인체 유해성분이 없다는 품질 인증을 거친 것이 대부분으로 전자레인지에서 바로 사용할 수 있어 유용하다. 실링 필름은 크게 완전밀봉형태와 뜯기 쉽고 깨끗하게 분리되는 형태의 두 종류로 구분된다. 닭발, 곱창, 삼겹살구이와 떡볶이 등 분식류와 김치류처럼 물기가 많은 반찬이나 국물, 버블티·생과일 주스 전문점과 같은 음료 브랜드에서도 이용 중이다. 실링 필름에는 브랜드 로고나 그림을 인쇄할 수 있어 업체 홍보효과도 있다.

❖육류·생선 등 미생물 성장 억제하는 가스치환 포장

대형마트에서 주로 사용하는 가스치환 포장(MAP, Modified Atmosphere Packaging)은 산소포장으로도 불리는데 플라스틱 팩 속의 공기를 모두 제거한 다음 이산화탄소와 산소를 8대 2 비율로 배합해 주입하고 외부의 공기를 차단하는 방식이다. 이물 혼입 차단, 세균 증식 및 미생물 성장 억제, 효소에 의한 오염 지연으로 육류를 냉장상태로 신선하게 보관할 수 있는 것이 장점. 육류의 유통기한과는 별개로 일반적인 냉장고 상태에서는 1주일, 김치냉장고 등에서는 2주일 이내까지 보관이 가능하며 육질의 상태나 마블링을 명확하게 볼 수 있고 가장 신선한 상태로 접할 수 있다. 그러나 포장비가 팩당으로 부가되고 같은 중량 대비 부피가 늘어난다는 것이 단점이다.

해산물에는 산소 캡슐 포장방식을 사용한다. 캡슐 안에 해수를 담아 산소를 주입하는 것으로 산지 포구나 어장에서 막 잡은 상품과 유사한 신선도를 유지할 수 있다. 특히 환경의 변화에 민감한 주꾸미는 어획 후 장거리 배송 시 집단 폐사가 흔하게 일어나는데 이 방법을 사용하면 시간을 지연시킬 수 있다. 그러나 포장 비닐이 터질 수 있어 이동 시 주의가 필요하다.

❖ 산소 투과 차단으로 산화 방지 가능한 진공수축포장

진공포장의 방식에는 진공수축포장, 스킨포장(VSP, Vacuum Skin Packaging), 열성형 진공포장(VTP, Vacuum Thermoforming Packaging)의 세 가지가 있다.

진공수축포장은 유연한 플라스틱 필름에 물건을 싸고 내부를 진공으로 탈기함과 동시에 필름의 둘레를 용착 밀봉하는 방식이다. 내부의 공기를 배제시킴으로써 식품 표면에 필름이 밀착돼 압력 차에 의해 포장 전체가 수축되는 형태로 베이컨·햄·소시지, 어류의 조제품, 김치·조미료·된장·면류·냉동식품·과자류 등에 사용한다. 포장용기 내에 내용물을 충전한 다음 포장내용으로부터 산소 투과를 차단해 산화를 방지하고 박테리아 등 산소성 미생물의 발육을 억제해 신선함을 오랫동안 유지하며 장기간 보관할 수 있는 것이 장점이다.

진공포장 기계는 가격이 300만 원부터 시작해 비교적 저렴하고 포장비 역시 단가가 낮은 편이다. 포장 후 부피가 줄어들어 보관이 용이하다는 장점 때문에 최근 크기가 작고 작동이 간편한 B2C용 제품도 출시되고 있다. 그러나 시간이 지나면서 진공이 풀리고 이로 인해 육류의 육즙 손실 가능성이 있어 상품 가치에도 영향을 미칠 수 있는 것이 단점이다.

❖ 단단한 뼈도 포장 가능한 스킨포장

스킨포장은 종이, 판지, 플라스틱 기저 시트 위에 주로 모양이 흐트러지지 않는 고정이 가능한 식품을 놓고 그 위에 플라스틱 필름을 덮음과 동시에 가열하는 방식으로 진공밀착포장이라고도 불린다. 포장 대상의 형상에 따라 강하게 밀착시켜 주변부의 필름과 기저 시트를 접착하는 형태로 연한 나물류나 국물류의 경우에는 스킨포장이 불가하다. 플라스틱 필름의 기본적인 사용 목적이 패키징과 상품 보호인 만큼 내구성이 강하거나 고가인 제품에 주로 쓰인다.

● 식품 포장 기술 종류

필름 실링	MAP(가스치환)	진공 수축	VSP(스킨)	VTP(열성형 진공)
· 국물이 새지 않아 배달 음식점에서 주로사용 · 실링 포장 기계 단가가 낮아 경제적 · 전자레인지도 사용 가능	· 가스 차단성이 좋아 제품의 신선도를 높여줌 · 투명도가 탁월함 · 낮은 온도에서 트레이 실링 이뤄져남 · 제품이 선명하게 돋보임	· 산소 투과 차단으로 산화 방지 · 박테리아 등 산소성 미생물의 발육 억제 · 포장 후 부피가 줄어들어 보관 용이	· 내용물의 보존성을 높이고 외관 변형을 최소화 · 산소투과도가 낮아 신선도 유지 · 밀착성이 우수해 식품의 모양을 그대로 반영	· 미세한 공기 투과의 우려가 없음 · 제품의 유효기간을 연장하며 진공과도 탁월 · 산화, 세균 발생 등의 문제점 해결

● 스킨 포장의 원리

스킨 포장의 장점

· 전자레인지로 조리해 간편하다.
· 포장의 간소화로 환경보호에 도움이 된다.
· 1인 가구 증가에 따른 소포장에 대한 대처가 쉽다.
· 유통 중 포장의 안정성이 좋다.
· 시각적인 만족도가 높다.
· 포장 필름이 제품에 밀착돼 육류나 생선의 육즙 손실이 없다.
· 밀봉돼 냄새가 발생하지 않고 박테리아 증식이 없어 유통기한이 연장된다.

❖ 상·하단 모두 필름형태의 열성형 진공포장

일명 멀티팩으로 불리는 열성형 진공포장은 상·하단이 모두 필름재질로 하단이 용기처럼 성형돼 있다. 성형 몰드 주문 제작이 필요해 가스치환 포장이나 스킨포장보다 가격대가 높아 생산량이 많은 대규모 업장에서 주로 사용한다. 제품 생산 및 유통에 있어 산화, 세균 발생 등의 문제점 해결에 특화된 필름으로 마찰에 강하고 산소 차단성이 높아 햄, 맛살 등 살균제품에 적용 중이다.

과거에는 식품 포장이 수송, 보관, 유통 과정에서 품질을 보존하고 위생 안전성을 유지하는 기본적인 역할만 했다면 최근에는 상품으로서의 가치를 증대시키고 판매를 끌어올리기 위한 수단 및 디자인, 맛, 품질, 유통기한 연장, 신선함 유지 등 다양한 측면에서 역할을 수행해 나가고 있다. 이에 식품·외식 업계에서도 포장에 대한 중요성이 증가하고 있다.

최근에는 HMR시장 성장과 함께 내용물 보존성이 높고 외형 변형을 최소화할 수 있는 스킨포장이 주목받고 있다. 1인 가구의 증가, 라이프스타일의 변화 등에 따라 2010년 7,700억 원 규모였던 HMR시장은 지난해 3조 7,000억 원으로 대폭 증가했고 최근 3년간 매출액은 43.3%까지 증가세를 보이고 있다.

HMR은 일부 조리가 된 상태에서 가공·포장되기 때문에 주로 전자레인지에 돌리거나 가볍게 끓여 먹는 등 쉽게 조리할 수 있다. 일반 진공포장의 경우 음식물을 끓는 물에 데우거나 전자레인지에 데운 후 비닐을 벗겨 접시에 옮기는 형태지만 스킨포장을 적용하면 용기째 전자레인지에 조리 후 스킨 필름만 제거해 바로 먹을 수 있어 편리하다.

스킨포장은 조리 시 스킨 필름이 점점 부풀어 오르며 가열된 증기가 대류를 통해 수분 손실을 막는 형태로 수분 보존율이 99%가량 된다. 이 때문에 방금 조리한 음식처럼 본연의 맛을 구현해 낼 수 있다. 조리 후에는 필름이 가라앉으며 하단 용기와 상단 필름이 쉽게 분리된다. 용기는 플라스틱, 알루미늄뿐 아니라 종이도 가능해 친환경적이다.

실링 필름 포장방법을 사용한 냉동 가공육의 경우 제품 표면으로 수분이 이탈해 성애가 생기는데 스킨포장 제품은 고기 표면이 아닌 포장지 바깥 면에 성애가 생겨 고기를 구울 때 육즙의 이탈이 최소화된다. 얇은 필름이 음식에 착 붙어 식품의 형태가 그대로 드러나는 것도 스킨포장의 이점 중 하나다. 쏠림현상이 없어 포장 전 상태를 유지, 시각적 효과가 뛰어나 판매량을 높이는 데 도움이 될 수 있다.

출처 : 월간식당, 2019. 07. 02일자, 글-최민지 기자, 사진-업체제공

외식산업의 환경

01 외식산업의 환경요인

한국의 성장과 발전에는 1960년대 이후 경제개발계획에 의한 경제적인 성장과 소득수준의 향상이 큰 영향을 미쳤다고 볼 수 있다. 1960년대까지 우리나라의 실정을 보면, 주식과 부식이 충분하지 못했고 단지 생존을 위한 식사였다고 할 수 있다. 일부의 식당에서 여행객들에게 음식을 제공하는 곳이 있다고 할지라도 식도락을 위한 외식수준에는 미치지 못하였다는 것이다.

최근에 가처분소득이 증가하고 도시화로 인한 핵가족화의 증가, 여성의 사회진출 확대로 인한 맞벌이 부부의 증가, 근로시간의 단축으로 인한 여가시간의 증가, 라이프스타일의 다양화와 신세대 소비계층의 출현, 평균수명의 연장으로 인한 노인 소비계층 증가 등의 사회문화적 변화는 외식산업을 발전시키는 계기가 되었으며, 외식의 기회를 폭발적으로 증가시키는 요인이 되었다.

또한 생산기술의 발달은 식품의 가공과 제조 및 유통능력을 향상시켜 풍부한 식재료가 공급되었으며, 식품의 수출입이 확대되면서 우리의 식탁은 한층 풍요로워졌다. 또한 해외여행의 자유화 조치로 국제 간의 식사문화 교류가 활발하게 이루어져 다양한 외국의 요리문화를 접할 수 있는 기회가 확대되었다.

우리나라 외식산업의 환경적 요인들을 경제적, 사회·문화적, 기술 및 자연적 환경요인 등으로 분류하여 살펴보면 다음과 같다.

1. 경제적 요인

1) 경기 상황

경기가 호경기일 때에는 투자가 활발히 이루어져 많은 일자리가 창출되고 근로자의 소득이 증가되어 소비지출이 확대된다. 따라서 기업은 더 많은 제품이나 서비스를 생산하게 된다. 경기가 호황이면 모든 기업의 판매량 증가를 의미하는 것은 아니지만, 기업성장에 유리한 환경요인을 제공하는 것은 분명하다.

한편 불경기에는 소비자들의 소비지출이 줄어들고 외식산업이 성장하는 데 많은 어려움을 겪게 된다. 특히 외식관련 산업에서는 경기의 호황과 불황이 매출액에 주는 영향력을 무시할 수가 없다. 일단 경기가 좋을 때 여유가 생기면서 가족들과 나들이와 함께 외식업소를 찾게 되는 것이다. 아무래도 경기가 좋지 않다면 정신적인 여유가 생기지 않으므로 위축되는 경향을 볼 수 있다. 따라서 어떤 산업보다도 외식산업은 경기에 가장 민감한 영향력을 받는 부분이라고 할 수 있다.

2) 국민소득 및 가처분소득의 증가

한국 외식산업의 시장규모가 빠르게 커지고 선진화되고 있는 가장 큰 요인은 바로 경제적 발전에 따른 국민소득의 증가이다. 1984년 1인당 국민소득은 2,158달러, 1990년 5,883달러, 1995년에는 10,079달러로 1만 달러 시대를 열었다. 이러한 국민소득의 증가는 외식산업발전에의 가장 큰 원동력이 되어 국민들은 여유있게 외식을 즐기게 되었다.

또한 고객의 욕구와 다양한 업태의 발생도 가능하게 만들었으며, 해외유명 외식기업들의 진출기회를 만들어주었다. 그러나 IMF 이후 1997년 국민소득은 9,511달러, 1998년에는 6,400달러로 감소하여 한국 외식산업 발전에 걸림돌이 되기도 하였다.

국민소득 증가 외에 외식산업이 발전하게 된 요인 중의 하나가 바로 개인이 처분할 수 있는 가처분소득disposal income의 증가이다. 경제발전의 소득향상으로 가처분소득이 증가하면 가계부문의 소비지출능력 또한 높아지게 된다. 도시 근로자가구의 월평균 가처분소득 증가는 자연히 보다 나은 문화생활을 위한 소비활동을 촉진시켰으며, 또한 여가에 대한 새로운 가치관의 정립과 더불어 다양한 문화 및 레저활동에 참여하는 여유를 가져다줌으로써 외식으로의 참여기회가 자연스럽게 증대하게 한다.

3) 외식비 지출의 증가

최근의 소비지출을 살펴보면, 외식비가 차지하는 비중이 증가하고 식료품비의 비중이 감소하고 있다. 또한 세부품목별 구성비를 보아도 과거에는 주식비의 비중이 부식비나 외식비의 비중보다 훨씬 높았으나, 시간이 흐를수록 부식이나 외식에 대한 지출이 크게 증가하고 있다. 가구당 월평균 외식비지출 보면, 〈표 3-1〉과 같다.

표 3·1 가구당 월평균 외식비 지출 (단위 : 만원)

구 분	2007	2008	2009	2010	2011	2012	2013
식료품비	59.2	58	59	69	73	70	70
가정식비	35.9	35	35	40	42	42	43
외식비	23.2	22	23	23	25	24	24
기타	-	-	-	5	2	4	4

자료 : 통계청 자료에서 편집

2. 사회·문화적 요인

1) 가족구조의 변화

가족이란 혈연, 결혼 또는 입양 등에 의해 맺어진 2인 이상의 집단을 말한다. 가족은 핵가족nuclear family과 대가족extended family으로 구분되며, 한 개인이 소속하는 최초의 일차적 집단이다.

가족구성은 소비자행동에 영향을 주는 변수임에 틀림없다. 특히 가족의 구조변화는 외식산업의 발전을 설명하는 중요한 요인이 된다. 한국사회의 경우 대가족이한 집단에서 살다가 분가하여 핵가족의 형태로 변하면서 외식에 대한 의존이 크게 증가하였다. 핵가족화의 가속화와 함께 비가족가구라는 부류가 늘어나면서 외식시장에도 큰 변화로 작용하고 있다. 비가족가구란 미혼, 별거, 배우자 사망 등으로 인한 독신가구를 말하는데, 한국사회는 결혼연령이 늦어지므로 미혼자수가 증가하고 이혼이나 별거 등의 이유로 독신자가 늘어나 이 그룹들이 외식시장의 성장에 영향을 주는 원인이 되기도 한다. 또한 아이 없이 직업을 갖고 있는 부부만으로 가족을 구성하는 이른바 딩크족DINK : Double Income No Kids의 유행도 하나의 원인이 될 수 있다. 또한 기존의 가정이나 가족을 떠나 혼자 생활하는 직장인의 인구가 늘고 여성의 사회진출로 인한 맞벌이부부 가정이 늘어나는 것도 외식산업과 관련된다.

2) 인구의 변화

인구통계demography란 인구와 관련된 모든 특성에 관한 통계학적 연구를 말하며, 상이한 특성을 가진 집단들의 규모, 분포 및 이들의 변화추세 등을 의미한다. 외식산업의 성장요인을 설명하기 위해 사용되는 기초적인 지표는 인구지표이다. 한국의 경우 지난 1970년대 말까지는 고출생, 고사망형의 인구구조 모양인 피라미드형이었다. 그러나 점차 저출생, 저사망의 인구구조인 항아리형태로 변화하였고, 점차 노령인구는 증가하고 유년인구는 감소하여 경제활동 인구비율은 상대적으로 적어지고 있다.

또한 의료기술의 발달에 따라 평균수명도 높아지고 있다. 이러한 현상은 외식산업에 있어서도 예외는 아니다. 인구규모가 클수록, 총부양비의 부담이 적을수록, 생산활동 가능인구층이 두터울수록, 평균수명이 높아질수록, 인구성장률이 높아질수록, 출산률과 사망률이 낮아질수록 외식시장은 성장하게 된다고 보는 것이 통설이다.

3) 가치관의 변화

식생활에 대한 가치관의 변화는 외식산업이 발전하는 동기가 된다. 식생활패턴이 서구화되고 종전의 생활보다는 더욱 윤택한 삶의 질을 추구하는 가치관이 확산되면서 전통적 식습관은 퇴조하고 간편하고 분위기 있는 외식산업의 발전을 촉진시켰다. 또한 신세대의 외국 음식문화의 편의성을 즐기는 가치관의 변화는 외식산업에 많은 영향을 주고 있다.

4) 여성의 사회진출

고도산업화가 됨에 따라 경제주체에도 변화가 왔다. 여성들의 사회경제활동에의 참여가 많이 확대됨으로써 가정에서는 맞벌이부부가 지속적으로 증가하게 되고, 이로 인해 여성이 가정에서 식사준비할 시간이 감소함에 따라 자연히 외식에 대한 소비성향이 높아졌다. 편의식품, 테이크아웃, 택배 등을 선호함으로써 외식관련 산업의 시장규모가 점점 증가하고 있다.

5) 자동차의 대중화

레저문화의 증가와 각 가정마다 자동차 보유대수가 증가함에 따라 여행이 보편화되면서 가족단위 또는 연인들이 자동차를 이용하여 외식업소를 찾는 경우가 늘어나고 있다. 이러한 자동차 이용고객을 유치하기 위해 일부 외식업소가 주차장 확보가 용이한 도시의 인근 간선도로에 인접하는 사례가 증가추세에 있으며, 도심의 외식업소들도 주차장을 확보하기 위한 노력을 기울이고 있다.

3. 기술적 요인

외식산업은 특성상 인적 요소의 서비스에 많이 의존하는 경향이 있다. 그래서 높은 노동집약적 의존성, 다품종·소량생산, 생계형 영세자본 등의 특성으로 다른 산업에 비하여 기술적인 혁신이 다소 어렵다. 그러나 최근에는 외국의 유명 외식브랜드들이 국내시장에 진출하면서 선진 경영기법이 도입되었고, 그에 따른 영향으로 국내 외식산업의 기술적 환경은 단기간 내에 빠른 성장을 하였다. 그동안의 경영방식에서 보다 합리적이고 신속한 경영관리가 이루어지게 되었으며, 첨단조리기법과 기계설비·포장방법 등의 도입은 국내 외식업계뿐만 아니라 관련 산업에도 큰 영향을 미치고 있다.

기술의 발달은 가열방법과 용기의 재질 개발로 다양한 조리기기가 현대화·과학화·자동화됨으로써 짧은 시간에 고품질의 요리를 대량생산할 수 있는 시스템을 갖출 수 있게 되었다. 인터넷과 무선통신기술의 발달은 먼 곳의 외식업체라 할지라도 시간과 장소, 그리고 거리에 구애받지 않고 소비자에게 판매 가능한 요리상품과 서비스정보를 제공함으로써 고객의 접근성을 개선했다.

또한 주방기기 발달로 조리시간의 절약과 품질향상을 가져왔고, 운영에 있어서도 컴퓨터 시스템의 도입을 필수적인 것으로 인식하기 시작하였다. 최첨단 조리기법이나 기계설비 등으로 포장기술이 발달함에 따라 테이크아웃이나 택배 등의 외식산업이 급속도록 성장할 수 있는 계기가 되었다.

컴퓨터 기술이 발달함에 따라 외식업에도 많은 변화가 일어났다. 메뉴의 주문 및 생산을 효율적으로 운영하는 일은 물론 원가관리, 회계관리, 판매관리 및 고객관리 등에 이르기까지 과학적인 경영이 가능하게 되었다. 특히 선진화된 해외 브랜드가 국내에 진출함에 따라 그들의 과학적이고 체계적인 운영시스템을 바탕으로 우리나라의 패스트푸드와 패밀리레스토랑을 중심으로 프랜차이즈를 전개하고 있으며, 이런 경영노하우를 축적한 외식업체가 증가하고 있다.

4. 자연적 요인

오늘날 지구촌은 생태계를 파괴함으로써 산성비와 오존층 파괴 및 지구 온난화 현상 등을 야기시켰다. 또한 각종 산업폐기물에 의해 해양오염과 수질오염 및 각종 질병 등을 발생시키고 있다. 이러한 환경문제를 방지하기 위하여 대부분의 국가들은 각종 규제조치를 전 산업에 적용시키고 있으며, 외식산업도 예외 없이 여러 가지 규제를 받게 되었다.

기업이 단순히 자연을 보호한다는 환경친화적인 마케팅전략을 실행하는 것만이 아니라 지구생태에 영향을 주는 생산활동, 서비스활동, 판매활동 등도 신중해야 한다. 중금속이나 오염물질을 배출하는 기업이나 외식업체는 단순히 법률적 제재조치를 받는 수준이 아니고, 기업이나 점포 자체가 일정 지역에 존립할 수 없는 수준으로 지역주민의 반발이 발생하고, 고객의 거부로 결국은 점포의 존립 자체가 어렵게 된다.

어떤 문제가 발생하면 제재조치가 있다는 의미보다 사전에 지구생태를 파괴시킬 가능성이 있는 행위를 차단하는 조치를 요구하기도 한다. 음식물 쓰레기가 아예 발생하지 못하도록 극소량의 식단을 만들게 하며, 음식이 부족할 경우에는 보충하는 방식의 영업을 하도록 법적인 사전규제를 행하는 국가도 있다.

국가에 따라서는 음식 쓰레기의 발생이나 예방을 위해 초등학교 때부터 필요한 교육을 실시하고, 전 시민이 생태환경을 보호하여 훌륭한 관광자원을 보유하게 됨으로써 세계적인 관광지로 탈바꿈한 지역도 있다. 생태환경보호에 대한 규제는 점점 강화될 것으로 보이는데, 우리나라의 현실과 비교해 보면 좋은 대책이 필요한 시점이라고 생각된다.

외식산업에 있어서 해결해야 할 문제점 중의 하나가 음식물 쓰레기와 관련된 사항이다. 음식물쓰레기는 일반 생활쓰레기와 달리 물기가 85%를 차지하며, 분해가 비교적 적은 유기성 물질로 구성되어 있어 재활용을 어렵게 하고 있다.

따라서 수거하고 운반할 때에도 오수 및 악취 등으로 작업에 불편을 줄 뿐만 아니라 매립지에서 침출수의 주요 원인으로 토양 및 지하수 오염과 부패로 인한 악취 및 유해가스 발생, 이로 인한 대기오염 등 2차 오염을 발생시키기도 한다. 또한 높은 수분함량으로 소각 시 효율을 저하시켜 보조연료의 추가공급 등으로 비용상승의 원인이 되고, 소각온도 저하에 따른 다이옥신 등 대기오염물의 생성을 유발할 가능성도 높다. 결국 음식물 쓰레기의 부적절한 처리는 기타 폐기물과의 혼합에 의해 재활용품의 분리를 어렵게 만들며 환경오염의 주범으로 지적되고 있다.

음식물 쓰레기의 발생량을 보면 음식점 42%, 가정 41%, 시장 13%, 단체급식소 4% 등으로 음식점과 가정에서 배출되는 쓰레기가 전체의 83%를 차지하고 있다. 이 같은 음식물 쓰레기는 막대한 자원낭비와 환경문제를 유발시키고 생활환경을 더럽히며, 각종 질병을 일으킬 수 있는 비위생적인 요소를 지니고 있다. 그러나 음식물 쓰레기는 양질의 유기성 물질로서 적정한 과정으로 처리한다면 사료 또는 퇴비 등 자원화가 가능한 폐기물이 될 수도 있다.

2001년도 우리나라의 음식물 쓰레기 배출량은 4,632톤이고 금액으로는 약 20조 원에 이른다. 이것은 식량공급량의 18.7%에 해당하고 농축수산물 수입량의 150%에 이르는 금액이라고 한다. 아직도 정책당국이나 외식경영자들이 이러한 현실에 대한 연구나 의식이 부족하고, 가정주부나 소비자들도 이런 문제를 심각하게 생각하지 않는 것은 안타까운 일이다. 선진국에서는 이미 3R^{Reduce, Recycle, Reuse}을 전개하여 음식물 쓰레기 발생량 축소를 해결하고 있다.

이 밖에도 식자재 운반에 따른 에너지 사용으로 발생하는 공해물질의 배출을 축소할 목적으로 점포 인근에서 약간 고가라도 식자재를 구입하도록 하는 Green Supply 운동도 일어나고 있다. 최근에 일부 외식경영자들도 지구생태계 문제에 대한 인식이 높아져 적극적으로 이 운동에 동참하고 있으며, 국제적 기준인 ISO 인증 취득과 HACCP 자격획득을 위해 노력하는 모습을 보이고 있는 것은 좋은 현상이라고 볼 수 있다.

02 한국 외식산업의 과제와 나아갈 방향

1. 국내 외식산업의 문제점

매출액 외형으로 볼 때 40조 원을 넘는 국내의 외식시장은 업소 규모가 30명 미만인 영세 군소업체가 주종을 이루고 있다. 그리고 개인경영의 형태가 많아 관리시스템의 체계화가 부족한 것이 중요한 문제로 부각된다. 국내 외식산업의 문제점을 몇 가지로 나누어서 간략하게 살펴보면 다음과 같다.

1) 경영자의 인식부족

외식산업이 경영관리적 측면에서 접근하지 못하면 해외 외식업체와 경쟁할 수 없다. 그래서 맛에만 주력하거나 프랜차이즈 형태로 개업하면 쉽게 경영할 수 있다고 믿는 경우가 많다. 이러한 직업적 장인정신의 결여로 인해 외식사업의 수명주기가 짧다. 음식에 관한 지식을 배우는 것을 게을리하고 투자한 자본만 회수하는 것에 급급하다면 한국 외식산업의 전망은 밝지 못할 것이다.

기존의 유명외식업소가 갖고 있는 명성은 하루 아침에 이루어지는 것이 아니다. 외식업소마다의 독특한 경영 노하우가 있으며 앉아서 고객이 들어오기만을 기다릴 것이 아니라 연구개발에 대한 과감한 투자를 통하여 장기적인 고객을 확보하는 노력이 필요하다.

2) 종업원의 직업관 결여

외식업에 종사하는 사람들의 특징이 이직률이 높고 그 분야에서 전문적으로 일하겠다는 의지가 약한 것이 사실이다. 종업원의 직업의식이 희박하면 진정한 서비스가 나올 수 없다. 외식사업은 서비스업에 속하므로 경영자는 직원에 대한 교육훈련을 강화할 필요가 있다.

외식산업 종사자로서의 자부심을 갖도록 하고 최근에 외식산업에 대한 사회적인 관심도가 높아지기는 하였지만, 아직도 상당수의 경영자와 직원들은 자신이 외식산업에 종사하고 있다고 사회적으로 자부심을 갖고 떳떳이 밝히지 못하고 있다. 이에 따라 전문적인 직업의식을 통해서 얻을 수 있는 경영기법의 축적이 이루어지지 못하고, 또한 심각한 구인난을 겪게 되는 현상이 나타나기도 한다.

3) 과도한 경쟁

한국 외식산업의 상당수가 직원수 4명 이하이거나 가족이 종업원인 경우가 많다. 충분한 자금이 없어도 이러한 사업을 할 수 있다는 인식으로 인해 창업자는 쉽게 외식산업에 진입하고 있다. 그런 이유로 경쟁이 치열해지고 질이 떨어지는 업소도 많이 등장한다.

4) 다국적 외식기업의 국내진출

해외 브랜드를 지닌 외식산업이 1988년 이후 국내에 진입하면서 한국인의 입맛을 서구화하고 있다. 또한 이들은 무엇보다 막강한 자금력과 경영노하우, 인테리어 디자인이나 분위기 및 서비스의 질 등으로 국내 외식산업을 크게 위협하고 있다.

대부분의 외식업소가 가족노동력 중심의 영세 생계형이다 보니 직원교육, 서비스, 메뉴개발, 원가의식, 위생 등의 사항에 적절한 투자를 못하고 있다. 또한 과다한 외식업소의 출현으로 저마다 제살 깎아먹기식의 무분별한 경쟁을 벌이고 있는 것도 문제점이다. 일본과 비교해 보면, 일본은 253명, 83가구당 외식업소가 1점포이지만, 우리나라는 122명, 32가구당 외식업소가 1점포로 업소가 과밀화되어 있어 경쟁이 치열하다.

5) 프랜차이즈나 체인관리본부의 관리 불성실

프랜차이즈가 외식산업을 발전시키는 촉진제 역할을 한 것은 부인할 수 없는 사실이다. 그러나 일부 프랜차이즈 본부는 특별한 관리노하우 없이 이름만 내걸고 영세 외식업을 묶어놓는 경우가 있다. 또 다른 경우는 맛에 명성이 쌓인 후 체인점이 증가하였으나 초기의 맛을 잃게 되어 고객들이 외면하게 되기도 한다.

국내 자생브랜드를 가진 일부 체인본부들은 본부의 능력이 제대로 갖추어져 있지 않은 상태에서 가맹점을 모집하여 가맹비만 챙기고 가맹점의 경영·매출 등에는 전혀 관심을 기울이지 않고 있어 실제로는 동일한 브랜드만 쓰고 있을 뿐 통일된 이미지를 형성·유지하며 점포를 운영하고 있지 못하고, 위생·서비스 등의 수준도 떨어지고 있는 실정이다.

외식기업의 국제화·세계화시대에 한국 외식기업들이 경쟁력 있는 힘을 갖기 위해서는 외식산업의 경제적 흐름을 지원해 주지 못하는 여러 가지 규제가 완화되어야 한다. 특히 외국의 유명 외식기업들과 맞서기 위해서는 금융여신규제를 더욱 완화시켜 외식업소의 재정적 기반이 약화되는 것을 막아야 한다. 이제는 외식활동도 하나의 문화생활로서 자연스럽게 받아들이고 정부와 외식기업은 서로 관심과 보조를 같이해야 한다.

2. 국내 외식산업의 전략

1) 전문가의 의식교육

종사자들로 하여금 전문적 장인정신과 서비스 정신을 갖게 하는 교육이 필요하다. 따라서 이러한 교육을 전문으로 하는 기관을 늘리는 것이 시급하다. 미국의 경우는 미국식당협회NRA가 교재 및 교육용 비디오 발간, 경영기법 개발, 각종 통계지표 개발 등을 통해 회원가입의 길잡이 역할을 하고 있다.

2) 한국음식의 세계화

한국음식은 여러 가지 면에서 우수성을 인정받고 있으며, 외국인도 한 번 시식을 하면 호감을 갖게 되는 강점이 있다. 그러나 이것을 세계적 브랜드로 육성시켜 가치를 높이는 노력을 하는 것이 필요하다. 외국인에게 친숙한 맛으로 한국의 전통음식을 재개발한다면 한국 외식산업은 전망이 좋은 분야이다. 최근에 퓨전음식이 각광받고 있는데, 이러한 연구가 더욱 활성화되어야 한다.

3) 선진경영기법의 개발

과거에 하던 주먹구구식 운영으로는 경쟁체재에서 살아남기 어렵다. 소비자의 권리의식이 높아지고 고급화되면서 체계적인 경영관리기법을 개발해 나가지 않으면 여전히 외국계 외식사업체에 자리를 내어줄 수밖에 없을 것이다. 음식의 품질에 대한 애착을 갖고 지속적으로 연구·개발하고 마케팅기법을 도입하여 소비자의 만족을 위해 노력하는 것만이 성공할 수 있는 지름길임을 깨달아야 한다.

4) 기능성 건강식 개발

피자가 맛은 있으나 성인병에 대한 우려가 있자 샐러드 등 채소, 과일을 주로 다루는 업태가 생기는 것처럼 앞으로 먹을거리를 통해 건강을 추구하는 경향이 높아지게 될 것이다. 더 나아가 먹을거리를 통해 질병을 치료하는 적극적 기능식품의 개발에도 투자가 이루어져야 할 것이다.

미니사례 3·1_____

혼밥족 겨냥한 비벼 먹는 뚝배기집
장도뚝배기 낙성대점

매일 먹어도 질리지 않는 집밥을 모티브로 한 장도뚝배기는 비벼 먹는 뚝배기집 전문점이다. 혼밥족을 겨냥한 바(Bar) 테이블 구성, 1인분도 배달 및 포장이 가능한 서비스를 도입해 혼자서도 밥 먹기 편한 가성비 맛집으로 인기를 얻고 있다.

❖비벼 먹는 뚝배기 메뉴 인기

순댓국 전문점 계경순대국을 운영하는 지강에프앤비(주)의 두 번째 브랜드인 장도뚝배기는 '집밥보다 더 집밥다운 식사'를 슬로건으로 한 비벼 먹는 뚝배기 전문점이다. 1인 가구 증가에 발맞춰 모든 메뉴를 1인분 단위로 판매해 편리하게 혼밥을 즐길 수 있도록 했다.

비벼 먹는 뚝배기 메뉴는 돼지짜글뚝배기, 우렁된장짜글뚝배기, 된장짜글뚝배기, 멸치된장짜글뚝배기, 우삼겹된장짜글뚝배기, 김치짜글뚝배기, 참치김치짜글뚝배기, 참치짜글뚝배기, 오징어짜글뚝배기 등 9가지이며, 국물이 있는 뚝배기는 불고기뚝배기, 육개장뚝배기, 김치찌개뚝배기, 순두부뚝배기, 뼈해장뚝배기, 우거지해장뚝배기, 알탕뚝배기, 황태사골곰탕뚝배기, 설렁탕뚝배기, 갈비탕뚝배기 등 총 10가지다. 모든 뚝배기류에 2,800원을 추가하면 직화불고기가 더해진 뚝배기 정식으로 즐길 수 있다.

찬은 무생채와 나물 등 총 3찬으로 달걀프라이(500원)나 스팸(3,000원)을 추가해 먹을 수 있으며 밥은 무한 제공된다. 베스트 메뉴는 돼지짜글뚝배기 또는 우렁된장짜글뚝배기, 달걀프라이를 1인 세트로 구성한 짜뚝세트와 우뚝세트는 단품으로 주문했을 때보다 300원 할인된 가격에 먹을 수 있어 인기다.

뚝배기와 볶음 메뉴를 2인 세트로 구성한 오징어팬세트(돼지짜글뚝배기+오징어볶음후라이팬), 우렁제육세트(우렁된장짜글뚝배기+제육볶음후라이팬)와 장도세트(우렁된장짜글뚝배기+불고기뚝배기)도 반응이 좋다.

모든 식재료는 완제품 형태로 공급되며 짜글이 베이스에 멸치육수를 부어 끓인 뒤 국물을 졸여 테이블에 낸다. 된장 짜글이 마무리 단계에서는 60년 전통의 발효기술로 음식 고유의 맛을 살려주는 '진국다시'를 첨가해 풍미를 살렸다. 장도뚝배기 운영관리팀 박기태 과장은 "진국다시는 소량만 첨가해도 깊은 맛이 나며 뒷맛이 깔끔해 된장찌개와 잘 어울린다. 고객의 반응도 좋은 편"이라고 말했다.

❖ 유행 타지 않는 대중적인 메뉴

장도뚝배기 낙성대점은 2016년 오픈한 1호점으로 고객 연령층이 고르게 나타나며 그중 주 고객층은 2040으로 매출의 70~80% 정도를 차지한다. 계절이나 유행을 타지 않고 전 세대가 부담 없이 즐길 수 있는 메뉴 구성, 6,000원 이내의 가성비 높은 가격이 그 이유다.

자동주문 선결제 시스템을 적용했으며 테이블은 1인석 바 테이블과 2·4인석 테이블 등 3종류다. 점심 고객은 주로 직장인, 저녁 시간대에는 식사를 해결하러 온 혼밥 고객의 비중이 높다. 뚝배기와 볶음 메뉴 이외에도 다양한 먹거리를 준비해 선택의 폭을 넓혔다. 등심돈까스, 카레치즈돈까스 등 돈가스 메뉴에 1,000원을 추가하면 꼬마우동뚝배기(단품 1,800원)를 함께 먹을 수 있다.

사이드 메뉴로는 달걀프라이와 스팸을 비롯해 만두반판, 만두한판, 우동뚝배기, 꼬마우동뚝배기, 뚝배기떡볶이가 있으며 물냉면·비빔냉면·장도삼계탕 등 계절 메뉴도 준비돼 있다. 또한 생맥주(350㎖)를 1,500원에 판매해 식사하면서 가볍게 즐길 수 있다.

현재 매장은 낙성대점을 비롯해 서울에는 동덕여대점, 왕십리역점, 송파나루역점, 화곡점이 있으며 경상북도 안동시 안동대점, 대구시 중구 동성로점, 부산시 남구 경성대점, 전라북도 익산시 원광대점 등 총 9개 매장이 있다. 이중 화곡점, 송파나루역점은 배달전문 매장으로 운영 중이며 1인 혼밥에 특화된 만큼 1인분도 배달이 가능하다. 장도뚝배기는 2개 매장을 시작으로 추후 배달 전문점도 늘려갈 계획이다.

A 서울시 관악구 봉천로 568-1

T 02-877-4171

O 11:00~22:00

M 돼지짜글뚝배기 5,500원, 우렁된장짜글뚝배기 5,800원, 불고기뚝배기 5,800원, 육개장뚝배기 6,500원(뚝배기류+직화불고기 추가 2,800원), 제육볶음후라이팬 5,800원, 계란후라이 추가 500원, 스팸 추가 3,000원

출처 : 월간식당, 2019. 08. 06일자, 글-최민지 기자, 사진-이종호 차장

미니사례 3·2

일산 호수공원 보며 즐기는 품격있는 뷔페 한 상
부페파크

호텔 못지않은 고급스러운 뷔페음식을 반값에 즐길 수 있다면?

일산 호수공원 정발산역 앞에 위치한 부페파크는 합리적인 가격에 즐길 수 있는 품격있는 뷔페로 입소문이 나면서 일산의 손꼽히는 뷔페 레스토랑으로 자리 잡았다.

❖ 프리미엄 패밀리 뷔페 레스토랑 지향

부페파크는 1999년 부산에서 시작해 현재 경남 창원과 경기도 일산 두 개의 직영점포를 운영하는 프리미엄 패밀리 뷔페 레스토랑이다. 2005년 오픈한 일산점은 규모 900평, 수용인원 550명에 달하는 대형 레스토랑으로 호텔급 뷔페 메뉴와 호수공원·일산문화광장·북한산을 잇는 자연과 도심이 어우러진 전망으로 일산의 대표적인 패밀리 뷔페로 거듭났다. 일 평균 1,200~1,400명이 식사를 즐기는 부페파크는 13개의 메인코너와 5개의 즉석요리코너에서 동양(한·중·일), 서양을 아우르는 200여 가지의 요리를 제공한다. 특히 각종 연회와 기업 행사가 잦은 영업 특성상 주 고객층인 중장년 및 어르신들이 선호하는 한식 메뉴에 방점을 두고 음식 퀄리티를 높여 건강하고 신선도 높은 메뉴를 제공하고 있다.

직접 담근 김치와 16가지 절임 반찬, 철에 맞는 생나물무침, 식혜·수정과 등 직접 조리의 비중이 높은데 주문 시 그때그때 조리하는 라이브 메뉴 역시 강점이다. 스테이크뿐만 아니라 파스타와 스시 역시 주문 시 그 자리에 즉석 조리해 전문 레스토랑의 맛을 구현한다. 신메뉴 출시도 활발하다. 분기별로 평균 10가지 신메뉴를 출시한다. 올해 여름 시즌에는 묵사발, 콩국수 등 시원한 한식 웰빙 메뉴를 선보여 고객 만족도를 끌어올리고 있다.

호텔급 프리미엄 메뉴를 저렴한 가격에 제공할 수 있는 이유는 식재료 경쟁력에 있다. 고가 해산물의 경우, 부산과 인접한 창원점에서 국내산 수산물을 저렴한 가격으로 한꺼번에 구매한 뒤 일산 지점으로 필요한 분량을 배송한다. 과메기 등은 강원도 생산자와 직접 계약으로 직배송 받아 사용, 식재료 퀄리티를 높이면서도 원가를 낮췄다. 부페파크는 성인 기준 평일·주말 점심은 3만원, 월~목 저녁은 3만5000원, 금~일 저녁은 3만 9,000원으로 점심과 저녁 요금의 차이가 적다. 점심과 저녁 메뉴 종류에 차등을 두지 않고 종일 같은 종류의 음식을 제공하기 때문이다. 저녁 객단가를 높이는 대신 언제 방문해도 높은 수준의 음식을 즐길 수 있게 한 운영방침으로 점심에도 프리미엄 메뉴를 즐기고 싶은 주부·실버 세대 고객에게서 열광적인 반응을 이끌었다.

❖ 맛과 멋을 충족시키는 프리미엄 외식공간

부페파크는 품질 좋은 식재료로 맛있는 음식을 만들어내는 것이 최고의 코스트 관리라는 철학을 갖고 있다. 고객으로 하여금 단순히 많이 먹는 것이 아닌 만족스러운 식사를 충분히 즐기도록 한다면 잔반이 줄고 매출이 오르는 선순환을 통해 궁극적으로 더 높은 이윤이 창출된다는 전략이다. 부페파크가 오픈 이후 단 한 번도 프로모션이나 할인행사를 하지 않은 이유다.

외식업의 본질인 음식에 집중해 전문성을 끌어올리는 동시에 격식 있는 공간을 위한 투자도 아끼지 않았다. 14년 경력의 호텔리어 출신인 기우진 대표가 직접 설계와 인테리어에 참여해 벽, 천장 마감재, 타일까지 손수 골라 7개월간의 시공 끝에 시설을 완비했다. 중세 콘셉트의 고풍스러운 인테리어로 스몰웨딩, 드라마 촬영, 각종 연회와 기업 행사 장소로 인기다.

A 경기도 고양시 일산동구 정발산로 43-20
T 031-932-5566
O 12:00~15:00, 18:00~22:00
M (성인) 평일.주말 점심 3만 원, 월~목 저녁 3만 5,000원, 금~일 저녁 3만 9,000원

출처 : 월간식당, 2019. 07. 03일자, 글-우세영 기자, 사진-이종호 차장

미니사례 3·3_____

아메리칸 컨트리 카페테리아 레스토랑
더티트렁크

지금 파주에서 가장 핫한 F&B공간을 꼽으라면 단연 더티트렁크다. 국내 최대 규모로 오픈한 아메리칸 컨트리 스타일의 카페테리아 콘셉트 레스토랑 더티트렁크는 20대의 창의적인 발상을 채운 개성 넘치는 공간으로 주목받으며 수용인원 700명의 압도적인 규모에도 웨이팅이 생길 만큼 많은 이들이 찾고 있다.

❖거침없는 젊음을 담은 공간

더티트렁크를 기획한 CIC F&B는 Creativity, Innovation, Craziness를 모토로 외식업에 창의성, 혁신, 재밌는 요소를 담아 다양한 형태의 F&B 프로젝트를 선사한다는 의미를 갖고 출발한 외식 전문 프로젝트 컴퍼니다.

CIC F&B를 구성하는 6명의 멤버들은 모두 20대. CIC F&B 김왕일 대표는 첫 프로젝트인 청담동 브런치 핫플레이스 오프닛을 성공적으로 론칭하고 두 번째 프로젝트인 더티트렁크를 기획하면서 '젊은 세대의 아이디어를 분출하고 구현할 수 있는 판'을 까는 것에 중점을 뒀다.

CIC F&B 김왕일 대표는 "젊음은 전 연령층을 아울러 본능적으로 끌리는 매력을 가진 에너지"라며 "베이비부머 세대부터, Y세대, Z세대까지 전 연령층을 아우르는 강력한 콘셉트가 된다"고 말했다.

❖베이커리부터 이국적인 아메리칸 푸드까지

자유분방한 개성이 느껴지는 더티트렁크는 올인원(all-in-one) 플레이스를 콘셉트로 키친, 베이커리, 바, 그리고 카페를 모두 취급한다. 모든 메뉴를 아우르는 콘셉트는 '아메리칸 컨트리 팩토리 하우스'로 강하고 묵직한 맛을 지향한다.

매장 한편의 제빵실에서 매일 생산하는 빵은 주재료인 치즈, 버터 등을 풍부하게 넣어 깊은 맛이 느껴지는 것

이 특징이다. 필라델피아 크림치즈로 속을 채우고 모차렐라 치즈를 가득 얹어 구운 치즈앤치즈는 스모키하고 강한 풍미를 가진 더티트렁크 아메리카노와 잘 어울린다. 빵 안을 버터로 적셔 버터의 향을 강하게 느낄 수 있는 마늘바게트와 블루베리요거트바게트, 프레첼버터 등도 인기다. 최근에는 푸드 메뉴의 반응도 좋아 베이커리 매출을 앞지르고 있다. 아몬드 치킨 샐러드는 당근·생

강·미소·메이플 시럽으로 만든 드레싱이 독특한 케일 치킨 샐러드다. 포켓 브런치는 두 가지 하머스와 콘·오이살사·커리소고기볶음을 피타브레드에 넣어 먹는 이색적인 플레이트 브런치로 양이 푸짐해 모든 시간대에 고르게 인기 있다.

❖ 캐주얼한 하이퀄리티 카페테리아

더티트렁크는 캐주얼하고 자유로운 카페테리아를 기본 콘셉트로 레스토랑 수준의 메뉴 퀄리티와 서비스를 지향한다. 취식과 퇴식 모두 셀프서비스로 매장을 운영하는 동시에 고객의 편의를 실시간으로 체크하는 플로어팀을 구성, 셀프 시스템에서 발생하는 서비스 퀄리티 저하를 방지하기 위해 수시로 매장을 돌며 홀 컨디션을 쾌적하게 관리한다.

600평 넘는 건물은 메자닌(복층)형태로 인테리어해 개방적인 느낌을 줬고, 철강 소재의 뼈대를 그대로 노출시켜 인더스트리얼한 아메리칸 공장을 재현했다. 동시에 우드 소재와 다양한 식물을 활용한 플랜테리어로 공간을 채워 '쉼'의 메시지를 담았다.

INFO
A 경기도 파주시 지목로 114
T 010-4621-9527
O 09:00~22:00
M 바비큐 치즈 프라이즈 8,000원, 아몬드 치킨 샐러드 1만 2,500원, 클래식 브런치 1만 3,000원, 포켓 브런치 1만 4,000원, 더티 멕시칸 타코 1만 5,000원, 비프 조 버거 1만 5,500원, 엘더플라워에이드 7,000원

출처 : 월간식당, 2019. 05. 09일자, 글-우세영 기자, 사진-이종호 차장

PART_2

외식산업의 경영관리

Chapter_4

외식산업의 창업

01 창업의 의의 및 중요성

1. 창업의 의의

창업entrepreneurship이란 기업을 새로이 창조하는 것으로 학문적인 창업에 대한 정의는 "인적·물적 자원을 적절히 결합하여 설정된 기업목적을 달성하기 위하여 상품이나 서비스를 조달·생산·판매하거나 그와 부수된 활동을 수행하는 것"으로 말할 수 있다. 또한 실무적인 관점에서의 정의는 "개인 또는 집단이 자신의 책임하에 돈과 사람을 동원하여 새로이 사업을 개시하는 것"으로 정의를 내리고 있다.

따라서 개인적 입장에서는 기존에 있는 사업체를 인수하는 것이든 완전히 새롭게 시작하는 것이든 모두 창업이라고 말할 수 있다. 또한 다루는 상품, 서비스의 유형, 자금의 대소 등과 관계없이 새롭게 사업을 시작하면 이를 곧 창업으로 볼 수 있는 것이다.

막대한 자금과 많은 인력을 들여서 처음부터 거창하게 시작하는 창업뿐만 아니라 턱없이 부족한 자금으로 매우 어렵게 시작하는 창업도 매우 의미가 있으며, 새로운 창조활동임에 틀림없는 것이다. 비교적 여유있는 사람이 대형 식당을 차리는 것보다 온 가족의 생계를 책임지고 포장마차를 끌어 거리로 나서는 실직자의 창업이 사회적으로 더 중요한 의미를 가질 수도 있는 것이다.

2. 창업의 중요성

미국에서는 매년 90만 개 정도의 업체가 새롭게 창업을 하고 실패하는 업체는 7~8만 개에 불과한 반면, 우리나라에서는 해마다 3만여 명이 창업을 하지만 이 중 거의 절반이 경영부실, 판매부진 등으로 휴・폐업한다고 한다.

창업자는 사업의 성공과 실패를 고민하기 전에 나는 과연 창업을 할 것인가 말 것인가를 확실하고 명백히 결단해야 한다. 결단이 되어야 비로소 사업의 출발선에 서는 것이고, 일단 출발한 다음부터는 "어떻게 하면 성공하는 사업을 할 것인가?" 에 모든 힘과 노력을 기울여야 한다.

창업은 많은 사람들에게 있어서 새로운 인생을 열어가고자 하는 마지막 비상구 로서의 의미가 있다. 만일 자신의 시도가 계획한 것과 전혀 다른 결과를 가져올 경 우 나타나게 될 부분에 대해서도 신중하게 고려하여야 한다.

특히 중요한 점은 시장여건의 변화에 지나치게 민감하게 반응하기보다는 자신의 준비정도가 창업에 적합한지를 판단하는 일이다. 흔히 어느 사업이 유망하다는 얘 기가 돌면 무작정 뛰어들어 낭패를 보는 사람이 있는데, 이것은 대부분 사전준비의 소홀에서 초래될 수 있다.

대부분의 사람들에게 있어 창업은 최소한 수 년간은 계속 이끌어갈 자기사업이 다. 따라서 남의 말에 솔깃해 준비되지 않은 상태로 뛰어들어 후회를 남기는 것은 참으로 어리석은 행동이다. 또한 아무리 철저한 사전준비를 하더라도 그것이 잘못 된 방향일 경우 실패할 수도 있으며, 지나치게 신중하여 매력적인 시장기회를 상실 할 수도 있다. 따라서 철저하면서도 서두르지 않는 창업준비의 과정이 필요하며, 충동이나 막연한 구상에 의해 지배당하지 않고 현실적인 계획을 수립할 수 있는 창업이 중요하다고 할 수 있다.

02 창업의 성공요인 분석

1. 창업의 실패를 줄이는 요인들

많은 사람들이 창업에 도전하지만 기대한 성공을 거두는 사람들은 제한되어 있다. 실제로 기업은 관점에 따라 다르지만 창업의 실패율은 70~90%에 이른다고 보는 주장도 있다. 그러나 이처럼 실패율이 높다고 해서 창업을 포기하는 것은 아쉬움이 있다. 따라서 창업의 실패율을 줄일 수 있는 방법을 찾아야 하며, 그러한 요인들을 살펴보면 다음과 같다.

첫째, 시간을 가지고 철저한 준비를 해야 한다. 창업 실패의 이유 중 상당수는 충분하지 못한 준비에서 비롯된다. 실패요인을 보면 시장분석의 미비, 기술수준의 부족, 자금부족, 그리고 인원문제 등 많은 요인들이 포함된다. 따라서 철저한 사전준비와 정보수집으로 창업의 성공기회를 높여야 한다. 준비된 창업자는 열악한 환경하에서도 여유를 가질 수 있는 것이다.

둘째, 전문가의 조언에 귀를 기울여야 한다. 창업은 흔히 기밀유지가 요구된다. 따라서 객관적 입장에서 사업 아이디어의 성공 가능성을 평가받는 것이 쉽지 않다. 외부의 자금지원을 필요로 하는 경우에는 공식적인 사업 계획서를 통해 평가받을 수도 있지만, 대개 스스로 자금조달을 하는 개인의 경우에는 그럴 기회가 별로 없다. 그러므로 시장기회의 판단을 자신에게 유리한 방향으로 받아들이고 치명적일 수도 있는 결함을 간과하는 경향이 있다. 따라서 전문가의 조언과 자문을 통해 창업성공 가능성을 검증받을 경우 아무래도 실패율을 낮출 수 있게 된다.

2. 창업 성공요인의 분석

창업을 위해서는 매우 다양한 요소에 대한 검토와 준비가 필요하다. 창업희망자의 입장에서는 자신이 이들 요소들에서 어느 정도의 수준에 있는가를 확인함으로써 창업을 위해 보다 체계적인 접근과 성공 가능성을 높일 수 있을 것이다.

창업의 성공요인은 사람과 업종에 따라 다르게 인식될 수 있으나 다양한 관점과 주장들을 종합해 보면, 경영자의 능력, 관리·전략, 제품, 자금, 시장, 기술, 경력·경험, 그리고 경쟁 등 여덟 가지의 요인을 들 수 있다. 따라서 창업자는 현재 고려 중인 업종의 범위 내에서 이러한 여덟 가지의 핵심 성공요인이 어느 정도의 위치에 있느냐가 중요하다고 볼 수 있다.

창업희망자는 업종별 창업성공 판정도를 그려봄으로써 자신에게 보다 적절한 창업업종을 예측할 수 있으며, 만일 특정 업종을 고수할 경우 자신의 취약점을 알고 그것을 보강함으로써 창업성공 가능성을 어느 정도 높일 수 있는가에 대한 전망을 할 수 있다.

창업성공 판정도에 있어서 여덟 가지 핵심 성공요인들의 각 차원별 최고치는 100점으로 하고, 80점 이상을 우량, 60점 이상을 보통, 40점 이상을 미약으로 본다. 그 이하의 상태는 극히 예외적인 경우를 제외하고는 창업성공에 긍정적 영향을 주지 못한다고 보아서 무시해야 할 것이다.

[그림 4-1] 창업의 핵심 성공요인

1) 경영자의 능력

기업에서 가장 중요한 것은 사람이라는 말이 있는 것처럼 사업의 성공에 있어서 인간적 요소의 비중이 절대적으로 중요하다. 특히 새로 창업한 기업에서는 해당 업무를 수행하는 데 가장 적절한 사람을 확보하는 것이 너무도 중요하다. 그중에서도 창업자는 사업 성패의 거의 대부분을 결정할 정도로 중요한 의미를 갖는다.

창업기업의 경영자는 기존의 상식이나 발상을 뛰어넘는 새로운 아이디어를 제시하기도 하고, 일상의 틀을 벗어나는 파격적인 행동으로 일에 매진하며, 종업원을 선도하고, 유연한 처세와 장기 비전을 통해 스스로의 꿈을 만들어가는 사람이어야 한다.

만약 창업을 희망하는 사람이 9시에 출근해서 5시에 퇴근하는 고정관념과 고객에게 웃음을 파는 역할을 싫어한다면 참으로 곤란한 문제이다. 창업희망자는 경영자의 능력 차원에서 자신의 상태가 어떤가를 알아보기 위해서는 몇 가지를 체크해 볼 필요가 있다. 창의성, 위기 대처능력, 리더십, 미래지향적인 꿈, 사회지향적인 경영개념 등의 항목을 체크해 보고 본인이 창업경영자로서의 능력이 되는가를 한번쯤은 고려해 보아야 한다.

2) 경영관리 및 전략

경영관리의 제반 활동들은 규모의 크고 작음에 관계없이 기업의 창업, 경영을 위해서는 필연적으로 행해져야 할 것들이다. 이러한 관리활동들에 대한 지식은 체계적인 경영학 교육이나 관리실무 등을 통해 얻을 수 있다. 그러나 창업희망자들의 경우 흔히 경영관리의 세부 활동들을 경시 내지 소홀히 하는데, 이것은 바람직하지 못한 일이다.

최근 기업환경의 급격한 변화에 따라 경영전략은 그 중요성이 강조되고 있다. 창업기업은 시장장악의 미흡, 자금부족, 치열한 경쟁 등으로 인해 단기적인 생존마저 위협받는 경우가 많아서 흔히 전략적 관점에서 많은 부족함을 갖고 있다고 볼 수 있다.

창업희망자는 경영관리와 전략적 차원에서 몇 가지의 사항들을 고려해 보아야 한다. 구매·생산·판매 등의 관리능력, 종업원의 지휘능력, 조달·구매의 안정성, 지속적인 고객정보 관리, 경영개선 및 혁신의 수용 등을 점검해야 한다.

3) 제품

기업이 창업된 이후 장기적으로 존속·성장·발전하려면 기업은 합리적인 경영을 해야 한다. 그리고 기업을 둘러싸고 있는 환경 여건에 창조적으로 적응함으로써 탁월한 기업 경영성과를 이룩하여야만 한다. 그러나 상당수의 외식업소들은 그렇게 하지 못하고 창업된 지 얼마 되지 않아 도산하거나 혹은 혜성처럼 급성장을 하다가 다음단계의 환경변화에 적응하지 못해 사라지게 되는 경우를 볼 수 있다.

그것은 그 외식업소가 제공하는 제품이나 서비스가 소비자의 필요와 욕구에 적합하지 못하여 소비자가 구매하여 주지 않기 때문이다. 물론 외식기업이 도산하게 되는 이유로는 이외에도 여러 가지 요인이 있기는 하나 가장 기본적인 것은 외식기업이 생산·공급하는 제품이나 서비스가 소비자의 필요와 욕구에 부응하지 않았기 때문이다.

따라서 창업희망자는 제품차원의 요인과 관련하여 몇 가지를 체크해 볼 필요가 있다. 새로운 유형의 제품·서비스 여부, 품질수준, 신식재료의 사용, 소비자의 필요와 욕구, 디자인의 독특성 등을 고려해야 할 것이다.

4) 자금

대부분의 기업활동에는 자금이 필요하게 되며, 창업을 위한 준비에는 상당한 규모의 창업자금이 요구된다. 이것은 곧 창업자가 의도하는 기업을 실현하는 데 있어서 필요한 인력·설비·기술 등을 동원하는 데 이용되는 원천적 자원이다.

기업은 여러 원천에서 조달된 자금을 적절하게 운영하고 기대하는 수익성을 실현함으로써 존속·성장할 수 있으므로 합리적인 자금관리가 필수적이다. 자금관리의 목표는 수익성의 극대화와 위험도의 최소화에 있다.

자금계획의 유용성은 미래의 자금흐름을 얼마나 정확하게 예측하느냐에 달려 있으므로 자금 담당자는 정확한 예측을 위하여 체계적인 방법을 고안하여 사용하는 것이 바람직하다. 자금이 부족할 경우 조달자금에 적합한 업종을 새로이 탐색하거나 조달 원천을 다양화하여 부족한 자금을 메우고 창업하여야 할 것이다.

창업희망자가 자금과 관련된 차원에서 자신의 상태를 체크하기 위한 사항들은 수익성, 자금조달의 용이성, 재고부담, 운영경비, 정부 및 금융기관의 자금지원 가능여부 등이다.

5) 시장

창업기업은 적합한 시장기회를 탐색하기 위해 세분시장을 인식하고 그중에서 유망한 틈새시장을 찾아 거기에 집중하는 것도 필요하다. 사실 고객들은 서로 다른 욕구를 지니고 있고 지불능력도 각기 다르다. 고객들의 쇼핑 습관도 차이가 있으며 매체에 대한 반응도 다양하여 동일하게 취급될 수가 없다.

이러한 고객의 다양성은 기업활동을 전개하는 데 있어서 쉬운 문제는 아니며, 실제로는 기업의 혁신을 조장하며 새로운 기회를 제공하는 원천이 될 수도 있다. 동일한 욕구를 가진 구매자 집단을 적절히 식별하고 그들이 원하는 종류의 제품과 서비스를 생산·판매하는 기업은 마케팅의 성공을 거둘 수 있는 것이다.

창업희망자는 시장 차원에서 다음과 같은 몇 가지의 요인들을 체크해야 할 것이다. 시장규모, 새로운 용도나 고객의 개발 가능성, 출시 타이밍, 제품수명주기 product life cycle 단계, 소비자행동 분석 등의 요인들을 잘 고려해 보아야 한다.

6) 기술

최근 국내·외 경영환경의 변화로 인하여 우리나라 중소기업들은 치열한 경쟁에 직면하고 있다. 한국의 중소기업은 국내의 대기업이나 외국의 경쟁기업에 비해 상대적으로 열세에 놓여 있으며, 특히 창업기업들의 입장에서는 차별화된 고유한 기술만이 난관을 극복할 수 있는 유일한 돌파구로 인식되고 있다.

창업기업의 입장에서는 자금이나 관리·전략 등 다른 창업핵심 성공요인이 낮을 경우가 많으므로 기술분야의 차별적 우위를 확보하는 것이 필요하다. 이러한 의미에서 기술의 중요성은 제조업, 벤처산업 분야의 기업뿐만 아니라 도·소매업, 서비스업종의 기업에 있어서도 동일하게 적용된다. 따라서 창업기업으로서는 어떤 경로에 의해서건 기존의 기술에 대한 새로운 혁신이 요구된다.

창업희망자는 기술적인 차원에서 다음과 같은 요인들을 체크해야 한다. 혁신적인 신기술, 연구개발 능력, 유능한 기술 전문인력 확보, 기술변화의 계속적인 추적, 연구개발에의 자금 투자 등을 고려해서 점검해야 할 것이다.

7) 경력 및 경험

창업기업의 유망한 기회는 창업자가 자신의 경력에 있어 경험해 보았거나 잘 알고 있는 분야에서 보다 쉽게 찾을 수 있다. 특정 분야에 있어서의 경력은 자기 나름의 노하우와 비결을 갖고 있는 경우가 많으며, 이에 기초하여 새로운 사업기회를 탐색할 수 있는 것이다.

창업자의 경력에는 그가 현재에 이르기까지 쌓아온 경험, 노하우, 기밀사항, 인맥, 대인관계 및 친분 등이 폭넓게 포함된다. 따라서 창업자는 자신이 이미 해오던 일을 계속하거나 전 소속기업과의 긴밀한 관계를 이용하는 방안 등은 창업기업의 위험을 크게 줄여주고, 여러 가지 부차적 자원을 기대할 수도 있는 이점이 있다.

창업희망자가 경력 차원에서 고려해야 할 요소들을 보면, 예전에 하던 일과의 유사성 정도, 경험의 노하우, 경험 축적, 친분관계, 지원가능한 인맥 등이다.

8) 경쟁

창업기업은 경쟁자에 대한 분석을 철저히 해야만 한다. 경쟁분석의 내용은 첫째, 현재 및 잠재 경쟁자가 누구인가에 대한 분석이고, 둘째는 경쟁이 어떻게 이루어지고 있는가에 대한 것이다. 잠재 경쟁자에 대한 분석은 현재 경쟁사에 대한 것 못지않게 중요하다. 경쟁사의 전략과 약점 및 강점을 분석함으로써 자사에 대한 위협과 기회를 파악할 수 있고, 경쟁사가 표적으로 하는 시장과 전략을 비교함으로써 간접적으로 고객에 대한 이해를 높일 수 있다.

경쟁상대 기업을 이처럼 넓게 봄으로써 보다 장기적이고 구조적인 경쟁여건의 분석이 가능하게 된다. 산업을 이와 같은 관점에서 보는 것은 경기 변동과 같은 단기적인 기업여건을 보자는 것이 아니고, 특정 산업의 기본적인 경쟁력과 기술변화 같은 장기적인 추세를 보기 위함이다.

창업희망자가 경쟁차원에서 고려해야 할 요소들은 시장 점유가능, 경쟁업자의 수, 시장의 신규 진입, 시장에의 진출 예상자수, 경쟁업자 분석 등이다.

표 4·1 창업 성공요인의 종합분석표

점검사항		평가		
		20-16점	16-12점	12-8점
경영자의 능력	창의성이 있는가?	예	보통	아니오
	위기 대처능력이 높은가?			
	리더십이 충분한가?			
	미래지향적인 꿈을 가지고 있는가?			
	사회지향적인 경영이념이 있는가?			
관리·전략	구매, 생산, 판매 등의 관리능력은 충분한가?			
	종업원을 잘 지휘할 수 있는가?			
	조달, 구매의 안정성이 있는가?			
	지속적으로 고객정보 관리를 하는가?			
	경영개선 및 혁신을 잘 수용하는가?			
제 품	새로운 유형의 제품·서비스인가?			
	품질 수준은 뛰어난가?			
	신소재를 사용하는가?			
	디자인은 독특한가?			
	소비자의 필요·욕구충족력은 큰가?			
자 금	수익성은 바람직한가?			
	자금조달은 용이한가?			
	재고부담은 크지 않은가?			
	운영 경비는 적절한가?			
	정부 및 금융기관의 자금지원은?			
시 장	시장 규모가 크고 안정적인가?			
	새로운 용도나 고객의 개발 가능성은 있는가?			
	출시 타이밍은 적절한가?			
	고객에 대해서 잘 알고 있는가?			
	제품 수명주기는 어느 단계인가?			
기 술	혁신적인 신기술인가?			
	연구개발 능력이 충분한가?			
	유능한 기술 전문인력 확보유지가 가능한가?			
	기술 변화의 계속적 추적이 이루어지는가?			
	연구 개발에 충분한 자금을 쏟는가?			

경 력	예전에 하던 일과 유사성이 큰가?			
	남다른 노하우가 있는가?			
	경험 축적은 충분한가?			
	지원 가능한 인맥이 많은가?			
	친분관계는 양호한가?			
경 쟁	상당한 시장 점유가 가능한가?			
	경쟁업자수는 많지 않은가?			
	시장의 신규 진입이 용이한가?			
	경쟁업자에 대한 분석이 용이한가?			
	시장에의 진출 예상자는 많지 않은가?			

자료 : 이신모(2002), 『창업학』, 서울 : 다성출판사, pp. 170-171.

창업희망자는 이상의 창업성공 종합분석을 실시한 결과 만족할 만한 점수분포를 보일 경우, 고려하는 업종에서 창업성공 가능성은 그만큼 높아진다. 하지만 불만족스러운 점수분포를 보일 경우 고려하는 업종에서의 창업성공 가능성은 그리 크지 않을 것으로 예상된다. 그러므로 다른 업종을 택해서 다시 분석해 보거나 각 개별 차원의 약점을 보완하여 종합점수를 개선할 경우 창업성공의 가능성을 높일 수 있을 것이다.

표 4·2 창업 적합성 점수의 판정 기준

각 차원별 점수 판정	
100-80점	양 호
80-60점	중 간
60-40점	미 약
40점 이하	불 량

종합점수 판정	
1,000-900점	최고로 유망
900-800점	대단히 유망
800-700점	비교적 유망
700-600점	어느 정도 유망
600-500점	다소 불투명
500-400점	대단히 불투명
400점 이하	별로 유망하지 못함

03 창업의 준비과정

창업은 여러 가지 요인들이 복합적으로 이루어지는 아주 힘든 작업이다. '기업을 창업하기 위해 무엇부터 시작해야 할까' 하고 생각하면 다 아는 것 같은데도 쉽게 떠오르지 않는다. 사업을 하기 전에 최소한 창업의 기본 절차에 포함된 사항 정도는 체크하는 것이 실패를 줄일 수 있다.

1. 기업 목적의 정의

기업을 창업함에 있어서 창업의 기본적인 이유와 경영방향에 대해 명확히 해두어야 한다. 오늘날 다원화된 사회 속에서 기업의 목적은 단순히 이윤 극대화에만 있지 않으며, 여러 목적이 동시에 추구되거나 이윤이 수단화되는 경우도 많기 때문이다. 이러한 기업의 목적은 창업자에게 있어서는 창업이념이 되며, 그에 따라 업종 선택이나 기업활동의 내용이 달라질 수 있는 것이다.

2. 업종 및 사업 아이템 선정

어떤 업종을 선택하느냐에 따라서 사업의 승패가 결정된다고 말할 수 있을 정도로 업종선택은 매우 중요한 사항이다. 그것에 따라 사업의 준비방법도 달라진다. 아무리 경영능력이 있고 자금이 풍부하더라도 선택한 업종이 사양사업이라면 실패할 확률이 높다.

그리고 자신의 성격에 맞지 않는 업종을 고르면 정성을 기울여 노력할 기분이 나지 않아 하루하루가 고통의 연속이 되고 실패하기 쉽다. 반대로 선택한 업종이 성장기에 있고 자신의 성격에도 맞으면 성공의 확률은 대단히 커진다.

사업에는 착수하기 쉬운 업종과 그렇지 않은 업종이 있다. 주류 판매업이나 음식점처럼 허가가 필요한 것, 약국처럼 면허를 필요로 하는 것, 세탁소와 같이 신고를 필요로 하는 것 등이 있다. 인가나 허가를 필요로 하는 업종은 일정 기준을 충족시키지 않으면 개업할 수 없다.

　　사실 창업 업종 내지 사업 아이템의 선정은 창업과정 중에서 가장 어렵고 많은 시간이 요구되는 것이다. 이는 기본적으로 자신이 고려하는 사업 업종·아이템에서의 성공가능성을 추정할 수 없기 때문이다. 따라서 선택업종에서의 성공가능성을 어느 정도 추정할 수 있다면 선택에 큰 도움이 될 것이다.

3. 사업타당성 분석

　　모든 사업은 시행하기 전에 어떤 형태로든지 사업을 통하여 발생될 손해와 이익에 관한 분석을 실시해야 한다. 사업성 분석과 형태는 일정한 형태는 없으며, 분석자의 경험을 근거로 한 주관적인 판단이 사업성 분석의 역할을 하기도 한다. 또한 여러 사람의 자문을 구하여 분석을 실시하기도 한다.

　　외식업체의 사업성 분석은 그 업체가 활동을 할 시장 및 시장에 출시할 메뉴, 서비스 및 아이디어의 유형 등을 규정해야 한다. 그리고 경쟁업체들을 분석하고, 자기 업체의 강점 및 약점 등을 파악해야 한다. 물론 소비자의 욕구를 파악하는 것도 잊지 말아야 할 것이다.

　　사업타당성 조사는 사업으로서 성공여부 확인과 투자 규모를 결정하는 것으로서 조사단계의 절차를 살펴보면 다음과 같다.

① 대략의 소요 자본을 계산하고, 외식업체에 관련된 전문지식을 습득하여야 한다. 그리고 미래의 전망을 파악하고 법적인 제한을 알아야 한다.
② 입지 및 경쟁업체의 분석이다. 같은 산업에서 동종 및 이종업체의 전략들을 원가, 품질, 서비스 등의 차원에서 분석한다.
③ 수요자 분석이다. 주변 상권인구 중에서 외식 수요가 어느 정도인가를 분석하여야 한다.
④ 메뉴를 설정하여야 한다. 메뉴는 고객층, 입지, 가격 등을 고려해야 한다.
⑤ 시설 및 규모를 설정하여야 한다. 점포계획은 메뉴와 시장 조사 결과에 따라 결정한다.
⑥ 시설 및 규모에 의거하여 투자액을 산출하여야 한다.

⑦ 추정손익계산서를 작성하여야 한다. 추정손익계산서란 미래의 일정기간 동안 기업활동으로부터 발생할 이익 또는 손해가 얼마인가를 추정하기 위한 작성표이다.

4. 인적 및 물적 자원의 조달과 구성

사업타당성 분석에서 아이디어가 유망한 것으로 판단되면 이를 실행하기 위한 인적 자원과 물적 자원을 조달하여야 한다.

1) 인적 자원의 조달

창업팀이 형성되는 과정은 크게 두 가지로 나누어볼 수 있다. 첫째는 한 사람의 사업 아이디어 창출 및 주도하에 동료를 선발하는 것이고, 둘째는 여러 명이 공통된 경험 및 친분을 바탕으로 팀을 형성하는 것이다. 이러한 과정에서 팀 구성원의 선발 및 협동심은 매우 중요하다. 특히 외식업소의 경우, 사람이 제공하는 서비스가 큰 비중을 차지하고 있기 때문에 창업에 동참하는 팀원을 구성하는 것은 매우 중요하고 신중하게 고려되어야 하는 부분이다.

2) 물적 자원의 조달

물적 자원의 조달에서 가장 중요한 것은 소요자금의 조달문제이다. 기업창업에 필요한 자금은 자기자본에 의하거나 타인자본에 의해 조달할 수 있다. 자기자본을 조달하는 방법에는 창업자의 소유자본, 자본참여자의 확보 등이 있다. 그러나 창업에 필요한 자금을 충분히 확보하지 못할 경우 타인자본에 의존하게 되는데, 이의 조달 원천으로는 개인, 기업, 은행, 제2금융권, 정부, 공공단체 등이 있다.

5. 사업계획서의 작성

1) 사업계획서의 의의

사업계획서는 사업을 검토하는 데 타당성이 인정되는 경우에 한하여 작성하는 것으로서 사업의 내용, 경영방침, 기술문제, 시장성 및 판매전망, 수익성, 소요자금 조달 및 운영계획·인력 충원계획 등을 일목요연하게 정리한 일체의 서류이다.

사업계획서는 창업자 자신을 위해서는 사업성공의 가능성을 높여주는 동시에 계획적인 창업을 가능하게 하여, 창업기간을 단축해 주고 계획사업의 성취에도 긍정적 영향을 미친다. 또한 창업에 도움을 줄 동업자, 출자자, 금융기관, 매입처, 매출처 및 일반고객 등에 이르기까지 투자의 관심 유도와 설득자료로 활용도가 매우 높다.

이런 이유로 사업계획서 작성은 정확하고 객관성이 유지되어야 하며, 전문성과 독창성을 갖춘 사업계획서가 되어야 한다. 또한 사업계획서의 실제 작성에는 상당한 기본 지식과 시간, 정보 등을 필요로 하는 만큼 충분한 시간적 여유를 가지고 준비되어야 한다.

2) 사업계획서의 주요 내용

도·소매업 및 서비스업의 사업계획서에 들어가는 주요 내용을 간략하게 살펴보면 다음과 같다.

표 4·3 사업계획서의 주요 내용

주 제	내 용
사업개요	· 취급상품의 용도, 기능, 실용성, 주요 고객 및 거래처 등 기입 · 창업업종에 대한 노하우 · 창업동기 및 아이템 선정과정
사업전망 및 사업의 기대효과	· 향후 국내의 시장동향 · 국내 수요처 및 수요량 · 소비자에 미치는 기대효과 · 조직의 인력계획 및 충원계획
점포 및 사무실 입지선정	· 입지선정의 기준과 조건 · 인테리어 설계 · 진열 및 배치설계
상품구매 및 판매계획	· 상품의 구입처 · 대금 결제조건 · 반품조건 · 구매방법과 재고파악 방법

주 제	내 용
상품구매 및 판매계획	· 상품의 구입처 · 대금 결제조건 · 반품조건 · 구매방법과 재고파악 방법
경쟁점포의 경영전략	· 경쟁점포와의 차별화 전략 제시
재무 및 수익계획	· 총 소요자금 · 자금의 조달방법
사업추진일정	· 사업자 등록 신청 · 점포 입지선정 · 사업 추진에 필요한 모든 사항에 대하여 추진일정을 수립

6. 사업의 개시

앞의 단계에서 모든 일정들이 순조롭게 진행되었으면, 이제는 창업을 위한 착수 단계에 들어가야 한다. 사업의 개시 단계에서는 각 파트별로 업무협조가 순조롭게 진행되도록 책임자가 잘 조정하고, 종업원 상호 간에 한 식구임을 강조하여 전 구성원이 공감하고 실천할 수 있도록 분위기 조성에 힘써야 한다. 따라서 창업의 사장은 개업 준비 단계부터 전 종업원이 하나라는 의식 속에서 단결하도록 격려와 지원을 아끼지 말아야 할 것이다.

04 프랜차이즈 비즈니스의 창업

1. 프랜차이즈 비즈니스의 창업과정

프랜차이즈 비즈니스가 개인이 독자적으로 창업하는 것보다는 많은 노력과 시간을 절약해 준다고 해서 결코 쉽게 결정할 수 있는 것은 아니다. 오히려 사회적으로 경험이 적고 순진한 가맹점주들을 울리는 부실 내지 악덕 체인본부들이 상당수 난립하고 있는 것이 현실이므로 세심하게 사전분석을 철저히 해서 창업사업에 임할 필요가 있다.

프랜차이즈 비즈니스를 선택할 때의 일반적인 과정은 [그림 4-2]와 같다.

[그림 4-2] 프랜차이즈 비즈니스의 창업과정

업종 선택

↓

체인 본부 조사

↓

기존 영업점 방문

↓

법률적 사항 검토

↓

계약 체결

↓

창업 준비

↓

영업 개시

1) 업종의 선택

여러 종류의 프랜차이즈 중 자금, 경험, 기술, 시장성 등을 잘 고려하여 창업 희망자가 하고자 하는 업종을 선택한다.

2) 체인본부에 대한 조사

업종이 선택되면 사업규모, 위치, 경쟁 프랜차이즈 기업의 종류 등을 각종 자료들을 이용하여 확인하고, 또한 실제 관심있는 기업들에 대해 관련 정보를 추가·확인하기 위하여 실제 조사survey를 통해 현실적인 분석을 해야 한다.

3) 기존 영업점의 방문

현재 프랜차이즈를 운영하는 경영자들을 가능한 한 많이 접촉하여 초기 투자액, 운영비용, 순이익 그리고 프랜차이즈 모기업들로부터의 각종 보조·지원, 제한 사항, 운영상의 문제점 등을 알아보아야 한다. 특히 현장의 영업점을 직접 방문하여 정보를 얻는 것이 중요하다.

4) 법률적인 사항 검토

프랜차이즈 비즈니스는 체인본부가 만들어 놓은 계약에 의해서 가맹점주의 수락으로 사업이 시작하게 되는 것이다. 따라서 법률적인 조항에 대한 면밀한 검토가 이루어져야 한다. 일부 체인본부의 경우 가맹점주들의 법률적인 지식 부족을 이용하여 일방적으로 불리한 계약을 강요하는 경우가 종종 있다. 만약 법률적 지식이 부족할 경우 다소 비용이 들더라도 전문가의 서비스를 이용하는 것이 나중에 실패를 줄이는 방어책이 될 수도 있다.

5) 계약

계약 시점에서 반드시 프랜차이즈 법규에 정통한 변호사를 찾아서 계약내용을 검토받는 등 불합리하거나 불리한 조항에 대한 사전점검을 꼭 해야 한다.

6) 창업준비

체인점을 창업하기 위한 전반적인 준비를 하게 되는데, 인원의 채용 및 교육, 점포의 개설에 따른 인테리어와 매장배치, 홍보 및 판촉 등 모든 노력이 포함된다.

7) 영업개시

사업을 전개하기 위한 모든 준비를 끝내고 실제로 비즈니스를 수행하는 과정으로서 사업성공을 위해 창업자 스스로가 많은 노력과 관심을 기울여야 한다.

2. 프랜차이즈 비즈니스의 표준약관

공정거래위원회는 최근 소자본을 이용한 창업활동이 활발해지면서 다양한 업종에서 가맹(체인)점 모집이 이루어지고 있다며, 가맹약관이 가맹사업자 위주로 작성되고 일방적으로 가맹계약자에게 불이익을 줄 우려가 있다는 판단에 따라 우선 대표적 가맹사업인 외식업 분야의 프랜차이즈 표준약관을 승인·보급시키고자 하였다. 이는 한국프랜차이즈협회 및 한국프랜차이즈경제인협회 등이 심사청구한 외식업 분야의 프랜차이즈 표준약관을 공정거래위원회가 2001년 2월 2일 승인한 주요 내용들로서 간략하게 살펴보기로 한다.

1) 계약기간

가맹계약자의 생계안정과 투자비 회수를 위해 최소 3년 이상 가맹점 영업을 보장하도록 하였는데, 이는 가맹계약자가 개점 초기에 점포 개설비용과 가입비 등 거액을 투자하는 점을 감안한 조치이다. 예전에는 주로 1~2년을 계약기간으로 정하였다.

2) 가입비(가맹비) 반환

가맹사업자의 이유로 사업이 중단된 경우는 최초 계약기간 중 잔여기간분만큼의 가입비를 반환토록 하였는데, 예전에는 가입비를 전혀 반환해 주지 않았다.

3) 영업지역

기존 가맹계약자의 영업지역 내에 직영매장 또는 다른 가맹계약자의 점포를 신설할 경우, 기존 가맹계약자의 동의를 얻도록 하였다. 예전에는 가맹사업자가 일방적으로 매장을 설치할 수 있었다.

4) 영업양도시 양수인의 가입비 면제

영업양수를 통해 새로이 가맹계약자의 지위를 승계한 자에게는 가입비를 받지 않도록 하였다. 단 소정의 교육비는 부담토록 하였다. 예전에는 모든 양수인에 대해 가입비를 징수하였다.

5) 점포 인테리어 시공업자 임의선정

가맹점포의 실내·외 장식이나 설비 등의 설치에 있어 가맹계약자가 직접 시공하거나 가맹사업자가 지정한 업체를 선정할 수 있도록 하였다. 예전에는 가맹사업자 자신 또는 가맹사업자 지정업체만이 시공하도록 되어 있었다.

6) 상품공급처의 제한

가맹사업의 목적달성 범위를 벗어나거나 가맹사업자가 정당한 사유 없이 공급을 중단하는 경우는 가맹계약자가 원·부자재를 직접 조달·판매할 수 있도록 하였다. 예전에는 브랜드 동일성 유지와는 상관없는 상품에 대해서는 자사제품 사용을 강요하거나 억지로 공급하는 사례가 많았다.

7) 반품 및 교환

상품 특성상 즉시 하자를 발견할 수 없는 경우는 6개월 이내에 통지·교환하도록 하고, 계약해지로 인한 정상품의 반품은 출고가격으로 상환하도록 하였다. 예전에는 반품시기를 즉시로 제한하거나 상품의 반품 가격을 매우 낮게 책정하는 사례가 빈번하였다.

8) 광고·판촉

가맹계약자에게 광고·판촉비를 분담시킬 경우 산출근거를 서면으로 제시토록

하고, 판촉비 분담을 요구하려면 가맹계약자의 동의를 얻도록 하였다. 예전에는 가맹계약자에게 광고·판촉비용 일체를 부담시키는 사례가 종종 있었다.

9) 금전채무보상

가맹사업자와 가맹계약자는 계약의 중도 해지에 따라 발생한 자신의 채무를 일정기간 내에 상환할 의무가 있고 이를 이행치 않을 경우 상호 지연이자를 부담하도록 하였다. 예전에는 가맹계약자만 지연이자 납입의무를 규정하였다.

10) 가맹사업자의 의무

가맹희망자들이 가맹여부를 적정하게 판단할 수 있도록 가맹사업자의 재무상황, 최근 5년간 사업경력, 상품·자재의 공급조건 등의 자료와 정보를 공개하도록 하였다. 예전에는 가맹계약 전 필요자료 공개에 관한 약관조항이 없었다.

미니사례 4·1

[기획] '공유주방' 규제 샌드박스 통과, 대중화 날개 달까

'위쿡' 시범사업 승인, 주방 공동 사용 가능·B2B 유통 허가
식품 안전성 위한 가이드라인 제시… 1일 1회 이상 위생점검

공유주방 '위쿡(WECOOK)'이 최근 민간 최초로 규제 샌드박스를 통과했다. 이에 따라 앞으로 식품·외식 사업을 원하는 창업자들은 자신이 소유한 별도의 공간 없이도 음식을 만들고 유통까지 할 수 있게 됐다. 그동안 경직된 법적 규제로 어려움을 겪던 공유주방 사업이 이번 규제 완화로 대중화될 수 있을지 식품·외식업계의 관심이 집중되고 있다.

❖공유주방 발목 잡던 법적 규제 완화

1개의 주방을 여러 사람이 동시에 함께 사용할 수 있도록 하는 제2호 '공유주방' 시범사업이 지난 11일 신기술·서비스 심의위원회(과학기술정보통신부 주관)의 최종 심의를 통과했다.

승인된 시범사업은 국내 첫 공유주방인 심플프로젝트컴퍼니가 운영하는 위

쿡(WECOOK)이다. 민간 최초 규제개혁 대상자로 선정된 위쿡은 향후 2년간 영업신고 규제특례를 적용받아 공유주방 사업을 운영하게 된다.

공유주방이란 식품 조리시설이 갖춰진 1개의 주방을 2명 이상의 사업자가 함께 사용해 영업할 수 있도록 허용한 조리공간으로, 주방을 여럿이 함께 원하는 기간만큼 사용할 수 있어 초기 창업비용을 낮추고 효율성은 높이는 개념이다.

▲ 지난 4월 29일 제1호 공유주방으로 고속도로 휴게소를 규제 샌드박스 대상으로 선정, 서울 만남의 광장휴게소와 안성휴게소(부산방면) 두 곳에서 시범사업을 진행 중이다. 사진은 서울 만남의 광장휴게소(左)와 안성휴게소(부산방면) 공유주방 매장(사진=국토교통부 제공)

'빌려주고 나눠쓰는' 공유경제 원리가 전 세계적으로 붐을 일으키면서 지난 2015년 처음으로 국내에 들어왔다. 앞서 정부는 지난 4월 29일 제1호 공유주방으로 고속도로 휴게소를 규제 샌드박스 대상으로 선정, 서울 만남의 광장휴게소와 안성휴게소(부산방면) 두 곳에서 시범사업을 진행 중이다.

그러나 휴게소 공유주방은 하나의 주방을 시간을 달리해 주간(8~20시)에는 휴게소 운영자, 야간(20~24시)에는 신규 창업자가 나눠 쓰는 방식이다.

그동안 공유주방은 현행 식품위생법상 식품을 제조·조리해 판매하려는 영업자는 영업소별 또는 주방 구획별로 하나의 사업자만 영업신고를 할 수 있어 동일 주방을 다수 사업자가 공유하는 창업이 불가능했다. 따라서 공유주방 업체들은 1개의 주방을 칸막이로 분리하고 조리시설을 갖춰 개별주방 형태로 사용하는 운영상의 어려움을 겪어야 했다. 또한 기존에는 공유주방에서 생산한 제품은 사업자가 소비자에게 직접 판매하는 B2C방식만 허용됐다.

이에 공유주방 기반 외식업 비즈니스 플랫폼인 위쿡은 ICT 규제 샌드박스 심의위원회에 제도 개선 신청서를 제출했으며, 제4차 심의위원회에서 최종 심의를 통과했다. 위쿡의 신청으로 규제 샌드박스를 통과한 규제 완화 내용은 △1개의 주방 내 복수의 사업자 등록 허용, △공유주방 내 생산 식품에 대한 유통·판매 허가(B2B도 가능) 등이다.

이에 따라 앞으로는 하나의 주방을 여러 명의 영업자가 동시에 사용할 수 있으며, 별도의 생산공간을 갖추지 않아도 개인 사업자가 공유주방에서 음식을 만들어 슈퍼마켓이나 마트, 편의점, 온라인몰 등 다양한 채널을 통해 유통하거나 식당이나 카페 등에 납품할 수 있게 되었다.

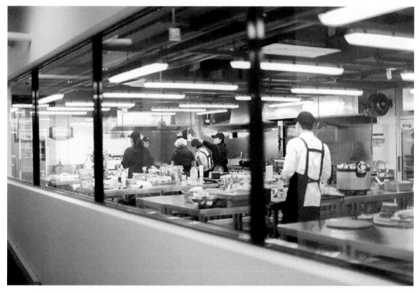

▲ 제2호 '공유주방' 시범사업의 국내 첫 공유주방인 심플프로젝트컴퍼니 위쿡 사직지점 주방 모습(사진=위쿡 제공)

❖위생 가이드 통한 식품 안전성 확보에 최선

식약처는 이번 규제 완화와 함께 공유주방에서 만들어지는 식품의 안전성을 확보하기 위한 '위생 가이드 라인'을 제시했다. 위쿡은 위생관리 책임자를 두고 1일 1회 이상 위생점검을 실시해야 하며, 주·야간 영업자 간 인수인계를 통해 위생 사각지대를 해소해야 한다.

위생 가이드 라인의 구체적인 내용은 △작업장·조리장 온도관리, 방충·방서관리, 냉장·냉동시설 온도관리 등 시설관리, △칼·도마·작업대 영업자별 구분 사용 및 사용 후 세척·소독, 알레르기 유발 원재료 혼입 주의 및 교차오염 방지 등 위생관리, △공유주방 출입자 관리, △행정처분 등이다.

공유주방에서 생산된 제품 역시 유통기한, 원재료명, 알레르기 주의사항 등 식품표시를 의무화하고 모든 제품에 대한 자가품질검사를 실시하는 등 안전의무를 이행한 경우에 한해 유통·판매가 가능하도록 허용했다. 또 생산량은 평균 매출액 5억 원 이하, 판매지역은 서울로 제한했다.

이와 관련해 위쿡 김기웅 대표는 "가이드라인이 나오기 앞서 약 3~4개월간 식약처와 치열한 논의를 했다. 최종 마련된 위생 가이드라인은 기존 식품제조업과 즉석판매제조가공업의 중간 정도에 해당되는 내용으로 부담이 없다고 할 수는 없다"면서도 "F&B 산업은 국민의 생명과 안전에 직결되는 산업인 만큼 결국 식품안정성이 확보돼야만 공유주방 산업도 활성화될 수 있다는 데에 식약처와 위쿡 모두가 공감했다. 어려운 길이지만 제대로 시장을 만들어보고 싶었다"고 밝혔다.

이어 "이번 공유주방 가이드라인은 공유주방 사업자의 위생점검 의무를 부과한 것이 핵심"이라며 "위생문제에 철저하게 대응해야 공유주방 사업이 지속 성장할 수 있다고 생각한다"고 덧붙였다.

❖배달특화형 식품제조형 공유주방 활성화 주목

이번 공유주방 규제특례 승인으로 신규 외식업 창업자들은 초기 창업비용 부담과 창업 리스크를 줄일 수 있을 것으로 보이며, 새로운 일자리 창출도 기대되고 있다. 식약처에 따르면 실제 신규 창업자가 공유주방을 이용할 경우 공간 임대, 조리시설, 각종 부대비용 등 최소 5,000만 원 이상의 초기 투자비용을 절감할 수 있다.

또한 공유주방 지점 하나당 최소 20개 이상의 사업자가 영업신고를 할 것으로 예상되는 가운데, 위쿡이 시범사업 기간 동안 설립하기로 한 35개 지점이 정상 운영될 경우 최소 700명 이상의 일자리 창출이 가능할 전망이다.

김기웅 대표는 "이번 샌드박스 시행을 통해 사업자는 불필요한 비용과 리스크 부담을 줄일 수 있고, 소비자는 더 다양한 식품을 시장에서 만날 수 있는 계기가 될 것"이라며 "공유주방 시범사업이 공간부터 임대하던 음식 창업의 기존공식을 깨는 것인 만큼 새로운 F&B산업 생태계를 만들 수 있도록 하겠다"고 말했다.

특히 공유주방에서 생산된 식품의 B2B유통이 가능해지면서 푸드코트형뿐만 아니라 배달특화형, 식품제조형 공유주방 사업이 활성화될 것으로 보인다.

위쿡은 오는 10월 서울 송파구에 식품제조형 공유주방을 추가 오픈한다. 김기웅 대표는 "송파지점은 사직지점보다 명확한 타깃 설정을 기반으로 푸드메이커들이 제품 카테고리에 특화된 공유주방을 활용해 식품을 생산할 수 있도록 '타깃 맞춤형 식품제조 공유주방'으로 운영할 계획"이라고 말했다.

또 "공유주방이 생산지역 유통의 거점 역할을 할 수 있도록 물류회사들과 협업해 시스템을 갖출 예정"이라고 덧붙였다.

❖민간 공유주방 사업 운영 본격화 전망

공유주방의 가장 큰 숙제였던 법적 규제의 문턱을 넘으면서 민간 공유주방 사업이 본격적으로 확대될 전망이다.

우버 창업자인 트래비스 캘러닉이 설립해 화제가 된 공유주방 클라우드키친도 빠르게 입지를 넓혀가고 있다.

클라우드키친을 운영하는 시티스토리지시스템스(CSS)는 지난 5월 서울 서초동에 배달 전문 음식점 30여 곳이 영업할 수 있는 규모의 공유주방 1호점을 오픈했다.

이곳에는 세계적인 외식 브랜드 아웃백이 입점해 배달 서비스를 실시하고 있으며, 이랜드가 운영하는 애슐리, 자연별곡, 피자몰 등도 입점을 준비 중인 것으로 알려졌다.

또한 CSS는 지난달 국내 공유주방 스타트업 기업인 심플키친을 인수했다.

비공개로 진행돼 정확한 인수금액은 알려지지 않았지만 80억 원 이상으로 전해졌다. CSS의 이 같은 공격적인 투자와 유명 브랜드 유치 등은 아직 초기시장인 국내 공유주방 시장을 선점하려는 전략으로 보인다.

배달 특화형 공유주방 스타트업 기업인 개러지키친은 지난 8월 초 하남에 1호점 오픈을 앞두고 있다. 개러지키친은 사업자가 보증금 1,000만 원에 월 사용료 160만 원을 내면 업종과 브랜드에 맞게 각종 기구·집기 등 맞춤형 조리시설이 갖춰진 배달 전문매장을 제공한다.

개러지키친은 올해 10월까지 서울 내 8개 지점을 추가 오픈할 예정이다.

이 밖에도 배민키친, 먼슬리키친, 셰플리, 고스트키친, 오픈더테이블 등 다양한 민간 공유주방 업체들이 사업 확장에 가속도를 내고 있어 향후 공유주방 사업의 귀추가 주목된다.

INTERVIEW_ **김기웅 위쿡(WECOOK) 대표**

공유주방 통한 식품외식 스타트업
다양성·혁신성 기대

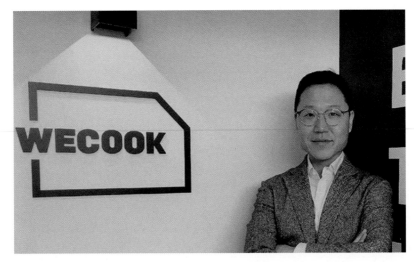

▲ 김기웅 위쿡(WECOOK) 대표

❖민간 최초 규제개혁 대상자로 선정된 소감은

"우선 매우 기쁘다. 공간 중심이었던 우리나라 F&B산업 생태계에서 이번 시범사업 선정은 반드시 자기 소유의 공간을 갖추지 않더라도 식품사업을 시작하고 시장에서 검증할 수 있는 최초의 토대를 마련한 것이라고 생각한다.

이를 통해 과점구조를 띠고 있는 국내 식품·외식시장에 창의적인 스타트업이 발을 내디딜 수 있는 문턱이 낮아졌다. 이는 우리나라 식품·외식시장의 다양성을 확대할 뿐만 아니라 전통적인 산업영역으로 평가받던 식품·외식시장에서 혁신적인 사업모델이 탄생할 수 있는 계기가 될 것으로 보인다."

❖위쿡의 단·장기적 계획과 목표는

"앞으로 F&B시장에서 성장 가능성이 가장 높은 시장은 온라인 식품 유통시장이 될 것이라고 전망한다. '라스트마일 물류(최종 소비자에게 제품을 배송하는 마지막 단계)'의 발달로 점차 배달과 배송의 경계가 허물어지고 있고, 온라인 소매시장 또한 점차 커지고 있다.

이런 흐름을 바탕으로 위쿡은 다양한 제품들을 생산하는 푸드메이커들에게 필요한 서비스를 제공하면서 식품 유통시장에서 함께 기회를 찾고자 한다. 이를 위해 올해는 식품제조·유통형 공유주방을 1개 더 오픈하고, 식당형, 그로서리(편의점)형, 딜리버리형 공유주방을 모두 17개 스폿에서 운영할 예정이다.

나아가 위쿡은 단순 공간 임대가 아니라 F&B시장을 공간 중심에서 사람 중심으로 만드는 일을 계속해 나갈 것이다. F&B 사업자들을 힘들게 만드는 구조적 요인이 무엇인지 파악하고 그것이 공간이라면 공간으로부터 자유롭게, 시간이라면 시간으로부터 자유롭게 해 새로운 F&B 생태계를 만들 계획이다."

❖향후 정부의 공유주방 관련 정책과 규제가 어떻게 개선되고 발전돼야 한다고 생각하는가

"이번 규제개혁은 공유주방 사업자보다 F&B 사업자들을 위한 것이었기 때문에 가능했다고 생각한다. 사업자들이 공간 없이도 창의적이고 새로운 사업을 시작해 볼 수 있도록 산업환경을 조성한 것이기 때문이다.

앞으로의 정부정책도 자영업자들을 무작정 보호하고 감싸는 것보다는 이들이 시장에서 스스로 경쟁력을 갖출 수 있도록, 나아가 하나의 기업으로까지 성장할 수 있도록 시장환경을 개선할 수 있는 방향으로 나아가야 할 것이다."

출처 : 식품외식경제, 2019. 07. 30일자, 이동은 기자

미니사례 4·2_____

[기획] 2019년 외식·푸드 창업시장 트렌드 전망

이경희 한국창업전략연구소장, "토핑푸드, 아티잔 창업 등 강세 예상"

2019년 창업시장, 특히 자영업의 전망은 시작부터 암울하다. 최종 소비자를 만나는 자영업이 가맹점의 대부분을 차지하는 국내 프랜차이즈 시장은 더욱 그렇다. 프랜차이즈 가맹본사들은 나빠진 경영환경으로 인해 가맹점들의 줄폐업을 염려하는 상황이다.

인구절벽 및 중후장대 산업의 구조조정 여파로 소비지수가 떨어지는 가운데, 최저임금 인상에 주휴수당 시행까지 겹치면서 2018년은 사상 최대의 자영업 폐업률이 예상되고 있다. 1년간 개업률 대비 폐업 수를 보는 자영업 폐업률의 경우 연간 70~80%대에 달했으나 국세청 통계에 따르면, 2018년에는 90%를 넘어서 사상 처음으로 폐업 수가 100만 명을 넘어설 것으로 전망되기도 했다.

하지만 4차 산업혁명의 가속화, 소비자 세대교체 등으로 지금까지와는 비교가 안 될 정도로 격심한 변화가 예상되기도 한다. 이러한 변화는 창업시장에 다양한 기회를 제공할 것이고, 이를 통해 성공하는 새로운 승리자들이 대거 등장할 것이다. 핫한 이슈가 즐비한 2019년 창업시장을 전망해 본다.

✤토핑푸드

외식시장에서 2019년 핫한 창업 트렌드 중 하나는 토핑푸드가 될 것으로 전망된다. 토핑푸드는 조리를 단순화하면서도 수제요리처럼 화려한 푸드스타일링을 가진 음식을 말한다.

토핑푸드는 인건비 절약과 가심비 두 마리 토끼를 잡을 수 있다. 메뉴의 가짓수나 기본 조리를 단순화하되, 화려한 토핑을 추가해서 인스타그래머들의 비주얼 욕구를 자극하는 것이 특징이다. 대형 닭다리를 올린 칼국수나 화려한 토핑을 자랑하는 국수는 물론 토핑죽까지 등장했다.

음료에도 치즈, 크림, 과일 등을 활용해 화려한 비주얼을 자랑하는 토핑 비버리지가 젊은 층에게 환영받고 있다. 식품제조 기술이 향상되면서 원팩 제품의 수준이 높아지고 있다.

조리가 간단한 원팩 제품을 공급받아 주방을 단순화하면서도 토핑을 통해 영양의 밸런스를 높

이고 가심비를 높이는 토핑푸드는 보는 마케팅 시대의 대세로 자리 잡아 나갈 전망이다.

❖아티잔

장인을 뜻하는 아티잔 창업은 오프라인의 강자로 자리를 굳힐 것이다. 식품의 경우 가정 간편식과 간편 건강식 시장이 커지면 커질수록, 장인의 맛을 느끼는 수준 높은 리얼푸드에 대한 수요도 늘어날 전망이다.

평소 식사를 가볍게 때우는 대신 외식을 할 때는 한 끼라도 특별한 음식을 찾는 수요가 늘어나고 있다. 맛집으로 높은 평가를 받는 음식점, 전통의 맛을 고수하는 원조 맛집, 인스턴트가 아닌 수제방식으로 수고스럽게 조리하는 리얼푸드 음식점, 셀럽들이 추천한 맛집, 고급스러운 개인 취향을 충족하는 싱글 오리진 푸드 등은 희소성을 기반으로 브랜드 파워를 키워나갈 것이다.

디자이너스 브랜드 역시 대표적인 아티잔 제품들이다. 아티잔 창업은 양적 성장을 추구하는 기존 업체들과 달리 질적 성장을 추구하는 것이 특징이다. 탁월한 상품력과 브랜드 파워를 기반으로 소매와 서비스, 오프라인과 온라인을 결합하며 경계를 넘어서 브랜드를 확장해 나감으로써 경영의 효율과 부가가치를 높이는 전략을 구사하는 것이 특징이다.

❖배달 공화국

2019년 배달앱 시장은 한판 승부를 피할 수 없게 됐다. 배달시장에서 높은 점유율을 차지하고 있는 '배달의 민족'이나 '요기요', '배달통'은 물론 새로운 배달앱들이 가세해서 배달 경쟁이 극에 달할 것이다. 배달은 창업시장의 풍속도도 바꾸고 있다. 개인들도 배달 마케팅을 통해 최소투자로 최대 매출을 올리는 사례들이 속속 등장하고 있다.

배달시장에서 입소문이 나면서 프랜차이즈 사업으로까지 진입하는 사례도 늘고 있다. 배달만을 타깃으로 하는 프랜차이즈 브랜드들도 승승장구하고 있다. 배달 전문 브랜드들은 소액 투자와 높은 매출을 강점으로 내세운다. 품질력과 마케팅력을 기반으로 배달에 집중할 경우 상권입지와 무관하게 높은 매출을 기대할 수 있어 소액투자로 창업이 가능한 것이 장점이다.

기존 업체들도 매출 부진을 만회하기 위해서 배달 모델을 접목해서 사업을 리뉴얼하고 있다. 배달제품의 경우 세트메뉴 구성 등을 통해서 객단가를 높일 수 있다. 배달 활성화를 위해 떡볶이 전문점에서 치킨과 피자 메뉴까지 추가하는 사례도 많다.

배달마케팅 활성화는 기존의 싱글족 타깃을 벗어나 선물시장에까지 영향을 미치고 있다. 회원제를 접목한 배달사업은 기업들에게 새로운 수익모델의 기회를 제공하기도 한다.

❖공유경제형 창업

지난해 우버는 한국에서 공유주방 사업에 뛰어든다고 발표해 주목을 받았다. 우버가 운영하는 가상식당은 아시아 태평양 지역에서 1년 사이에 1,000개 이상이 생겨날 정도로 빠른 속도로 성장하고 있다. 우버이츠를 통해 가상식당 서비스를 진행하는 우버는 공유주방 서비스도 본격화할 계획이다. 배달의민족도 배민키친을 운영하고 있다.

공유주방은 기존의 푸드 스트릿과 셀렉트 다이닝에 배달과 공유경제 개념을 결합해 창업비용을 절감시켜 주는 것이 특징이다.

음식 사업에 불고 있는 공유창업 모델의 수혜자는 경쟁력 없이 음식사업을 꿈꾸는 일반 예비 창업자들이나 청년 창업자들보다는 유명 맛집이나 셰프 등 맛에 대한 노하우를 가진 푸드 창업자들이 될 것으로 전망돼 외식 창업시장에서 '빈익빈 부익부' 현상을 심화시킬 가능성도 있다. 공유경제형 창업은 푸드 사업에만 국한되지 않는다.

삼성전자와 제휴해 공기정화기를 비롯해 사무실에서 다양한 설비를 렌털해 주는 공유프랜차이즈 사업자가 등장했고, 대단위 아파트를 대상으로 가사 아웃소싱을 공유하는 프랜차이즈 사업도 등장했다. 공간 공유는 이미 보편화되고 있다. 파티룸, 사무공간, 회의실, 교육장, 댄스연습실 등 다양한 용도의 전문적인 공간들이 렌털방식으로 공유되고 있다.

공유경제는 거대한 플랫폼으로 연결되지만 그 연결의 말단에는 수많은 개미 창업의 기회가 만들어진다. 경비 부담을 줄이기 위한 공간공유 점포도 늘어날 전망이다. 이미 많은 기업과 음식점들이 공간공유 모델을 선보이고 있다. 낮에는 사무공간으로 활용하고 밤에는 주점으로 운영되는 수제맥주전문점을 비롯해 낮에는 뷔페음식점, 밤에는 술집이 되는 치킨주점 등 점심과 저녁의 사업자가 다른 음식점이 더욱 확산될 것이다.

❖ 푸드 스타트업

소기업 창업에서는 하이테크형 사업보다는 차별화된 경쟁력을 가진 로테크형 사업의 성공률이 높다. 대표적인 로테크 분야가 푸드산업이다. 지금까지 푸드 창업은 오프라인 음식점 창업이 대세였으나 2019년에는 아이디어를 기반으로 하는 R&D 제조기업이 푸드 스타트업을 주도할 것으로 보인다. 가정 간편식이 주로 대기업 영역이라면 간편 건강식은 푸드 스타트업들의 도전이 왕성한 분야이다.

전자는 우수한 제조기술과 규모의 경제가 필요하지만, 후자는 창의적인 아이디어를 기반으로 하면서 중소기업과 협업을 하는 사례가 많다. 기술 발달과 IT, 모바일의 확산으로 전 세계 식품산업은 새로운 빅뱅기를 맞고 있다. 국내 식품산업의 규모도 급성장하고 있다. 미래는 가정 간편식 및 간편 건강식의 발달, 배달사업의 활성화 등으로 주방 없는 가정이 실현될 가능성도 높다.

실제로 여성의 경제활동이 활발한 동남아 등지의 경우 가정에서 조리하지 않는 것이 보편화되어 있다. 우리나라도 여성 경제활동의 증가, 싱글족 확대, 푸드테크의 발달과 배달 활성화, 여기에 공유주방의 확대까지 가세해 앞으로 주방 없는 가정이 늘어날 전망이고 이것이 푸드 스타트업에 다양한 기회를 제공할 것이다.

❖ 뉴트로 창업

하늘 아래 새로운 것은 없다. SNS가 확산되면서 지구촌이 실시간으로 문화와 정보를 공유하는 요즘 밀레니얼 세대들에게는 디지털을 기반으로 하는 '최신' 동향보다는 그들이 경험하지 못했던 과거의 아날로그 세상이 더욱 새롭게 여겨지고 있다. 이에 따라 복고를 새롭게 해석하는 뉴트로가 창업시장의 중요한 키워드로 부상하고 있다.

뉴트로 트렌드의 이면에는 복합적인 요인이 작용하고 있다. 갈수록 삭막해지는 관계와 소외 속에서 과거의 아날로그 감성이 주는 따뜻함과 정겨움이 젊은 층에게 새로운 감성으로 어필하고 있다. 환경 보호를 이슈로 하는 리사이클링이 주목받는 것도 뉴트로가 인기를 얻는 배경 중 하나이다. 아울러 K-pop에서 촉발되어 음식, 음악, 패션 등 신한류가 전 세계 젊은 층에게 영향을 미치고 인정을 받으면서 우리 것에 대한 자부심이 높아진 것도 뉴트로 트렌드에 영향을 미쳤다.

뉴트로 트렌드는 디자인, 각종 소품, 마케팅 방식, 제품 개발, 브랜드네이밍 등 창업시장에 전방위적으로 영향을 미치는 키워드가 될 것이다.

❖ 린창업

뉴노멀 시대를 맞아 창업시장에서도 빈익빈 부익부 현상은 더욱 심화될 것이다. 대형 프랜차이즈나 대기업들의 시장 점유율 확대 및 온·오프라인 연계를 위한 소매 외식업 진출이 늘어나면서 자금력과 규모를 내세운 창업이 늘어날 것이다.

반면 투자 여력이 없는 개미 창업자들 사이에서는 군더더기를 없앤 린창업이 각광받을 것이다. 린창업은 고객에 집중하면서 스피드와 러닝을 통해 사업모델을 완성해 나가는 린스타트업에서 비롯된 단어이지만, 꼭 필요한 것만 갖추고 군살을 없앤 창업이라는 의미도 갖고 있다. 필수적인 기능만 갖춘 무인점포나 직원 없이 부부가 운영하는 소형 매장, 배달에만 집중하는 음식점 등 불필요한 것을 다 버리고 선택과 집중을 통해 경제적으로 운영하는 린창업은 초저마진이 특징인 뉴노멀 시 대의 생존창업 방법으로 인기를 얻을 전망이다.

특히, 소형 매장에 소액투자로 가능한 전문업종들은 반짝 유행업종으로 전락한 사례가 적지 않음에도 불구하고, 2019년에도 여전히 인기를 모을 것으로 보인다.

❖에스닉

인간에게는 탐험에 대한 욕구가 있다. 워라밸 힐링의 핵심 키워드 중에 하나가 여행인 것도 새로운 것에 대한 호기심 때문이다. 탐험욕구를 일상생활에서 자극하는 키워드가 에스닉이다. 글로벌 시대를 맞아 익숙한 것을 거부하고 새로운 것에 열광하는 밀레니엄 세대들은 새로운 문화에 개방적이다. 에스닉은 다양한 민속문화를 사업에 접목하는 키워드이다.

해외여행에서 만난 다른 나라의 길거리 음식, 에스닉 디자인, 다른 나라의 전통 술이나 음료, 새로운 향신료와 소스 등은 신제품 개발과 창업에 더욱 활발하게 적용될 것이다. 외식업에서 에스닉 푸드의 영향력은 갈수록 커지고 있다. 에스닉 푸드들은 그 나라 음식에 맞는 술과 음료를 판매할 것이다. 매장에서는 해당 국가에서만 만날 수 있는 제품들도 함께 판매될 전망이다.

다양한 국가의 문화는 콘텐츠 시장에서도 큰 반향을 불러일으킬 것이다. 영국에서 한국문화를 소개하는 '영국 남자'를 비롯해 중국에 한국문화를 소개하는 '한국뚱뚱'. 글로벌 젊은이들에게 한국의 K-pop 소식을 전하는 유튜버들까지 국가 콘텐츠를 소개하는 에스닉 콘텐츠 크리에이터들은 갈수록 늘어날 전망이다.

❖모던 한식

외식업에서 여전히 가장 큰 비중을 차지하는 것이 한식이다. 한식시장은 창업자 및 고객 세대교체의 영향을 가장 많이 받을 영역이다. 베이비부머 세대의 은퇴가 본격화되면서 한식의 핵심 소비층이 밀레니얼 세대로 바뀌고 있다.

밀레니얼 세대들은 햄버거, 피자, 샌드위치 등 간편한 음식에 익숙하다. 이들은 전통적으로 반찬을 많이 제공하는 한식보다도 간편하게 즐기는 한식을 선호한다. 국밥이나 일본가정식 요리가 뜨는 이유 중 하나도 그런 이유 때문이다.

밀레니얼 세대를 겨냥하는 한식은 점점 모던화되고 일품요리화될 것이다. 한식의 세대교체도 가속화될 전망이다. 30~50년간 한식을 운영해 온 1세대 사업자들이 물러나고 그 자리를 젊은 감각을 가진 청년들이 대체하면서 새롭고 모던한 한식 창업이 확산될 것이다.

❖가격파괴

불황의 여파로 초가성비와 가심비를 내세운 가격파괴 업종들이 더욱 늘어날 전망이다. 기존의 제품에 비해 놀라운 가격으로 판매되는 제품, 가격대비 품질이 우수한 제품 등 가격파괴 업종들은 구매혁신, 과 학적인 운영방식 등을 통해 불필요한 경비를 제거하고 가격 메리트를 내세워 소비자들에게 어필할 것이다.

1,000~2,000원대 돈가스를 비롯해 가격파괴 파스타나 한식, 그 밖에 커피, 공산품, 패션 등 가격파괴 업종은 다양한 영역에서 인기를 끌 전망이다. 프랜차

이즈 시장에서는 가격파괴 창업이 인기를 끌 전망이다.

더 이상 투자여력이 없는 재창업자 등을 대상으로 가맹비, 교육비 등 로열티나 물류수익 외에 모든 비용을 면제해 주는 노마진 창업 브랜드가 늘어날 것이다. 이들은 가맹점 모집을 통한 규모의 경제를 갖춰 연관기업이나 사모펀드 등에 인수합병을 노리거나 규모의 경제를 목표로 기존 브랜드들과 경쟁해 나갈 것이다.

❖라이프스타일 비즈니스

비슷한 취향을 가진 사람들끼리 모이는 유유상종 및 취향저격 시대를 맞아 라이프스타일은 소비시장의 핵심 키워드 중 하나로 부상하고 있다. 제품 하나 하나의 경쟁력보다는 전체적인 라이프스타일의 가치를 제안함으로써 식품, 패션, 가정용품은 모든 영역의 구매를 하나로 통합하는 것이 라이프스타일 비즈니스의 특징이다.

단순하고 소박하며 실용적인 삶을 지향하는 킨포크 라이프는 대표적인 라이프스타일 양식이다. 환경과 자연을 보호하려는 에코 라이프스타일을 비롯해 파워 인플루언서들이 제안하는 다양한 방식의 스타일은 그 자체가 키워드가 되어서 창업과 연계될 전망이다.

온라인 쇼핑몰 창업에서도 더이상 상품의 가격이나 품질만으로는 경쟁력을 만들지 못한다. 라이프스타일에 대한 제안을 통해 독특한 생활양식과 문화적 가치를 제공하는 사업자들이 성공하는 시대가 될 것이다.

❖유튜버 러시아워

연 소득이 수억 원에 달하는 성공 유튜버들의 등장이 청년창업시장에 열풍을 일으키고 있다. 초등학생들의 장래희망 1순위가 유튜버 스타일 정도로 1인 크리에이터 창업이 붐을 이룰 것이다.

밀레니엄 세대 특히 Z, Y세대의 경우 기승전결 동영상이라고 해도 과언이 아닐 정도다. 유튜버 러시아워는 창업시장에만 영향을 미치는 게 아니라, 소규모 사업자들의 마케팅에도 큰 영향을 미치고 있다. 기존의 미디어 및 SNS 중심에서 탈피해 유명 인플루언서들이 자영업자 및 기업 마케팅에 큰 영향을 미치고 있는 것이다.

동영상 마케팅이 핵심 콘텐츠로 부상하면서 보다 손쉽게 동영상을 제작하고 편집할 수 있는 툴들도 봇물을 이루고 있으며, 동영상 제작과 편집은 전문가의 영역에서 벗어나 기존에 글쓰기만큼 일반화되고 있다.

❖ 몰 창업

2018년과 마찬가지로 몰은 창업시장의 중요한 키워드로 자리 잡을 것이다. 기후 변화의 영향을 많이 받은 오프라인 상권과 달리 안정된 유동인구를 보유하고 있는 몰은 맛집들의 집결지가 될 것이다.

온라인 쇼핑이 일반화되면서 오프라인 몰의 경우 커뮤니티 공간으로의 탈바꿈을 적극 추진하고 있다. 여기서 핵심이 되는 것이 맛집을 한자리에 모아두는 푸드스트릿이다. SNS나 미디어를 통해 인정받은 전문 맛집이나 지역의 유명한 음식점에 우선적인 입점기회가 주어진다.

외식사업자들 입장에서도 몰 창업은 투자비가 저렴하다는 게 장점이다. 프랜차이즈 브랜드들 중에도 대형 몰에 적극적으로 출점하는 브랜드들이 늘어나고 있다. 몰 창업의 또 다른 장점은 특정 몰에 입점해서 성공하면 전국적으로 출점기회를 확보할 수 있어 단기간에 성장이 가능하다는 것이다.

❖로컬 & 맛집 프랜차이즈

취향 다양화 시대를 맞아 로컬은 새로운 트렌드로 부상할 것이다. 88올림픽 이후 전국의 8도 음식들이 전국으로 확산되었듯이 2019년에는 지역의 숨은 맛집이 전국적으로 확산되면서 소비자들의 다양한 취향을 저격할 전망이다.

국내 프랜차이즈 브랜드 수는 2018년 초 5,000여 개에서 2019년 들어 6,000개를 넘어섰다. 새로 등록된 브랜드들의 상당수는 전국적인 확장을 꾀하는 맛집 브랜드들이다. 상품 및 업종의 경계가 희미해지는 빅블러 시대를 맞아 업종 간, 브랜드 간 경쟁이 치열해지면서 예비 창업자들은 프랜차이즈 브랜드들의 시스템력이나 브랜드가 아니라, 시장에 진입할 수 있는 차별화된 기회에 더 집중하는 성향을 보이고 있다.

이것이 각 지역 숨은 맛집들이 인기를 얻는 배경이다. 일부 맛집 프랜차이즈 브랜드들은 준비 안 된 상태로 프랜차이즈 사업전개에 뛰어드는 경우도 있어 예비 창업자들의 피해가 우려되기도 한다.

출처 : KNS뉴스통신, 2019. 01. 31일자, 신일영 기자

미니사례 4·3

함께 성장하고 함께 나눈다 – (주)서로다함께 김태우 대표

프랜차이즈 업계 종사자라면 누구나 한 번쯤 '내 브랜드'를 꿈꿔본 적이 있을 거다. 하지만 요즘 같은 불경기에 창업으로 단기간 내 성공하기가 어디 쉬운 일인가. (주)서로다함께 김태우 대표는 주점과 고깃집, 떡볶이 등 3개 브랜드를 운영하는 가맹본사 대표인 동시에 (주)디딤의 연안식당 4개점을 운영하는 메가 프랜차이지이기도 하다. 대표이사와 가맹점주 2개의 위치에서 서로 다른 운영의 묘를 살려가며 자신만의 장사비법을 만들어가는 김태우 대표를 만났다.

❖ 대박보다는 '웰메이드 브랜드'

김태우 대표가 만든 첫 번째 브랜드는 2014년 방이동에 문을 연 '9279 잘군'이다. 수제맥주에 가벼운 안주를 곁들인 스몰비어 콘셉트로 규모는 작았지만 제법 인기가 좋아 알음알음 입소문을 타며 7개까지 매장을 늘렸다. 두 번째 브랜드는 2016년에 오픈한 우삼겹 전문점 '청춘우삼겹'이다. 주 52시간 근무제 시행과 워라밸 라이프스타일의 확산 등으로 더 이상 주점시장의 폭발적인 성장은 어려울 것으로 판단하고 새로운 브랜드를 재빠르게 내놓았다. 세 번째 브랜드가 나오는 시간도 얼마 걸리지 않았다. 지난해 오픈한 '미스떡볶이'는 즉석 직화 떡볶이를 콘셉트로 하는 브랜드로 주문이 들어오면 웍에 여러 가지 재료를 넣고 중식 화덕에서 재빠르게 볶아내 불맛을 살린다. 테이블에서 끓여 먹는 방식이 아닌 즉석 조리방식을 도입한 새로운 발상과 독특한 맛으로 프랜차이즈 창업박람회에서도 뜨거운 관심을 받았다.

현재는 라멘과 피자를 콘셉트로 한 네 번째, 다섯 번째 브랜드를 준비 중이다. 빠르면 상반기, 늦어도 하반기 중에는 1호점 오픈을 목표로 콘셉트 설정과 메뉴개발, 입지선정까지 마친 상태다. 아이템은 평범하지만 풀어내는 방식을 달리해 전혀 새로운 브랜드를 만든다는 계획. 특히 하반기 중 선보일 피자 브랜드에 거는 기대가 크다. 지금까지는 없었던, 전혀 새로운 피자집을 만들어보겠다는 생각에 그도 직원들도 또 예비 투자자들도 한껏 고무된 상태다. 이쯤에서 한 가지 궁금증이 생겼다. 소위 말하는 '대박 브랜드' 하나 없는데 계속해서 신규 브랜드를 론칭하는 이유 말이다. 김태우 대표는 "'물 들어올 때 노 젓는' 식으로 가맹점 모집을 통한 수익증대에 목적을 두기보다는 브랜드를 키워가며 완성도를 높이고 싶은 '잘 만든' 브랜드에 대한 욕망이 강하다. 10년 가까이 프랜차이즈 업계에 종사하면서 후속 브랜드에 대한 충분한 준비 없이 대표 브랜드 하나에만 의존하다 서서히 무너져 내리는 기업들도 여러 곳 봤다"고 말한다. 그의 머릿속에는 이미 또 다른 새로운 브랜드들이 포트폴리오처럼 펼쳐져 있다.

❖ 사업의 변환점, 연안식당

김태우 대표는 연안식당 4개 가맹점을 운영하는 메가 프랜차이지이기도 하다. 연안식당과의 인연은 우연치 않게 찾아왔다. 연안식당 본사인 (주)디딤에 근무하는 친한 지인으로부터 '정말 괜찮은 브랜드가 하나 있는데 한번 해보지 않겠냐'는 제안을 받은 것이다. 당시 그 지인 또한 디딤 소속 직원이면서 연안식당을 운영하는 가맹점주였다. "처음에는 미쳤냐고 했다. 그 돈이 있으면 내 브랜드에 투자하지 왜 남의 브랜드를 하냐며. 하지만 곰곰이 생각해 보니 이것이 내 사업에도 플러스이자 변환점이 돼 줄 수 있을 것 같았다. 내 회사에 대한 투자라고 생각하고 연안식당 가맹계약서에 도장을 찍었다." 2017년 5월 연안식당 평촌점 가맹점주가 됐다. 꼬막비빔밥이 공전의 히트를 기록하며 가맹점이 급속도로 늘어날 때였다. 이후 7월 광장점, 9월 안산고잔점, 12월 산본점을 연이어 오픈하며 순식간에 4개 가맹점을 운영하는 메가 프랜차이지가 됐다. 월평균 매출은 가맹점당 1억 원. 4개 매장 모두 30여 평 규모로 성수기 때는 월매출 1억 7,000만 원을 찍은 적도 있다. 연안식당 가맹점이 하나같이 잘 되면서 서로 다함께 본사에도 돈이 돌았다. 그는 이것을 고스란히 본사 운영에 투자해 R&D 설비를 강화하고 유능한 직원을 채용하면서 기존 브랜드의 경쟁력을 높여 갔다. 회사에 돈이 도니 직원들 만족도가 높아지는 것이 눈에 보였다. 연안식당이 사업의 변환점을 마련해 준 것이다.

"프랜차이즈 본사를 이끄는 대표로서 연안식당을 운영하는 가맹점주로서 '서로 다 함께' 성장하고 성공하는 것이 목표"

출처 : 월간식당, 2019. 03. 13일자, 글-박선정 기자, 사진-이종호 차장

외식산업의 상권분석

01 상권의 이해

1. 상권의 의의

외식산업의 시장환경은 하루가 다르게 빠르게 변화하고 있다. 그러한 여러 요인들 중에서도 외식업소가 입지해 있는 상권은 가장 중요한 부분이라고 할 수 있다. 상권은 단일조건에 의해서 만들어지는 것이 아니라 여러 가지 요인에 의해 만들어진다. 일반적으로 외식업소가 어느 도시에 있으며, 그 도시 가운데서도 어느 상업밀집지역에 있느냐에 따라서 상권의 여러 가지 상황은 달라진다.

외식산업의 점포는 반드시 어딘가의 장소에 위치하기 마련이다. 외식업소나 점포가 위치해 있는 장소는 그 주변환경의 영향을 받아 장소로서의 특징을 지니며, 그 장소가 만드는 상권이 경영활동에 많은 영향을 미치게 된다.

상권trade area이란 한 점포가 고객을 유인할 수 있는 지역범위를 말한다. 점포에 대한 마케팅전략의 수립에 앞서 기업은 자사점포의 상권범위를 어디까지로 할 것인가를 먼저 결정해야 한다.

상권은 인위적으로 형성되는 것이 아니라 자연적인 흐름에 의해 형성되는데, 다음과 같은 몇 가지의 특징을 지닌다.

첫째, 점포규모가 클수록 그 상권은 크다.

둘째, 교통편이 좋으나 일류상가에 위치한 점포일수록 상권이 크다.

셋째, 선매품·전문품 등을 취급하는 점포의 상권이 편의품을 취급하는 점포의 상권보다 크다.

넷째, 지명도가 높은 상점, 개성이 강한 상품을 취급하는 점포일수록 상권이 크다.

2. 상권의 범위

상권의 범위는 입지 및 상권특성에 따라 다르지만 대부분 업종 및 업태에 따라 범위를 설정하게 된다. 업태에 따른 상권의 범위는 1차, 2차, 3차 상권으로 나누어지고, 상권의 유형별 분류로는 초대상권(광역권), 대상권(10~20km), 준대상권(6~10km), 중상권(5~6km), 준중상권(2~4km), 소상권(1~2km), 초상권(500m~1km) 등이 있다. 또 상권의 거리상에 따른 분류는 도보권(편도 10분 이내, 500m), 자전거권(1.5km), 자동차권(5km), 철도권(지하철권, 철도권), 공항권 등이 있다.

그러나 이러한 기준은 어디까지나 경험에 의한 평균적인 것으로 가령 외식산업의 상권인 경우 거리는 700~800m밖에 되지 않더라도 그 안에 철도·하천·간선도로, 또는 거대한 건물 등이 있는 곳이라면 상권은 거기서 단절되기 때문에 단순히 500m 이내라든가 1km 이내라고 해서 상권을 설정하는 것은 위험하다.

표 5·1 업종별 상권의 범위

구 분	1차 상권	2차 상권	3차 상권
커피숍	반경 100m	반경 500m	반경 1km
패스트푸드	반경 500m	반경 1km	반경 2.5km
패밀리레스토랑 및 고급한식	반경 1km	반경 2.5km	소도시의 경우 전 지역, 중도시의 경우 5km
디너하우스 및 스페셜 레스토랑	반경 2.5km	반경 5km	반경 15km

자료 : 홍기운(1999), 『외식산업개론』, 서울 : 대왕사, p. 321.

마찬가지로 기호품을 판매하는 소매업태의 상권에서도 가령 버스로 30분 거리밖에 안되는 곳이지만, 버스의 운행횟수가 하루에 3~4회밖에 안되는 경우는 그보다 거리가 멀더라도 버스 운행횟수가 많아 교통편이 좋은 곳의 상점으로 고객이 유출되기 때문에 이런 요소들을 자세히 살펴서 상권을 결정해야 한다.

02 외식산업의 상권분석

1. 외식산업 상권에 영향을 주는 요인

도시는 인간생활에 필요한 여러 가지 기능을 가지고 있으며, 사업관계로 인하여 사람들이 모이는 인구밀집지역이다. 도시에는 인구규모의 대소와 이동의 차이가 심하고 상업시설이 많으며, 또한 각 도시마다 발전상황도 다르다.

전국 어디에 그 도시가 있는가에 따른 지리적 조건에도 차이가 있다. 그러나 무엇보다도 도시는 인구의 밀집성에 의해 상권규모와 상권의 질적인 특징에서 차이가 있으므로 도시는 상권을 결정짓는 가장 큰 요인이 된다. 우리나라 상권에 영향을 주는 요인을 간략하게 살펴보면 〈표 5-2〉와 같다.

표 5·2 우리나라 상권의 영향 요인

구 분	내 용	
지리적 요인	·위계 및 좌표 ·행정구역 ·도시계획	·지형, 지세 ·교통(도로, 지하철)
인구통계적 요인	·가구 및 인구분포 ·통행자 분포	·주택분포
경쟁시설 요인	·1차 경쟁시설 ·잠재적 경쟁시설	·2차 경쟁시설
배후 소비자 특성	·쇼핑관련 형태 ·외식, 문화, 레포츠 관련 형태	·라이프스타일
점포관련 요인	·점포 충성도(store loyalty) ·인테리어	·점포의 구조, 규모
부대시설 요인	·주차장 ·기타 부대시설	·셔틀버스의 운행
인위적 요인	·신도시개발 ·도시규모 산업시설의 출점	·택지개발 ·대규모 상업시설의 출점
자연적 요인	·기존상권의 자연적 변화	

자료 : 신재영·박기용 공저(1999), 『외식산업개론』, 서울 : 대왕사, p. 386.

2. 외식산업 상권의 조사와 분석

1) 상권의 조사

상권조사란 기존의 영업을 하고 있는 상권 또는 출점하고자 하는 상권에 관한 정보를 수집하고, 그 자료에 따라서 조사 분석하고 싶은 대상의 문제점과 과제를 찾아내는 활동을 말한다. 이러한 상권조사는 자신이 경영하고 있는 외식업소의 상권개발전략을 세우기 위한 것이다.

외식업소의 매출은 상권의 시장환경에 대한 경영능력의 기본자세에 따라 변한다. 따라서 기존 상권 또는 출점하고자 하는 상권에서의 사업성공을 이루기 위해서는 체계적인 조사와 그에 따른 분석이 이루어져야 한다.

외식업소의 상권조사에서 명확하게 파악해야 할 요소들을 간략하게 살펴보면 다음과 같다.

(1) 통계자료의 조사

통계자료를 조사하기 위해서는 통계청, 상공회의소, 관공서 등을 이용하여 다음과 같은 사항들을 조사해야 한다. 인구, 세대수, 가족 구성원수, 주거형태(단독, 아파트), 소득수준, 학력수준 등을 조사하며, 연령별, 남녀별의 인구구성 등도 파악한다.

(2) 상권규모의 파악

상권규모를 파악하기 위한 내용은 다음과 같다.

첫째, 고정상권의 파악 내용으로는 주거인구, 고정출근자, 상주인구 등이다.

둘째, 유동상권의 파악 내용으로는 비거주, 비상주 인구 등이다.

셋째, 주간 및 야간 상권을 파악하는 일이다.

넷째, 대형 접객시설의 고정 및 유동상권을 파악하는 것이다.

(3) 통행인구 및 차량의 조사

성별·연령별·시간대별(아침, 점심, 저녁)·요일별(평일, 주말, 공휴일) 통행인구의 통행성격을 관찰하고, 통행인구의 수준 등을 파악하여 조사한다. 또한 통행차량은 차종별·시간대별로 조사한다.

(4) 경쟁관계의 조사

동종 및 유사 점포에 대해서 경쟁력 우위를 가지려면 여러 가지의 내용들을 조사함으로써 출점 시 전략적인 핵심역량으로 키워야 한다.

표 5·3 상권 내 경쟁관계의 조사내용

구 분	내 용
점포측면	위치, 층별위치, 전체평수, 실평수, 점포형태, 객석수, 회전율, 동선, 임대료, 인테리어 수준 등
주방측면	주방면적, 설비 및 집기, 동선, 작업공간, 저장 및 보관능력 등
인원측면	종업원수, 파트타임 및 아르바이트 수 등
영업측면	영업시간, 표적대상, 이용시간대, 객단가, 서비스형태, 마케팅전략, 간판형태 및 종류, 위생 및 청결, 접객성, 법적 허가사항 등
메뉴측면	메뉴구성, 주력메뉴, 스타메뉴, 원가, 식재공급, 품질, 전문성 등
손익측면	성장성, 안정성, 생산성, 수익성, 매출과 이익, 제조원가, 인건비 구성 등

(5) 향후 상권변화의 전망

상권조사 반경은 취급업종 및 규모와 입지 등에 따라 다르지만, 개략적으로 거점 반경 150~500m 정도의 범위 내에서 조사하고, 앞으로의 상권변화요인에 대해서도 정보를 입수해서 출점 시 반영해야 한다. 주변 상권의 확대 및 축소 전망, 대형 접객시설 개발에 관한 정보, 주변건물의 신축 및 철거계획에 대한 조사 등을 살펴보아야 할 것이다.

2) 상권의 분석

(1) 상권규모의 분석

후보점의 규모, 주변시설의 흡인력, 주변인구의 외식형태, 외부유출입동선, 경합점의 입지 및 경합력, 주변지역의 지형·지세, 도로 및 교통시설, 통행인의 성격,

상권의 규모·형태·수준, 입지의 기능적·지리적 위치 등의 여러 요인들을 감안하여 후보점포의 1차·2차·3차 상권의 범위를 설정한다. 그리고 고정 및 유동상권, 예정업태의 주상권 규모를 분석하고, 이때 조사된 내용을 정밀 분석하고 전략적 시사점을 토대로 출점계획 시 이를 반영하도록 한다.

표 5·4 외식업소의 상권분석

입지구분	입지특성	주고객층	적합한 업태와 업종
유흥가	·유동인구가 많음 ·주, 야간 영업이 가능한 장소 ·터미널, 환승역 중심의 입지	매우 다양	어떤 업종, 어떤 형태든지 양호
번화가	·유동인구가 많음 ·비싼 임대료 ·야간영업 비중이 큼	매우 다양	어떤 업종, 어떤 형태든지 양호
사무실가	·점심시간의 매출이 높음 ·휴일과 야간에는 공동화 현상이 일어남	회사원	중저가형의 깨끗한 업소
주택가	·주말 매출액이 높음 ·임대료가 비교적 저렴 ·거주자가 표적고객 ·단골고객이 많음 ·고객성향이 비슷	지역주민	가족형 식당
역세권가	·유동인구가 많음 ·임대료가 비쌈	매우 다양	중저가의 신속한 서비스 제공 업소
학교가	·개학기에는 번창하다가 방학기는 한산 ·중복요소가 형성되면 유리 ·대학가는 야간과 방학기간에는 매출 양호하나, 중고교 주변은 야간과 방학기간에는 매출 감소	학생층	저렴한 가격대의 업종 및 형태
교외가	·통행인구가 거의 없음 ·임대료가 비교적 저렴 ·주차장이 넓음	근접지 주민 또는 행락객	주차장이 갖추어진 중·고가의 업종

자료 : 원융희·윤기열 공저(2002), 『외식산업의 이해』, 서울 : 두남, p. 450.

(2) 잠재력의 분석

상권의 잠재력 분석potential analysis의 경우, 1차 상권 규모는 1차 상권 지역 내

빌딩의 업무 및 상업시설 규모에 기초하여 상주 유동인구의 수용규모를 추정하여 산정한다. 또 2차 상권규모는 1차 상권대비 상주 유동인구의 규모와 주거지역 내 고정인구의 규모를 추정하여 산정한다.

빌딩의 경우 상주 인구수는 사용면적 대비 건축면적 7~10명당 약 1명 정도로 보고 있다. 이와 같이 상권규모와 잠재력을 분석할 때 경쟁력 제고를 위해서는 SWOT분석을 주로 활용하고 있다.

SWOT분석이란 기업이 신제품개발이나 신규사업에 진출 시 시장진입을 분석함에 있어서 핵심역량core factor인 외적 환경과 내적 환경을 파악하여 기회opportunity를 활용하고 위협threat을 회피하거나 위협을 기회로 변화시키기 위한 것이다. 또한 전략적 관점에서 자사의 강점strength과 약점weakness을 결합시켜 효과적인 전략을 모색하는 과정이 SWOT분석이다.

따라서 SWOT분석은 강점과 약점, 기회와 위협의 매트릭스matrix를 통한 전략을 수립하는 방법이며, 일반적으로 분석자의 주관적인 판단력에 크게 의존하는 특징을 가지고 있다. 다음의 〈표 5-5〉는 SWOT분석을 통한 환경분석 시 고려사항을 보여주고 있다.

표 5·5 SWOT분석을 통한 환경요인 분석의 고려사항

강점(strength)	약점(weakness)
·기술경쟁력과 탁월한 능력	·불확실한 콘셉트 및 전문성 결여 정도
·자금 및 투자의 재무적인 능력	·전략의 쇠퇴화 및 빈약한 전략수행
·소비자의 소비패턴 및 호의적인 이미지	·수익성 부재 및 경영관리 결여
·신뢰받고 있는 시장선도자 및 인지도	·조직력 취약 및 인적 자원 부재
·규모의 경제성 활용	·기술력이나 연구개발 미흡
·실행가능한 정책, 전략, 전술	·운영관리상의 문제
·품질과 원가상의 경쟁력 및 식재공급능력	·본사의 기능과 역할 수준
·입증된 경영관리 수준	·자금동원 능력부족 및 수준 이하의 마케팅 전략
·제반 관련 노하우 및 기타	·소비자의 기대수준 이하 및 기타

기회(opportunity)	위협(threat)
· 틈새시장공략과 세분화의 창출	· 경쟁자의 신규진출 가능성
· 제품군계열의 다양화 및 다각화	· 대체제품의 판매량 증가
· 수직적 통합	· 시장성장률의 저하
· 경쟁사 간의 정당한 경쟁도구	· 정부정책의 역행
· 시장성 속도	· 시장개방과 경쟁력 가속화
· 정부의 육성과 지원	· 경기침체와 변동에 따른 유연성
· 전략적 집단으로서의 빠른 이행 및 기타	· 소비패턴의 급격한 변화 및 기타

자료 : 홍기운(1999), 『외식산업개론』, 서울 : 대왕사, p. 328.

03 외식산업의 입지선정

1. 입지선정의 중요성

외식산업은 입지산업이라고 할 정도로 점포의 입지조건이 매우 중요하다. 입지 location란 일정한 장소에서 지리적으로 그곳을 중심으로 자신의 경영자원을 활용하여 사업성을 높이는 장소이며, 외식산업경영에 중요한 전략일 수도 있다. 따라서 외식산업은 입지조건에 따라 사업의 성패가 좌우된다고 볼 수 있다.

입지의 선정은 현재 및 장래의 상권을 추정하고 현재의 입지에서 흡입가능한 지역의 고객층과 수요를 예상하는 등 출점지의 효율적 측정과 초기 영업정책의 기본 자료를 입수하는 것이다. 그러나 입지조건은 시간과 주변상황에 따라 변화하며 현재의 입지가 좋은 상황이었다가도 나쁘게 되는 상황이 더 많이 발생하므로, 항상 모든 정보와 자료를 사전에 파악하여 대비해야만 하는 것이다.

2. 입지선정의 기준

외식업소의 특징, 서비스 형태, 메뉴 판매가격, 그리고 경영 등의 선택적 요인에 따라 입지선정 기준이 달라질 수 있다. 입지선정 시 고려해야 할 사항을 살펴보면 다음과 같다.

1) 입지선정의 고려사항

(1) 일반적인 입지선정의 고려사항

① 잠재시장성

외식업소를 지나가는 차량이나 도보로 지나가는 사람들의 유동이 커야 한다. 또한 외식업소의 인근에 주거지역을 배경으로 가지고 있는 곳이 좋다. 정통 레스토랑인 경우는 반경 2km 이내에 10,000~20,000명의 거주 인구를 필요로 한다.

② 소득수준

규모가 있는 외식업소는 특수한 경우를 제외하고는 5km 이내에 중산층 이상의 거주지를 배경으로 하면 좋다.

③ 지역의 성장과 쇠퇴

그 지역이 경제적으로 활력을 갖고 있는가에 크게 영향을 받는다. 악화되고 있는 모습이 나타난다면 외식업소의 도산은 시간문제에 속한다.

④ 경쟁업소

비교할 만한 경쟁업소가 얼마나 있는가의 여부, 이용고객이 쉽게 선택할 수 있는 다양한 업종의 외식업소가 존재하는가의 여부 등은 신중히 검토해야 할 사항들이다.

⑤ 집합적인 외식업소 거리

유동인구가 많고 상권이 번화한 거리에 집합적인 외식업소 거리가 있는 경우 총체적인 이용고객의 숫자가 증가하는 경향이 있기 때문에 지역성으로만 평가한다면 양호하다.

(2) 체인점 본부의 입지선정의 고려사항

외식업소 운영을 체계적으로 하고 있는 체인본부에는 나름대로의 입지선정 세부
기준을 수립하여 가맹점이나 직영점을 운영하고 있다. 체인점 본부에서 고려되고
있는 요소를 살펴보면 다음과 같다.

① 반경 2km 이내에 주거 및 상주인구 5만 이상을 시장으로 하는 인구집중 지역
② 도로로부터의 근접성이 용이하고 1일 2,000대 이상의 교통량이 있는 곳
③ 쇼핑센터와 위락시설, 사무실 등의 상권지역에 포함된 지역
④ 적절한 주차공간을 갖고 있거나 인근에 주차가 가능한 편의시설이 있는 곳
⑤ 경제적으로 활력이 있는 지역
⑥ 고객의 시야에 쉽게 들어올 수 있도록 가시도가 뛰어나고 접근이 용이한 장소
⑦ 상하수도의 이용이 원활하고 임대권을 포함한 법적 권리가 보장되는 곳

(3) 패스트푸드점 가맹점의 경우 고려되는 기준
① 쇼핑센터 등의 건물 내에 위치
② 상권이 형성된 코너 위치(최소한 2면이 보도로 연결)
③ 최소 폭 10m 정면을 가지고 있는 위치
④ 주변 거주인구 10,000명 이상이 1km 내에 있거나 사무실이 있는 위치
⑤ 도보 왕래객이 개점시간 내내 이어지는 위치
⑥ 주변에 관청이 소재하거나 공공시설로 사람의 업무상 왕래가 빈번한 위치
⑦ 다른 외식업소와 거리가 500m 이상 떨어지지 않은 위치

(4) 입지선정의 지리적 위치에 의한 고려사항
① 코너 위치에 의하면, 일면, 삼거리코너, 사거리코너가 좋은 위치이다.
② 시계성의 오목형 입지, 볼록형 입지는 주변 간판장애, 전면 가로수 장애, 주변
  건물장애가 될 수 있으므로 피하는 것이 안전하다.
③ 접근성이 가능한 지리적 위치여야 한다.
④ 홍보성이 가능한 지리적 위치여야 한다.

⑤ 상권의 구매행태를 파악해야 한다.

⑥ 상권의 생활동선을 파악해야 한다. 즉 주요 외부 출입 동선(출퇴근, 통학통로, 구매동선)은 입지선정할 때의 고려사항이다.

⑦ 주변의 교통시설 현황을 조사해야 한다.

⑧ 도로상황을 조사해야 한다.

⑨ 지형, 지세를 파악해야 한다(철도, 도로, 대형담장, 언덕, 평지 등).

2) 입지선정의 배제지역

외식업소의 입지여건으로 장소를 선택할 때는 다음과 같은 요인이 내재되어 있을 경우 가급적 선택장소에서 배제하는 것이 바람직하다.

(1) 구획공간의 독립성

장소가 외식업소 독립적으로 사용할 수 없는 경우는 배제해야 한다.

(2) 배수장치, 하수도, 상수도 등의 이용

외식업소의 장소로서 가장 중요한 요인 중의 하나는 어떠한 경우에라도 배수장치 및 상하수도 사용문제는 원활해야 한다.

(3) 주차 편의성

최근 외식업소로 성공하기 위해서는 최소한 주차장소가 필수적이다. 보통 패밀리레스토랑의 경우, 200석 규모의 외식업소는 75대의 주차공간이 필요하다는 통계가 있다.

(4) 단기 임대조건

계약 조건상 2년 정도로 계약을 하는 경우라도 장기적으로 임대할 의사가 없는 경우는 가급적 입지선정 요건에서는 배제되어야 한다.

(5) 과도한 교통량과 속도

업소의 위치가 교통량이 폭주하거나 주행하는 차량의 속도가 비교적 높은 지역 근처라면 고려해 보아야 할 것이다.

(6) 도로나 보도로부터의 접근성

고객이 도로를 이용할 경우에는 주행선상으로부터 좌회전해야만 하는 위치는 배제되어야 한다. 이것은 우회전하는 장소보다 일반적으로 약 50%의 매출감소 요인을 내포하고 있다.

(7) 가시성

외식업소가 최소 근접거리 50m 이상의 가시성을 살리는 입지여야만 한다. 외부 건물이나 기타 여건으로 업소 정문 앞에 서지 않으면 간판을 볼 수 없는 위치는 가급적 배제해야 한다.

(8) 기타 요인들

- 병원 주위업소를 피한다.
- 언덕길이나 내리막길은 피한다.
- 주유소 주위는 가급적 피한다.
- 지하실은 피한다.
- 임대료가 싼 곳은 피한다.
- 2층 이상은 좋은 입지가 아니다.
- 주인이 자주 바뀌는 곳은 문제가 있다.
- 주변에 식당이 없으면 피한다.
- 주변에 규모가 큰 식당이 있으면 피한다.

미니사례 5·1

로봇과 사람이 함께 만드는 감성문화공간 '카페봇' 성수동에 오픈

로봇이 커피, 디저트, 칵테일 등 제작

▲ 성수동 카페봇(사진=카페봇 제공)

성수동에 로봇과 사람이 함께 만드는 감성문화공간 '카페봇'이 오픈했다.

카페봇은 로봇 자동화 전문기업 티로보틱스의 기술과 미디어 기반의 콘텐츠 회사 디스트릭트홀딩스의 예술적 감성을 융합해 탄생시킨 감성문화공간이다.

카페봇은 다양한 콘셉트의 카페가 들어서며 한국의 브루클린으로 불리는 성수동에 위치했다. 외관은 공업단지 형태의 과거 성수동 모습을 고스란히 남겨둔 건물 우측과 현재의 성수동을 왜곡해 반사하며 미래를 담아낸 건물 좌측은 극적인 대비와 조화를 이룬다.

내부는 미디어 아트를 통해 시즌별 테마에 맞는 공간으로 구성했다. 이번 시즌 테마인 '핑크 라군'은 핑크 바다와 에메랄드빛 하늘, 신비로운 바다로 알려진 멕시코 칸쿤의 핑크 라군을 모티브했다.

카페봇에는 모션을 인식해 시선을 따라가는 플라밍고봇과 상호작용을 통해 변하는 크리처들이 있는 공간에서는 로봇 바텐더 시그니처 커피와 테킬라 베이스의 멕시코 음료를 제조해 준다.

로봇 크루는 로스터와 바리스타가 만든 최적의 브루잉 방식을 통해 음료를 추출하는 드립봇, 사용자가 만든 그림과 패턴을 로봇이 구현하는 디저트봇, 바텐더가 만든 레시피로 음료를 제작하는 드링크봇이 있다.

드립봇은 블루보틀, 스텀프타운과 함께 미국의 3대 스페셜티 커피로 손꼽히는 인텔리젠시아의 브루잉 커피를 일정한 온도와 정량 추출로 제공한다. 디저트봇은 고객이 원하는 드로잉을 즉석에서 케이크 위에 디자인한다. 그날의 기분을 담은 이모지와 디저트봇이 연구한 피카소를 오마주한 드로잉을 선택할 수 있다. 홀케이크는 특별한 날을 표현할 수 있는 다양한 드로잉을 직접 주문 제작할 수 있어 기념일 선물로 좋다. 드링크봇은 셰이킹 퍼포먼스를 구현하는 칵테일류와 다양한 리큐르를 믹스해 제작하는 논알코올 음료, 자동화 장비를 활용한 맥주를 제공한다.

카페봇 관계자는 "만드는 사람은 로봇과 함께 특별한 메뉴를 만들어내고 즐기는 사람은 미디어아트를 통해 새로운 감성을 발견할 수 있는 곳"이라며 "카페봇은 F&B의 새로운 변화를 이끄는 감성문화공간이 될 것으로 기대한다"고 전했다.

출처 : 식품외식경제, 2019. 08. 02일자, 김지은 인턴기자

미니사례 5·2

배스킨라빈스, '31 DAY' 사이즈 업그레이드 혜택 제공
해피앱에서 적립하면 혜택 제공하는 '31 스탬프' 프로모션 실시

▲ 배스킨라빈스 31 DAY(사진=SPC 제공)

SPC그룹이 운영하는 배스킨라빈스가 31일 단 하루 동안 '31 DAY'와 '31 스탬프' 프로모션을 진행한다.

31 DAY 프로모션은 오는 31일 패밀리 사이즈 구매 시 하프 갤런으로 사이즈 업그레이드 혜택이다. 31일 당일 매장에 방문하거나 해피포인트 애플리케이션 해피오더를 통해 오후 6시까지 배달 주문하면 31 DAY 혜택을 받을 수 있다.

배스킨라빈스는 31 DAY와 함께 31 스탬프 프로모션도 함께 진행한다. 31 DAY 참여 후 해피앱으로 포인트를 적립하면 31 스탬프가 자동으로 누적되는 행사다. 31 스탬프 프로모션은 매달 31일에 맞춰 2019년 한 해 동안 총 7번 진행하며 스탬프 누적 개수에 따라 아이스크림 무료 교환권 등을 제공한다. 스탬프 7개를 모두 적립한 '31 챔피언'에게는 특별한 혜택이 주어진다.

배스킨라빈스는 현재 31 DAY 사전예약 이벤트도 진행 중이다. 오늘까지 해피앱 또는 카카오톡 주문하기에서 하프 갤런 사이즈를 6,000원 할인된 1만 7,500원에 제공하며 이벤트를 통해 구매한 제품은 31일 오전 10시부터 오후 6시까지 매장에서 픽업 가능하다.

배스킨라빈스 관계자는 "무더위에 고객들이 더 편하게 아이스크림을 즐길 수 있도록 31 DAY와 해피오더를 통한 이벤트를 준비했다"며 "앞으로도 모바일 애플리케이션 등 다양한 채널을 통한 고객 혜택을 늘려나갈 것"이라고 말했다.

출처 : 식품외식경제, 2019. 07. 30일자, 김지은 인턴기자

미니사례 5·3

CJ프레시웨이, 협력사 품질 클레임 제로화 나서

중소 협력사 대상 '품질관리 마스터 과정' 운영

▲ CJ프레시웨이 '품질관리 마스터 과정' 이론교육현장(사진=CJ프레시웨이 제공)

CJ프레시웨이(대표이사 문종석)가 중소식품 제조 협력사의 품질 클레임 제로 실현에 적극 나선다.

CJ프레시웨이는 지난 26일 CJ제일제당센터에서 PB상품 제조 협력사 13곳의 임직원 총 15명을 대상으로 '품질관리 마스터 과정'을 운영했다.

품질관리 마스터 과정은 CJ프레시웨이 대표 CSV 활동인 상생협력 아카데미의 일환으로 지난해 신설된 교육 프로그램이다. 해당 과정은 식품 제조과정에서 발생할 수 있는 리스크를 예방하고 체계적인 품질관리 프로세스를 협력사가 자체적으로 구축하는 데 도움을 주기 위해 마련됐다.

이날 참가자들은 ▲GMP(Good Manufacturing Practice, 우수 제조 관리기준)

관리방안 ▲제조 현장 및 이물 관리 개선솔루션 ▲클레임 관리 프로세스 수립 등 품질관리 이론교육을 이수하고 토론 및 실습 활동에 참여했다.

CJ프레시웨이는 이번 교육을 시작으로 오는 10월까지 협력사별 VOC(Voice Of Customer, 고객불만사항) 저감 연간목표 및 월별 사업계획을 설정하고 현장 개선활동을 하는 등 중소 협력사의 품질 클레임 저감을 위한 다양한 활동을 진행할 예정이다.

교육에 참여한 수산물 가공 전문업체인 참손푸드㈜의 박용일 생산부 차장은 "실제 현장에서 바로 적용할 수 있는 품질 클레임에 대한 근본적인 원인과 대응방법을 배울 수 있어서 매우 유익했다"며 "앞으로 7개월간의 현장 개선 활동에도 적극적으로 참여해 품질관리 역량을 한 층 더 강화하는 데 힘쓰겠다"고 전했다.

이선민 CJ프레시웨이 식품안전센터장은 "협력업체가 스스로 상품 안정성을 확보하면 이를 유통하는 CJ프레시웨이도 고객 신뢰도를 강화할 수 있어 서로가 Win-Win할 수 있다"며 "앞으로도 협력업체와 서로 상생할 수 있는 다양한 활동을 전개해 안전하고 믿을 수 있는 먹을거리 문화 조성에 앞장설 것"이라고 전했다.

한편 CJ프레시웨이는 지난 2015년부터 매년 4회에 걸쳐 중소 협력사를 대상으로 상생협력 아카데미 프로그램을 운영하고 있으며, 이외에도 미생물 분석교육, 식품안전 정책설명회 등 협력사의 식품안전 역량을 높이기 위한 다양한 교육과정을 정기적으로 제공하고 있다.

출처 : 식품외식경제, 2019. 03. 27일자, 전윤지 기자

외식산업의 조직관리

01 조직관리

1. 조직의 목적과 구성요소

조직organization이란 공동의 목적을 달성하기 위해 필요한 여러 가지 활동을 분담하고 상호 간에 협조하여 수행하는 사람들의 집합체를 말한다. 경영자는 기업의 목적을 달성하기 위하여 조직을 합리적으로 구성·경영하는 능력과 관리기술을 가져야 한다. 조직의 목적을 간략하게 살펴보면 다음과 같다.

첫째, 기업 또는 각 조직단위의 목적을 능률적으로 유효하게 달성할 수 있도록 조직 각 구성원 간의 협력관계를 확립한다.

둘째, 각 개인의 창의력을 충분히 발휘시켜 적극적으로 기업 목적에 공헌할 수 있는 조직을 마련한다.

셋째, 각 개인의 책임체계를 확립한다.

넷째, 기업의 성장을 촉진시킬 수 있는 조직을 유지한다.

한편 조직이 제 기능을 효과적으로 수행하고 더 나아가 기업목표를 달성하기 위해서는 조직요소가 합리적으로 구성되어야 한다. 이러한 조직요소는 조직의 구조화에서 고려해야 할 핵심적인 내용이다.

1) 부문화

기업의 목표달성에 필요한 제 업무를 분화함으로써 직무수행의 기본 단위를 마련하는 것을 부문화departmentation 또는 부서화라고 한다. 일반적으로 기업의 규모가 커지면서 많은 일들을 여러 구성원들이 나누어서 하게 되면, 이를 효과적으로 관리할 필요가 있다. 이를 위해서 서로 유하거나 관련이 있는 업무나 작업활동이 함께 이루어질 수 있도록 그 담당자들을 부서별로 묶게 된다.

2) 직무의 할당

부문화에 의해 명백해진 단위 직무는 각 개인 또는 각 직위에 따라 직무로서 할당된다. 직무는 직능이라고도 하는데, 이는 조직구성원에게 각각 분화된 업무의 기술적 단위 또는 업무의 총체를 말한다. 직무할당은 책임소재별로 경영활동을 수행시키기 위한 기초 작업인데, 이 경우 적정배치는 직무할당의 기본 원칙이다. 그리고 직무할당은 각 직위에 대하여 이루어지며, 직무명세서, 직위카드 및 조직편람 등을 작성하게 된다.

3) 권한의 할당

권한authority이란 할당된 직무를 스스로 수행하고 타인에게 수행시키기 위해 주어진 공식적인 권리를 말한다. 직무를 수행하는 데 필요한 권한은 스스로 직무를 수행할 수 있는 힘일 뿐만 아니라, 자신의 결정에 대해 타인을 따르게 할 수 있는 힘으로 조직 내에서 공식적으로 보장되는 것이다.

4) 책임의 확정

책임responsibility이란 일정한 직무와 권한을 일정한 책임표준에 따라 수행할 의무를 상위자에게 부과하는 의무이다. 직무는 적절한 권한위양과 함께 하위자에게 위양될 수 있지만 책임은 위양될 수 없으므로 조직은 책임표준을 구체적으로 정해야 한다.

5) 직위

직위position는 조직상의 위치로서 수행해야 할 일정한 직무가 할당되고, 그 직무를 수행하는 데 필요한 권한과 책임이 구체적으로 규정되어 조직의 각 구성원에게 부여된 조직의 기본 단위를 말한다. 따라서 직위는 기업의 목표달성에 필요한 기업의 한 기관으로서 각 구성원을 조직과 관련시킬 때 발생하는 개념이다.

6) 상호관계의 설정

조직이 합리적으로 편성되기 위해서는 각 직위 상호 간에 발생하는 직무의 범위 및 권한, 책임의 중복 및 모순관계를 방지해야 하며, 또한 직위 상호 간의 제 관계를 합리적으로 설정해야 한다. 특히 조직이 안정을 유지하기 위해서는 조직 내 어느 개인, 어느 부서를 막론하고 부여받은 권한과 책임이 동등해야 한다. 그러므로 권한, 책임, 의무가 서로 균형을 유지해 나가도록 하는 과정 속에서 과업을 수행해야 한다.

2. 조직구조

외식업소의 대부분이 직원 10인 이하의 영세형이고 가족경영 형태의 소규모 경영조직이다. 따라서 직능의 분화가 되어 있지 않은 편이고, 그 조직도 각 업소의 영업 필요성에 따라 차이가 나타나고 있다. 그러나 외식산업이 성장하고 규모도 커짐에 따라 기업형 외식업체가 나타남으로써 이들의 경영조직은 직능별로 전문화되어 가고 있다. 조직구성에서 소규모 업소의 조직은 영업조직의 형태로 이루어져 있고, 대규모의 업소와 체인본부의 조직은 합리적인 조직관리를 위해 고객에게 제공될 음식을 생산하는 생산부서, 생산된 음식을 판매하는 판매부서, 그리고 영업활동을 지원하는 관리부서 등으로 구성된다. 외식업소의 조직구조에 대하여 살펴보면 다음과 같다.

1) 소규모 외식업소

소규모 외식업소에서는 경영자, 서빙직원, 주방직원 등의 조직구성을 나타낸다.

경영자가 서빙직원과 주방직원에게 지시를 내리면 이들은 지시내용을 분담하여 실행한다. 경영자와 직원 간의 업무균형과 협동이 이루어질 때 업소를 합리적으로 움직이며 성과를 거둘 수 있다.

[그림 6-1] 소규모 외식업소의 조직

```
        ┌─────────┐
        │  경영자  │
        └────┬────┘
     ┌───────┴───────┐
┌─────────┐     ┌─────────┐
│  객 장  │     │  주 방  │
└─────────┘     └─────────┘
```

2) 중규모 외식업소

중규모 외식업소에서는 조리부문과 객장부문에 각각 장의 역할을 정해 두어, 그들의 지시대로 주방과 객장의 서비스 업무가 이루어지게 되어 있다. 여기서 경영자가 점장을 겸임하기도 하는데, 점장은 업무가 원활하게 흐르는지 항상 살펴야 한다. 객장이 바쁘면 객장을 돕고 주방이 바쁘면 주방에 들어가 도울 수 있는 유연함이 있어야 하고, 모든 것을 점장 자신이 직접 처리하는 독단을 보이면 곤란하다. 중요한 것은 부하직원을 신뢰하여 권한을 위임하고, 윗사람은 권한을 맡긴 부하의 부족한 점을 보완한다는 자세를 취해야 한다.

[그림 6-2] 중규모 외식업소의 조직

점포수가 5개 이상으로 확대되면 슈퍼바이저라는 중간관리자가 필요하게 된다. 슈퍼바이저는 사장을 대신하여 현장 상황을 파악하고, 점장과 직원을 지도하면서 외식업소를 활성화시키는 역할을 한다.

3) 체인형 외식기업

외식업소가 대규모의 체인으로 확대되면 조직이 크게 달라진다. 외식 체인기업은 영업부문과 관리부문으로 나눈다. 영업부문은 라인line조직으로 기업의 목적 달성에 직접적으로 권한을 행사하고, 이에 따라 책임을 지는 부서로 직영점을 직접 경영하고 가맹점의 경영지도를 해준다. 관리부문은 스태프staff조직으로 기업의 목적을 좀 더 효율적으로 이룰 수 있도록 라인조직에 조언과 서비스를 제공하는 부서로 인사, 재무, 기획 등의 부서가 여기에 속한다.

[그림 6-3] 체인형 외식기업의 조직

3. 조직구성원의 직무

식당의 구조나 크기, 유형 등에 관계없이 조직구성원은 능률적으로 업무를 수행해야 한다. 대표적인 인적 서비스 산업인 만큼 식당 구성원의 기능과 역할은 고객에 대한 서비스 수준과 상품의 판매와 직결된다. 호텔을 포함한 중규모 이상의 외식업소 직원업무를 살펴보면 다음과 같다.

1) 주방부서

주방부서는 식음료의 생산을 담당하는 곳으로 고객과의 접촉이 적어 'back of the house'라고 한다. 업장의 크기와 종류에 관계 없이 생산업무에 따라 다음과 같이 분리된다.

(1) 총주방장

총주방장executive chef은 주방의 생산부서 종업원을 감독하는 경영자이다. 규모가 큰 업장의 총주방장은 운영·관리를 책임지며 생산은 주방장이 담당한다. 그러나 작은 규모의 업장에서는 총주방장이 운영과 생산을 모두 책임진다.

총주방장은 업장, 지배인과 함께 메뉴를 기획하고 메뉴의 표준화, 전반적인 메뉴의 품질, 식재료 구매명세서 개발, 당일의 주식단 준비, 식재료구매 여부에 대한 의사결정, 특별행사 계획, 식음료 생산과정의 개발 및 생산업무 등을 실행하고 있다.

(2) 조리사

조리사cooks는 주방장을 돕고 수프, 소스 및 여러 가지 조리방법에 따라 음식을 준비한다. 대형 식당의 조리사는 수프조리사, 소스조리사, 생선조리사, 오븐구이조리사 등으로 구분된다. 조리사 보조assistant cooks는 조리사가 요리하도록 준비하는 것을 돕는다. 요리하기 전의 준비과정을 담당하거나 조리사의 감독하에 간단한 요리를 한다.

(3) 식기서비스 보조

식기서비스 보조pantry-service assistant는 연회 및 업장에서 필요한 그릇을 책임진다. 식기서비스의 보조요원은 음료를 준비하기도 하고, 필요할 때에는 음식서브를 보조하기도 한다.

(4) 기물관리원

기물관리원stewards은 주방의 모든 집기에 대한 세척, 위생 및 구매 등을 담당하고 있다. 또한 주방기기 설비를 관리하고 냄비류를 청결하게 관리하여야 한다. 쓰레기와 주방의 청소, 식기·유리그릇·은그릇 등의 세척 및 보관, 주방 전반의 위생관리 등을 담당한다.

(5) 창고관리원 및 검수원

창고관리원storeman은 식재료의 저장, 확인, 출고 등을 담당하며, 검수요원 receiving employee은 식재료가 배달되었을 때 배달송장과 함께 배달되어 온 식재료의 품질, 규격, 수량 등이 구매명세서와 일치하는가를 확인하여야 한다. 또한 송장에 표시되어 있는 가격과 구매주문서에 나타나 있는 품목의 가격이 일치하는가도 확인하여야 한다.

(6) 제과 직원

제과조리부서는 제과조리장, 제과조리사, 제과조리사 보조 등으로 나눈다. 제과조리장은 제과조리기술이 고도로 필요한 제품을 생산하며, 제과조리사는 식빵, 파이, 케이크 등 단순한 제품을 만들고, 제과조리사 보조는 제과조리사를 돕는다.

2) 업장부서

업장은 고객과의 접촉이 많은 곳으로 'front of the house'라고 한다. 식당지배인, 호스트, 캡틴, 웨이터, 접객수, 바텐더, 캐셔 등으로 구성된다.

(1) 식당지배인

식당지배인dining room manager은 식당을 운영하는 임무와 호스트의 임무를 겸하고 있다. 즉 식당의 책임자로서 영업장의 운영, 고객관리 및 식당종업원의 인사관리, 교육훈련 등 종업원과 부서장 간의 직·간접적인 중계역할을 한다.

(2) 접객수장

접객수장host, captains은 접객의 책임을 맡고 있는 책임자로서 종업원의 복장 및 용모를 점검하고 식음료 서비스에서 정확한 주문과 서비스를 담당한다. 종업원을 감독하고 영업장의 상태를 점검하여 모든 것이 제 위치에 있는가를 확인한다. 특선 메뉴, 주요 고객, 그날의 예약된 고객인원 등을 종업원에게 알려주며, 테이블 옆에서 디저트 요리의 시범도 보인다. 안내원은 지배인, 부지배인의 업무를 보좌하며 고객을 영접하고 테이블까지의 안내 역할을 한다.

(3) 접객원

접객원food servers은 접객수장을 보좌하며 주문된 식음료를 직접 취급하여 고객에게 제공하고 각 책임구역의 준비 및 정돈·청소 등을 한다. 영업장의 서비스 종류에 따라 접객원이 실행하여야 할 접객기술은 다양하다.

(4) 조주원

조주원bartenders은 칵테일과 알코올음료를 준비하고, 고객에게 직접 서비스하거나 식료접객원에게 제공한다.

(5) 음료접객원

음료접객원beverage servers은 주문된 음료를 고객에게 제공한다.

(6) 수납원

수납원cashiers은 예약관리와 고객의 식음료가격을 계산하여 요금을 받고 그날의 영업실적을 지배인에게 보고한다.

(02 종업원관리

1. 모집과 선발

모집recruitment이란 자격을 갖춘 직무 예비자집단을 조직에 불러들이기 위한 일련의 활동을 말한다. 그리고 모집의 목적은 과업에 대한 대규모 집단의 지원자들을 확보함으로써 경영자가 조직이 필요로 하는 유능한 종업원들을 선발할 수 있도록 하는 데 있다. 외식업체에서는 업종과 업태 또는 업소의 영업전략에 따라 정규직원과 시간제 직원을 적절한 비율로 채용하여 인적 자원을 관리하고 있다.

모집방법에는 내부모집과 외부모집의 두 가지가 있다. 내부모집이란 필요한 인력을 갖춘 종업원의 승진이나 전직 등을 통해 조직 내부로부터 모집하는 방법이다. 내부모집의 이점은 외부모집에 비해 모집비용이 저렴하고, 채용 후에도 교육훈련에 따른 비용이 절감되며, 종업원들의 능력개발과 사기를 높일 수 있다는 점이다. 외부모집은 신문, 잡지, TV, 라디오 등의 매체에 광고를 하거나 학교 또는 직업소개소를 통하여 직접 지원자를 받는 방법으로서 조직의 외부로부터 후보자를 모집하는 것이다. 외부모집의 이점은 유능하고 진취적인 외부자를 확보하여 조직의 분위기와 효율을 높일 수 있다는 점이다. 한편 경력직 사원을 스카우트하는 형식으로 특채할 경우에는 종업원들의 승진기회를 박탈할 수도 있기 때문에 신중을 기해야 한다.

선발selection은 모집에 의해 형성된 지원자 집단에서 직무명세서에 제시된 해당 직무나 직위에 가장 적합한 사람을 선정하는 과정이다. 선발하는 과정은 지원서류 검토, 필기 또는 기능시험, 면접, 적성검사, 신체검사 등이다.

이러한 모집과 선발을 통하여 확보된 직원들은 그들의 능력이나 적성에 맞추어 적재적소의 부서에 배치함으로써 직원들의 능력개발과 조직효율성 향상을 꾀해야 한다.

2. 교육훈련

1) 교육훈련의 필요성

(1) 기업 측면

인적·물적 복합체인 기업에서 인력자원의 관리와 개발은 중요한 사항으로서 이는 외식업체의 경우에도 예외는 아니다. 외식업체 종사원에 대한 서비스의 교육훈련 여부가 장래의 계속기업으로서의 번영과 발전이라는 과제로 연결되기 때문이며, 그 업소의 우수성을 측정하는 중대한 요소가 되기 때문이다. 기업의 측면에서는 종사원의 잠재능력을 충분히 발휘하게 하고 관리능력을 배양할 수 있도록 해야한다.

(2) 종업원 측면

종업원에 대한 교육훈련은 종업원의 자기개발 기반을 조성하기도 한다. 외식업체의 교육훈련을 통해 각 개인의 능력을 개발할 수 있고, 직무에 대한 강한 동기부여를 할 뿐만 아니라 자아실현에도 도움이 된다.

(3) 고객 측면

현대인들은 서비스의 품질에 대해 예민하다. 따라서 종업원의 교육훈련은 기업의 이윤추구 범위를 떠나 고객에게 환원하는 서비스 수준으로까지 이루어져야 한다. 고객들은 집을 떠나 밖에서 식사를 하는 만큼의 가치를 얻고 싶어 하기 때문에 종업원의 교육훈련을 통해 양질의 서비스를 제공하여야 한다.

2) 교육훈련의 내용

기업에서 실시하고 있는 교육훈련의 내용은 크게 네 가지 영역이 있다. 첫째는 전문지식, 둘째는 기능·기술이며, 셋째는 태도, 넷째는 창조성 개발 등이다. 이 네 가지 영역은 어느 기업에서나 어느 하나도 소홀히 할 수 없는 교육훈련의 매우 중요한 내용이 되고 있다.

외식산업은 서비스업으로서의 특성이 있는 만큼 이 네 가지 내용 중에서 특히 서비스 태도의 교육과 직무기능·기술 그리고 외국어 훈련 등에 매우 치중하고 있는 실정이다. 외식산업에서 실시하고 있는 주요 교육훈련 과목은 서비스정신, 외국어, 서비스기능·기술, 그리고 일반교육 등이 있다. 교육훈련의 내용을 교육대상별, 직능별로 구분하면 다음과 같다.

(1) 교육대상에 따른 교육훈련

① 신입사원 및 파트타임 종업원에 대한 교육훈련

신규채용자에 대해서는 현실의 직무를 효율적으로 담당하고 수행할 수 있도록 실시해야 하며, 또한 재직구성원들에 대해서는 새로운 기능과 기술을 습득하기 위한 교육훈련이 실시되어야 한다.

최근 경영환경의 변화에 따라 파트타임 근로자나 임시직 또는 파견근로자들을 채용하는 경향이 증가하고 있다. 이러한 추세에 맞추어 이들의 교육도 신입사원 교육의 범주에 포함시켜 교육훈련을 실시하고 있다. 파트타임 종업원은 대부분 고객과 가까이에서 서비스를 제공하는 경우가 많으므로 이들에 대한 교육훈련 역시 매우 중요하다.

신입사원의 교육은 외식업에 대한 신뢰감과 업무에 대한 흥미, 집단생활에서 지켜야 할 매너나 에티켓, 그리고 레스토랑의 공통적인 일반지식과 생활 대우상의 문제 등에 관한 교육을 받는다. 이러한 교육을 통해 새로운 것에 대한 심리적 불안감을 해소할 수 있다.

② 중간관리자에 대한 교육훈련

중간관리자는 경영자의 방침을 충분히 이해하고 경영목표를 달성해 나가야 하는 위치에 있는 사람으로 기업활동에서 가장 중요한 자리이다. 중간관리자는 주임, 부지배인 또는 부서 지배인급 등의 지위를 가지고 종업원들을 감독·지도·통솔하는 역할을 한다. 외식업체의 경우 서비스의 전달과정에 고객이 참여하기 때문에 고객·중간관리자·종업원이라는 인간관계에서 중간관리자의 역할은 매우 중요하다.

이들에 대한 교육훈련에는 업무의 지식, 외식업에 대한 전반적 지식, 서비스 작업을 지도할 수 있는 기능, 서비스 작업방법의 개선기능 및 통솔기능 등을 수행할 수 있는 내용이 포함되어야 한다. 구체적으로는 외식경영의 기초 지식, 안전 및 위생관리, 식재료에 관한 지식, 메뉴경영이론, 조리의 이론과 기술, 원가관리, 접객서비스 기술과 고객관리, 리더십, 마케팅, 부하교육 및 훈련, 관계법령 등의 교육을 받게 된다.

③ 최고경영자에 대한 교육훈련

점장 등 관리자는 조직목표를 실현하기 위해 노력해야 한다. 따라서 부하를 통해 점포의 성공적인 경영을 실현하는 것이 관리자의 임무이며, 업적 달성과 부하에 대한 인간적인 배려라는 두 가지 측면의 리더십이 필요하다. 그러나 업적 달성과 부하에 대한 인간적 배려는 전후관계가 아니고 부하의 협조를 통해 실적을 향상시키고 업적 달성을 통해 팀워크를 강화하는 동시관계에 있다. 이것을 가능하게 하는 것이 참된 리더십이다.

(2) 직능에 따른 교육훈련

① 주방 부문

조리부문의 교육훈련에서는 조리기능 및 기술과 관련된 사항을 주로 다룬다. 최근 개방주방open kitchen의 개념이 도입되면서 조리부문의 종업원과 고객의 접촉빈도가 높아지고 있는 추세이다. 이러한 추세에 맞추기 위해서는 주방의 직무교육뿐 아니라 고객응대와 관련된 교육도 실시되어야 한다.

그 밖에 위생에 관한 교육내용도 매우 중요시되고 있는데, 개인위생과 건강관리가 기본적인 내용이다. 또한 주방설비를 다루는 부문이므로 각종 설비 이용에 대한 안전관리 교육 및 에너지 사용상의 주의사항도 빠질 수 없는 교육과정이다.

② 객장 서비스부문

고객에게 음식을 제공하는 부서로 고객과의 접촉이 가장 빈번하며, 여기에 종사하는 직원들로는 업장지배인, 호스트, 캡틴, 푸드서버, 보조, 바텐더 등을 들 수 있다. 이들에게 무엇보다도 중요한 교육훈련과정은 고객응대에 관한 것이다. 고객과 1차적으로 대면하면서 각종 서비스를 제공해야 하므로 객장의 서비스부문은 직무

태도, 예절교육, 직업관 등과 같은 정신교육을 기본으로 한다.

교육내용에 따라 서비스 제공자의 인격수양에 관한 교육, 상품내용·식사법·품질 등에 관한 상품지식 교육, 고객의 심리 및 욕구파악을 위한 세일즈맨십 교육, 그리고 효과적인 판매기술 교육 등이 있다.

③ 관리부문

관리부문은 주방부문의 생산활동과 객장 서비스부문의 서비스 활동을 지원하는 부서로 마케팅, 총무, 재무, 개발담당자 등으로 구성되어 있다. 이들은 조리와 서비스에 관한 기본 교육을 받은 후 파트별로 업무교육을 받게 된다.

3) 교육훈련 방법

종업원의 능력개발을 위한 교육훈련 방법에는 강의식 방법, 회의식 방법, 사례연구법, 실연, 역할연기법, 수련장 연수 등이 있다. 외식업체에서 주로 실시하는 교육훈련 방법은 OJT on the job training ; 직장 내 훈련로서 이는 상급자가 실제로 시범을 보이면서 그것을 따라하게 하는 기법으로 훈련생의 몸에 익을 때까지 반복하게 하는 기법이다. 또 종업원들에게 고객과 직원의 역할을 부여하여 연기해 보게 함으로써 상황대처능력을 높이는 역할연기법role playing도 포함된다.

한편 현장 밖에서 이루어지는 교육방법에는 협회 세미나 참석, 국내 전문기관 연수, 해외연수, 그리고 외부에서 실시하는 합숙훈련 등이 있다.

표 6·1 교육훈련의 유형

구 분	훈련 형태	내 용
사내 교육훈련	OJT	조리, 서비스, 식음료교육 등
	Off JT	연수원, 콘도 등에서 세미나와 인성교육
	자기개발	기업의 지원을 받거나 자비를 들여 개인 스스로 이수
	해외교육연수	해외 세미나 참석이나 유명업소 탐방
사외 교육훈련	위탁교육	직원들의 팀워크를 위한 극기훈련, 단합대회
	외부초빙교육	능률협회 등 외부기관에 의뢰하여 교육 실시

3. 보상

직무수행에 따른 적절하고 공정한 보상은 종업원들에게 경제적인 측면뿐 아니라 심리적으로도 중요한 의미를 가진다. 종업원에게 지급되는 보상은 주로 금전적인 형태인 '급여'와 비금전적인 부가급부인 '복지후생'으로 나눌 수 있다.

급여는 기본급, 수당, 상여금, 퇴직금 등으로 구성되며 보상체계의 중요한 부분이다. 기본급은 근무평가에 따른 직무급에 가족급이 부가되는 것이 보통이며, 수당에는 직무수당, 시간외 수당, 자격수당 등이 있다. 상여금은 경영성과에 따른 특별보상의 형태나 미리 정한 시기에 정해진 금액 또는 비율에 따라 지급되며 급여의 개념으로 볼 수 있다.

소규모 외식업소의 경우에는 대기업과 같은 호봉제를 시행하기가 어려우므로 기본급과 수당을 합한 월정 급여를 정하고 근속에 따라 일정금액을 가산하는 정도로 체계화하고 있다. 경영성과에 따라 정률 또는 정액으로 상여금을 지급하거나 개인별, 집단 인센티브를 시행하는 경우도 있다.

종래의 외식산업에서는 급여 지불능력이 상대적으로 취약하여 직원들의 복리후생에는 거의 관심을 두지 못했다. 그러나 급여 이외에 제공되는 각종 복지제도는 종업원들의 소속감이나 서비스의 질을 높이는 중요한 요소가 될 수 있고, 나아가 인재 확보의 중요 요소가 되기도 한다.

이러한 복리후생의 구체적인 실행 예로는 다음과 같은 것이 있다.

첫째, 식사를 제공하는 것이다. 이것은 식사수당을 지급하는 경우와 직원용 음식을 만들어 제공하는 방법이 있다. 또는 자사 점포의 메뉴 중 선택하게 한다.

둘째, 외식업소 내의 시설로 휴게실과 라커시설을 제공하는 것이 필요하다. 일반 외식업소에서는 한 자리라도 객석을 더 많이 확보하려고 직원이 쾌적하게 일할 수 있는 환경을 만들기에 소홀했던 것이 사실이다. 직원이 안심하고 기쁘게 일할 수 있도록 별도의 휴게실을 만들어 여기서 유니폼을 갈아입거나, 식사를 하거나, 휴식시간에 쉴 수 있도록 해야 한다. 또 휴게실 내에 라커를 설치하여 개인의 사물을 정리·관리할 수 있도록 해야 한다.

셋째, 여행, 야유회, 체육대회, 취미모임 등을 활성화하여 단결심과 소속감을 높이는 것이 필요하다.

기타 복리후생 방안으로 결혼기념일이나 생일을 축하하는 것, 명절, 크리스마스 선물을 지급하는 것, 우수사원, 공로자, 개근자를 표창하는 것 등을 생각해 볼 수 있다.

미니사례 6·1

외식업계 인재 직접 키운다

SPC그룹·CJ푸드빌 등 자체 교육기관 잇따라 설립 창업지원 등 상생 경영도

외식 프랜차이즈업체들이 대학과 자체 교육기관을 잇따라 설립, 인재 확보와 상생 실천이라는 두 마리 토끼를 잡고 있다. 제과제빵 프랜차이즈 양대 업체인 SPC그룹과 CJ푸드빌이 대표적 사례로, 다른 기업들이 산학협력 수준에 그치는 것과 달

CJ푸드빌 상생 아카데미 1기 베이커리창업과정 수강생들이 전과정을 수료한 후 화이팅을 외치고 있다.(사진=CJ푸드빌 제공)

리 자체 교육기관을 통해 인재를 기르고 창업까지 돕는 적극적인 활동을 펼치고 있다.

SPC그룹은 국내 최초의 사내 대학인 'SPC식품과학대학'을 정부인가를 받아 2011년 3월에 개교, 그룹사와 협력업체 직원들을 교육하고 있다. 2012년 1월에는 경희사이버대와 학술교류 협력을 체결, 체계화된 교과과정을 거친 후 정부가 인증하는 식품전문학사 학위를 수여하고 있다. 이곳은 현재까지 45명의 졸업생을 배출했다.

이 회사는 특히 고교생을 학생으로 선발해 제과제빵 교육을 실시하고 그 중 우수 학생을 그룹사에 취업시킨 후 SPC식품과학대학에 입학시켜 이 분야 전문 인재로 길러내고 있다. 학생들에게는 미래를 열어주고 회사는 가능성 있는 사람을 확보하는 '착한 시너지'를 얻고 있는 것. 신정여자상고와 산학협력을 맺고 2기에 걸쳐 29명의 교육생을 배출한 데 이어 현재 한국관광고 재학생까지 총 16명의 3기 교육생에게 교육을 하고 있다. 학생 중 15명은 SPC그룹 계열사인 파리크라상과 비알코리아 직원으로 채용됐고, 이 중 2명은 SPC식품과학

대학에 입학했다.

이 회사는 제과제빵요리 전문학원인 'SPC컬리너리 아카데미'도 운영하고 있다. 연평균 300여 명이 이곳을 찾아 현재까지 3000여 명의 제과제빵요리 전문가를 배출했다.

CJ푸드빌은 고졸자를 위한 'CJ푸드빌 기업대학'과 중장년층을 위한 'CJ푸드빌 상생 아카데미'를 통해 젊은층과 중장년층에게 각각 맞춤형 교육을 실시하고 있다. 고용노동부 인증을 받고 지난해 6월 문을 연 기업대학은 채용예정자 대상 뚜레쥬르 베이커리학과, 재직자 대상 베이커리학과·카페매니지먼트학과·외식서비스학과 등 총 4개 학과로 운영되며 3년 과정이다. 졸업 후에는 정규 대졸자와 동등한 대우로 외식 서비스 전문가로 활동할 기회가 주어진다. 현재 고용노동부 기업대학 인증을 받은 곳은 LG전자, 한화그룹 등 총 8곳으로 외식업계에서는 CJ푸드빌이 처음이다.

이 회사는 제2의 인생을 위해 창업을 준비하는 중장년층에게 무료로 교육과 창업 기회를 제공하는 상생 아카데미도 열고 있다. 교육은 외식업 창업을 계획하는 퇴직자와 전직 예정자들을 대상으로 7주 과정으로 이뤄지며, 지금까지 130여 명의 수료생을 배출했다. 올해 7차 교육과정을 운영하며 총 300여 명의 교육생을 배출할 계획이다.

제네시스BBQ그룹은 치킨대학을 설립해 프랜차이즈 경영, 교육 등을 전수, 2012년에 1만번째 수료생을 내놨다. 현재까지 BBQ 단일 브랜드에서 1만3000명, 닭익는마을, U9 등 10개 브랜드를 합치면 1만7000명의 외식 전문가를 양성했다. 이 회사는 지난 8월 신라요리직업전문학교를 인수, '글로벌푸드아트전문학교(GFAC)'로 교명을 바꾸고 외식조리학과, 관광식음료학과, 글로벌학과 등 3개 학과를 운영하고 있다.

토종 커피 브랜드 할리스커피와 카페베네를 성공으로 이끈 강훈 대표가 경영하는 '망고식스'는 대학과 협력해 '망고식스학과'를 운영하고 있다. 고구려대학에 개설된 '망고식스 디저트 카페학과'는 지난 2012학년도부터 신입생을 받아 제품 연구개발, 해외 매장 연수, 프랜차이즈 서비스학 등을 교육한다. 재학 중 웰빙디저트 레시피사, 바리스타, 물관리사 자격증을 취득할 수 있으며 망고식스 입사 기회도 제공한다.

　프랜차이즈 업계 한 관계자는 "기업 운영 교육기관에서는 일과 학습을 병행하면서 전문가 교육을 받을 수 있고 일자리도 찾을 수 있어 교육생들의 지원이 이어지고 있다"며 "길러진 인재들이 외식산업의 선진화 일꾼으로 성장해 나갈 것으로 기대한다"고 밝혔다.

출처 : 디지털타임스, 2014. 10. 27일자

미니사례 6·2_____

핵심 키워드로 정리한 성공식당의 정석

월간외식경영에서는 지금까지 현장에서 수많은 식당 창업자 또는 외식업 경영자와 상담하고, 그들의 성공과 실패 사례를 다뤘다. 그 과정에서 필자는 반복되는 성공과 실패의 패턴을 발견할 수 있었다. 빈도수가 높은 이 사례들을 몇 가지 키워드로 일반화·유형화해 봤다. 이번 호에는 그 가운데 일부를 먼저 소개한다.

❖Keyword 01. 보수성

국내 소비자는 나이를 불문하고 식성에서 보수적 경향을 띤다. 물론 새로운 음식에 대한 호기심이나 니즈도 분명 존재한다. 하지만 긴 사이클로 보면 본래의 입맛으로 회귀하려는 흐름이 감지된다. 치킨만 해도 그렇다. 오븐치킨이나 각종 양념치킨들이 유행을 따라 잠시 우세를 보이다가 차츰 줄어들고 있다. 결국 튀긴 음식인 프라이드치킨으로 다시 회귀했다.

중산층 지역인 경기 판교 유명 백화점 식당가에서 가장 장사가 잘 되는 곳은 중식당 <신승반점>

▲ 월간외식경영 제공

이다. 최신 유행음식을 파는 식당들을 따돌리고 노포 중식당이 매출과 손님 수에서 압도적 1위다. 그리고 그 많은 손님이 먹고자 하는 음식은 짜장면(유니짜장)과 탕수육이다.

한때 중상 가격대 프랜차이즈 아이템이었던 베트남 쌀국수 또한 엄청난 확산력을 보였으나 지금은 차분해졌다. 번쩍번쩍하는 새롭고 희귀한 음식이 성공하기엔 한국 사람 입맛이 기본적으로 보수적인 것은 분명하다.

❖Keyword 02. 유기성

메뉴를 짤 때 가장 중요한 것이 유기성이다. 메뉴들 사이에는 연관성과 동질성이 있어야 한다. 그러면서 부족한 점을 서로 보완하는 관계에 있어야 한다. 뒤집어 말하면 전혀 생뚱맞은 메뉴가 있으면 안 된다는 얘기다. 마치 정조준하지 않고 아무렇게나 쏜 총알의 표적지처럼 메뉴 간 유기성이 떨어져서는 안 된다.

메뉴 간 유기성이 떨어지면 고객 신뢰도가 떨어진다. 짜장면・짬뽕 전문점의 평양냉면, 감자탕집의 주꾸미에 대해 손님들은 그다지 기대하지 않는다. 설사 평양냉면과 주꾸미의 맛이나 수준이 엄청 높더라도 손님들은 미덥지 않다. 주문할 확률도 낮다. 장사가 잘 안 돼서 혹은 손님이 찾는다고 하나둘 늘린 메뉴들이 대개 이런 식이다.

코다리 전문점에서 황태해장국이나 코다리회냉면, 코다리회냉면 막국수 등을 추가하는 건 좋다. 겨울에 동태찌개를 팔아도 괜찮다. 명태라는 연결고리로 서로 유기성 있는 메뉴들이기 때문이다. 또한 강원도라는 키워드로도 묶을 수 있는 메뉴들이다.

❖Keyword 03. 태도

음식 수준과 함께 식당 종사자의 태도는 손님이 재방문 여부를 결정할 때 중요한 준거가 된다. 회사 근처에서 모처럼 손맛 좋은 식당을 발견했다. 저녁에는 다소 무거운 가격의 해산물 음식을 파는 식당이다. 반찬이 입에 맞아 점심에 몇 번 갔는데 문제는 주인의 태도다.

뭘 물어봐도 대답을 하지 않는다. 뚱한 표정으로 말이 없다. 앞으로도 그 식당을 계속 이용할지 의문이다. 반면, 벤치마킹을 갔던 경북 예천의 한 식당 주인의 태도는 달랐다. 하필 한창 바쁜 점심시간에 당도했다. 우리가 먼저 나온 음식을 사진 찍고 있을 때 주인이 음식을 마저 가져왔다.

주인은 음식을 든 채 짜증 내지 않고 촬영이 끝나길 기다렸다. 장사가 잘 되는 대박집 주인이지만 볼 때마다 늘 겸손하고 친절하다. 두 집 모두 맛집인데 주인의 태도는 확연히 다르다. 이제 욕쟁이 할머니에게 환호하던 시대는 갔다.

❖Keyword 04. 무주공산

몇몇 고수급 외식업 경영자들 사이에서 '아무개가 이번에 무주공산에 입성했다'는 말을 가끔 주고받는다. 주인 없는 빈산은 먼저 깃발 꽂는 사람이 임자다. 서울 삼각지의 고깃집 <몽탄>은 참신한 기획과 디자인, 마케팅으로 순식간에 대박집 반열에 올랐다. 삼각지는 구도심지여서 노포 위주의 허름한 가게들이 대부분이다.

그동안 세련된 형태의 고깃집은 없었다. 이런 상권에 럭셔리한 고깃집이 등장하자 쉽게 사람들 눈에 띈 것. 만약 이 집이 강남의 선릉이나 교대에 같은

▲ 월간외식경영 제공

모습으로 개업했다면 지금 같은 독점적 지위는 누리지 못했을 것이다.

사무실 밀집지역도 주택가도 아닌 애매한 상권이었던 서울 신사동에서 대박을 터트린 중식당 <송쉐프>, 막국수집이라고는 찾아볼 수 없던 부산에서 막국수로 성공한 <주문진막국수>, 경기도 오산의 벌판에 세운 신축건물에 들어

가 엄청난 성공을 거둔 <짬뽕지존>, 이들은 모두 공통점이 있다. 특정 상권 내에서 아예 없거나 지지부진한 아이템을 양질의 상품력과 기획력으로 무장해 입성한 식당들이다.

내가 18년째 살고 있는 경기도 분당 수지 지역에는 나의 단골 중식당이 없다. 중화요리를 먹을 때면 서울이나 인근 지역으로 간다. 중산층 눈높이에 맞는 중식당이 아직 무주공산이다. 누군가 먼저 괜찮은 중식으로 깃발을 꽂는다면 오래 번창할 듯하다.

❖Keyword 05. 해석

사실 이것은 쉬운 일이 아니다. 해석은 기존 지식들을 분석해 새로운 상위지식을 도출해 내는 추론과정이다. 다시 말해 행간을 파악하는 능력이다. 남보다 앞서려면 이런 능력이 필요하다. 우리가 책을 읽고 벤치마킹을 다니는 것은 정보와 지식을 얻고자 함이다. 애써 모은 정보와 지식을 저장만 해놓고 해석하지 않으면 낭비다.

물론 그 자체로 의미나 가치를 지닌 개별지식과 정보도 없지 않다. 그런데 개별 정보와 지식들을 모았을 때 일정한 방향성을 띠는 경우가 있다. 정보와 지식들이 일제히 가리키는 곳에 또 하나의 상위지식이 존재한다. 그 지식을 먼저 알아차리는 사람이 진짜 승자가 된다.

경북 <영양숯불갈비>는 한우를 야키니쿠처럼 즉석 양념해 직화로 구워낸 '갈비살양념구이'가 유명하다. 양념육의 특징은 고기 색깔이 살아 있고, 양념 맛이 진하지 않다는 점이다. 이 집은 영천과 경주에 가게가 있다. 영천점 카운터에서 물었더니 양념육보다 생고기가 많이 팔린다고 했다.

영천점은 생고기가, 경주점은 양념육이 훨씬 더 많이 팔린다. 경주점은 그 지역 내 매출이 가장 높은 고깃집이다. 외지인의 힘이다. 얼마 전 한 블로거가 <영양숯불갈비> 스타일의 서울 소재 고깃집을 올렸다. 그 집은 메뉴판의 양념육에 '경주식'이라는 타이틀을 붙였다. 경주는 외국인과 관광객이 많이 오는 곳이다.

위 지식과 정보들을 모아보면 '외국인과 젊은 고객은 대체로 양념육을 선호한다'는 추론이 가능하다. 만일 서울 명동과 종로 등 사대문 안에 어떤 콘셉트의 고깃집을 낼 것인지 고민하는 사람을 만난다면 나는 이렇게 조언해 줄 것이다. "외국인과 젊은이들이 많이 다니는 곳이므로 그들을 타깃으로 야키니쿠식 즉석 양념육을 해보라"고…

역시 해석을 하려면 풍부한 관련 지식과 정보가 전제되어야 한다. 정보가 많을수록 해석의 결과가 더 정확하고 선명해진다.

출처 : 월간외식경영, 2019. 05. 12일자, 김현수 포드컨설턴트

미니사례 6·3_____

소자본 창업과 정보수집

❖소자본 창업과 정보수집

회사라는 조직 속에서만 생활해 오던 직장인들이나 가정이라는 테두리 안에서만 살아오던 예비창업자들은 새로운 환경에서 삶의 터전을 마련하는 일인 만큼 '텃세'라는 말을 새겨볼 필요가 있다. 먼저 장사하는 사람이 뒤에 들어오는 사람을 업신여기거나 횡포를 부리는 행위를 말한다.

정보가 부족하거나 준비가 소홀할수록 '바가지', '창업사기' 등에 휘말릴 공산이 크며 곧장 실패로 직결될 가능성이 있다. 이러한 과오를 겪지 않으려면 다양한 루트를 통해 창업정보들을 숙지해야 한다.

최근 창업환경은 원가는 상승하는 데 비하여 점포마다 생존 자구책으로 가격인하 경쟁까지 벌이게 되는 어처구니없는 현실에 직면해 있다. 예비창업자들이 새로운 아이템을 개발하고 영업에 성공하였다고 해도 더 좋은 아이템이나 모방 아이템과 저가격으로 무장한 타 점포들이 '나도 역시(me too)'전략으로 경쟁하려 할 것이다.

영원한 성공 아이템은 없는 법이므로 지속해서 고객이 싫증나지 않게끔 새로운 아이템이나 서비스의 개발이 필요하며, 인건비 절감과 계수관리를 철저히 하고 이를 분석하여 매출을 늘리고 효율적인 경영을 할 수 있도록 항상 공부하고 동종업계의 정보를 수집하는 노력을 게을리하지 말아야 할 것이다.

성공창업의 첫 번째 관문은 정보수집이다. 정보화시대에 정보가 남보다 늦다면 이는 바로 경쟁력 상실과 직결된다는 것을 말한다. '지피지기(知彼知己)면 백전백승(百戰百勝)'이라는 말처럼 소비자나 경쟁업체를 모르고 창업한다는 것은 바로 실패를 의미하는 것이다.

지금까지의 생활과 전혀 다른 새로운 분야인 창업에 도전하는 예비창업자들의 경우 정보가 부족하면 창업비용의 과다 지출로 이어질 수밖에 없다. 정보수집의 중요성을 깨닫고 효과적으로 대처하려면 먼저 수집방법을 찾아야 할 것이다. 물론 다양한 방법이 있겠지만 여기에서 소개하려는 정보수집의 방법은 일곱 가지로 요약된다.

✤인터넷을 활용하라

정보화시대가 열리면서 창업자에게 가장 큰 도움을 주는 것은 바로 인터넷의 활용이다. 왜냐하면 인터넷의 생활화와 스마트폰의 보급으로 최신의 정보를 공유할 수 있기 때문이다. 인터넷에서는 창업정보만을 다루는 전문 사이트가 1백여 개 정도 개설되어 있으며, 각종 창업 전문정보가 봇물처럼 쏟아져 나오고 있다.

인터넷에서의 구체적인 정보수집방법은 각 검색엔진에서 '창업', '외식업', '창업정보' 등의 키워드를 입력해 해당되는 분야의 전문정보를 검색하면 된다.

✤언론매체를 활용하라

신문, 방송, 전문잡지 등을 활용하는 방법이 있다. 각 신문이나 방송 등에서 창업뉴스가 빠지지 않고 나오고 있다. 언론매체마다 지정 날짜에 기사가 나오는 만큼 관심 있게 살펴볼 만한 기사들을 모니터하는 것이 필요하다.

잡지 또는 월간지, 경제관련 주간지들의 경우 창업과 관련된 성공사례가 다양하게 실린다. 이런 정보들은 기사화되기까지 어느 정도의 검증과정을 거치기 때문에 객관적인 내용을 접할 수 있지만 정보가 한정된 관계로 창업보도를 주로 하는 언론매체를 선별해 살펴야 하는 어려움이 있다.

✤광고를 분석하라

체인 본사들마다 자사의 사업확장이나 홍보를 위해 광고를 내는 경우가 많다. 이 광고들의 공통점은 최근 뜨는 업종광고라는 것이다. 따라서 광고를 자주 보면 창업시장의 흐름을 파악하게 된다. 그러나 광고는 광고주의 입장에서 좋은 면만 홍보하기 때문에 정보를 수집하는 입장에서는 객관적인 시각으로 판단해야 하는 어려움이 따른다. 광고를 액면 그대로 믿고 창업을 하기에는 위험부담이 크다.

❖전문서적을 정독하라

일반적인 정보는 언론매체나 인터넷을 통해 쉽게 접근할 수 있으나, 시장조사, 사업 타당성, 아이템에 관련된 전문정보 등은 도서를 통해 수집하고 공부하는 것이 가장 좋다. 때로는 여러 권을 구입해야 하기 때문에 경제적으로 부담이 될 수 있으므로 국, 공립도서관 등을 이용하는 것도 좋다.

❖창업강좌에 참여하라

정부기관이나 지자체, 민간 창업관련 업체 등 여러 곳에서 박람회나 창업 설명회를 개최하는 경우가 많다. 창업 전 한두 번 이상 설명회나 강좌에 참여해 전문가의 강의를 듣는 것은 예비 창업자에게 상당한 도움을 준다. 창업은 가족의 생계를 유지하기 위한 것인 만큼 개인적으로 판단하기보다는 전문가들의 의견을 참작하는 것이 창업에 따르는 실패요인을 줄일 수 있는 방법이 된다.

❖아는 사람의 도움을 받아라

전문지식을 필요로 하지 않는 단순 판매업의 경우, 먼저 창업을 경험한 지인들이 큰 도움이 된다. 먼저 창업으로 노하우를 익힌 만큼 비교적 정확한 정보와 현장의 생생한 정보를 그대로 전수받을 수 있기 때문이다. 따라서 도움을 받을 수 있는 가까운 사람부터 도우미 목록에 올려야 한다.

❖전문 컨설팅사의 도움을 받아라

주변의 도움을 받기 어렵거나 전문지식이 부족할 경우에는 창업컨설팅사에 의뢰하는 것이 가장 효과적이다. 그러나 비용이 문제가 될 수 있다. 비교적 적지 않은 컨설팅 요금 때문에 고민할 수 있으나, 창업비용에 관한 거품을 제거하고 실패 확률을 줄일 수 있는 가장 확실한 방법이다.

컨설팅업체들은 대부분 창업 관련 컨설팅을 한꺼번에 서비스하는 곳이 대부분이지만 후발업체들이 난립하면서 마케팅 전략, 브랜드네이밍, 프랜차이즈, 점포 창업, 외식업, 소호 등 창업분야별로 특화된 경우가 많다.

창업절차는 쉬운 것 같지만 매우 어렵고 복잡하다. 때로는 예기치 못한 일이 발생되기도 하고 순서가 틀려 비용이 많이 지출되기도 한다. 사소한 것이라도 빠짐없이 순서대로 추진하길 권하며, 기본에 충실한 경영자가 실패하지 않는다는 것을 명심하고 항상 배우는 자세로 창업을 준비해야 한다.

출처 : 네이버 블로그, 2018. 08. 28일자, 한국창업컨설팅그룹. 최재희 대표

PART_**3**

외식산업의 마케팅

Chapter_7

외식산업과 서비스

01 서비스의 이해

1. 서비스란 무엇인가?

오늘날 현대인들은 서비스 사회service society 혹은 서비스 경제service economy 속에서 살고 있다고 해도 과언이 아니다. 선진국의 경우 1950년대부터 1970년대에 걸쳐 이미 서비스 경제시대에 진입하여 전체 산업에서 서비스 산업이 차지하는 비중이 60% 이상이 되고, 서비스 산업의 생산 증가율이 국내 총 생산의 증가액을 상회하고 있다. 우리나라의 경우 전체 산업에서 차지하는 서비스 산업의 비중이 1980년대 후반 50%를 넘어선 이래 2000년에 들어서면서 68.9%에 이르러 선진국 수준에 접근하고 있다.

흔히 우리는 '서비스가 좋다', '서비스가 만점이다' 혹은 '서비스가 엉망이다'라는 표현으로 사람이나 업소를 평가하게 되고, 서비스 질의 잣대는 입에서 입으로 전달되어 그 업소의 서비스 수준과 평가요인이 된다.

외식산업은 서비스 산업 중에서도 대표적인 인적 서비스 산업이다. 단지 메뉴보다는 업소에서 제공하는 눈에 보이지 않는 서비스에 따라 업소의 품위와 평가가 달라지게 된다. 그렇다면 진정한 의미에서의 서비스란 무엇인가? 한마디로 말하기는 참으로 어렵다. 왜냐하면 서비스는 상황적 환경에 지배를 받게 되고, 서비스의 제공자는 의도와는 달리 그것을 받아들이는 사람들의 견해와 개성, 환경, 관여도 등 개인적인 요인들이 크게 지배하기 때문이다.

서비스의 사전적 정의는 '행위, 과정 그리고 성과deeds, processes and performance' 이다. 우리 주변에서 발생하고 있는 많은 행위들, 예를 들면 음식점에서 맛있는 식사를 하는 것, 은행에서 돈을 찾는 것, 병원에서 진료를 받는 것, 미용실에서 머리를 하는 것 등 주로 고객들을 위한 행위이며 과정이자 성과라고 볼 수 있다.

미국 마케팅학회American Marketing Association에서는 "서비스란 판매 목적으로 제공되거나 상품판매와 연계해서 제공되는 제 활동, 편익, 만족"이라고 정의하고 있다. 즉 서비스는 무형적 성격을 띠는 일련의 활동으로서 고객과 서비스 종업원의 상호관계로부터 발생한다. 그리고 고객의 문제를 해결해 주는 것으로 서비스는 서비스 제공자와의 상호작용을 포함하게 된다.

사회가 점차 고도화되고 소비자의 생활방식, 의식구조, 레저패턴 및 가치관 등이 달라지면서 서비스 행위는 점차 고도화·세련화되어 가고 있다. 특히 외식산업에 있어서 서비스는 매우 중요하다고 볼 수 있다.

2. 서비스의 특징

서비스는 무형성, 비분리성, 이질성, 그리고 소멸성 등 네 가지의 특징을 지니고 있는데, 간략하게 살펴보면 다음과 같다.

1) 무형성

서비스의 기본 특성은 형태가 없다는 것이다. 객관적으로 누구에게나 보이는 형태로 제시할 수 없으며, 물체처럼 만지거나 볼 수 없다. 따라서 그 가치를 파악하거나 평가하는 것이 어렵다. 레스토랑 서비스, 법률 서비스, 의료 서비스 등이 이런 특성을 잘 나타내고 있다. 이러한 서비스의 무형성intangibility으로 인해 서비스 상품은 진열하기 곤란하며, 그에 대한 커뮤니케이션도 곤란하다.

무형성 때문에 생기는 불확실성을 줄이기 위하여 구매자는 그 서비스에 관한 정보와 확신을 제공하는 유형의 증거를 찾는다. 레스토랑의 외부 모습은 그 점포에

도착한 고객이 맨 처음 보는 것이다. 레스토랑 주변의 배경과 청결 상태는 그 레스토랑이 얼마만큼 잘 운영되고 있는가의 증거를 제공하기도 한다. 즉 여러 가지의 유형적 요소들이 무형의 서비스 질에 대한 신호를 제공해 주고 있다.

따라서 무형성으로 인한 이와 같은 문제점을 해결하기 위해서는 실체적인 단서를 강조하고, 구전 커뮤니케이션을 자극하며, 강렬한 이미지를 창출하고, 구매 후 커뮤니케이션 등에 신경을 써야 한다. 예를 들어 음식점 서비스인 경우 식당의 명성이나 유명도, 외적인 시설 등과 같은 실체적 단서를 강조하거나 가시화할 수 있는 정보를 알려야 한다.

2) 비분리성

제품의 경우에는 생산과 소비가 분리되어 일단 생산된 후 판매되고 나중에 소비된다. 그러나 서비스의 경우 생산과 동시에 이루어지며 소비되기 때문에 소비자가 서비스 공급에 참여해야 하는 경우가 많다.

또 고객들이 참여하기 때문에 집중화된 대량생산체제를 구축하기 어렵다. 제품의 경우에는 구입 전 소비자가 시험해 볼 수 있다. 그러나 서비스의 경우에는 구입 전 시험할 수 없다. 제품처럼 사전에 품질통제를 하기가 곤란하며, 이러한 비분리성inseparability에 따른 여러 가지의 문제들을 해결하기 위해서는 고객과 접촉하는 서비스 요원을 신중히 선발하고 철저히 교육해야 한다.

예를 들면 어느 음식점에서 요리가 환상적으로 훌륭했다 하더라도 서비스를 제공하는 종업원의 태도가 좋지 않다든가 주의성이 없는 경우, 고객은 그 음식점에 대해 전반적으로 낮게 평가하고 그 경험으로부터 만족을 느끼지 못할 것이다.

3) 이질성

서비스의 과정에는 여러 가지의 변수들이 많기 때문에 한 고객에 대한 서비스가 다음 고객에 대한 서비스와 다를 가능성이 있다. 이것을 서비스의 이질성 heterogeneity이라고 한다. 같은 서비스업체에서도 종업원에 따라서 제공되는 서비스의 내용이나 질에 차이가 있을 수 있다. 또 같은 종업원이라도 시간이나 고객에 따라서 다른 서비스를 제공할 수 있다.

예를 들면 어떤 고객의 경우 어느 날은 좋은 서비스를 받고, 다음 날 같은 종업원으로부터 호의적이지 않은 서비스를 받을 수도 있다. 마음에 들지 않은 서비스를 받은 경우 그 종업원의 건강상태나 감정에 문제가 있을지도 모른다. 따라서 서비스는 생산과 소비가 동시에 일어나기 때문에 질적 수준을 관리하는 데 많은 어려움이 따른다.

4) 소멸성

서비스는 1회로서 소멸하며, 그와 동시에 서비스의 편익도 사라진다. 그러나 제품은 구입된 후에 그 상품의 물리적 형태가 존재하는 한 몇 회라도 반복하여 사용할 수 있다. 저장되지 않는 이러한 특성을 서비스의 소멸성perishability이라고 한다. 따라서 이를 해결하기 위해서는 수요와 공급 간의 조화를 이루는 전략이 필요하다.

예를 들면 레스토랑에서 예약을 하고 나타나지 않는 고객 때문에 다른 고객에게 서비스를 제공하지 못했다면, 그 레스토랑의 입장에서는 커다란 손실이 아닐 수 없다. 따라서 서비스의 수익을 최대화하려면 팔리지 않은 재고를 이월할 수 없기 때문에 수용능력과 수요를 적절히 관리해야 한다.

3. 서비스의 부수적인 특성

서비스는 네 가지의 기본적 특성 외에도 여러 가지의 부수적인 특징을 가지고 있는데, 다음과 같이 요약할 수 있다.

- 서비스는 물건이 아니라 일련의 행위 또는 과정이다.
- 일반적으로 서비스는 소유권의 이전을 수반하지 않는다.
- 서비스의 주된 가치는 고객과 서비스 제공자 간의 상호작용 가운데 생산된다.
- 서비스는 인력에 의존하는 경우가 많다.
- 서비스의 수요·공급에는 시간적·공간적 조절이 중요한 요소가 된다.
- 서비스의 평가는 주로 고객에 의해 주관적으로 이루어진다.

- 서비스의 유통경로는 존재한다고 해도 매우 짧다.
- 서비스는 생산계획이 불확실하다.
- 제품의 품질을 평가하는 데는 시간이 소요되는 데 비해서 서비스 품질의 평가는 즉시 이루어지는 것이 보통이다.
- 제품의 혁신은 소재 및 과정 기술에 민감하고, 서비스 혁신은 정보 및 커뮤니케이션기술에 민감하다.

02 외식산업의 접객서비스

1. 접객서비스의 의의

외식산업에 있어서 접객서비스는 고객의 존재에서부터 출발한다. 아무리 점포분위기가 훌륭하고 맛있는 음식, 정중한 서비스, 청결한 환경 등이 구비되어 있어도 고객이 찾아주지 않으면 의미가 없으며, 사업으로서의 가치도 없게 된다.

고객이 존재하지 않는다면 점포의 존재가치는 그 의미를 상실하게 되는 것이다. 바쁘기 때문에 기다려야 되는 것이 당연하다거나 행동과 태도가 불손하고 종업원 자신의 일을 먼저 생각하는 것은 고객의 지지를 잃게 되고 만다. 몸도 마음도 모두가 고객지향적이 되고, 고객입장에서 이해할 때 접객서비스는 시작되는 것이다.

외식산업에서 접객서비스란 "직업에 대한 강한 의지적 욕망과 전문적인 지식을 소유하고 고객에게 취하게 되는 종업원의 모든 행동과 태도에 대한 표현이다"라고 정의할 수 있다. 따라서 접객서비스는 고객의 입장에서 고객에게 즐겁고 쾌적함을 제공할 수 있는 근원을 창출해 내려는 일련의 노력과 정성이 수반되어야 하며, 어떤 고객에게나 최상의 친절과 마음으로부터 애정을 표출해야 한다. 진정한 의미에 있어서 접객서비스는 고객에 대한 단순한 형식보다는 마음속에서 우러나는 서비스의 제공인 것이다.

2. 접객서비스의 기본 전략

인간의 서비스에 대한 사고방식은 동서양을 막론하고 비슷하며, 성의껏 하려고 하는 의욕만 있으면 반드시 성공할 수 있다는 확신을 가져야 한다. 인적 서비스의 역할이 증대되고 있는 외식산업에서 기본적인 접객서비스 매뉴얼을 가지고 교육과 훈련을 계속 지도하고 시행해야 할 것이다. 접객서비스를 실행하기 위한 기본적인 전략으로 복장·몸차림, 태도, 웃는 얼굴, 그리고 배려 등에 대하여 설명하면 다음과 같다.

1) 복장·몸차림

고객에게 환영의 마음, 환대하는 마음을 표현하기 위해서는 우선 복장·몸차림이 단정해야 한다. 단정한 복장·몸차림을 위해서는 다음과 같은 몇 가지의 내용들을 고려해야 할 것이다.

첫째, 외식업소 사정에 맞게 종업원들의 복장·몸차림 등 각 항목에 대한 기준을 명확히 하는 것이다. 조리장, 영업장에 있어서의 기준을 남녀별로 자신의 점포에 맞게 알기 쉽게 리스트를 만들어 채용할 때부터 이 기준을 반드시 지키도록 새로운 채용자에게 철저히 가르치는 것이 중요하다.

둘째, 무엇보다도 먹는 일에 관한 것이기 때문에 '청결해야 한다'는 것이 필수조건이다. 머리끝에서 발끝까지 이 청결을 염두에 두고 복장과 몸가짐을 생각해야 한다.

셋째, 외식업소는 고객이 주역이 되며 종업원은 '고객이 음식을 즐길 수 있도록 협조'하는 보조역할을 하는 사람이다. 이런 점에서 절대로 종업원이 고객보다 더 눈에 띄는 존재가 되어서는 안된다. 항상 검소한 복장·몸차림을 갖추는 것이 원칙이다.

2) 태도

복장·옷차림이 단정하게 되면, 다음으로 중요한 것은 종업원이 고객을 대하는 태도이다. 이를 위해서는 고객맞이, 식사제공, 그리고 배웅 등에 이르기까지의 종업원의 태도, 즉 동작이나 말씨가 고객의 눈으로 보아서 호감이 가도록 해야 한다. 그중에서 가장 중요한 것은 자신의 점포특성에 맞추어서 접객 동작이나 말씨의 기준을 명확히 해 두는 일이다. 따라서 이러한 기준들을 명확히 정하고, 종업원들을 교육·훈련함으로써 철저하게 실행해 가는 것이 필요하다.

3) 웃는 얼굴

웃는 얼굴은 상대방을 환영한다는 의지표시의 수단이다. 또한 환대하는 마음을 표현하는 최고의 수단이라고 말할 수 있다. 맥도날드 햄버거 메뉴판에는 '스마일 프리smile free', 즉 미소는 무료라고 쓰여 있다. 이것은 '우리 점포에서 파는 햄버거 나 튀긴 감자 속에 당연히 이 미소가 들어 있지 않은 상품이라면, 고객에게 대금을 받지 않겠다'고 하는 사상, 이념을 스마일 프리라는 말로 표현하고 있는 것이다. 여 기에는 '웃는 얼굴이야말로 고객과 가장 가까워지는 가장 좋은 방법이다'라고 하는 맥도날드 창시자의 경영철학이 담겨 있는 것이다. 미소 띤 얼굴의 서비스도 상품인 것이다. 따라서 '미소도 상품이다'라고 하는 사고방식을 종업원을 채용할 때부터 철저하게 가르치는 것이 중요하다.

4) 배려

외식업소에 오는 고객은 그 점포의 종업원에게 항상 고객으로서 대우받기를 원 하고 있고, 무엇인가를 스스로 해주기를 기대하고 찾는 것이다. 예를 들어 컵에 물 이 조금밖에 남지 않았다면 다시 따라주는 것이다. 고객이 요구하기 전에 행동을 취하는 것이 서비스인 것이다. 종업원은 항상 테이블에서 눈을 떼지 말아야 한다. 요리를 조리장에서 객석까지 이동할 때에도, 식사가 끝나고 치울 때에도 항상 테이 블 위를 주시하고 있어야 한다.

특히 만원일 때보다는 객석의 20~30%가 찼을 경우에 무료한 시간의 배려방법이 더욱 중요하다. 왜냐하면 만석일 때에는 전 종업원이 긴장되어 있기 때문에 큰 실 수도 없을 뿐만 아니라 고객들도 '만원이니까' 하고 조금은 관대하게 보고 참아주 기 때문이다.

3. 감동의 접객 서비스

음식 맛은 시간이 지나면 잊기 쉽지만 서비스는 여전히 고객의 마음속에 자리를 잡게 된다. 특히 불친절한 서비스는 고객의 마음속에 간직되어 다시는 그 업소를 찾지 않게 만들지도 모른다. 많은 소비자를 모두 충족시킬 수 있는 서비스는 분명히 없다. 그러나 여러 소비자들에게 인정받을 수 있는 서비스는 분명히 우리 가슴 속에 존재한다. 그것은 진실에서 우러나오는 가식 없는 미소, 따뜻한 몸가짐, 격의 없는 말 한마디 등과 같은 평범한 것들이라고 볼 수 있다.

1) 데이터베이스 정보의 구축

고객이 단골집이라 생각하고 방문하는데, 종업원 누구 하나 알아주는 사람이 없다면 고객은 실망할 것이다. 이 같은 관점에서 요즈음 외식업체에서는 데이터베이스data base의 정보를 구축하여 전략적으로 이용하는 것이 바람직하다.

고객의 이름, 나이, 주소, 직업, 소득수준, 즐겨 찾는 메뉴, 생일, 결혼기념일 등 개인적인 자료를 컴퓨터에 수록하여 1 : 1 서비스 전략을 펼쳐나가는 것이다. 그래서 다음 번 방문한 점포에서 자기의 이름을 기억해 주고, 결혼기념일에 축하전보를 받아볼 수 있다면 고객들은 너무도 즐겁고 기뻐할 것이다. 고객감동은 큰 격식이나 없던 서비스를 개발하는 데 있는 것이 아니고, 말 그대로 고객을 따뜻이 대하고 고객과 친해질 수 있는 분위기를 만들어나가는 데 있다.

2) 외식산업은 먹는 산업

외식산업을 두고 EAST산업이라고 한다. 말 그대로 먹는 산업이다. 그런데 우리가 알고 있는 음식만을 먹는 것은 아니다.

첫째, 오락·즐거움Entertainment을 먹는다. 피자집에 오는 고객들은 단지 배고픔을 채우기 위해서 오지 않는다. 피자문화 자체를 체험하고, 피자를 먹는 즐거움이 좋아서 방문하는 경우가 많다.

둘째, 분위기·환경Atmosphere을 먹는다. 고객은 언제, 어느 업소를 방문하든지 자기가 찾는 곳이 쾌적한 공간이기를 원한다. 특히 정중한 서비스를 받으며 음식을 맛있게 먹고 나오다가 문득 주방의 불결한 모습들을 보았을 때 고객은 기분이 많이 상할 것이다. 또한 종업원들은 먼저 청결하고 산뜻한 이미지를 줄 수 있어야 하며, 이들의 옷차림, 말씨 등이 점포에서 취급하는 메뉴와 인테리어, 음악 등과 조화를 이룰 때 고객은 맛은 물론이고 그 분위기에 젖어들 수 있을 것이다.

셋째, 위생Sanitation을 먹는다. 외식업소의 위생은 어떠한 서비스보다도 우선되어야 하며, 백번을 강조해도 지나치지 않음을 명심해야 한다.

넷째, 맛Taste을 먹는다. 소비자가 찾아가는 외식업소의 음식 맛은 고객의 취향에 맞아야 한다. 그러기 위해서는 고객의 입맛이 어떻게 변해 가는지 면밀히 분석할 필요가 있다.

이처럼 EAST를 충족시키기 위해서는 서비스가 기본이 되어야 한다. 적절한 서비스 없이는 아무리 좋은 환경, 음식, 분위기, 깨끗한 위생시설 등이 있다고 해도 물거품이 될 수 있다. 따라서 서비스는 외식경영의 시작이며 과정이고, 마지막이 되어야 한다. 외식산업을 두고 인적 서비스 산업이라고 부르는 것도 사람이 최고의 제품이 되어야 하기 때문이다.

03 서비스 구매과정에 따른 관리

1. 서비스 과정의 중요성

서비스 과정이란 서비스가 전달되는 절차나 그 활동들의 흐름을 의미한다. 대부분의 서비스는 일련의 과정process이며, 흐름flow의 형태로 전달된다. 따라서 서비스의 과정은 서비스 상품 그 자체이기도 하면서, 동시에 서비스 전달과정인 유통의 성격을 가지고 있다.

서비스는 동시성과 분리성 때문에 고객과 떨어져서 생각할 수 없다. 서비스의 고객은 서비스가 이루어지는 과정 안에서 일정한 역할을 수행한다. 예를 들어 비디오를 구매하는 고객은 그것이 만들어지는 제조과정에 대해서 특별히 관심을 두지 않는다. 그러나 근사한 레스토랑에 방문한 고객들은 단순히 최종 결과물인 먹는 것에 만 관심을 두지는 않는다. 레스토랑에 도착하여 자리에 앉아서 안락한 분위기를 즐기며, 주문을 하고, 음식을 받고 식사를 하는 전 과정과 거기서 얻어지는 경험이 훨씬 더 중요하다.

이러한 서비스 과정의 단계와 서비스 제공자의 처리 능력은 고객의 눈에 가시적으로 보여진다. 그러므로 이러한 일련의 과정들은 서비스 품질을 결정하는 데 매우 중요한 역할을 하고, 구매 후 고객의 만족과 재구매 의사결정에도 영향을 끼칠 수 있다.

2. 서비스 구매과정에 따른 관리

1) 서비스 구매 전 과정(대기관리)

(1) 대기관리의 중요성

서비스는 소멸성, 비분리성 때문에 고객들이 서비스를 받기 위해서 종종 기다려야 한다. 서비스를 받고자 하는 고객은 많은 반면에 서비스를 제공하는 시설은 부족한 경우가 있다. 이때 고객들이 줄을 서서 기다리는 대기의 상황이 발생한다.

대기는 고객이 서비스 받을 준비가 되어 있는 시간부터 서비스가 개시되기까지의 시간을 의미한다. 예를 들면 음식점의 경우 자리에 앉기까지 기다리는 경우, 주문을 받고 식사가 나올 때까지 기다리는 경우, 식사 후 요금의 계산과정 등에서 기다려야 할 때가 있다.

대기는 어쩔 수 없이 발생하는 것이지만, 모든 고객들이 이러한 상황을 이해하고 당연한 것으로 받아들이는 것은 아니다. 많은 사람들은 서비스를 받기 위해 기다리는 것도 부정적인 경험으로 인식하고 있다. 따라서 고객들이 서비스를 받기 위해서 보내는 대기시간을 효과적으로 관리하는 것은 고객에게 만족을 제공할 수 있고, 서비스를 재구매하려는 고객에게 큰 영향을 줄 수 있다.

(2) 대기관리의 기본 원칙

고객의 대기를 효과적으로 관리하여 고객에게 만족을 주기 위해서는 다음의 원칙들을 알고 있어야 한다.

- 아무 일도 하지 않고 있는 시간이 뭔가를 하고 있을 때보다 더 길게 느껴진다.
- 구매 전 대기가 구매 중 대기보다 더 길게 느껴진다.
- 근심은 대기시간을 더 길게 느끼게 한다.
- 언제 서비스를 받을지 모른 채 무턱대고 기다리는 것이 얼마나 기다려야 하는 지를 알고 기다리는 것보다 그 대기시간이 길게 느껴진다.
- 불공정한 대기시간이 더 길게 느껴진다.
- 서비스가 더 가치 있을수록 사람들은 더 오랫동안 기다릴 것이다.
- 혼자 기다리는 것이 더 길게 느껴진다.

가장 이상적인 상황은 대기를 만들지 않는 것이다. 하지만 서비스는 소멸하는 성격을 가지고 있다. 따라서 수요가 항상 일정하여 도착하는 고객의 수를 완전히 파악할 수 있을 때와 전적으로 예약시스템에 의해서 손님을 받을 경우를 제외하고는 대기상황은 발생할 수밖에 없다.

(3) 대기관리를 위한 서비스 기법
① 예약제도의 활용
예약을 활용할 때에는 중복예약에 관한 방침을 미리 정하는 것이 중요하다. 일반적으로 예약에 대해서는 부도율이 어느 정도 존재하기 때문에 일정 수준의 초과예약을 받게 된다.

② 커뮤니케이션의 활용
고객들은 서비스 시설에 도착하기 전에 가장 혼잡한 시간을 알고 있다. 그럼에도 불구하고 가장 혼잡한 시간에 고객들이 많이 모일 수밖에 없는 경우가 있다. 다소 한가한 시간에 도착하는 고객에게 인센티브를 제공하는 커뮤니케이션 전략을 사용한다.

③ 공정한 대기시스템의 구축

먼저 온 사람이 먼저 서비스를 받는 원칙이 지켜져야 한다는 것이다. '배고픈 것은 참아도 배 아픈 것은 못 참는다'는 말이 있다. 식사를 하기 위해서 10~20분 기다리는 것은 참을 수 있지만 5분간을 기다리더라도 나보다 늦게 온 다른 손님이 먼저 식사를 하게 되는 상황이 발생하면 소비자들은 분노하게 된다는 것이다. 이때 반드시 인식해야 하는 것은 예약과 도착순서의 원칙 중 어느 것에 우선하느냐는 것이다. 만일 예약손님과 예약 없이 방문한 손님을 분리할 수 없다면 예약손님이 먼저 입장하는 것에 대한 설명을 반드시 해야 한다.

(4) 대기관리를 위한 고객의 인식관리 기법

① 서비스가 시작되었다는 느낌을 주어야 한다

서비스 제공되기 이전의 대기가 서비스가 이루어지는 과정 중의 대기보다 더 길게 느껴지기 때문에 기업은 고객에게 서비스가 시작되었다는 느낌을 주는 것이 필요하다. 마냥 우두커니 앉아서 기다리는 것이 뭔가를 하는 것보다 더 지루하므로 간단히 읽을거리나 TV, 비디오 등의 볼거리를 제공하는 것이 필요하다.

② 총 예상 대기시간을 알려준다

"앞의 대기손님이 ㅇㅇ명입니다." "ㅇㅇ분만 기다리십시오."와 같은 정보를 제공하면 고객들은 막연히 기다리기만 하는 것이 아니라 다른 방법을 찾기 위해서 대기를 포기하거나 아니면 참을성 있게 기다릴 수 있다. 즉 고객이 선택할 수 있는 기회를 제공하는 셈이 된다.

③ 이용되고 있지 않은 자원은 보이지 않도록 한다

고객들은 종업원이 열심히 일하고 있는 것 같을 때는 아무리 오래 기다려도 그 기다림에 대해 관대해진다. 반면 종업원이 자리를 비우거나 아니면 자리에 있음에도 불구하고 일하지 않고 있는 것을 볼 때 화를 내는 경향이 있다.

④ 고객 유형별로 대응한다

고객을 성격에 따라 분류하고 차별적인 대응을 할 수 있다. 고객에 따라서 품질선호자, 시간선호자, 중립자 등의 세 가지 계층을 찾아볼 수 있다. 이 중에서 특히 시간선호자는 전체 만족에 대한 표현에서 대기선의 길이를 강조하기 쉽다.

예를 들어 항공서비스와 호텔서비스에서는 체크인과 체크아웃을 신속히 처리하기 위해 회원제도를 만들어 놓기도 한다. 어떤 슈퍼마켓에서는 즉시 계산할 수 있는 줄express line을 만들어서 편의추구 고객을 만족시킨다. 외식업소에서는 빨리 먹을 수 있는 음식의 메뉴와 시간적 여유를 가지고 음식을 즐기며 식사할 수 있는 메뉴의 선택을 도와줄 수 있어야 한다.

2) 구매과정(MOT관리)

고객과의 접점에서 발생하는 결정적 순간이 중요한 것은 고객이 경험하는 서비스 품질이나 만족도는 소위 곱셈의 법칙이 적용된다는 것이다. 여러 번의 결정적 순간 중 한 가지가 나쁜 경우 한 순간에 고객을 잃어버릴 수 있기 때문이다.

그래서 서비스 관리의 입장에서는 접점에 있는 종업원들의 접객태도에 신경을 써야 할 것이다. 왜냐하면 흔히 무시되고 있는 안내원, 경비원, 주차장 관리원, 전화교환원, 상담접수원 등 일선 서비스 종업원들의 접객태도가 회사의 운명을 좌우할 수 있기 때문이다.

사실 결정적 순간 하나하나가 그 자체로서 상품인 것이다. 따라서 서비스 생산 및 제공에서 결정적 순간들이 제대로 다루어지도록 계획하고 실시해야 한다. 결정적 순간을 제대로 관리하지 않으면 서비스의 품질이 평범하거나 형편없는 것으로 인식될 수 있다.

서비스를 경험하는 고객은 종업원 혹은 물리적 환경과 접하는 매우 짧은 순간에 그 서비스를 평가하고 만족하거나 불만을 갖게 된다. 따라서 결정적 순간Moments of Truth : MOT을 위해 서비스가 이루어지는 과정을 적절하게 설계하고, 그 서비스의 품질을 개선하려고 노력하는 것은 매우 어렵지만 중요한 일이다.

3) 구매 후 과정

서비스 제공이 완료되었다고 고객기대에 대한 관리가 끝나는 것은 아니다. 구매 후 단계에서 고객기대관리를 위한 서비스 기업의 전략은 크게 세 가지로 나누어 생각해 볼 수 있다.

첫째, 서비스 기업은 기대가 충족되었는지에 대한 여부를 확인하기 위해서 고객들과 반드시 커뮤니케이션을 가져야 한다.

둘째, 서비스 기업은 사후관리 프로그램을 개발하여야 한다.

셋째, 서비스 기업의 입장에서는 미래 고객기대를 관리한다는 차원에서 불만족 고객들을 처리하는 프로그램을 개발해야 한다.

3. 서비스의 물리적 증거 관리

1) 물리적 증거의 정의

물리적 증거physical evidence는 서비스가 전달되고 서비스 기업과 고객의 상호작용이 이루어지는 환경을 말한다. 이는 무형적인 서비스를 전달하는 데 동원되는 모든 유형적 요소를 포함한다.

물리적 증거는 고객의 구매 의사결정에 영향을 미친다. 또한 서비스 품질에 대한 단서로서 고객의 기대와 평가에 영향을 준다. 뿐만 아니라 이것은 서비스 직원의 태도와 생산성에 영향을 주는 유형의 요소로 작용한다.

물리적 증거는 물리적 환경과 기타 유형적 요소로 구성된다. 물리적 환경요소는 크게 외부환경(간판, 주차장, 건물, 토지 등)과 내부환경(디자인, 배치, 설비, 실내장식 등)으로 구분할 수 있다. 물리적 증거의 구성을 살펴보면 〈표 7-1〉과 같다.

표 7·1 물리적 증거의 구성

물리적 환경	외부환경 : 시설의 외형, 간판 등의 안내 표지판, 주차장, 주변 환경 등
	내부환경 : 내부 장식과 표지판, 벽의 색상, 가구, 시설물, 공기의 질 / 온도 등
기타 유형적 요소	종업원 유니폼, 광고 팸플릿, 메모지, 영수증 등

자료 : 이유재(2004), 『서비스 마케팅』, 서울 : 학현사, p. 220.

2) 물리적 환경의 중요성

서비스의 물리적 증거는 물리적 환경과 기타 유형적 요소로 구성된다. 그러나 대부분은 물리적 환경이 중요한 요소이기 때문에 본 절에서는 주로 물리적 환경에 초점을 맞추어 설명하고자 한다.

[그림 7-1] 물리적 환경의 예

⑴ 물리적 환경의 중요성

서비스는 무형적이기 때문에 고객들은 흔히 구매 전 서비스를 평가할 때나 구매 후 만족을 평가하는 데 가시적인 물리적 환경에 의존하는 경향이 있다. 서울대 서비스연구회와 이손 C&CI의 공동조사 연구에 의하면, 패밀리레스토랑의 고객만족도에 가장 크게 작용한 요소 세 가지는 친절, 맛, 분위기 등으로 나타났다. 보통 레스토랑의 선택기준이나 만족요소로는 맛, 가격 등의 요인이 될 것 같은데, 오히려 친절이나 분위기 등이 보다 중요한 것으로 나타났다.

실제로 TGI 프라이데이스는 식욕을 자극하는 것으로 알려진 포도향을 매장 전체에 은은하게 퍼지게 하고 있으며, 또한 식욕을 자극하는 색상으로 알려진 핑크색을 주로 사용하여 고객들의 식사량을 늘려 매출을 높이고 있다.

(2) 물리적 환경의 요인

물리적 환경은 크게 외부환경과 내부환경으로 분류할 수 있으나, 이러한 요인들이 지니고 있는 각각의 독립적인 요소들을 포괄적으로 인식하여 다음과 같은 세 가지 차원으로 나누어서 살펴보고자 한다.

① 주변요소

주변요소ambient condition는 실내온도, 조명, 소음, 음악, 냄새, 색상, 전망 등과 같은 환경의 배경적 특성을 말한다. 일반적으로 주변요소는 인간의 오감에 영향을 미친다. 특히 주변요소가 극단적이거나 오랫동안 접하고 있는 경우에는 그 영향력이 크다고 볼 수 있다. 예를 들어 슈퍼마켓이나 식당에서 음악의 템포가 소비지출액, 체류시간, 쇼핑 속도 등에 영향을 미칠 수 있다. 또 백화점에서 들려주는 음악의 친숙성은 고객들의 쇼핑시간에도 영향을 준다.

② 공간적 배치와 기능성

공간적 배치spatial layout는 기계나 장비, 사무기기를 배열하는 방법, 크기와 형태, 그리고 이들 간의 공간적 관계이다. 기능성functionality은 조직의 목적 달성과 성과 성취를 용이하게 하기 위한 품목들의 기능을 말한다.

공간적 배치와 기능성은 특히 고객들이 종업원의 도움을 못 받는 셀프서비스 환경에서 더욱 중요하다. 그러므로 ATM, 셀프서비스 식당, PC뱅킹 등이 성공하고 고객을 만족시키기 위해서는 기능성이 중요할 것이다.

음식점은 주방에서 요리된 음식을 고객에게 제공하는 것이 아니라 주방장이 손님이 보는 앞에서 직접 고기를 불에 굽고, 양념하는 것을 마치 쇼처럼 보여주면서 고객과 접촉한다. 이때 요리를 하는 직원은 음식에 대해 설명하기도 하며, 고객의 관심사에 관해 대화하면서 단골고객으로 만든다. 때로는 식당 내의 다른 손님들과 자연스럽게 접촉하도록 유도하기도 한다.

③ 표지판, 상징물과 조형물

표지판sign은 명시적 커뮤니케이터의 역할을 한다. 예를 들어 '부모동반', '금연' 등과 같은 행동규칙을 알리는 수단으로서 방향을 제시해 주는 역할을 수행한다. 상징물symbol이나 조형물artifacts 같은 물리적 환경을 이용하여 특정 상황에서 기대되는 행위규범을 의미하는 묵시적인 단서들도 있다.

예를 들어 깨끗한 흰색의 테이블보와 은은한 조명을 갖춘 외식업소는 높은 가격과 고급 서비스를 제공하는 레스토랑이라는 상징적인 의미를 갖고 있다. 반면에 카운터 서비스, 플라스틱 도구, 밝은 조명 등은 중저가의 외식업소 이미지를 갖게 한다.

4. 서비스의 종업원관리

1) 내부마케팅의 중요성

서비스 기업은 두 종류의 고객을 갖고 있다. 하나는 통상적인 의미에서의 고객으로 외부고객이다. 다른 하나는 기업의 종업원인 내부고객이다. 서비스 기업은 외부고객에게는 상품을 판매하고, 내부고객에게는 내부상품으로서의 업무를 판매한다. 내부마케팅이란 종업원을 최초의 고객으로 보고 그들에게 서비스 마인드나 고객지향적 사고를 심어주며 더 좋은 성과를 낼 수 있도록 동기부여하는 활동이라고 정의할 수 있다.

서비스 제공에서 종업원은 결정적인 중요한 역할을 수행한다. 그 이유는 첫째, '그들 자체가 서비스'이기 때문이다. 특히 미용사나 변호사, 의사 등의 경우엔 더욱 그렇다. 둘째, '그들은 고객의 눈에 비치는 조직 그 자체'이기 때문이다. 그들은 기업의 이미지를 형성하는 데 매우 중요한 역할을 한다. 이것을 인식한 디즈니랜드는 종업원들에게 'On-Stage자세'를 교육하고 있다. 셋째, '그들은 마케터'로서 종업원 스스로가 마케팅 활동을 수행하고 있기 때문이다. [그림 7-2]는 기업－종업원－고객의 관계에 따른 마케팅 개념을 설명하고 있다.

[그림 7-2] 기업-종업원-고객의 관계에 따른 마케팅 개념

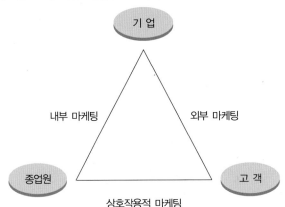

자료 : 이유재(2000), 『서비스 마케팅』, 서울 : 학현사, p. 407.

2) 내부마케팅의 실천방안

종업원의 서비스 마인드나 고객지향성에 영향을 주는 것이면 어떤 활동이든지 내부마케팅의 일환으로 볼 수 있다. 내부마케팅의 실천방안을 간략하게 살펴보고자 한다.

(1) 갈등과 스트레스의 관리

서비스업은 제조업보다 노동집약적인 경향이 강하기 때문에 사람들 간의 갈등과 일과 사람과의 갈등이 많이 발생한다. 따라서 종업원의 만족도가 서비스 품질의 결정요인이 되기 때문에 종업원의 갈등과 스트레스를 관리하는 것이 중요하다.

(2) 적합한 사람의 고용

서비스 기업은 서비스 능력뿐만 아니라 서비스 성향을 고려해야 한다. 서비스 능력이란 기술이나 지식 또는 신체적 조건이나 학위 등을 의미하지만, 서비스 성향이란 가치관, 태도 등을 의미하는 것으로서 남을 도우려는 성향, 사려깊음, 사교성 등이 여기에 속한다.

(3) 최고의 사원을 유지

종업원에게 동기를 부여하는 환경을 구축하는 것이 필요하다. 종업원에게 업무에 대한 동기를 부여하기 위해서는 그들의 서비스 성과에 대한 정확하고 객관적인 측정과 강력한 보상이 필수적이다. 종업원들에 대한 보상은 아주 작은 실적까지도 간과하지 않고 보상하는 것이 무엇보다도 중요하다.

(4) 교육과 훈련의 실시

종업원들 사이에는 기업의 전략이나 자신의 중요성에 대한 이해가 부족한 경우가 종종 있다. 전략적 사고뿐만 아니라 운용수준에서까지도 서비스 노하우가 부족한 것이 현실이다. 따라서 서비스의 내용에 대한 지식이나 노하우를 꾸준한 교육과 훈련으로 극복해야 한다.

미국의 맥도날드 햄버거 모의대학이나 KFC 모의대학은 종업원 교육훈련의 사례로 유명하다. 호텔신라는 1980년대 서비스 교육센터를 개장하여 매기 6개월간의 교육기간을 통해 많은 졸업생을 배출하였는데 초기의 과감한 투자가 상당한 효과를 얻고 있다는 내부평가를 받았다. 우리나라의 BBQ치킨도 경기도 이천에 'BBQ치킨대학'을 통해 종업원들의 교육·훈련을 실행하고 있다.

(5) 경영지원 및 내부 커뮤니케이션의 강화

교육 프로그램을 마치고 돌아온 종업원을 그저 방치하고 있거나 그들이 무엇을 배웠는지 또는 새로운 아이디어나 지식을 어떻게 이용할 것인지에 대해 상사는 별 관심이 없는 경우가 많다. 많은 경우 종업원들은 상사를 포함한 모두가 자신들이 배운 것에 대해 전혀 관심이 없다는 사실을 깨닫게 된다.

경영자나 중간관리자는 종업원들이 새로운 아이디어를 실천하도록 적극적으로 권장하고 작업환경에 어떻게 응용할 수 있는가를 도와주어야 한다. 또한 현장교육이 끝난 종업원들에게는 교육과정이나 프로그램이 종업원들에게 많은 도움이 되며, 격려를 아끼지 않는 자세가 필요하다.

미니사례 7·1

외식업계 휩쓰는 젊은 여성CEO들

해외체류 경험 바탕 트렌드 선도···신세대 입맛 사로잡아

외식업계 여성 CEO
*괄호 안은 매장 수

CEO	남수정 대표(47세)	김미화 대표(41세)	김여진 대표(32세)	정선희 대표(32세)
창업	1995년	2003년	2012년	2011년
브랜드	메드포갈릭(30) 등 6개	몽슈슈(일본 28, 한국 3)	공차(234)	설빙(360)

　최근 외식업계에 젊은 여성 최고경영자(CEO) 바람이 거세다. 이들은 해외체류 경험과 유행 감각을 바탕으로 특히 젊은 여성층이 선호하는 업종에서 두각을 나타내고 있다는 공통점이 있다. 이 때문에 족발·동태찜 등의 식당을 직접 오랫동안 운영했던 기존 여성 CEO들과 차별화해 '2세대 여성 CEO'로 불릴 만하다.

　'세대 여성 CEO'의 맏언니 격은 남수정 썬앳푸드 대표다. 미국 보스턴대학 경영대를 나온 남 대표는 타워호텔 외식사업부를 분리해 1995년 회사를 설립했다. 와인과 스테이크·파스타를 판매하는 매드포갈릭을 비롯해 시추안하우스·토니로마스·세레브 데 토마토 등 6개 외식 브랜드를 운영하고 있다. 20년간 성장할 수 있었던 비결은 꼼꼼하고 고집스러운 경영스타일 때문이라고 주변 사람들은 전한다.

　매드포갈릭은 기업체 등이 요청하는 케이터링(출장 연회) 서비스를 하지 않고 있다. 직원들이 매출 증대를 위해 해보자고 해도 남 대표는 "요리 본래의 맛이 떨어질 수 있다"며 모두 거절한다고 한다. 남 대표는 중국 외식기업과 파트너십을 체결하고 투자 유치에 나서는 등 제2 도약을 준비 중이다. 대만 버블티 브랜드 공차는 창업 2년 만에 전국 230여 매장을 늘리며 젊은 여성들에게

큰 인기를 끌고 있다.

김여진 대표는 대학 졸업 후 싱가포르에 체류하며 공차 브랜드를 처음 접하고 국내에 도입했다. 차의 당도나 차에 넣는 말랑말랑한 구슬 모양 펄의 양을 고객이 조절할 수 있게 하는 등 다이어트를 의식하는 여성의 니즈를 잘 파악하고 있다는 평가다.

일본의 롤 케이크 브랜드 몽슈슈는 지난해 9월 신세계백화점 강남점에 처음 입점했다. 이후 현대백화점 압구정점에 이어 최근 부산 롯데백화점에 팝업스토어 형태로 들어서 국내 진출 1년 만에 3대 백화점에 모두 입점하게 됐다. 김미화 대표는 재일교포 3세로 대학에서 교육학을 전공한 후 일본에서 7년가량 초등학교 교사를 했다. 딸만 다섯 명인 가정의 넷째 딸로 김춘화 몽슈슈 전무는 쌍둥이 동생이다.

교사를 그만두고 50일간 유럽 10개국을 여행다니면서 맛본 디저트에 매혹돼 창업을 결심했다고 한다. 김 대표는 처음에는 오사카의 한 호텔 매장에서 생크림 케이크 30여 종을 판매했다. 이후 가장 인기있는 제품인 '도지마 롤'을 특화했다. 현재 일본 28개, 중국 4개, 홍콩 2개 등 매장을 운영 중이며 곧 두바이에 진출할 계획이다.

설빙의 정선희 대표는 일본에서 제빵과 푸드코디네이터 과정을 공부했다. 3년 전 창업 초기에는 '퓨전 떡카페'를 표방하며 떡 디저트 메뉴를 판매했다. 그중 떡과 콩가루·팥 등을 섞은 빙수가 인기를 끌며 빙수 브랜드로 거듭나게 됐다. 현재 국내 360여 매장을 운영 중이며 곧 중국 일본 등 해외에 진출할 예정이다.

이처럼 외식업계에 젊은 여성 CEO가 늘고 있는 것은 한식에 비해 디저트 업종은 상대적으로 오랜 경험이 없어도 창업이 가능하기 때문이다.

출처 : 매일경제, 2014. 9. 1일자

미니사례 7•2_____

"정직·친절·청결이 곧 외식업의 기본"
– 쿠우쿠우 김영기 회장

경기불황에 따른 외식인구 감소와 배달음식·HMR(가정간편식) 시장의 확대로 뷔페 프랜차이즈 업계가 정체기를 겪고 있는 가운데, 꾸준한 인기로 매출 상승을 이끄는 기업이 있다. 바로 스시·롤·샐러드 뷔페 프랜차이즈 기업 쿠우쿠우다. 끊임없는 노력을 통해 위기 속에서도 더욱 성장하고 있는 쿠우쿠우의 김영기 회장을 만났다.

❖9년차 뷔페 프랜차이즈, 성공 비결은 정직·친절·청결

쿠우쿠우는 현재 전국 가맹점 120호점을 돌파한 어엿한 9년차 뷔페 프랜차이즈 기업이다. 첫 타깃층이었던 젊은 층을 넘어 이제는 남녀노소를 불문하고 누구나 선호하는 뷔페 브랜드로 자리 잡았다. 쿠우쿠우가 이토록 오랜 시간 동안 고객들의 꾸준한 사랑을 받을 수 있었던 이유는 단순히 가성비 때문만은 아니다. 김영기 회장은 언제나 사훈인 정직·친절·청결을 강조한다. "늘 9년 전 쿠우쿠우 1호점을 오픈했을 때의 마음가짐을 잊지 말자고 다짐합니다. 고객들이 식당을 찾는 건 믿을 만한 음식을 맛있게 먹고 즐기기 위해서고, 그 욕구를 만족시키기 위해서는 정직·친절·청결이 기본이 돼야 합니다."

쿠우쿠우는 요리연구가인 강명숙 대표의 레시피를 바탕으로 매일 아침 공급되는 신선한 양질의 재료로 각종 스시부터 롤·군함, 샐러드, 분기별 신메뉴까지 120가지가 넘는 다채로운 메뉴를 선보이고 있다. 모든 음식은 '우리 가족이 먹는다'는 마음으로 정직하게 조리하며, 식재료 관리와 쾌적한 매장 환경 유지를 위해 노력하고 있다.

김 회장이 식재료 관리와 함께 가장 큰 비중을 두는 부분은 직원 관리다. 그는 "식재료 관리의 비중과 직원 관리의 비중을 똑같이 둔다. 식재료를 꼼꼼하게 관리하듯 직원을 관리한다는 의미도 되고, 직원을 위하듯 식재료를 소중히 다룬다는 의미도 된다"며 "음식 맛만 가지고 음식점을 평가하는 시대는 지났다. 전반적인 고객 서비스 향상과 진심이 담긴 고객과의 소통이 중요하기 때문에 직원들에게도 그 부분을 강조하고 있다"고 말했다.

실제로 김 회장은 쿠우쿠우 전 매장에 접수된 컴플레인을 매일 확인하고 신속하게 해결할 수 있도록 가맹점주들에게 직접 조언을 해주기도 한다. 장점을 늘리기보다는 단점을 줄이는 데 집중하겠다는 그의 생각이 반영된 부분이다. 그는 "매출이 감소하는 매장은 분명히 원인이 있는데, 내 눈에는 보여도 점주들은 보지 못할 때가 많다. 그럴 때 정확히 문제점을 짚어주고 해결할 수 있도록 도와주는 것이 본사와 내가 해야 할 일이라고 생각한다"고 말했다.

❖젊은 층 수요 반영해 시작한 스시·롤·샐러드 뷔페

쿠우쿠우가 처음 문을 연 건 2011년 3월이다. 30년 이상 베이커리 업계에 종사했던 김영기 회장은 경기도 안산에 스시·롤·샐러드 뷔페 쿠우쿠우 1호점을 오픈했다. 외식업이라는 것을 제외했을 때 베이커리와는 전혀 공통점을 찾을 수 없는 선택이었다. 그가 스시·롤·샐러드 뷔페를 선택한 이유는 단 한 가지, 젊은 층의 니즈였다.

김 회장은 "개인 이름을 걸고 베이커리도 운영해 봤지만 사업을 확장하기엔 고가의 장비를 사용해야 하는 시설투자 부분과 브랜드화하기가 어렵다는 문제가 있었다. 그래서 업종을 변경해 보자는 생각을 했고 그때부터 젊은 층을 타깃으로 수요조사를 해봤다"며 "조사를 해보니 그 당시 젊은 층이 가장 좋아하는 메뉴는 초밥이었다. 그러나 어린 친구들이 먹기에는 부담스러운 가격 탓에 초밥을 마음껏 먹기는 어렵다는 의견이 많았고, 그래서 결정한 것이 초밥의 대중화를 목표로 한 스시·롤·샐러드 뷔페다"고 말했다.

젊은 층의 수요를 파악한 김 회장은 쿠우쿠우 1호점 뷔페 가격을 런치 1만 900원, 디너 1만 3,900원이라는 파격적인 가격으로 설정했다. 그 당시 패밀리 레스토랑이나 다른 뷔페 프랜차이즈들에 비해 절반도 안 되는 가격이었다. 저렴한 가격이었지만 음식의 맛과 퀄리티는 결코 떨어지지 않도록 해 가성비를 최대한 높였다. 그는 "내가 생각해도 이 가격에 이 정도의 음식을 먹을 수 있는 곳은 쿠우쿠우밖에 없었다. 오지 않는 손님들이 손해라는 생각이 들 만큼 자신이 있었다. 베푸는 마음으로 좋은 식자재를 이용한 음식을 부담 없는 가격에 선보인다면 고객들은 반드시 반응해 줄 것이라고 확신했다"고 말했다.

❖ 폭발적인 반응으로 만 8년 만에 120호점 달성

김영기 회장의 예상은 그대로 맞아떨어졌다.

1호점은 오픈 후 얼마 지나지 않아 젊은 층을 중심으로 고객들의 열화와 같은 호응을 얻었고, 일 매출이 오픈 초 40만 원에서 한 달 만에 300만 원을 기록했다.

김 회장은 그 기세를 몰아 같은 해 수원에 2호점 오픈을 계획했다. 그는 55평 규모의 1호점보다 매장을 넓히고 싶다는 생각에 3층짜리 건물 3층에 위치한 100평 규모의 매장을 평수만 보고 계약했다. 승강기도 주차장도 없는 건물이었다. 그는 "하루는 매장 공사가 한창 진행 중인데 1층에서 고깃집을 하는 사장이 날 부르더니 1층도 장사가 안돼서 힘든데 뭘 믿고 3층에 대형뷔페를 하려고 하냐며 우려 섞인 말을 하기에 분명히 잘될 테니 두고 보시라며 호언장담을 했다"며 "물론 1호점의 성공으로 자신감도 있었지만 '맛있는 집이면 어디가 됐든 손님들은 찾아가게 돼 있다'는 늘 해오던 생각으로 내뱉은 말이었다. 기본적으로 음식이 맛있고 서비스가 좋으면 손님은 찾는다는 걸 증명해 보이고 싶었다"고 말했다.

김 회장은 매장 규모상 샐러드 코너가 없던 1호점의 부족한 부분을 보완해 2배가량 넓어진 2호점에는 샐러드 코너를 추가, 더욱 다양한 종류의 음식을 구성했다. 2호점 역시 결과는 성공적이었다. 매장 앞은 3층부터 1층까지 계단을 따라 줄을 서서 기다리는 손님들로 가득했다. "2호점까지 성공시키고 나니 '내 생각이 맞구나' 하는 생각과 함께 계속 매장 수를 늘려나가도 괜찮겠다는 확신이 들었다." 김영기 회장은 이후 유명 외식 프랜차이즈들이 모여 있던 명동에 쿠우쿠우 3호점을 오픈했고, 점차 점포 수를 늘려가면서 스시·롤·샐러드 뷔페 프랜차이즈 브랜드로서 입지를 다져나갔다.

쿠우쿠우는 첫 매장 오픈 후 2년 만인 2013년 30호점을 넘어섰으며, 같은 해에 각종 신문사가 선정하는 베스트 이노베이션 기업과 유망 프랜차이즈 부문 기업에 꼽히기도 했다. 그 후 2015년에는 가맹점 80호점, 2016년에는 100호점, 2017년에는 110호점을 돌파하며 국내의 대표적인 스시·롤·샐러드 뷔페 프랜차이즈 기업으로 거듭났고 지난해에는 '2018 고객감동 브랜드 대상'의 영예까지 안았다.

❖다양한 시도와 지속적인 노력 통해 외식업계 선두주자 될 것

김영기 회장의 목표는 쿠우쿠우를 뷔페 프랜차이즈를 넘어 외식업계 전체를 아우르는 선두주자로 만드는 것이다. 김 회장은 목표를 이루기 위해 급변하는 외식업계에 발맞춰 다양한 시도와 노력을 하고 있다. 대표적인 것은 기발한 아이디어를 접목시킨 각종 이벤트와 프로모션이다.

그는 "하루가 다르게 변하는 외식업계에서 빠르게 외식 트렌드를 읽고 고객들이 원하는 니즈를 파악하기 위해서는 고객과의 소통이 필수"라며 "쿠우쿠우는 고객에게 더욱 가까이 다가가기 위해 흥미로운 고객 참여형 이벤트와 할인 프로모션 등을 거의 매달 하고 있다"고 말했다. 지난 4월에는 봄 신메뉴 출시를 기념해 초밥 10개를 가장 빨리 먹는 인증 영상을 올린 고객에게 상금과 외식 상품권을 증정하는 '쿠우쿠우 푸파대회' 이벤트를 진행해 큰 관심을 모았으며, 지난달 5일에는 어린이날을 맞아 매장 방문 고객을 대상으로 쿠우쿠우 캐릭터용품을 증정하는 이벤트를 실시했다. 최근에는 PB상품 개발에도 주목하고 있다. 1인 가구 증가로 HMR시장이 확대됨에 따라 쿠우쿠우 역시 자체 브랜드 상품을 개발해 판매할 계획이다.

김 회장은 "오늘날과 같은 다변화 시대에 한 가지 아이템만으로 외식시장을 점유하기란 쉽지 않다. 여러 가지 시도도 해보고 스스로 변화해야만 살아남을 수 있고 발전할 수 있다"며 "앞으로도 끊임없는 노력을 통해 외식업계를 이끄는 선두주자가 되고 싶다"고 말했다.

출처 : 월간식당, 2019. 06. 05일자, 대담-육주희 국장, 정리-이동은 기자, 사진-이종호 차장

미니사례 7·3 _____

패스트푸드 소비 30~40대 남성이 주도한다

　1~2인 가구가 늘어나면서 간편한 한끼를 원하는 소비자들이 많아짐에 따라 외식업은 가정 간편식, 배달음식 등 다양한 형태로 발전하고 있으며 치킨, 버거, 피자 소비도 매년 높아지고 있다. 이러한 가운데 퀵 서비스 레스토랑 업계를 주도하는 소비층이 40대 남성으로 나타났다. 그동안 젊은 세대의 음식이라고 여겨졌던 패스트푸드의 구매 연령대가 변화하고 있다.

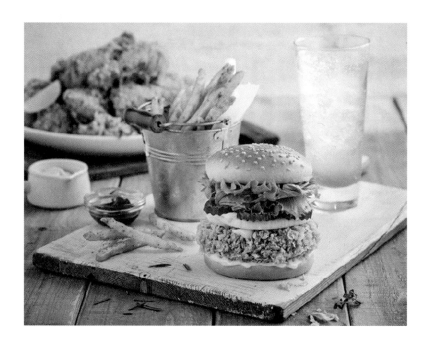

　닐슨코리아는 핀테크 기업 텐큐브와 협력해 약 100만여 명의 구매 데이터를 분석, 이 중 총 2만 1,000여 명의 전국 20~59세 성인 남녀로 구성된 닐슨 채널 다이내믹스(Channel Dynamics)를 개발했다. 분석기간은 2017년 1월 1일부터

2018년 12월 31일까지로 프랜차이즈 업체 436개(치킨 318개, 버거 33개, 피자 85개)를 대상으로 했으며 신용·체크카드 결제 정보 및 현금 결제 내용을 수집해 구매 데이터를 분석했다.

❖2018 퀵 서비스 레스토랑 마켓 리뷰, 구매액 8조 원 규모

데이터 분석기업 닐슨코리아는 최근 2년간의 퀵 서비스 레스토랑(Quick Service Restaurant, 이하 QSR) 시장 규모와 트렌드, 소비자들의 패턴을 분석한 '2018 국내 QSR 마켓 리뷰' 보고서를 발간했다.

QSR로 통칭되는 치킨, 버거, 피자 시장은 우리나라 국민 100명 중 96명이 이용하는 시장으로 2018년 기준 구매액은 2017년보다 3.3% 성장한 8조 원 규모로 조사됐다. 연간 거래 수는 5억 7,000만여 건으로 전년 대비 0.7% 상승했으며 이용 고객 수는 약 3,000만 명에 달한다.

맥도날드 빅맥 / 롯데리아 와규 오리지널 / 버거킹 와퍼 / KFC 징거버거

지난해 소비자 1명이 1년 동안 치킨, 버거, 피자를 선택한 횟수는 18.9회로 2017년과 비슷한 수준이었지만 1인당 평균 사용 금액은 27만 170원으로 3.1% 상승했다. 회당 구매액(바스켓 사이즈) 역시 1만 4,310원으로 2.6% 증가하는 등 객단가 상승이 구매액 성장을 이끈 것으로 나타났다.

QSR은 소비자들이 자주 찾는 먹거리로 사회 경제적 변화와 소비 트렌드의 움직임에 매우 민감하게 반응한다. 따라서 각 업계에서는 이를 반영한 제품 및 메뉴 개발이 중요하다.

❖2018 QSR시장 성장 치킨·버거가 주도

2018년 QSR시장의 성장은 치킨과 버거가 주도했다. 치킨 구매액은 3조 9,000억 원으로 QSR 내 48%의 비중을 차지했다. 거래 수는 1억 7,000만 건, 고객 수는 2,600만 명, 1인당 연간 소비액은 14만 7,402원, 1회당 지출액은 2만 2,537원, 연간 구매건수는 6.5회였다.

버거가 차지하는 비중은 33%, 구매액은 2조 7,000억 원이었고 거래 수는 3억 3,000건, 고객 수는 2,700만 명, 1인당 연간 소비액은 9만 8,801원, 1회당 지출액은 8,269원, 연간 구매건수는 11.9회였다.

반면 피자는 구매액이 2017년보다 6.4% 감소한 1조 5,000억 원(QSR 내 비중 19%)이었으며 거래 수는 7,000만 건(-8.5%), 고객 수는 2,000만 명(-5.0%), 1인당 연간 소비액은 7만 8,378원(-1.5%), 연간 구매건수는 3.5회(-3.8%) 등으로 모두 하락했고 1회당 지출액은 2.4% 상승한 2만 2,692원으로 조사됐다.

2018년 QSR 중복 이용률 (QSR 고객 3000만 명 기준) (단위: %)

치킨 4.4%
치킨+버거+피자
치킨+피자 24.3%
치킨+피자 3.4%
55.3%
버거 6.1%
피자 0.9%
버거 + 피자 5.6%

QSR 고객 구성 (단위: 10만 명)

	치킨	버거	피자
고객수	261	274	195

신규고객
기존고객
이탈고객

치킨: 29 / 232 / -26
버거: 19 / 255 / -19
피자: 41 / 154 / -51

(출처: 닐슨코리아)

❖금요일부터 시작하는 주말 저녁과 야식이 70% 차지

　소비자들이 치킨, 버거, 피자를 주로 먹는 시기를 주간별/시간대별로 분석한 결과 주말이 시작되는 금요일부터 토~일요일에 판매된 금액이 4조 1,000억 원으로 전체 시장의 51%를 차지했고 특히 토요일(1조 5,110억 원)에 가장 많이 먹는 것으로 나타났다. 시간대별로는 치킨, 버거, 피자 모두 저녁(17:00~20:00)과 야식(21:00~) 시간대 판매가 많았고, 주말에는 점심(~13:00)과 점저

(14:00~16:00) 비중이 높았다.

❖치킨, 버거, 피자 중복 이용률 55.3%

QSR 이용 고객 수 3,000만 명을 기준으로 2018년 연간 치킨, 버거, 피자 중복 이용률(치킨, 버거, 피자 중 2018년에 1회 이상 구매한 고객으로 전체 구매자 중 각 카테고리별 1회 이상 구매한 고객 수를 나눈 비율)을 조사한 결과 세 가지를 모두 취식하는 비율은 55.3%로 나타났다. 치킨과 버거 중복 취식자(24.3%)가 2위를 차지했으며 오직 버거만 이용한 소비자(6.1%), 버거와 피자(5.6%), 치킨(4.4%) 이용자가 뒤를 이었다.

❖피자, 치킨·버거보다 신규·이탈고객 높아

기존고객(2017년에 해당 카테고리를 구매하고 2018년에도 구매한 고객), 신규고객(2017년에 해당 카테고리를 구매하지 않았고 2018년에만 구매한 고객), 이탈고객(2017년에 해당 카테고리를 구매했지만 2018년에는 구매하지 않은 고객)으로 세분화한 결과 피자의 경우 기존고객이 1,540만 명(79%), 신규고객이 410만 명(21.0%)이었으며 이탈고객은 510만 명으로 신규·이탈 고객이 가장 많았다.

❖2018년 전체 평균 27만 170원, 40대 남성은 31만 1,311원 소비

2018년 국내 QSR마켓 리뷰에 따르면 구매액 기준 QSR 전체 최대 구매자는 40대 남성으로 연간 31만 1,311원을 소비하고 1회 1만 5,465원을 지출하며 연간 20.1건을 구매하는 것으로 분석됐다.

전체 평균금액은 27만 170원, 1회 구입금액은 1만 4,310원, 연간 구매건수는 18.9건이다. 최소 구매자는 20대 여성으로 연간 17만 1,780원, 1회 구입 시 1만 1,575원을 사용하며 거래 빈도는 14.8건이다.

치킨과 버거의 최대 구매자 역시 40대 남성으로 나타났다. 치킨 구매비용은 연간 17만 4,852원, 1회 구입금액은 2만 3,161원, 거래 빈도는 7.5건이며 버거 구매비용으로는 연간 10만 6,010원, 1회 구입금액은 8,906원을 지출하고 1년에

11.9건을 구매하는 것으로 조사됐다. 반면 피자의 경우 최대 구매자는 40대 여성으로 1년에 8만 9,001원, 1회 구매 시 2만 3,086원을 소비하며 거래 빈도는 3.9건으로 나타났다.

치킨, 버거, 피자의 최소 구매자는 모두 20대 여성이었다. 2018년 치킨에 소비한 평균금액은 8만 5,362원, 1회 구매금액은 2만 584원으로 거래 빈도는 4.1건이었다. 버거에 지출한 비용은 7만 1,308원으로 1회에 7,010원을 소비하며 1년간 10.2건을 구매했다. 피자에 지출한 비용은 5만 3,237원, 1회 구매비용은 2만 314원으로 거래 빈도수는 2.6건이다.

❖40대 고객 수 대비 구매액 높아

40대는 전체 구매액의 상위 65% 이상 고객인 헤비 유저 비중도 높았다. 전체 헤비 유저 중 40대 헤비 유저는 27.2%로 20대 26%, 30대 24.1%, 50대 22.7%에 비해 가장 많았고 구매액 비중 역시 33.5%로 고객 수 대비 구매액 비중이 크게 나타났다. 반면 20대는 고객 수 비중이 26.0%로 40대 다음으로 높았으나 구매액은 15.8%로 20~50대 중 가장 낮은 것으로 조사됐다.

또한 버거 헤비 유저 분석 결과 40대가 27.8%로 고객 수가 가장 많았으며 (20대 27.5%) 구매액 역시 31.8%(20대 27.3%)로 높았다. 피자 역시 28.0%로 40대 고객 수가 1위를 차지했고 구매액도 34.7%로 20대(27.3%)와 많은 차이를 보였다.

특히 버거 헤비 유저 분석 결과 40대가 27.8%로 고객 수가 가장 많았으며(20대 27.5%) 구매액도 31.8%(20대 27.3%)로 높았다. 피자 역시 28.0%로 40대 고객 수가 1위를 차지했고 구매액도 34.7%로 20대(27.3%)와 많은 차이를 보였다.

❖40대 남성들의 소비패턴 변화 왜?

40대 남성의 구매율이 높은 이유는 경제 주체가 40대 남성이며, 돈을 쓰는 주체 역시 같을 확률이 비교적 높기 때문으로 보인다. 실제 가정에서 여성이 전업주부일 경우 남성의 명의로 된 신용카드 및 체크카드를 쓸 가능성이 있고, 어린 자녀의 경우에도 부모의 카드를 쓸 확률이 높다.

올해 3월 통계청이 발표한 2019년 2월 고용동향에 따르면 40~49세 남성 4,233명 중 3,869명이 취업해 고용률은 91.4%며, 여성 4,111명 중 2,662명이 취업자로 고용률은 64.8%였다. 또한 남성 고용률은 40~49세가 91.4%로 가장 높았다. 이는 40대 남성이 가장 두드러지는 경제활동인구라는 뜻이다. 이러한 현상은 2014년 2월(남성 인구 4,272명, 취업자 3,946명, 고용률 90.5%/여성 인구 4,180명, 취업자 2,684명, 고용률 64.2%)에도 동일하게 나타났다. 이는 이러한 현상을 단순히 수치로만 생각할 것이 아니라 40대 남성의 소비패턴을 더욱 중점적으로 들여다볼 필요가 있음을 의미한다.

실제로 롯데리아의 지난해 전국 매장 이용객 데이터에 따르면 전체 고객 중 10대가 28.9%, 20대가 26.1%, 30대가 32.7%, 40대 이상이 12.4%로 나타났다. 패스트푸드점 이용자의 대부분이 10~20대일 것이라는 예상과는 달리 30대가 가장 많았으며 30~40대 이상이 45.1%로 절반에 가까운 비중을 차지했다. 이는 패스트푸드 소비층이 전 연령대로 확장되며 시장이 활성화되고 있음을 의미한다.

❖40대 男, 가성비 높은 혼밥·자녀 위한 소비

40대 남성들의 QSR 이용률 및 구매금액이 높은 또 다른 이유는 우리나라의 첫 패스트푸드 프랜차이즈의 도입 및 성장시기와 맞물린다. 1979년 롯데리아 이후 버거킹·KFC(1984), 맥도날드(1988), 파파이스(1994)가 차례로 문을 열었고 버거가 본격적으로 보편화된 것은 1990년대로 볼 수 있다. 이때 버거를 먹었던 20대(1964~1976년 출생)가 지금의 40대가 되면서 자연스럽게 버거를 소비하는 것 KFC 관계자는 "역사가 오래된 글로벌 브랜드이다 보니 중장년층에게도 인지도가 높다"고 밝혔다.

또한 혼밥이 트렌드가 되면서 이에 적합한 메뉴를 찾는 직장인들이 늘어나고 있는 것도 한 이유다. 버거는 비교적 가격이 저렴하며, 빠르게 준비되고, 먹는 시간 역시 10분이 채 걸리지 않아 선호도가 높다.

40대 남성의 버거 1회 구매액은 8,906원으로 조사됐는데, 일반적으로 세트 하나가 아닌 추가구매를 하면서 소비금액이 높아진다는 것이다.

실제 IT회사가 밀집된 서울 가산디지털단지에는 맥도날드 3개 점포가 몰려 있고, 점심시간은 물론, 출·퇴근 시간대에도 40대 남성들을 쉽게 볼 수 있다. IT업계 종사자 정민후 씨는 "버거 세트 하나만으로는 양이 부족해 크기가 작은 버거나 디저트류를 추가해 먹는다. 가격 대비 만족스럽고 눈치를 안 보고 혼밥을 할 수 있어 좋다"고 말했다.

이 밖에 40대 남성은 자녀를 위해 버거를 구매하는 비중도 높았다. 이는 통계청이 발표한 2018년 12월 인구동향조사 결과로 뒷받침되는데 남성의 가장 높은 혼인 연령대가 30~34세(63.3/해당 연령 인구 1,000명당 건)이며, 첫째 아이를 낳기까지의 결혼생활 기간(4사분기 기준)은 2.03년으로 40대 남성들의 자녀가 초등학생 혹은 중학생이라는 추측이 가능해진다. 실제 은행업계 종사자인 박준용 씨는 "월급날에는 아이들을 위해 치킨이나 피자, 버거를 꼭 포장해 간다. 주위에도 자녀를 위해 구매하는 동료들이 많다"며 "가족이 함께 먹다 보니 한번에 구입하는 양이 많다"고 밝혔다.

❖최소 구매자 20대, 새로운 것에 대한 니즈 높아져

한편 QSR 전체 기준 20대 여성의 구매액은 40대 남성(31만 1,311원)에 비해 13만 9,531원 적은 17만 1,780원, 거래 빈도 역시 14.8건으로 40대 남성(20.1건)보다 5.3건 적게 조사됐다.

이는 20대가, 그중에서도 여성이 선택할 수 있는 다른 선택지가 많아졌기 때문으로 해석된다. 하루가 다르게 다양한 음식들이 소개되면서 트렌드에 빠르게 반응하는 20대들은 늘 먹던 것이 아닌 새로운 것들에 대해 다양하게 소비하고 있다. 20대 여성 대학생 김혜원 씨는 "최근 유행하고 있는 대만샌드위치나 반미 등 버거 대신 먹을 수 있는 식품들이 많다"며 "치킨이나 피자의 경우 혼자서 먹기에는 가격도 비싸고 양도 많아 1인용 제품을 선호하는 편"이라고 말했다.

출처 : 월간식당, 2019. 05. 02일자, 글-최민지 기자, 사진-월간식당 DB

Chapter_8

외식산업과 소비자행동

01 소비자행동의 이해

1. 소비자행동의 의의

일상생활을 영위하기 위해 제품이나 서비스를 구매하거나 사용 또는 소비하는 사람을 소비자consumer라고 부른다. 소비자는 연령, 소득, 학력 및 기호 등에서 많은 차이가 있으며, 소비자들마다 실생활에서 다양한 제품과 서비스를 구매하고 있다.

소비자행동consumer behavior은 구매 및 사용(소비)을 위한 소비자의 최종적인 실행행동뿐만 아니라, 구매결정과 관련하여 발생한 소비자의 내·외적 행동을 모두 포함한다. 제품을 직접 구매·사용·소비하는 행동 이외에도 구매결정을 위해 정보를 수집하고 제품 및 상표를 비교·검토하며, 특정제품이나 상표에 대한 지각·태도·선호도의 변화 과정에서 발생하는 소비자의 심리적 움직임까지도 소비자행동의 범위 속에 포함된다. 따라서 소비자행동은 소비자의 물리적 행동physical action은 물론이고, 인지적 활동cognitive activities을 포함하는 아주 포괄적이며 다양한 행동이라고 볼 수 있다.

2. 소비자행동의 특성

소비자행동은 다양하고 포괄적인 의미를 갖고 있으며, 이러한 소비자행동은 여러 가지 특징이 있다. 그중 소비자행동의 기본적인 몇 가지 특성을 살펴보면 다음과 같다.

첫째, 소비자행동은 목표지향적이며 의도적이다. 소비자행동은 우연히 발생하는 임의적인 무작위행동이 아니며, 특별한 목적을 위해 수행되는 의도적인 행동이다. 따라서 소비자행동에는 반드시 어떤 동기가 있으며, 특정 목적을 달성하기 위한 수단으로 수행된다.

둘째, 소비자행동은 다양한 형태의 수많은 활동을 포함한다. 직접적인 구매행동 actual purchase은 물론이고 구매 전 활동prepurchase activities과 구매 후 활동postpurchase activities을 포함하기 때문에 매우 다양하고 포괄적인 성격을 가진다.

셋째, 소비자행동은 개인 외적 요인에 의해서 영향을 받는다. 환경적 요인은 소비자의 구매의사결정 과정에서 소비자행동에 상당한 영향을 줄 수 있다.

넷째, 소비자행동은 행동주체에 따라 상이한 양상을 보인다. 어떤 소비자는 고가품만 선호하고 어떤 소비자는 할인제품이 아니면 구매하지 않으려고 한다. 따라서 소비자행동은 똑같은 상황에서도 소비자 개개인에 따라 상이하게 나타나는 경우가 많다.

다섯째, 소비자행동이 구매 또는 소비에 관한 의사결정 과정과 관련된 행동이라면 어떠한 행동도 포함된다. 어떤 사람이 제품에 대한 정보를 제공함으로써 타인의 구매결정에 영향을 주었다면, 이 사람의 정보제공행동도 중요한 소비자행동으로 보아야 한다.

02 소비자 구매의사결정 과정

소비자들은 제품이나 서비스를 구매할 때 보통 다섯 단계의 구매의사결정 과정을 거치게 된다. 그러나 보다 일상적인 구매에 있어서는 몇 가지 단계를 생략하는 과정을 거치게도 된다. [그림 8-1]은 소비자행동의 구매의사결정 과정을 나타내고 있다.

[그림 8-1] 소비자행동의 구매의사결정 과정

```
문제인식
  ↓
정보탐색
  ↓
대안평가
  ↓
구매행동
  ↓
구매 후 평가
```

1. 문제인식

문제인식problem recognition이란 소비자가 제품이나 서비스의 구매 필요성을 느끼게 되는 심리적 불안상태를 말한다. 소비자는 그가 기대하는 이상적인 상황the ideal state과 실제상황the actual state 사이에 격차가 있음을 지각할 때 문제를 인식하게 된다.

예를 들면 배가 고픈 사람은 식욕이 활성화됨으로써 어느 음식점에 가서 무엇을 먹을 것인가에 대한 문제인식을 하게 된다. 또한 갈증을 느끼는 사람은 이를 어떤 방법으로 해소할 것인가, 즉 호프집에 가서 맥주를 마실 것인가, 자동판매기에서

콜라를 사서 마실 것인가 등에 대해 문제인식을 느끼게 될 것이다.

이처럼 소비 및 구매를 위한 문제인식은 우리의 일상생활 속에서 끊임없이 경험하게 된다. 소비자는 그가 기대하는 이상적 상태나 현재의 실제적 상태에 어떤 변화가 주어지면 반드시 문제를 인식하게 된다.

2. 정보탐색

소비자가 구매의 필요성을 느낀 후, 제품이나 서비스에 대하여 적극적으로 정보를 수집하는 단계를 정보탐색information search이라고 한다. 만일 기억 속에 내재하고 있는 정보가 부족하거나, 제품이나 서비스 구매에 따르는 위험이 크거나, 또는 정보의 처리능력에 자신이 있는 소비자는 보다 많은 정보를 탐색하려고 할 것이다. 따라서 소비자는 다양한 정보매체와 주변 사람들에 의해서 적극적으로 정보를 탐색하려는 경향을 보이게 된다.

3. 대안평가

탐색한 정보를 기초로 하여 여러 대안을 비교·검토하는 과정을 대안평가 evaluation of alternatives의 단계라고 한다. 대안을 평가하기 위하여 소비자들은 몇 가지의 평가기준을 정하는데, 이때 소비자의 신념이나 태도가 중요한 변수로 작용한다. 왜냐하면 소비자가 가장 중요하게 여기는 구매 및 사용상의 혜택이 무엇인가에 따라 평가기준이 달라지기 때문이다. 예를 들면 레스토랑을 선택하고자 할 때의 속성요인으로는 친절, 분위기, 음식의 맛, 주차장의 편리성 등을 고려할 수 있다.

4. 구매행동

가장 선호하는 상점이나 상표를 선정하고 선정된 제품이나 서비스를 실제로 구매하는 단계를 구매행동purchase이라고 한다. 이 단계에서는 대안평가 과정에서 결정된 외식업소를 방문하여 식사를 하게 되는 것이다. 식사하는 과정에서 식당의 분위기, 종업원의 서비스 태도, 음식의 맛 등이 소비자의 지각에 영향을 주게 된다.

5. 구매 후 평가

소비자 구매의사결정 과정의 최종단계로서 제품의 사용결과를 평가evaluation하는 단계이다. 이 단계에서 소비자는 제품이나 서비스의 구매 및 사용경험을 통해 새로운 학습을 하게 되고, 그 결과 특정 상표나 그 상표에 대한 새로운 태도를 형성한다. 이렇게 형성된 소비자의 태도나 학습의 내용은 차기 구매결정에 중요한 영향 변수로 작용하기 때문에 이 단계는 소비자나 마케팅관리자에게 모두 중요한 단계이다. 만일 외식업소를 이용한 후, 소비자가 만족을 느끼면 소비자는 그 외식업소를 재방문할 가능성이 높기 때문에 소비자의 구매 후 만족 여부는 외식업소에게 큰 영향을 미친다.

03 소비자행동에 영향을 미치는 요인

소비자 구매행동에는 여러 가지의 요인들이 영향을 미치게 된다. 즉 개인이 지니고 있는 동기유발, 학습, 개성 및 라이프스타일 등 내적 요인은 물론이고, 개인이 속해 있는 환경적 요인으로 가족, 준거집단, 사회계층, 문화 등이 직·간접적으로

[그림 8-2] 소비자행동 모델

영향을 주고 있다.

소비자행동에 영향을 주는 요인들을 요약하면 [그림 8-2]와 같으며, 그 요인들에 대하여 살펴보고자 한다.

1. 개인적 요인

소비자의 구매의사결정 과정에 영향을 주는 개인적 요인으로는 여러 가지가 작용할 수 있다. 동기유발의 정도, 학습의 경험 정도, 태도의 형성, 지각상태 그리고 개인의 라이프스타일 등이 크게 영향을 줄 수 있다. 각각의 요인을 살펴보면 다음과 같다.

1) 동기유발

인간에게는 다양한 욕구가 내재되어 있는데, 이들 욕구가 어떤 계기로 활성화되면 이 욕구를 충족시키기 위해 필요한 행동이 유발된다. 즉 동기motives란 행동을 유발시키는 강력하고 지속성 있는 내적 자극을 말한다. 동기가 활성화되면 행동이 시작되고 일정한 목표가 달성될 때까지 그 행동은 지속되는데, 이처럼 동기가 활성화되어 행동을 유발시키는 과정을 동기유발motivation이라고 한다.

많은 심리학자들이 동기이론을 연구하였는데, 그중 가장 많이 알려진 것이 매슬로A. H. Maslow의 욕구계층이론이다. 매슬로는 인간의 욕구를 다섯 유형으로 나누고, 이들 욕구가 활성화되는 순서에 따라서 [그림 8-3]과 같이 계층화하였다.

(1) 생리적 욕구(physiological needs)

인간의 가장 기본적인 욕구로 의식주에 대한 욕구가 주축을 이룬다. 만약에 자신, 가족을 위해 원하는 음식을 구입할 금전적 여유가 없다면 그 돈을 마련하기 위해서 모든 노력을 할 것이다.

(2) 안전의 욕구(safety needs)

신체적 보호, 직업의 안정 등에 대한 욕구를 말한다. 음식과 공중위생, 그리고 종업원의 개인 위생 등을 말한다. 만약 안전에 대한 욕구가 충족되지 못하면 고객은 다시 오지 않을 것이다.

(3) 사회적 욕구(belongingness and love needs)

소속감, 친교, 애정, 우정 등에 대한 욕구이다. 이 욕구는 다른 사람 또는 다른 그룹의 사람들에게 받아들여지게 되는 것이다. 친구를 사귀고 모임을 만들어 그 레스토랑을 많이 이용하게 된다. 대부분의 경우 고객은 방문한 레스토랑에서 생리적 욕구, 안전의 욕구 그리고 사회적 욕구를 충족시킨다.

(4) 존경의 욕구(esteem needs)

명예, 신분, 권력, 존경 등에 대한 욕구를 말한다. 그러나 레스토랑의 성패에 직접적인 영향을 미치는 존경에 대한 욕구는 충족시키지 못하는 경우가 많다. 그래서 레스토랑의 모든 구성원들은 이 욕구를 충족시킬 수 있도록 최선을 다해야 한다.

(5) 자아실현 욕구(self-actualization needs)

자기개발, 성장, 성취 등에 대한 욕구를 말한다. 이 욕구는 레스토랑의 모든 구성원들은 고객을 존경하고, 기억해 주고, 중요한 사람 등으로 서비스받고 있다는 것

[그림 8-3] 매슬로의 욕구계층이론

자료 : 나정기(2000), 『외식산업의 이해』, 서울 : 백산출판사, p. 330.

을 느끼게 한다. 그리고 다른 사람과 차별화된 대접을 받고 있다는 것을 느끼게 하면 된다. 고객의 이름을 불러주고, 가족의 안부를 물어주고, 사업이나 직장에 대한 관심을 표명해 주는 것과 같은 방법으로 고객의 마음을 사로잡아 단골고객을 만들 수 있다.

2) 학습

학습learning은 경험으로부터 생기는 개인행동의 변화를 말한다. 소비자에게 있어서 학습이란 직·간접의 다양한 경험을 통해 나타나는 제품, 상표, 상점, 광고 등에 대한 지식, 신념, 태도, 구매방법, 실제 구매행동 등에 있어서의 변화를 의미한다.

사람들은 행동과 학습을 통하여 신념belief과 태도attitude를 형성하고, 이것이 또한 구매행동에 영향을 미친다. 마케팅관리자는 사람들이 특정제품이나 서비스에 대하여 가지고 있는 신념에 높은 관심을 보이고 있다. 왜냐하면 신념이 제품과 상표의 이미지를 강화시키고, 사람들은 신념에 따라서 행동하기 때문이다. 만일 근거 없는 소비자신념이 구매행동을 방해한다면 마케팅관리자는 그 신념을 바꿀 캠페인을 전개할 필요가 있을 것이다.

예를 들면 어느 햄버거 체인점에서는 동물성 기름을 쓰고 있다는 등, 어느 외식업소에서는 식품관리가 비위생적이라는 등 근거 없는 소비자의 신념이 외식업소의 수익은 물론 운명까지도 결정하는 심각한 영향을 미칠 수 있다.

3) 태도

태도attitude는 어떤 대상이나 아이디어에 대한 상대적으로 일관된 평가, 감정 그리고 선호경향 등을 말한다. 사람들은 태도에 의하여 사물을 좋아하고 싫어하는 마음이 생기고 그에 따라서 대상을 받아들일 것인가, 거부할 것인가를 결정한다.

소비자의 레스토랑 평가는 마지막으로 이용한 식사평가에 달려 있다고 한다. 부분적이기는 하지만 같은 레스토랑에서 여러 번 식사한 고객일지라도 어느 때에 맛없는 식사를 경험하게 되면, 그 식당에서 좋은 식사를 기대하는 것이 불가능하다고 믿기 시작한다. 즉 그 레스토랑에 대한 고객의 태도가 변화하기 시작한다. 만일 또 다시 맛없는 식사가 나오면 그 부정적인 태도는 영원히 고정되어 다시는 찾아오지 않을지도 모른다.

유소년기에 형성된 태도는 성인이 되어서도 구매행동에 영향을 미친다고 한다. 맥도날드는 어린이들을 '평생고객'이라는 관점에서 파악하고 있다. 이러한 기업들은 어린이들이 10대가 되고, 청년이 되고, 부모가 되며, 나아가서는 조부모가 된 후에도 다시 오기를 기대하며 미래지향적으로 어린이들을 취급하고 있다.

4) 지각

동일한 사건, 대상, 자극, 현상 등에 대해 사람들은 저마다 보는 시각이 다르다. 그 사람이 어떤 행동을 할 것인가는 그의 상황에 대한 지각에 달려 있다. 지각 perception이란 외적 세계를 보는 시각을 말하며, 동일한 대상을 놓고 보는 시각이 서로 다른 이유는 개개인의 지각체계와 인지구조에 차이가 있기 때문이다. 즉 어떤 사람은 특정 패밀리레스토랑의 종업원이 캐주얼하고 세련되어 있지 않다고 느낄지 모르나, 다른 사람은 유쾌하고 자연스러워서 좋다고 생각할지도 모른다.

사람들은 동일한 상황에서도 서로 다른 지각을 하게 되는데, 이것은 인간의 시각, 청각, 후각, 촉각 그리고 미각 등의 오감을 통하여 들어오는 정보를 이용하여 외부의 자극을 경험하기 때문이다. 그리고 이러한 감각적 정보를 자기방식에 의해 수용, 조직 그리고 해석하게 되는데, 이러한 사람들의 세 가지 지각과정을 살펴보면 다음과 같다.

(1) 선택적 노출

사람들은 매일 수많은 자극에 노출되어 있으며, 많은 사람들이 모든 자극에 주의를 기울인다는 것은 불가능하다. 선택적 노출selective exposure이란 자신이 원하지 않는 정보에의 노출은 스스로 회피하고, 원하는 정보에만 의식적으로 노출하려는 성향을 말한다. 육식주의자는 고기가 건강에 좋지 않다는 정보는 외면하려 하지만 고기를 이용한 맛있는 요리에는 적극적으로 정보를 수용하려는 관심을 보이게 된다.

(2) 지각적 왜곡

사람들은 자신의 과거경험이나 현재의 욕구 및 동기 등에 의하여 전적으로 자신의 관점에서 모든 자극을 지각하기 때문에, 자극을 해석하고 이해하는 과정에서 왜곡과 오해가 발생할 가능성이 높다. 왜곡현상은 아주 단순하고 명확한 자극에 대해서도 발생할 수 있다.

예를 들면 어떤 사람이 단골로 삼고 있는 태국요리 레스토랑에 대하여 비판적인 기사를 읽은 경우, 그 레스토랑에 대한 생각을 합리화시키기 위하여 그 정보를 왜곡할지도 모른다. 기사를 쓴 사람이 태국 조미료를 좋아하지 않는다든가, 정통 태국요리보다는 지방화된 태국요리 쪽을 좋아하고 있기 때문이라고 생각할지도 모른다. 사람들은 이미 자기가 믿고 있는 것을 지지하는 방향으로 정보를 해석하는 경향이 있다.

(3) 선택적 보유

사람들은 학습한 내용의 대부분을 금방 잊어버린다. 그러나 자기들의 태도와 신념을 지지하는 정보는 오래도록 보유하는 경향이 있다. 이러한 선택적 보유selective retention 때문에 쉐라톤 호텔에서의 식사를 희망하는 소비자는 쉐라톤을 칭찬한 잡지기사를 기억할 것이다. 힐튼 호텔을 단골로 삼고 있는 사람들에게 그런 기사는 곧 잊혀지고 만다. 사람들은 자기의 신념을 지지하는 정보를 보유하는 경향이 있다.

5) 라이프스타일

(1) 라이프스타일의 의의와 중요성

라이프스타일life style이란 사람들이 생활하고 행동하는 방식, 즉 생활을 위해 시간과 돈을 사용하는 방식을 말한다. 사람들의 생활방식은 그들이 속해 있는 문화권, 사회계층, 준거집단 등의 영향을 받아 개발되기 때문에 국가별, 집단별, 개인별 등으로 라이프스타일은 상이한 양상을 보인다.

라이프스타일의 개념은 소비자행동을 이해하는 데 매우 유용하게 이용된다. 왜냐하면 라이프스타일은 제품이나 서비스에 대해 돈과 시간을 사용하는 방식이 그대로 반영되기 때문이다. 예를 들면 '주말이면 가족과 함께 외식을 즐겨한다', '그는 시간만 있으면 여행을 즐긴다' 하는 식으로 표현되는 특정인의 라이프스타일은 그가 무엇을 주로 구매하고 무엇을 위해 시간과 돈을 소비할 것인가를 잘 암시해 주기 때문이다.

(2) 한국인의 라이프스타일 유형

한 조사보고서에 의하면, 한국인들의 개인적 관심사는 성별 또는 연령별로 차이가 있지만 남녀불문하고 대부분의 사람들은 자신의 건강, 가정 및 자녀교육 등에 유난히 높은 관심을 가지고 있는 것이 [그림 8-4]에서와 같이 나타났다.

[그림 8-4] 한국인의 개인 관심사

자료 : 김종의(2003), 『소비자행동』, 서울 : 형설출판사, p. 397.

2. 환경적 요인

소비자의 구매의사결정 과정에 영향을 주는 환경적 요인, 즉 외적인 요인들에는 가족, 준거집단, 사회계층 그리고 문화 등이 있다. 환경적 요인들을 간략하게 살펴 보면 다음과 같다.

1) 가족

(1) 가족의 중요성

가족이 소비자행동에서 중요한 이유는 크게 두 가지로 요약할 수 있다. 첫째, 가족구성원 개개인의 행동에 대한 가족의 영향력이 매우 크기 때문이다. 둘째, 가족 그 자체가 하나의 '소비단위' 또는 '구매의사결정 단위'로서 소비자행동의 주체가 되는 경우가 많기 때문이다. 가족의 구성원은 구매행동에 커다란 영향을 미친다. 기업의 관리자들은 여러 가지 제품과 서비스를 구매하는 데 있어서 남편, 아내 그 리고 자녀들의 역할과 영향에 대하여 연구하여 왔다.

미국의 경우 패스트푸드에 대한 의사결정에는 자녀들의 의견이 크게 영향을 미 치고 있음이 밝혀졌다. 또한 맥도날드의 상업광고는 토요일 오전 중의 만화프로그 램에 삽입하고, 어린이들이 다시 찾아오게 하기 위하여 정기적으로 새로운 장난감 을 선물하고 있다.

(2) 가족구성원의 역할

가족이 구매의사를 결정하고 실행하는 과정에서 각 구성원들은 다양한 역할을 분담하게 된다. 정보를 수집하고 제공하는 일, 상표대안을 결정하는 일, 실제로 구 매를 하는 일 등 제품과 서비스 구매에 필요한 다양한 일들이 가족구성원 중 누군 가에 의해 수행되지 않으면 안된다. 그러나 상황에 따라 이들 모든 역할이 가족구 성원 중 어느 한 사람에 의해 단독으로 수행되기도 하지만, 대개는 여러 구성원에 의해 분담·수행된다. 가족의 구매 및 소비행동과 관련하여 가족구성원이 수행하 는 역할을 분류해 보면 다음과 같다.

① 제안자(initiator)

특정 제품과 서비스의 구매를 맨 먼저 생각하거나 제안하는 사람이다. 예를 들면 가족 중에 "오늘 외식합시다"라고 말할 수 있는 사람이다.

② 정보수집자(information gather)

구매결정에 필요한 제반 정보를 수집하고 제공하는 사람이다. 예를 들면 패밀리 레스토랑을 저렴하게 이용할 수 있는 정보를 알아보는 사람이라고 말할 수 있다.

③ 영향력 행사자(influencer)

최종 의사결정 시에 직·간접적으로 영향력을 행사하는 사람이다. 피자를 좋아하는 어린 자녀가 피자집으로 갈 것을 제안할 수 있다면 그 자녀가 영향력 행사자이다.

④ 구매결정자(decision maker)

최종적으로 결정을 내리는 사람으로 배우자가 중식요리를 원하지 않기 때문에 한식 요리집으로 결정했다면 그 사람이 구매결정자이다.

⑤ 구매자(buyer)

실제로 구매를 하는 사람으로서 경제력이 있는 남편이 카드로 식사값을 계산했다면 그 사람이 구매자이다.

⑥ 사용자(user) 또는 소비자(consumer)

어떤 제품이나 서비스를 실제로 소비하거나 사용하는 사람을 말한다.

따라서 기업의 담당자는 제품의 특성, 서비스와 관련하여 누가 최종 의사결정권자이며, 누가 정보를 제공하고 영향력을 행사하는가를 식별한 후, 그들을 표적으로 하는 광고 및 판촉전략 등을 개발하는 것이 중요하다고 볼 수 있다.

2) 준거집단

준거집단reference groups이란 개인의 가치, 태도, 행동 등을 형성할 때 직접 혹은 간접적으로 비교점이나 준거점을 제공하는 집단을 말한다. 사람들은 누구나 가족을 비롯하여 학교·직장·종교단체 등 여러 집단에 소속하게 되고, 이들 집단의 규범에 의해 직·간접으로 영향을 받게 된다.

그러나 현재 개인이 속해 있는 집단뿐만 아니라, 그가 소속하기를 희구하거나 회피하고 있는 집단에 의해서도 개인은 영향을 받는다. 사람들은 누구나 그가 소속하기를 희구하는 집단에 대해서는 그 집단의 기대에 부응하는 행동을 하고 싶은 강한 요구 때문에 그 집단의 규범에 순응하게 되고 그로 인해 그 집단의 강한 영향권하에 놓이게 된다.

준거집단이 소비자행동을 이해함에 있어서 중요한 이유는 다음과 같은 특성을 지니고 있기 때문이다.

첫째, 준거집단의 영향은 소비자 자신의 뚜렷한 목적이나 의도, 또는 의식적인 노력 없이도 발생한다는 점이다.

둘째, 소비자가 준거집단과 직접적인 대면관계를 유지하고 있지 않아도 준거집단은 소비자에게 영향을 미칠 수 있다. 어떤 소비자가 연예인을 준거대상으로 여기고 있다면, 그 소비자는 연예인들의 행동규범에 호의적 반응을 보이고, 그들의 행동을 모방함으로써 그들과 직접적인 접촉 없이도 영향을 받게 된다. 광고를 통해서 멋진 남녀의 커피 마시는 장면을 보고, 커피구매의 동기가 유발된 경우를 볼 수 있다.

따라서 준거집단은 소비자에게 직접 또는 간접적으로 그리고 의식 또는 무의식 상태에서 뚜렷한 대면적 접촉 없이도 영향을 줄 수 있는 매우 중요한 요인임을 알 수 있다.

3) 사회계층

(1) 사회계층의 의의

사회계층social class이란 사회구성원이 사회적으로 향유하는 명성, 신망, 권력 등의 차이로 인해 형성되는 사회적 신분계층social status hierarchy을 말한다. 사회구성원들은 그들의 혈통, 부, 직업, 학벌, 기술수준 등이 각각 다를 뿐만 아니라, 그들의 사회적 역할 및 사회에 대한 기여도가 제각기 다르기 때문에 구성원 모두가 동등한 지위를 향유하는 사회를 기대하기는 어렵다.

(2) 사회계층의 측정

거의 모든 국가들은 어떤 형태이건 사회계층구조를 가지고 있다. 미국, 캐나다, 오스트레일리아 그리고 뉴질랜드 등의 비교적 신생국가들에서는 사회계층을 소득 등의 단일지표로 판단하지 않고, 직업, 소득, 교육, 재산, 그 밖의 요인들을 결합하여 측정하고 있다.

또한 역사가 오래된 대부분의 나라에서는 사회계층은 출생과 동시에 부여된 것으로 받아들여지고 있다. 이러한 사회에서는 혈통이 소득이나 교육 이상의 의미를 지니고 있다. 어떤 계층에 속해 있나 하는 것은 마케팅관리자에게 매우 중요하다. 왜냐하면 같은 사회계층에 속해 있는 사람들은 구매행동을 포함하여 동일한 행동을 취하는 경향이 있기 때문이다. 특히 사회계층은 음식, 여행 그리고 레저활동 등과 같은 분야에서 뚜렷한 제품 및 상표 선호성을 보이고 있다.

우리나라의 사회계층은 객관적인 측정법을 이용하는데, 직업, 교육수준, 소득원천, 주택유형, 주거지역 등 여러 변수를 기준으로 분석하여 사회계층을 분류하고 있다. 〈표 8-1〉은 한국의 사회계층구조를 간략하게 설명하고 있다.

표 8·1 한국의 사회계층 구조

상 층(5%)
·자기의 능력으로 사회의 엘리트층으로 입신한 사람
·기업인, 전문직, 고급 공무원, 의사, 교수, 법조인, 군인, 예술가 중에서 성공한 사람들로 구성
·자신의 지위를 상징하는 제품들을 많이 구매, 소비
·고급승용차, 보석, 모터보트, 별장, 골프 회원권 등의 주요 고객층
중상층(10%)
·일반적으로 높은 교육수준의 사람들로서 사회적 지위나 부 그 자체보다 자신의 경력관리에 가치를 둠
·기업체에서 중간 경영층, 전문직 중에서 중층, 소규모기업의 사장들
·자녀교육에 대한 관심이 높고, 고급 주택가에 살기를 희망
·좋은 집·옷·가구, 교양서적 등 유명상표의 주 대상 고객층

중하층(50%)
· 기업의 중간경영층으로 사무직과 기술직을 모두 포함. 소규모 회사의 자영업자들로 구성
· 평균수준의 교육을 받은 보수적인 가치관을 지님
· 제품 구매에는 최소한의 유행에 뒤지지 않으려 하며, 지명도가 있는 상표의 제품을 선호
· 대중적인 제품과 중가시장의 주 고객층
· 기업의 입장에서 가장 중요한 집단
도시 하층(20%)
· 봉급이 아닌 일당개념으로 일하거나 흔히 말하는 3D 직업 종사자
· 일반적으로 교육수준이 낮은 편
· 엥겔지수가 높은 편이며, 자기집 마련이 큰 꿈 중의 하나
· 생필품의 소비는 중하층과 큰 차이를 보이지 않으나 중하층에 비해 상표의 선호도가 낮은 편
농어촌 하층(15%)
· 농촌, 어촌, 광산촌에서 지주, 선주들을 제외한 모든 사람들
· 자기집은 소유하고 있으나, 일반적으로 교육수준은 낮은 편
· 경제적으로 도시 하층보다는 높으나 제품의 소비수준은 도시 하층보다 낮아 가능한 한 자급자족 하는 소비행태를 보임

자료 : 채서일(1998), 『마케팅』, 서울 : 학현사, p. 162의 내용을 저자 편집

이와 같은 사회계층은 소비자행동에 영향을 주는 중요한 요인 중의 하나로 알려져 있는데, 이는 일반적으로 동일한 계층에 속한 사람들은 그들의 유사한 사회·경제적 특성 때문에 서로 비슷한 라이프스타일을 공유하게 되고 그 결과 여러 행동측면에서 유사한 형태를 보이기 때문이다.

4) 문화

(1) 문화의 정의

문화culture는 개인의 욕구와 행동을 결정하는 가장 기본적인 요소이다. 문화는 개인이 특정 사회에서 지속적으로 학습하는 기본적인 가치관, 지각, 욕구 그리고 행동 등으로 구성된다. 문화는 우리들이 무엇을 먹고, 어디를 어떻게 여행하며, 또한 어디서 살고 있는가 등에 커다란 영향을 미친다. 또한 문화는 음식물, 건물, 의복, 예술 등과 같은 유형재를 통하여 표현되기도 한다.

따라서 마케팅관리자는 신규수요를 불러일으킬 만한 신제품과 서비스를 개발하

기 위하여 지속적으로 문화의 변화에 대한 중요성을 인식해야만 한다. 예를 들면 저칼로리 식품과 자연식품으로의 취향변화에 따라서 그에 대응할 수 있는 레스토랑 메뉴가 개발되어야 한다.

(2) 한국의 문화적 특성과 소비자행동

한국의 지배적인 문화적 가치로서 특히 소비자행동과 관련하여 중요한 특성을 몇 가지만 요약해 보면 다음과 같다.

① 신분중시주의

기성세대를 중심으로 아직도 많은 사람들에게 신분중시 사상이 팽배해 있다. 이 때문에 한국에서는 사회적 신분이나 권위를 상징하는 제품과 서비스에 대한 수요가 많은 편이다.

② 타인지향적 형식주의

한국 사람들은 체면과 형식을 중요시하는 편이다. 이 때문에 불필요한 구매행동이나 낭비적 소비행동이 문제가 되고 있다.

③ 사대주의적 사고

비교적 외래문화를 숭상하는 경향이 있다. 이런 성향 때문에 한국에서는 외국제품이나 외국상표와 기술제휴한 제품에 대한 선호도가 매우 높은 편이다.

④ 향락주의적 사고

지속적인 경제성장으로 인해 소득수준이 향상되자 소비자들의 라이프스타일이 서구화되면서 소비생활양식도 변해가고 있다. 즉 절약보다는 소비를, 근면보다는 향락을 선호하는 경향이 뚜렷하게 나타나고 있다. 이로 인해 여가관련 상품, 인스턴트 식품 등에 대한 수요가 급증하고 있으며, 외식산업이 성장하고 있다고 볼 수 있다.

⑤ 자녀중심주의

최근에 핵가족화되면서 더욱 자녀중심적 성향이 강해지고 있다. 한국에서는 아동용품 시장의 잠재력이 크고, 꾸준히 성장하고 있는 것도 자녀중심적 문화 때문이라고 볼 수 있다.

3. 상황적 요인

소비자의 행동은 여러 가지 환경요인과 소비자의 개인적인 요인에 따라 영향을 미치기도 하지만 소비자의 구매행동이 동일한 제품에 대하여 다르게 나타났다면 그 차이를 어떻게 설명할 수 있을까? 이와 같이 환경적 요인과 소비자의 특성, 제품 특성이 동일하더라도 소비자의 행동이 달라질 수 있는데 그 원인은 바로 상황으로 설명될 수 있다. 예를 들어 무덥거나 시원한 날씨, 쇼핑 중 자녀의 동반 여부 등의 상황적 특성이 소비자의 지각, 선호, 구매 행동에 영향을 미치는 것은 당연하므로 마케터는 소비자가 당면한 상황적 요인을 고려하여 전략을 개발해야 한다.

1) 상황요인의 본질

한 사람 혹은 그 이상의 사람에 의하여 점거되는 분리된 시간과 공간은 소비자 행동에 대한 영향요인으로서 상황을 구성한다. 따라서 상황은 '개인적 특성과 선택 대안의 특성으로부터 당연히 도출될 수는 없으나 현재의 행동에 논증가능하고 체계적인 영향을 미치는 관측의 시간과 장소에 대하여 독특한 모든 요인'이라고 정의한다. 즉 상황이란 소비자가 당면하는 선택대안의 특성뿐만 아니라 개별소비자의 특성 이외의 모든 영향요인들의 집합이다(유동근, 소비자행동, p. 294).

2) 상황의 유형

상황요인은 소비상황, 구매상황, 커뮤니케이션상황 등의 세 가지 유형으로 구분할 수 있다.

① 소비상황

소비상황이란 제품에 대하여 예상되는 사용계기나 목적, 장소 등의 상황요인들을 포함한다. 즉 소비자는 가정 내에서의 소비와 손님 접대를 위하여 각각 다른 상표의 커피를 선택할 수 있으며 어떤 상표의 향수를 특별한 계기에만 사용할 수 있다. 이러한 예는 상표선택에 대하여 소비상황이 미치는 직접적인 영향을 보여주는 것이다.

② 구매상황

소비자의 구매상황이란 점포 내의 환경적 특성이나 시장여건의 변화 등의 상황요인들을 포함한다. 즉 소비자 선택에 대한 점포 내 환경의 영향을 평가할 때 제품의 가용성, 가격변화, 경쟁자의 할인판매, 쇼핑의 용이함과 같은 상황요인은 소비자의 제품선택이나 점포선택, 고려해야 할 상표의 수, 기꺼이 지불하려는 가격 등에 영향을 미칠 것이다.

③ 커뮤니케이션상황

소비자가 라디오 커머셜을 '운전하면서 듣는지, 또는 거실에 앉아서 듣는지, 잡지를 집에서 정독하는지 또는 출근길에 훑어보고 버리는지, TV 커머셜에 혼자 또는 다른 사람들과 어울려서 노출되는지' 등의 상황요인들은 광고물의 노출, 주의해석, 기억에 영향을 미친다.

3) 학자들의 외식에 대한 상황적 요인

외식부분에서의 소비자의 상황적 요인은 패스트푸드 레스토랑에서 4가지의 다른 상황, 즉 평일의 점심식사, 쇼핑 중의 스낵, 시간에 쫓기는 상황하의 저녁식사, 시간이 넉넉한 상황하의 가족과 함께하는 저녁식사로 측정되기도 했으며(Miller & Ginter, 1979), 레스토랑을 이용하는 2가지 상황, 즉 점심을 먹을 때 회담을 할 경우와 계약을 체결한 경우로 나누어 분석하였다(Schurr & Calder, 1986). 레스토랑 선택요인을 상황적 요인에 의해 분석한 경우도 있는데 친구·친지와의 식사상황, 사업목적상황, 주말 가족식사상황의 3가지로 분석하였다(Filliatrault & Ritchie, 1988). 이

외에도 식사상황과 관련된 상황을 시간적 제약, 혼자 식사, 가족동반식사, 친구동반식사, 주중식사, 주말식사, 배가 고픈 상황, 목이 마른 상황, 혼자 있는 상황, 다른 사람과 같이 있는 상황, 점심상황, 디저트, 손을 사용하여 먹을 상황, 날씨 상황, 동반자관계, 시간적 상황, 이용목적, 심리적 상황, 정기적인 모임, 사업목적상 약속장소 이용 상황, 생일이나 결혼기념일 등 가정행사 상황들이 활용되었다(이정실, 2003 ; 조상철, 2000 ; Cradello, 2000 ; Verlegh & Candel, 1999).

이러한 상황을 활용한 연구들이 공통적으로 제안하는 바는 정도의 차이는 있지만 상황적 요인이 포함되었을 때 소비자의 행동을 이해하고 예측하는 데 효과적이라는 것이다.

표 8·2 다양한 상황적 요인

연구자	분 야	상황의 유형
Miller & Ginter(1979)	외식	평일의 점심식사 쇼핑 중의 스낵 시간에 쫓기는 상황하의 저녁식사 시간이 넉넉한 상황하의 가족과 함께하는 저녁식사
Schurr & Calder(1986)	외식	회담을 할 경우 계약을 체결한 경우
Filliatrault & Ritchie(1988)	외식	친구·친지와의 식사상황 사업 목적상황 주말 가족식사상황
이정실, 2003 ; 조상철, 2000 ; Cradello, 2000 ; Verlegh & Candel(1999)	외식	시간적 제약, 혼자 식사, 가족동반식사, 친구동반식사, 주중식사, 주말식사, 배가 고픈 상황, 목이 마른 상황, 혼자 있는 상황, 다른 사람과 같이 있는 상황, 점심상황, 디저트, 손을 사용하여 먹을 상황, 날씨 상황, 동반자관계, 시간적 상황, 이용목적, 심리적 상황, 정기적인 모임, 사업목적상 약속장소 이용 상황, 생일이나 결혼기념일 등 가정행사 상황

미니사례 8·1

2018 일본 외식 트렌드
가성비·차별화·SNS용 메뉴가 뜬다

일본 경제 월간지 『닛케이 트렌디』가 지난 6월 2018년도 일본 외식업계 트렌드를 발표했다. 최근 일본에서 주목받고 있는 인기메뉴와 외식업계별 동향, 소비자가 뽑은 외식 프랜차이즈 랭킹을 알아본다.

Part 1   2018 일본 외식 트렌드

Part 2   외식업계별 동향

Part 3   전국 외식 프랜차이즈 소비자만족도 순위

❖Part 1. 2018 일본 외식 트렌드

일본 외식업계도 우리나라와 마찬가지로 새로운 트렌드의 등장과 소멸이 반복되며 끊임없이 변화하고 있다.

치열한 경쟁 속에서 살아남기 위해서는 부가가치와 서비스 수준을 높이는

것만이 정답이다.

최근 일본 외식업계에서는 조리법 차별화와 SNS 동영상, 지역명물요리, 건강지향 트렌드가 떠오르고 있다.

• 트렌드 키워드 4

1. 조리법 차별화
2. SNS 동영상
3. 지역명물요리
4. 건강지향

• 키워드로 본 주목할 만한 메뉴

리트머스 드링크 / 레인보우 푸드 / 우드 프랑크 그릴 / 차와리

하카타 닭껍질꼬치 / 그로서란트 / 1인 나베 / 회원제 정액제 서비스

❖Part 2. 외식업계별 동향

일본푸드서비스협회에 따르면 지난해 일본 외식업계에서는 스테이크와 야키니쿠 등 육류 메뉴를 중심으로 하는 업종이 가장 큰 인기를 끌었다.

맥도날드의 부활에 따라 햄버거 패스트푸드 프랜차이즈의 경쟁이 심화되는 양상도 눈에 띄었다.

이자카야 체인도 2017년에 이어 연속 상승세를 보였다.

- 햄버거 업계

  볼륨감 있는 신메뉴 출시와 출점경쟁 가속

- 패밀리레스토랑 업계

  '초이노미' '저탄수화물 메뉴' 대세

- 회전초밥 업계

  100엔 스시의 패밀리레스토랑화

  도쿄 지역명물 브랜드 집결

❖Part 3. 전국 외식 프랜차이즈 소비자만족도 순위

  일본 소비자들에게 높은 지지를 받고 있는 외식 프랜차이즈는 무엇일까.

  일본 전국 소비자 5,000명을 대상으로 앙케이트를 실시해 만족도 순위를 매겼다.

- 여성·가족 대상 인기 브랜드 Best 3

  1. 가성비 높은 돈카츠로 인기 - 돈카츠 하마카츠

  2. 두부요리 중심의 가이세키 전문점 - 우메노하나

  3. 무한리필 야키니쿠 뷔페 - 야키니쿠킹

- 가성비 만족도 Best 3

  1. 가성비 높은 무제한 샤부샤부 - 샤브요

  2. 마츠야에서 운영하는 돈카츠 전문점 - 마츠노야

  3. 298엔 균일가 야키토리 - 토리키조쿠

출처 : 월간식당, 2018. 07. 12일자, 정리-박선정 기자, 사진-구글, 각사 홈페이지

미니사례 8·2_____

B2B 유통혁신 새바람−식자재 플랫폼 애플리케이션

  푸드테크 기술의 발달로 외식업계 변화가 가속화되는 가운데 외식업체와 고객을 이어주는 B2B서비스를 넘어 B2B시장을 타깃으로 식자재 유통 애플리케이션이 등장해 주목받고 있다. 단순히 싸고 좋은 식재료를 고르는 마켓의 기능을 넘어 기술과 데이터를 기반으로 한 시장 정화의 기능까지 수행하고 있는 식자재 B2B 플랫폼 서비스의 매력과 전망을 살펴봤다.

❖O2O, B2B 결합한 새로운 시장이 시작되다

  생활 전반의 많은 서비스들이 모바일 플랫폼으로 넘어오면서 B2B 식자재 시장도 변화를 맞았다. 특히 정보가 희박하고 접근성이 떨어지는 식자재 B2B 마켓 플랫폼은 모바일의 획기적인 확장성과 IT기술을 기반으로 유통과정의 편의와 효율성을 개선하며 시장에 반향을 불러일으키고 있다.

  시세가 불투명했던 축산 유통시장의 가격정보를 공개하며 업계를 혁신한 미트박스는 데이터 분석을 기반으로 시황을 예측하거나 시장 전체를 정화하는 역할까지 해내며 건강한 시장생태계를 구축할 수 있는 비즈니스 모델로 평가받고 있다. 정보와 접근성이 떨어지던 수산 유통업계에 등장한 프레쉬모바일은 기존 수산업계의 문제로 지적되어 온 거래 관행과 정보 격차를 파괴해 업계의 반응이 뜨겁다.

❖싸고, 투명하고, 편리하게… 유통 고질병 해소한 서비스

  식자재 애플은 기존 유통시장의 비효율성을 개선하기 위해 만들어진 만큼 공급자와 소비자의 간격을 획기적으로 줄여 과도한 중간마진을 없앤다는 공통점이 있다. 업계 관계자는 "유통마진을 줄이면 물건을 싸게 살 수 있다는 것은

누구나 알고 있지만 외식업소에서 쉽게 손댈 수 없었던 영역이었다"며 "그동안 이러한 구조에 문제의식을 가지고 있던 30~40대 젊은 이용자들이 상당히 많고 이용에도 적극적"이라고 전했다. 또 다른 관계자는 "초기에는 중간 유통업체들의 반발이 있었지만 현재는 유통업체가 직접 경쟁력 있는 품질과 가격의 제품을 등록하며 구매자 확보에 힘쓰고 있다"고 말했다.

❖재이용률 높은 매력적인 블루오션

외식업 종사자 모두가 느껴왔던 공통적인 문제 요소를 개선하고 나서며 새로운 거래방식으로 각광받고 있는 모바일 식자재 플랫폼의 매력은 높은 재이용률을 통해서 확인할 수 있다. 일단 사용을 시작하면 거래액이 줄어드는 경우는 있어도 거래를 중단하는 경우는 거의 없다는 것이 업체관계자들의 공통적인 의견. 최근에는 소상공인이나 개인 영업자뿐만 아니라 대형급식업체 및 프랜차이즈 구매팀까지 이용이 확대되며 규모가 커지는 추세다.

한편 오프라인 기반 유통업 관계자들은 당장 기존의 유통상황을 크게 변화시키기는 어려울 것이라고 하면서도 장기적인 관점에서의 가능성에는 긍정적인 의견을 보였다.

• 01. 유통혁신 B2B 축산물 중개 플랫폼 – 미트박스

축산물 유통 플랫폼 미트박스는 육류 수입·가공업자와 식당·정육점 등을 연결해 주는 직거래 플랫폼이다. 2014년 11월 애플 출시 이후 가장 먼저 B2B 유통 모바일 플랫폼으로 안착해 축산·육류업계의 유통을 혁신한 대표적인 성공 사례로 평가된다.

미트박스가 축산유통 시장에 뛰어들면서 구매자에게 제시한 원가절감률은 30%. 기존 4~5단계를 거치는 유통과정을 줄여 유통마진을 없애는 것이 미트박스가 생각한 축산시장 전체를 위한 개선방향이었다.

먼저 구매자와 판매자 양쪽이 모두 투명하게 가격정보를 알 수 있게 했다. 부위별 원육 시세를 브랜드 등의 정보 제공과 함께 실시간으로 파악할 수 있는 서비스를 제공하고 동시에 가장 저렴한 가격을 제시한 판매자를 1번 목록에

올린다. 마치 경매시장 같은 가격 경쟁 시스템이 구축되는 것이다. 또 가격 상승의 주요 원인이던 외상거래 대신 '현금거래 시스템'을 도입해 미수거래를 원천적으로 차단했다.

물류는 오뚜기OLS와의 협업을 통해 집하에 직접 투자해 냉장·냉동 배송 시스템을 전국적으로 구축하며 물류기반을 확보, 효율과 비용을 대폭 개선했다.

• 02. 유통 인프라 취약한 수산업계 새바람 – 프레쉬모바일

프레쉬모바일은 유통 인프라가 취약하고 낙후된 수산업계에 최초로 등장한 모바일 기반 전자거래 플랫폼이다. 2017년 서비스 론칭 이후 수도권을 중심으로 사용자가 급격히 확대되며 수산 유통업계에 새로운 바람을 불러일으키고 있다.

프레쉬모바일을 개발한 명진홀딩스는 생선필렛, 활어, 로브스터 등을 가공 및 유통하는 회사다. B2B 마켓에서 사업을 확장해 가며 유통마진이 과도하거나 낙후된 거래방식 등 수산업 유통 전반의 문제상황을 누구보다 가까이서 보아왔다.

이자카야, 횟집을 운영하는 소상공인 등 최종적으로 수산물을 사용하는 구매자는 지인을 통해 공급처를 소개받거나 외식업소를 운영하는 모임에서 얻은 정보로 알음알음 거래를 트는 것이 일반적이었다.

•03. 한 번의 터치로 경영의 모든 것을 구입하다 - 오더플러스

오더플러스는 외식업 경영주와 식자재 유통업체 사이의 거래를 중개하는 플랫폼 서비스로 농수축산·수입식자재·공산품을 종합적으로 취급하는 B2B 식자재 서비스다. 공급업체와 외식업소를 직거래로 연결, 공동구매 원리로 외식업소의 구매 경쟁력을 높여주는 파트너다.

오더플러스에는 식품 대기업과 각 지역별 대용량 식자재 유통업체를 비롯해 전국 각지의 다양한 공급업체가 등록돼 있다. 취급제품은 수입육·식용유·조미료·과일·연어 등 일반적인 식재료뿐만 아니라 업소용 비품과 일반적인 식자재 유통업체에서 취급하지 않는 물수건, 포장지 같은 자잘한 소모품까지 4만여 종의 상품을 취급한다. 요청 시 발주가 가능한 제품군의 숫자까지 셈하면 7만여 종 이상이다. 외식업소에 필요한 모든 것을 한 번에 해결할 수 있는 것이 오더플러스의 가장 큰 매력이다.

출처 : 월간식당, 2018. 06. 11일자, 글-우세영 기자, 사진-각 업체 제공

미니사례 8·3

고깃집도 이제는 콘셉트다
줄 서는 고깃집의 콘셉팅 전략

육류 외식업계가 콘셉트에 주목하기 시작했다. 몽탄, 고도식, 신도세기, 크라운돼지, 야키니쿠 소문 등. 요즘 잘 나가는 고깃집들이 내세우는 것은 원육의 품질도 숙성기술도 그릴링 서비스도 아니다. 바로 그곳이 아니면 경험할 수 없는 새로움 즉 콘셉트다. 누가 육류시장은 더 이상 새로울 것이 없다고 했던가. 새로운 판을 짜 새롭게 움직인다면 가능성은 앞으로도 무궁무진하다.

❖고깃집의 '고기부심' 뒤이을 키워드 '콘셉트'

불과 2~3년 전까지만 해도 육류 외식시장의 키워드는 원육과 숙성, 그릴링 세 가지였다. 질 좋은 고기를 저마다의 방식으로 숙성해 최상의 맛으로 구워주는 고깃집들은 시장의 상향 평준화를 이끌었고 이러한 트렌드는 최근까지 이어졌다.

돈육 외식시장의 경우 맛찬들을 시작으로 화포식당, 육시리, 육전식당, 고반식당 등으로 대표되는 프리미엄 삼겹살 전문점들은 두툼한 고기를 종업원이 일일이 구워주는 밀착 서비스를 내세우며 '고기부심'을 지켜갔다.

이들의 공통점은 고깃집의 본질인 고기뿐만이 아닌 사이드 메뉴와 찬, 밥에 이르기까지 밥상에 올라가는 모든 요소에 공을 들이며 차별화를 시도했다는 점이다. 히말라야 핑크소금을 시작으로 고기에 찍어 먹는 소스를 다양화하고 된장술밥 같은 시그니처 사이드 메뉴를 어필하며, 가정용 고급 압력밥솥에 그때그때 갓 지은 밥을 제공하면서 고깃집 밥맛의 중요성까지 일깨웠다. 하지만 새롭게 등장하는 고깃집들도 비슷한 스타일만을 내세울 뿐 더 이상의 매력을 보여주지 못한 결과 프리미엄 삼겹살에 대한 소비자들의 호감지수는 예전에 비해 크게 낮아진 상태다.

소고기 시장은 고급 한우를 중심으로 하는 '오마카세' 스타일이 유행하며 한우 다이닝이라는 새로운 카테고리를 만들어냈다. 한동안 광풍에 가까웠던 드라이 에이징은 더 이상 트렌드가 아닌 소고기를 즐기는 하나의 방법으로 인식될 만큼 우육 외식시장 또한 고급육이라는 키워드를 내세운 프리미엄 시장이 확고히 자리 잡은 모습이다.

반면 소고기 무한리필, 차돌박이 전문점 등 일부 프랜차이즈 업체들이 저가 메뉴를 앞세워 사세를 확장하기도 했지만 반짝 인기에 그쳤을 뿐 확고한 시장을 구축하지는 못했다. 소고기 시장은 지금 대중적인 메뉴와 합리적인 가격대를 갖춘 롱런 가능한 브랜드에 목말라 있는 상태다.

이러한 가운데 새로운 부위와 구이방식, 개성 있는 퍼포먼스 등 강력한 콘셉트를 장착한 돼지고기·소고기 전문점이 속속 등장하면서 육류 외식시장에 새로운 바람을 예고하고 있다.

▲ 불과 얼마 전까지만 해도 웻 에이징, 워터 에이징 등 에이징(숙성)을 전면에 내세운 두툼한 삼겹살과 목살(사진 左) 등이 인기였다면 요즘은 숄더랙(사진 右)과 돈마호크 등 새로운 부위를 선보이는 브랜드가 떠오르고 있다.

❖긴 말 필요 없이 직관적으로 보여줘라

육류 전문가들에게 요즘 가장 핫한 고깃집을 꼽으라면 빠지지 않고 등장하는 곳이 삼각지의 몽탄이다. 100년 된 4층짜리 적산가옥의 웅장한 외관과 입구를 들어서자마자 시선을 사로잡는 짚불구이 퍼포먼스, 지금껏 경험해 보지 못한 우대갈비라는 특수한 부위까지 브랜드를 구성하는 요소 하나하나가 강력한 콘셉트다.

송리단길의 고도식도 마찬가지다. 삼겹살 대신 뼈가 붙은 비주얼 좋은 알등심과 무쇠팬, 고기와의 색감대비를 고려한 식기 등 인스타그래머블한 요소까지 갖춘 유니크한 고깃집으로 소문이 났다.

지난달 오픈한 크라운돼지는 소고기 스테이크 부위인 토마호크에서 이름을 따온 '돈마호크'가 시그니처 메뉴다. 이것을 2차례 훈연한 뒤 마술상자처럼 생긴 네모난 상자에 담아 '불이 난 것이 아니에요~'라며 고객에게 내놓는 퍼포먼스가 압권이다.

소고기 전문점 야키니쿠 소문은 메뉴 구성에서 먹는 방법, 분위기까지 일본 현지에 와 있는 듯한 기분을 주는 정통 야키니쿠 전문점이다. 규탄(소혀) 등 우리나라에서는 구이로 접하기 힘들지만 일본에서는 인기 있는 야키니쿠 메뉴들을 현지 스타일로 낸다.

▲ 육류 외식시장이 상향평준화를 이루면서 원육과 숙성, 그릴링이라는 키워드만으로는 더이상 경쟁력을 가질 수 없게 됐다. 신규 브랜드로서 시장 진입에 성공하기 위해서는 지금까지 경험하지 못했던 새로운 콘셉트 개발이 필수다.

▲ 메뉴명을 살짝 바꿔 새로운 부위로 어필하는 것도 좋은 방법이다. 고도식은 벌집모양으로 칼집낸 항정살을 천겹 살이라고 이름 붙여 판매한다(사진 왼쪽 위). 오른쪽은 몽탄의 짚불 삼겹살.

이들은 맛과 완성도는 기본으로 가지고 가되 여기에 자기만의 차별화된 메뉴나 퍼포먼스, 비주얼을 가미해 강력한 콘셉트를 완성했다. 공통점은 이러한 요소를 '이야기'가 아닌 '비주얼'로 풀어냈다는 거다. 벽면을 가득 채운 원육에 대한 설명이나 커다란 식재료 사진, 브랜드에 대한 장황한 스토리텔링은 찾아볼 수 없다. 대신 보는 순간 '찍고 싶은' 감성을 자극하는 직관적인 요소를 도처에 배치했다. 대기하는 순간부터 입점, 식사, 퇴점에 이르는 모든 경험이 카메라에 담기고 이것은 SNS를 통해 실시간으로 확산된다. 두루뭉술한 브랜딩 전략이 아닌 명확한 콘셉트에 주목해야 하는 이유다.

❖콘셉트를 완성하는 중요한 포인트, '부위'의 재발견

이베리코 돼지의 등장으로 소비자들이 '고기도 품종이 다르면 맛이 다르다'는 인식을 갖기 시작했다. 외식업체들이 얼룩도야지, 버크셔, 듀록 등 품종이나 브랜드를 앞세워 차별화에 나서면서 과거 수입돼지 아니면 한돈으로 양분되던 돼지고기 시장에 품종이라는 새로운 키워드가 자리 잡았다. 구이 전문점뿐만이 아니다. 품종을 차별화 도구로 내세워 특별한 이미지를 심어준 덕에 프리미엄 국밥집으로 자리매김한 돼지국밥집도 있다. 물론 국밥 맛이 뒷받침됐기에 가능한 일이다.

하지만 국내에 유통되는 돼지품종은 크게 3가지 정도에 지나지 않는 탓에 품종만을 앞세운 마케팅에는 한계가 있는 것이 사실이다. 이에 새롭게 등장한 것이 바로 '부위 차별화'다. 흔히 아는 부위이지만 정형방법을 달리하거나 메뉴명을 바꿔 전혀 새로운 부위로 어필하는 것이 대표적이다. 구이로 즐기지 않았던 비선호 부위에 자신만의 기술을 접목해 구이메뉴로 상품화하는 방법도 있다. 몽탄의 우대갈비와 고도식의 알등심, 크라운돼지의 돈마호크, 신도세기의 숄더랙 등이 부위 차별화로 성공한 대표적인 사례다.

품종과는 달리 부위를 차별화할 경우 얻을 수 있는 메리트는 크게 두 가지다. 하나는 원가율이다. 등심 같은 경우 수요가 많은 삼겹살과 목살 대비 kg당 단가는 절반에 지나지 않는다. 또 동일한 부위를 정형방법만 살짝 바꾼다고 해서 단가가 급등하지는 않는다. 하지만 차별화 요소가 확실한 만큼 판매가에는 프리미엄을 붙이는 것이 가능하다.

두 번째는 '신박함'이다. 소비자는 지금껏 접하지 못했던 비주얼과 메뉴명에 신선함을 느끼고 이를 완전히 새로운 메뉴로 받아들인다. '정형방법 하나 바꿨다고 뭐가 달라질까'라는 생각은 오산이다. 고객은 전문가가 아니다. 그들의 눈높이는 전문가들과는 근본적으로 다르다는 사실을 간과해서는 안 된다. 차별화는 한끗 차이다.

▲ 고객이 보는 앞에서 원육을 정형하는 퍼포먼스는 메뉴에 대한 신뢰감을 심어주는 중요한 볼거리다. 고도식의 돼지고기 알등심(左, 中)과 몽탄의 우대갈비(右) 작업 장면

✤인건비 절감형 모델에 주목할 것

외식업 운영에 있어 인건비 절감과 생산성 향상이 최대과제로 떠오르는 만큼 육류 외식시장에서도 최소한의 인원으로 운영 가능한 효율적인 모델에 관심이 쏠리고 있다. 일부 프랜차이즈 업체는 초벌과 같은 전처리 과정을 없애거나 셀프 구이방식을 적용한 효율성 높은 신규 브랜드를 준비 중인 것으로 알려졌다.

혼밥문화가 일반화되면서 혼자 고기를 먹는 '혼고기'에 대한 니즈가 생겨나는 움직임에도 주목해야 한다. 1인분씩 고기를 주문해 1인용 로스터에 각자 고기를 구워 먹는 일본식 야키니쿠가 대표적인 예이다. 한 전문가는 "단순히 '1인분도 가능'이라고 써 붙이는 것을 넘어 1인분의 중량과 가격을 재설정하고 찬류 구성 등 상차림도 다시 한 번 검토할 필요가 있다"며 "가위질할 필요 없이 고기 크기를 줄이고, 빨리 구워 먹을 수 있도록 두께를 조절하는 등 디테일한 메뉴 전략이 뒷받침돼야 한다"고 강조했다.

소고기 시장에서는 수입육을 활용한 양념육 메뉴가 인기를 얻을 것으로 보인다. 최근 소고기 시장에는 초고가의 소위 오마카세 스타일을 제외하고는 이렇다 할 유행 아이템이 없는 상황이다. 바꿔 말하면 중저가 소고기 전문점이라는 틈새시장이 열려 있다는 의미다. 무한리필, 1+1 등 가격 경쟁력만을 내세운 업종보다는 가격은 조금 높더라도 맛과 전문성, 분위기를 차별화해 독창적인 콘셉트로 어필한다면 승산이 있을 것으로 보인다.

▲ 저가 메뉴 돼지껍데기도 콘셉트를 잘만 도입한다면 그 가치를 2배, 3배로 끌어올릴 수 있다. 도르르 말린 모양이 트레이드 마크인 껍닥집의 껍데기(左)와 누름판으로 꾹 눌러 그릴 자국을 내는 퍼포먼스로 인기를 얻고 있는 용범이네 인계동 껍데기의 껍데기(右).

❖저렴함과 독특함 겸비한 껍데기·특수부위도 인기

껍데기와 특수부위는 저렴함과 독특함이라는 경쟁력을 앞세워 침체된 창업시장에서 괄목할 만한 성장세를 보이고 있다. 대표적인 브랜드 용범이네 인계동 껍데기는 가맹사업 개시 3개월 만에 125개 매장을 오픈했고, 당산오돌도 최근 20호점을 넘어섰다.

이들 브랜드의 특징은 저렴함 외에 이렇다 할 경쟁력을 갖추지 못했던 껍데기와 특수부위에 새로운 정형기법과 콘셉트를 접목해 부가가치를 끌어올렸다는 점이다. 조금만 오래 구워도 딱딱해지는 껍데기는 지방을 적절히 붙여 부드러움을 더하고 표면에 잔 칼집을 낸 벌집껍데기라는 이름으로 다시 태어났다. 버리거나 안줏거리 정도로 사용되던 오돌뼈는 오돌뼈에 수백 번의 칼집을 넣는 방법으로 오돌갈비라는 새로운 메뉴로 탄생했다. 당산오돌의 성공 이후 오돌갈비를 찾는 곳들이 늘어나면서 유통물량도 많아졌다.

항정살에 껍데기를 붙인 항정껍데기도 특수부위로 인기를 얻고 있다. 항정껍데기는 껍데기와 비계를 제거하지 않고 그대로 사용하기 때문에 원가율과 수율 면에서 매우 유리한 부위다. 반면 고객에게는 새로운 부위로 인식될 수 있어 부가가치가 높다. 이에 육시리 등 일부 프리미엄 삼겹살 브랜드는 항정껍데기를 신메뉴로 도입해 마진을 높이는 전략을 취하기도 한다.

지난달 껍데기·특수부위·닭발을 주메뉴로 하는 껍닭집을 오픈한 육통령의 국중성 대표는 "프리미엄 삼겹살을 추구하는 곳들이 늘어나면서 삼겹살 시장의 가격대가 높아졌다. 이러한 가운데 저렴한 가격으로 틈새시장을 공략해 성공한 것이 껍데기 등 특수부위"라며 "가격이 저렴한 만큼 상차림이나 서비스에 크게 힘을 주지 않아도 되고 요즘 유행하는 레트로 감성과도 맞아떨어진다는 점에서 시대상황에 부합하는 아이템"이라고 말했다.

INTERVIEW

육류 외식업계, '새로운 구이문화'에 대한 니즈 커져

에이징 마스터 / JL(최정락)

신도세기, 몽탄, 고도식 등 다수의 고깃집 메뉴개발을 기획한 에이징 마스터 JL(최정락)은 요즘 육류업계에서 가장 주목받고 있는 전문가다. 육류 유통회사 근무 및 정육점과 한우식당을 직접 운영했던 실전 경험을 바탕으로 하는 메뉴 기획과 컨설팅 능력으로 업계에서 정평이 나 있다.

Q. 현재 돈육 외식시장에서 눈에 띄는 트렌드를 꼽는다면

구이메뉴에 있어 차별화 요소는 크게 숙성(원육)과 불판, 구이방식 등으로 나뉜다. 한때 시장을 풍미했던 숙성 키워드는 이미 식상하다. 하지만 불판과 구이방식은 여전히 강력한 차별화 도구로서의 잠재력을 갖추고 있다. 불판 하

나만으로도 맛집 대열에 오른 경우가 많다. 요즘 강력하게 떠오르고 있는 것은 단연 부위다. 고객들은 지금까지 경험하지 못했던 새로운 부위에 신선함을 느낀다. 부위야말로 신박함을 주기에 가장 강력한 요소라고 할 수 있다.

Q. 고깃집을 컨설팅하면서 특히 주력하는 부분은

새로운 부위의 개발이다. 정확히 말하면 같은 부위라도 다른 방식으로 정형을 하거나 메뉴명을 달리해 새로운 이미지로 어필하는 것이다. 삼겹살을 포함해 표준규격의 고기만으로는 더 이상 차별화가 힘들다. 삼겹살과 목살 중심의 문화에서 벗어나 새로운 것을 제공하고자 하는 경영주의 니즈도 계속해서 커지고 있다. 네이밍도 중요하다. 식육판매장에서는 부위별 규격 명칭 사용이 의무사항인 반면 음식점에서는 그렇지 않다. 같은 부위라도 정형방법을 살짝 달리해 새로운 부위로 어필하는 것도 틈새전략 중 하나가 될 수 있다. 업자 입장에서는 '그게 뭐가 다르냐'고 할 수 있겠지만 대부분의 고객은 전혀 새로운 것으로 받아들인다는 사실을 인지해야 한다.

Q. 우육 외식시장에서 주목할 요소가 있다면

일본식 야키니쿠 등 저가 부위를 활용한 구이 전문점이 강세를 보일 것으로 예상된다. 이미 야키니쿠 소문이 그 포문을 열었다. 오픈하자마자 큰 인기를 얻고 있는 만큼 유사한 콘셉트의 브랜드가 대거 등장하며 시장이 커질 것으로 예상된다.

한때 크게 유행했던 드라이 에이징은 유행을 넘어 소고기를 즐기는 다양한 문화 중 하나로 자리할 것이다. 다만 전문적인 깊이가 부족한 상태에서 드라이 에이징이 마케팅 요소로만 사용되는 것은 우려스럽다. 드라이 에이징은 차별화 요소라기보다는 고기를 조금 더 맛있게 하기 위한 노력이라고 보는 것이 좋을 것 같다.

Q. 운영 면에서는 어떠한 부분을 눈여겨봐야 할지

시대상황이다. 최저임금 인상과 1인 외식의 확산 등 외식문화 전반의 변화를 면밀히 관찰하고 재빠르게 대응하는 자세가 중요하다. 벌써부터 인건비를 절감하고자 그릴링 서비스가 아닌 셀프로 구워 먹는 방식을 적용한 신규 브랜드가 나타나고 있다. 여기에 1인 외식이 보편화되면서 셀프 구이문화가 확산될 것으로 예상된다. 이처럼 시대상황을 반영한 새로운 콘셉트의 고깃집들이 많이 생겨날 것이다.

Q. 앞으로의 육류시장을 전망한다면

고깃집의 고기맛은 상향 평준화됐다. 이제는 맛이 아닌 공간의 중요성 그리고 그곳만의 개성과 서비스, 재미, 감성의 요소까지 전달할 때다. 쉽게 접근하는 것이 아닌 철저한 계획과 브랜딩이 수반돼야만 살아남을 수 있다. 벤치마킹을 통해 무분별한 카피가 아닌 나만의 것으로 새롭게 해석하고 소화해 내는 것도 하나의 방법이 될 것이다.

요즘 잘 나가는 고깃집들의 바운더리는 해당 상권만이 아닌 전국이다. SNS의 강력한 파급효과로 과거와는 달리 콘셉트만 있다면 고객은 어디서라도 찾아온다. 아직도 많은 경영주들이 동네 장사에만 머무르는 것이 안타깝다. 생각을 조금 바꾸는 것만으로도 스케일이 달라질 수 있음을 알았으면 한다.

출처 : 월간식당, 2019. 08. 01일자, 글-박선정 기자, 사진-이종호 차장

외식산업과 고객만족경영

01 고객의 이해

1. 고객의 의의

오늘날 고객은 과거에 비하여 훨씬 다양한 제품과 서비스를 선택할 수 있는 위치에 있다. 만약에 고객이 받아들일 수 없는 품질을 기업이 제공하게 된다면 고객은 당장 경쟁업체의 제품과 서비스를 선택하게 될 것이다.

최근 고객들의 교육수준은 과거에 비해 훨씬 높아졌으며, 그 요구조건이 까다롭고 다양하다. 그리고 세계적인 초일류기업들로부터 양질의 제품과 서비스를 제공받고 있기 때문에 제품과 서비스의 품질에 대한 고객의 기대수준은 상당히 상승되어 있는 실정이다.

이와 같이 한층 상승되어 있는 고객의 욕구에 대응하기 위하여 오늘날 기업들은 '고객만족경영', '고객가치창조', '고객제일주의', '고객에게 감동을', '무한책임주의' 등과 같은 다양한 슬로건을 내걸고 고객만족을 위한 경영의 혁신에 최선의 노력을 다하고 있다. 고객만족경영은 1990년대부터 세계 각국의 기업들에 의해서 적극적으로 도입되어 실시되고 있으며, 세계적으로 큰 주목을 받고 있다.

국어사전에서 말하기를 고객이란 '영업을 하는 사람에게 대상자로 찾아오는 손님', '단골손님'으로, 그리고 만족은 '마음에 부족함이 없이 흐뭇함', '부족함이 없이 충분함' 등으로 정의되어 있다.

쥬란Juran 박사는 "고객이란 우리가 생산하는 제품과 서비스를 구매하거나 또는 그것들에 의해서 영향을 받는 모든 사람들이다"라고 하였고, 데밍Deming 박사는 "생산라인에서 가장 중요한 요소는 바로 고객"이라고 하였다. 패튼과 블르엘Patton & Bleuel은 서비스 목표에 가장 큰 영향을 미치는 것은 바로 고객이라고 말한다.

따라서 기업은 모든 역량을 고객중심으로 경영하여야 하고, 고객지향적이어야 한다. 왜냐하면 모든 제품과 서비스는 고객 없이는 존재하지 않기 때문이다. 조직에서 행하는 모든 활동은 전부 고객을 위한 것이어야 한다. 제품과 서비스의 품질은 고객의 행동과 반응에 의해 결정된다. 그래서 제품과 서비스를 개선하는 것도 반드시 고객의 필요, 욕구 및 기대 등을 명백하게 이해함으로써 결정되어야 한다.

2. 고객의 분류

고객은 [그림 9-1]과 같이 세 부류로 나눌 수 있다. 즉 가치생산 고객인 내부고객, 가치전달 고객인 중간고객 및 가치사용 고객인 최종고객 등이다.

[그림 9-1] 고객의 분류

첫째, 내부고객을 가치생산 고객이라고도 하는 것은 기업 내부에 있는 사람들이 가치를 생산해 주어야 그 가치를 고객이 구매할 수 있기 때문이다. 내부고객의 만족이 고객만족의 출발점이 되므로, 내부고객은 가장 먼저 만족시켜야 할 고객이 된다. 불만족한 종업원이 고객에게 좋은 서비스를 제공하여 고객을 만족시키기는 힘들다.

종업원을 내부고객으로 대우하고 만족시켜서 사기를 높여주면 그들은 최종고객인 소비자를 만족시키기 위해 최상의 노력을 할 것이다. 자신에게 주어진 역할에 만족하는 종업원만이 고객에게 정성과 열의에 찬 서비스를 제공할 것이다. 고객만족 기업으로서 경쟁력을 갖추려면 내부고객부터 만족시켜야 한다. 종업원만족 없이 고객만족customer satisfaction은 없는 것이다. 그래서 고객만족의 출발은 종업원 만족에 있다.

둘째, 중간고객, 즉 가치전달 고객에는 판매점이나 대리점 외에도 원료를 공급하는 원료공급원 내지 협력업체들을 포함시킬 수 있다. 중간고객의 중요성은 바로 이들을 만족시키지 못하면 결국 최종고객인 소비자를 만족시키기 힘들다는 데에 있다.

셋째, 소비자는 사용자라는 점에서 가치사용 고객에 해당된다. 기업은 최종고객이 가장 중요한 고객이라는 것을 깨달아야 한다. 고객은 이윤을 안겨주는 존재이고, 기업은 고객을 위해 존재하며, 고객이 서비스할 기회를 제공해 줌으로써 호의를 베푸는 것이다. 바로 이 점들을 깨달아야 고객의 중요성을 바로 알고 있다고 할 수 있다.

02 고객만족을 위한 전략적 방안

1. 고객만족의 구성요소

고객만족의 구성요소는 제품 요소, 서비스 요소, 기업이미지 요소 등으로 구분할 수 있다. [그림 9-2]에서와 같이 세 가지 요소 모두가 함께 고려될 때 고객만족 달성이 가능해진다.

[그림 9-2] 고객만족의 구성요소

자료 : 최성용 · 한동여 공저(2007), 『경영학원론』, 서울 : 북코리아, p. 202.

2. 고객만족을 위한 전략적 방안

고객이 제품이나 서비스를 구매한 후, 어느 정도 만족하고 불만족하느냐에 따라 기업은 많은 영향을 받는다. 만족한 고객은 여러 측면에서 기업에 크게 기여하지만, 불만족한 고객은 자사 제품시장을 이탈하거나 다양한 불평행동을 통해 기업에 막대한 손해를 끼칠 수 있다. 따라서 고객의 만족 · 불만족이 기업에 어떤 영향을 미치는가를 알아보는 것은 매우 의미있는 일이다.

1) 고객만족 형성과정

고객만족customer satisfaction이란 제품 사용 후 고객이 느끼는 기쁨 또는 실망감 같은 심리적 반응을 말한다. 즉 제품 사용 후 고객이 느끼는 욕구나 기대의 충족 정도를 의미한다. 고객의 만족 · 불만족이 형성되는 과정은 [그림 9-3]과 같다.

[그림 9-3] 고객만족의 형성과정

소비자는 사용경험을 통해서 지각된 실제 성과가 구매 전 기대치를 충분히 충족시킨다고 판단될 때 만족을 느끼게 되고, 지각된 실제 성과가 기대수준에 미치지 못한다고 느끼면 불만족을 경험하게 된다. 그리고 이와 같은 만족·불만족의 경험은 소비자의 태도 및 행동에 직접적·결정적인 영향을 주게 된다.

2) 고객만족·불만족의 영향

(1) 만족한 고객이 기업에게 주는 영향력

만족한 고객이 기업에게 주는 영향을 살펴보면 다음과 같다.

① 만족한 고객은 반복구매할 가능성이 높아 매출액 증대를 기대할 수 있다.
② 만족한 고객은 충성고객이 될 가능성이 높아 시장점유율 유지에 기여할 수 있다.
③ 만족한 고객은 여러 사람에게 긍정적 구전광고를 해주기 때문에 확실한 구전 효과를 기대할 수 있다.
④ 만족한 고객은 경쟁사의 유인에 덜 민감하고, 그 결과 경쟁사의 고객으로 이탈할 가능성이 낮다.

(2) 불만족한 고객이 기업에게 주는 영향력

불만족한 고객이 기업에게 주는 영향력을 살펴보면 다음과 같다.

① 불만족한 고객은 재구매를 거부함으로써 고객을 상실할 수 있다.
② 불만족한 고객은 보상을 요구하기 때문에 비용이 발생한다.
③ 불만족한 고객의 부정적 구전을 통해서 잠재적 고객까지도 상실할 수 있다.

03 고객만족경영의 전략

고객만족경영을 위해 기업에서 수립해야 할 전략을 살펴보면 다음과 같다.

1. 고객불평의 중요성 인식

고객의 불평요인은 경영자의 입장에서 귀중한 자산이 될 수 있다. 그래서 고객의 불평은 귀찮은 것이 아니라 문제점을 일찍 파악하고 해결할 수 있게 하는 소중한 정보이다. 고객이 불만을 느꼈을 때 하는 행동은 상황이나 개인 특성에 따라 여러 형태로 나타난다. [그림 9-4]는 소비자들의 불평행동 유형을 나타내고 있다.

첫 번째 유형은 아무런 행동도 취하지 않는 소비자들이다. 불만수준이 낮거나 불만을 호소해도 보상받을 수 없을 것으로 기대할 때 나타나는 반응으로 볼 수 있다.

두 번째 유형은 불만족한 제품의 재구매를 거부하거나 판매점의 재이용을 회피하고 침묵하는 행동유형을 말한다. 이 유형의 고객은 이탈하기 때문에 매출 및 시장점유율 감소에 직접적인 영향을 준다.

[그림 9-4] 소비자들의 불평행동 유형

저 ← 불만의 강도 → 고

(1) 특별한 행동을 취하지 않음	(2) 불만족 상표 또는 점포를 회피	(3) 부정적 구전광고	(4) 기업 또는 판매점에 보상 청구	(5) 정부 및 관련기관에 불평 호소

저 ← 보상, 환불의 기대 → 고

자료 : 김종의 외 3인 공저(2007), 『소비자행동』, 서울 : 형설출판사, p. 351.

세 번째 유형은 불만을 친구나 친지, 이웃들에게 구전함으로써 부정적인 정보를 유포하는 행동을 말한다. 부정적 구전은 신규고객을 유치하는 데 치명적인 피해를 줄 수 있다.

네 번째 유형은 판매점에 직접 불만을 호소하고 보상을 청구하는 행동유형이다. 이 유형의 경우에는 고객이 원하는 대로 보상을 해주면 비용은 소요되지만 이탈고객은 방지할 수 있다. 그러나 고객이 원하는 대로 보상을 해주지 못하면 고객을 상실할 가능성이 매우 높다.

다섯 번째 유형은 정부기관이나 소비자단체 등에 고발하거나 불만을 호소하는 불평행동을 말한다. 이 유형의 경우에도 네 번째의 유형처럼 기업은 상당한 비용을 부담해야 할 가능성이 있을 뿐만 아니라 기업의 이미지에도 영향을 줄 수 있다.

2. 고객불평의 관리

고객의 불평관리는 다음과 같은 두 가지 측면에 초점을 맞추어 실행되어야 한다.

첫째, 고객들이 제안이나 불평을 용이하게 할 수 있도록 불평호소창구를 24시간 개방체계로 운영하여야 한다. 최근에는 대부분의 기업들이 고객정보관리 시스템을 구축하고 다양한 통신망을 통해 고객과의 커뮤니케이션에 적극성을 보이는 경향이 있다. 기업들은 인터넷, Fax, 무료전화 080 등을 활용하여 고객들의 불편과 불만사항을 신속히 접수하고 이를 정보화하고 있다.

둘째, 고객들의 불평에 기업은 즉각적으로 대응하여야 한다. 고객은 불만이 있을 때 이를 즉시 호소할 수 있는 창구가 없거나 불편을 호소했음에도 거기에 대한 즉각적인 응답이 없으면 불만이 더욱 가중되는 경향이 있다. 따라서 기업은 고객들의 불만이 고조되기 전에 불편사항을 신속하게 접수하여 처리하는 것이 바람직하다.

3. 고객욕구조사 및 고객만족도의 측정

고객들이 자사의 제품과 서비스에 대해서 얼마나 흡족해 하고 있는가를 알기 위한 고객만족 조사를 하는 데 있어서 소위 'CS조사의 3원칙'이 제시된다. 첫째, 계속성의 원칙으로서 조사는 정기적으로 계속해야 하며 둘째, 정량성의 원칙으로 조사는 비교가능하도록 정량적으로 해야 하고 셋째, 정확성의 원칙조사는 경영의 실태를 바르게 파악할 수 있도록 해야 한다는 것이다.

고객만족의 측정에 있어서 가장 널리 사용되는 방법은 직접조사direct survey이다. 이 방법의 장점은 간편하며, 목적이 명확하고, 소비자가 쉽게 응답할 수 있다는 점이다. 그러나 단점은 응답자가 질문자에 의해 영향을 받을 수 있다는 점이다. 또한 표본선정의 오류, 면접자 오류, 무응답자 오류 등의 문제로 조사자료의 타당성이 위협받을 수 있다.

고객만족을 측정하는 또 다른 방법에는 고객불평이나 반복구매에 대한 자료수집을 통한 간접조사가 있다. 이 간접조사는 만족과 밀접한 관련이 있는 불평이나 반복구매행동을 대상으로 하기에 고객과 기업 양측 모두에게 중요하다. 그리고 질문과 같은 강요된 형식이 아니므로 응답상 오류가 상대적으로 적다.

고객만족 조사를 할 경우에는 조사의 중요성을 설명하여 고객의 공감을 얻고 협력을 구한다. 응답자에게는 전화카드, 버스카드 또는 펜 등을 답례품으로 제공한다. 조사내용에 대해서는 익명성 등을 보장해 비밀을 유지할 것을 약속한다. 질문지를 우송하기 직전에 조사의뢰 전화를 해서 협력을 부탁하고 회답용지 우송료는 당연히 조사하는 측이 부담한다. 만약 고객이 기일까지 회답을 안 하는 경우 재의뢰장을 보내거나 전화로 독촉한다.

고객만족경영이 만족스러운 결과를 얻을 수 있도록 하기 위해서는 과학적인 설문을 통해 고객의 욕구를 정확히 파악함과 아울러 고객창구를 통하여 수집된 불만으로부터 제품개발 및 경영혁신의 아이디어를 찾을 수 있는 시스템을 구축해야 한다. 그리고 고객의 만족도를 경영의 목표로 삼고 목표고객만족도 달성을 위주로 모든 관리를 해야 할 것이다.

4. 최고경영자의 역할

최고경영자는 모든 구성원들에게 고객들을 완벽하게 만족시키는 것이 기업경영의 궁극적인 목표임을 확실히 하고 이 목표를 향해 나아가도록 그들을 격려하고 북돋아야 한다. 무엇보다도 이러한 경영철학은 스스로 철저히 실천함으로써 모범을 보여야 한다.

어떤 기업의 사장은 일주일에 한 번씩 불만을 호소한 일곱 명의 고객들에게 몸소 전화를 한다고 한다. 그것이 회사 내부에 주는 영향은 그야말로 엄청나다. 사장 자신이 시장에 뛰어들어 생생한 정보를 얻고 고객의 불만이 무엇인가를 스스로 확인하는 것이다.

고객지향적인 정신이 뿌리를 내리려면 기업은 종업원들에게 당위성을 확실히 인식시켜야 하며, 이를 위해 꾸준히 교육훈련을 할 필요가 있다. 이러한 역할을 앞장서서 해야 할 사람이 바로 최고경영자인 것이다.

미니사례 9•1

패밀리 레스토랑의 몰락, 질릴 법도 하지

지난 2005년 3월14일 화이트데이. 강남에 위치한 패밀리 레스토랑 앞에는 진풍경이 연출됐다. 넘치는 '웨이팅'으로 문 밖에까지 사람

들이 기다리고 있었던 것. 대기 시간만 무려 3시간. 이런 현상이 강남에서만 연출된 것은 아니었다. 명동이나 홍대, 신촌 등 웬만한 번화가에서도 최소 한두 시간은 기다려야 하는 사태가 빚어졌다. 세련된 인테리어와 맛깔스런 서양음식을 앞세운 패밀리 레스토랑이 특별한 기념일이면 꼭 찾게 되는 최고의 외식 장소로 자리를 잡아서다.

그로부터 10년 뒤인 지난 3월14일 화이트데이, 서울 목동의 한 패밀리 레스토랑. 오후가 되자 주변 식당은 가족이나 연인 손님들로 북적였지만 이곳은 테이블 절반가량이 비어있다. 과거엔 미리 예약하지 않으면 줄을 서서 한두시간이고 기다려야 했지만 요즘은 그런 일이 거의 없다는 게 매장 관계자의 설명.

한때 외식업계 아이콘으로 꼽히면서 새로운 외식문화 형성에 기여했던 패밀리 레스토랑이 역사의 뒤안길로 사라지고 있다. 화려했던 전성기를 뒤로하고 하나둘 간판을 내리고 있는 것. 과거 젊은 층을 중심으로 큰 인기를 끌었지만 내수 침체와 외식 트렌드 변화, 획일적 콘셉트라는 삼중고에 빠지면서 생존이 위태로운 상황이다.

❖ 'OUT'(?)되는 '아웃백'

최근 외식업계에 따르면 아웃백, T.G.I.프라이데이스, 세븐스프링스 등과 같은 패밀리 레스토랑은 외형상 성장이 거의 정체된 것으로 나타났다. 지난 3년 간 적게는 3%, 많게는 8%가량 매출 역신장을 보였다. 특히 지역마다 핵심 상권에 위치한 100~200평대(330~660㎡) 대형 매장들은 매출 하락뿐 아니라 임대료 부담까지 더해져 적자의 늪에서 헤어 나오지 못하고 있다.

패밀리 레스토랑의 대명사인 아웃백의 경우 양적 성장보단 질적 성장의 서비스를 제공하겠다며 지난해 11월부터 올해 1월까지 전국 34개 매장을 차례로 폐점했다. 두달 반 동안 문 닫은 매장 수는 지난해 11월 초 기준 아웃백 전체 매장(109개)의 31.2%에 달한다.

영업 종료 매장에는 서울 명동 중앙점·청담점·광화문점·홍대점·종로점 등 도심 대형 매장이 대거 포함됐다. 부산에서는 센텀시티점·연산점 등이 영업을 종료했고 대구의 칠곡점·상인점, 광주의 충장로점 등도 잇달아 간판을 내렸다.

바른손에 인수된 베니건스와 롯데리아가 품은 T.G.I프라이데이스도 이렇다 할 도약을 하지 못하는 실정이다. T.G.I프라이데이스 매장은 전성기 때보다 12% 줄었고, 베니건스 역시 전성기의 절반 수준에도 못 미치는 12개 매장만이 남았다. 이뿐 아니라 코코스, 씨즐러, 마르쉐, 토니로마스 등 한때 잘나갔던 1세대 패밀리 레스토랑 역시 사업을 접고 역사 속으로 사라졌다.

❖왜 '지는 별' 됐나

호황을 누리던 패밀리 레스토랑이 이처럼 위기를 맞은 요인은 '획일적인 메뉴' 탓이 크다. 웰빙 열풍과 함께 몸매 만들기에 대한 관심이 사회 전반에 퍼지면서 건강한 먹거리를 선호하는 쪽으로 소비자들의 눈높이가 올라간 것. 자연스레 소비자들은 고열량에 기름진 메뉴로 가득한 패밀리 레스토랑을 찾지 않게 됐다.

또한 반가공 상태로 간단히 조리해 소비자 식탁에 내놓는 패밀리 레스토랑 음식의 경쟁력이 맛집 열풍에 밀렸다. 소비자들은 더 개성 있고 특색 있는 레스토랑을 원했고, 온라인을 중심으로 새로운 맛집을 발굴·소개하는 문화도 확산됐다.

경기 불황에 따른 소비 침체와 낮은 가격 경쟁력, 각종 할인혜택 축소 등도 패밀리 레스토랑 몰락에 기여했다. 잘나갔을 당시에는 이동통신사 제휴, 카드 할인, 요일별 이벤트 등 다양한 혜택이 있었지만 매출이 떨어지면서 혜택이 많이 줄어든 상태다. 소비자 입장에서는 굳이 패밀리 레스토랑을 찾아서 가야 할 이유가 사라진 것이다.

소비자 김모씨는 "샐러드바도 없는데 가격이 비쌌던 건 사실"이라며 "아웃백은 패밀리 레스토랑 1위를 차지하자마자 매출 일등공신인 통신사 할인을 없앴고 점점 할인혜택이 줄어드니 그 돈 내고 안 가게 되더라"고 말했다.

외식업계 한 관계자는 "패밀리 레스토랑이 외식업계 발전에 기여한 것은 명백한 사실이지만 시장 자체가 너무 획일적으로 정체되면서 지는 시장이 돼버렸다"며 "이젠 개인 레스토랑이나 프랜차이즈도 적은 매장 수로 특색 있게 운영하는 곳이 늘어 소비자가 선택할 수 있는 레스토랑이 많아졌다. 오늘 저녁 장소가 패밀리 레스토랑이어야 할 이유가 딱히 없다"고 말했다.

❖빕스와 애슐리의 맞춤 생존법

불황 속 호황을 누리는 몇몇 패밀리 레스토랑은 각자의 특징을 내세워 변화를 거듭하고 있다. 빕스는 점차 세분화되는 고객의 라이프스타일에 최적화한 콘셉트 다각화에 속도를 내고 있다. 올 3월부터 기존의 역량과 경험을 살려 전 매장을 '오리지널', '브런치', '딜라이트' 3가지로 개편했다. 테마존으로 라이스 존, 디저트 존을 공통으로 운영하고 딜라이트 매장에는 미트 존을 추가 운영한다. 특히 미트 존에서는 폭립 외 BBQ포크햄 뿐 아니라 저녁에는 풀드포크, 구운 소시지 등을 무제한 제공하는 등 고객 서비스를 더욱 강화했다. 또 파스타 주문 시 오픈 키친에서 즉시 만들어 테이블로 제공하는 '투오더(To-order)' 제도를 시행하는 등 지역 특성에 맞는 '고객 맞춤식' 운영 전략도 펼치고 있다.

이랜드그룹 계열의 애슐리는 저렴한 가격과 다양한 메뉴를 앞세워 인기를 끌고 있다. 한식과 샐러드를 포함해 200여 가지 메뉴를 구비했지만 가격은 점심 1만원대, 저녁 2만원대. 소비자들의 발길이 이어지면서 지난 2003년 3개로 출발했던 매장수는 최근 155개로 늘어났다.

유통업계 한 관계자는 "전체 시장을 놓고 봤을 때 패밀리 레스토랑 규모는 작아지는 추세지만 빕스나 애슐리 등은 빠르게 변하는 소비 트렌드에 맞춰 경쟁력을 잘 다지고 있는 것 같다"며 "라인별 매장 운영, 다양한 메뉴 경쟁력 등 맞춤형 전략이 필요한 시점"이라고 말했다.

출처 : 머니위크, 2015. 3. 19일자

04 고객감동경영을 위한 매뉴얼

1. 고객감동경영의 의미

외식업소의 종업원은 업체에서 고객에게 서비스를 제공하는 사람이다. 즉 고객과 직접 접촉에서 서비스를 수행하는 사람으로 종업원은 고객과 긴밀하게 상호작용을 한다. 음식에 대한 태도를 결정하는 것은 고객이 제공받는 인적 서비스이다. 따라서 종업원의 질은 바로 그 외식업체의 질인 동시에 매출을 좌우하는 요소이며, 경쟁적 요소이기도 하다.

고객만족을 위한 서비스의 제공, 만족한 고객, 그리고 긍정적 반응 등 삼위일체의 균형이 확립되어야 외식사업의 계속적인 발전이 가능해진다는 것이다([그림 9-5] 참조).

[그림 9-5] 고객만족경영

2. 고객감동을 위한 매뉴얼의 원칙

외식업체의 가장 효과적인 프로그램은 고객의 기대를 넘는 만족감을 줄 수 있도록 하는 데서 시작된다. 외식업소에서 고객에게 약속한 것은 그 고객이 현관에 들어설 때부터 그대로 이행되어야 한다. 이를 위한 원칙을 살펴보면 다음과 같다.

1) 고객을 알아본다

어떤 언어에서나 가장 기분 좋은 말은 이름을 불러주는 것이다. 사람들은 문 앞에 들어설 때 자기 이름을 부르면서 인사해 주는 것을 좋아한다. 그러나 오늘날 대부분의 식당 종업원들은 예약기록이나 신용카드를 보기 전에는 고객의 이름을 모르며, 이러한 정보에 접근이 불가능한 종업원은 전혀 고객의 이름을 알 수 없다. 모든 종업원이 모든 고객의 이름을 알아보는 것을 기대하기는 어렵지만, 진짜 미소나 따뜻한 인사, 성실한 반응은 '고객 알아보기'를 위한 긴 과정의 시작이 될 것이다.

2) 첫인상을 좋게 한다

고객은 첫인상을 좌우하는 순간이 30초에 결정된다. 외식업체는 고객과의 첫 접촉에서 고객에게 인상을 심어주는 것이다. 이 인상은 즉각적이지는 않지만 보통은 빨리 나타난다. 외식업소의 주차장 조명, 청결의 문제, 손님을 알아보는 태도 등은 첫인상을 결정하는 데 작용한다.

3) 고객의 기대에 부응한다

고객은 불편을 주지 않는 환경을 기대한다. 고객은 외식업체의 모든 매뉴얼을 읽지 않으며, 그 업소의 정책이나 업무절차를 잘 알지 못한다. 그러나 고객이 원하는 고객의 요구에 대하여 경영자는 과감히 변화를 단행하여 그들의 욕구를 충족시켜 주는 것이다.

4) 고객의 수고를 덜어준다

한 시장조사에 의하면 외식업체에서 음식값을 계산할 때 고객들은 줄을 서서 기다리는 것을 싫어한다는 사실이 밝혀졌다. 그것은 곧 시간의 낭비로 인식하게 했기 때문이었다.

그래서 어느 식당에서는 절차를 바꾸어 고객이 청구서를 계산대에 갖고 가는 것이 아니라 종업원에게 그 일을 하게 하였다. 당연히 고객들은 계산대로 가는 수고를 덜게 되었고 작은 편의가 큰 차이를 나타내는 교훈을 남겼다. 고객들은 그들을 위해 모든 것을 쉽고 편리하게 해주는 것에 감사해 한다는 것이다.

5) 고객의 의사결정을 도와준다

식당에서 고객들은 종종 메뉴를 선택할 때 의사결정에 어려움을 겪곤 한다. 이때 고객들이 결정하는 데에 도움을 준다면, 고객은 훨씬 수월할 것이다.

6) 고객은 기다리는 것을 싫어한다

기다리며 보낸 시간은 항상 실제보다 4배가 더 길게 느껴진다고 한다. 특히 배고 픈 손님들에게 기다리는 시간이 얼마나 길게 느껴지는가는 말할 나위도 없다.

7) 고객이 회상하고 싶은 추억을 만든다

고객이 식당을 떠날 때 그들이 갖고 가는 것은 경험에 대한 기억들이다. 고객을 돌아오게 하는 것은 좋은 추억들이다.

8) 고객은 나쁜 경험을 기억하고 있다는 것을 알아야 한다

사람이란 좋은 경험보다는 나쁜 경험을 더 오래 그리고 더 생생히 기억한다. 또한 나쁜 경험에 관해서는 사람들에게 더 많이 이야기한다.

결론적으로 보면, 한 번의 고객을 유지하기 위한 마케팅 비용이 10,000원 든다면, 그 고객을 잃어버리는 시간은 10초 걸리고, 잃어버린 고객을 다시 방문하게 하는 데 걸리는 시간은 10년 걸린다는 유명한 일화가 있다는 것을 잊지 말아야 할 것이다.

미니사례 9·2_____

마케팅 말고 콘셉팅하라
경쟁력의 스케일이 다른 콘셉트 주점

소비자들이 '콘셉트'를 갈구하기 시작했다. 지난해 가성비와 소확행에 집착했던 소비자들이 콘셉트를 찾아 빠르게 이동 중이다. 평범한 행위 하나에도 자신만의 색깔을 담아내고 싶어 하는 이들의 마음을 사로잡고 싶다면 고민하지 말고 지금 바로 스토리를 만들고 '콘셉팅'을 시작할 것

최근 SNS에서 핫하게 뜨고 있는 주점 세 곳을 찾아가 봤다. 홍대의 '김영태의 이자카야 마을_유메노요코쵸'와 '조선시대' 그리고 강남역의 '아트몬스터'다. 하나같은 공통점은 껍데기만 화려한 것이 아니었다는 거다. 외관에서 풍기는 인상을 비롯해 건물 입구까지 이어지는 좁은 길, 내부 공간구성, 심지어는 벽에 붙은 그림과 바닥에 깔린 타일 하나에도 의미를 부여했다. '이것은 무엇이냐'고 질문하는 족족 거기에 담긴 스토리와 콘셉트가 줄줄 흘러나왔다.

인스타그램에서 세 곳을 검색해 봤다. 인스타그래머들은 하나같이 동일한 공간에서 동일한 포즈의 사진을 찍어 올린 뒤 '갬성' '컨셉러' 같은 해시태그를 걸어 놨다. 기획자의 연출된 의도가 소비자 심리를 관통하고 있는 것. 이제는 마케터가 아닌 콘셉터가 되어야 하는 이유다.

밥집이 아닌 술집에서 유난히 독특한 콘셉트를 많이 찾아볼 수 있는 것은 밥집에 비해 술집이 매력을 어필할 수 있는 요소가 상대적으로 적기 때문이다. 주점 프랜차이즈 미술관의 기획·운영을 총괄하는 나대호 이사는 "음식점의 경우 경쟁력 있는 단일메뉴 하나만으로도 성공할 수 있지만 주점은 그렇지 않다"며 "술과 안주, 분위기는 물론 이를 아우를 수 있는 콘셉트가 반드시 있어야 한다"고 말했다.

하지만 지나치게 과장된 콘셉트는 오히려 반감을 살 수 있다. 압구정의 칵테

일 바 '계곡'은 지난해 오픈 직후 '성매매 업소를 연상케 하는 디자인'으로 논란에 휩싸인 적이 있다. 지상에서 지하 매장으로 연결되는 입구이자 대기공간을 통유리와 붉은색 조명으로 장식해 의도적으로 '홍등가' 분위기를 조성해 놓았다는 것. 실제 이곳의 고객 대부분은 젊은 여성으로 이들이 대기공간에서 입장을 기다리는 모습은 마치 성매매 업소의 그것과 매우 흡사해 보인다. 술집 측도 이를 의식한 듯 '여기는 사창가가 아닌 바(Bar)'라는 영어 문구를 적어두었지만 이마저 의도적인 연출이라는 의견이 많다.

❖사장님만 알고 있는 콘셉트는 안 돼요!

브랜드에 '콘셉트를 담았다'며 자랑하는 이들 중 상당수는 놀랍게도 자기만의 감성에 심취해 있는 '나홀로 콘셉터'다. 고객은 사장님의 '마음의 소리'를 읽어내는 재주가 없다. 시각화를 통해 표현해야만 알아주는 법이다.

❖사진 찍고 싶어지는 '갬성'연출

콘셉팅을 시각화했다면 다음은 여기에 감성을 입혀 고객의 가방에서 휴대폰을 꺼내게 할 차례. 감성보다 매력적인 '갬성'을 자극할 수 있는 콘셉트 가득한 포토존 연출은 필수다.

❖아주 새롭지 않아도 OK

콘셉트란 '전혀 새로운 것'이 아니다. 이미 있는 것들을 살짝 비틀거나 깊이 있게 파고들어 나만의 색깔을 연출하는 것이 바로 콘셉팅이다. 김영태의 이자카야 마을_유메노요코쵸는 이자카야를, '조선시대'는 흔하디흔한 전통주막에 자신만의 스토리를 입혀 콘셉팅에 성공했다.

① 테마파크 연상케 하는 '이자카야 마을'
　　김영태의 이자카야 마을_유메노요코쵸

'김영태의 이자카야 마을'은 외식 콘셉트 개발자 김영태 대표의 대표적인 브랜드다. 지난 2016년 구로 1호점으로 시작해 2017년 홍대에 2호점과 3호점을 추가로 오픈, 현재 세 개의 매장이 각기 다른 콘셉트로 운영 중이다.

　이 중 콘셉팅에 가장 공을 들인 매장은 '유메노요코쵸'라는 별칭을 붙인 홍대 2호점. 이곳의 콘셉트는 '꿈에 본 거리'다.

• 메인 콘셉트_꿈에 본 거리

홍대 2호점의 별칭이자 부제이기도 한 '유메노요코쵸(夢の横丁)'는 '꿈에 본 거리'라는 의미다. 커다란 목조건물 전체를 이자카야 테마파크처럼 꾸미며 마치 일본에 와 있는 듯한 착각을 불러일으킨다.

김영태·서우리 대표 부부가 꿈에 본 거리라는 콘셉트를 구현하고자 선택한 장소는 오피스 빌딩과 주택가가 모여 있는 홍대입구역 1번 출구 뒤쪽이다. 평범한 뒷골목을 걷다가 갑자기 마주치는 '꿈 같은 이자카야 마을'의 느낌을 극대화하고자 유흥가나 번화가가 아닌 B급 상권을 택했다.

"낮에는 동네 분위기에 조용히 묻혀 있다가 저녁이 되면 조명과 함께 서서히 모습을 드러내는 곳. 길을 걷다 보니 어느 순간 일본 이자카야 마을에 와 있는, 신비로운 꿈을 꾸고 있는 듯한 느낌을 콘셉트로 했다." 이러한 스토리 때문일까, 주변 경관과 전혀 어울리지 않는 건물 모습이 이질감이나 어색함이 아닌 신비함으로 다가온다.

• 메뉴 콘셉트_기본기·가성비·시그니처

인기메뉴는 탕류와 생선회, 초밥류다. 저가형 이자카야의 상당수가 신선 안주와 식사메뉴에 취약하다는 것에 착안해 계절별 시그니처 메뉴를 개발하고, 선도 높은 생선회와 초밥류를 합리적인 가격에 제공하는 방식으로 메뉴 경쟁력을 높였다.

탕&전골, 샐러드, 볶음, 구이, 꼬치, 튀김, 초밥, 회 등 60여 가지의 다양한 메뉴 가운데 특히 자신하는 것은 생선회와 초밥류다. 이자카야 마을 외에 스시뷔페로 유명한 강남의 '스시메이진'과 해산물 이자카야 '실비수산식당'을 함께 운영 중인 노하우를 살려 가성비 높은 회와 초밥 메뉴를 선보이고 있다. 회와 초밥 등 활어를 포함한 생선류를 다루는 전문 조리사를 따로 둘 정도로 신선 메뉴 품질관리에 많은 투자를 하고 있다. 그 결과 주변에 '초밥이 맛있는 곳'으로 입소문 나 초밥 포장이나 배달에 따른 부가매출도 쏠쏠하다.

김영태 대표는 '술집은 술이 아닌 안주로 승부해야 살아남는다'는 철학이 확고하다. 결과적으로는 돈을 내는 사람이 부담스럽지 않고 기분 좋아야 한다는 것. 초창기 메뉴개발 전권을 주방장에게 위임했던 것에서 벗어나 최근에는 기획에서 상품화까지의 전 과정을 직접 지휘하며 메뉴 완성도 높이기에 집중하고 있다. 대표적인 것이 겨울 계절메뉴로 출시한 전복가리비전골과 토마토가리비스튜, 가리비술찜 등 가리비 일품요리 시리즈. 가성비 높은 식재료 가리비를 넉넉하게 사용한 이들 메뉴는 맛과 비주얼 만족도를 동시에 충족시키며 인기메뉴로 자리 잡았다.

• 분위기 콘셉트_에도시대와 쇼와시대, 현대 일본

　유메노요코쵸의 시대적 배경은 에도시대(1603~1867년)와 쇼와시대(1926~1989년)다. 일본 사극에 등장할 법한 에도시대의 예스러운 분위기와 레트로풍의 쇼와시대, 현대 일본의 거리 모습을 적절히 버무려냈다. 에도시대라는 모티브는 에도시대 마을을 콘셉트로 한 도쿄의 온천 테마파크 '오오에도 온천 이야기(大江戶溫泉物語)'에서 따왔다. 쇼와시대의 감성은 신요코하마 라멘박물관(新横浜ラーメン博物館)을 참고했다. 1958년도 일본 거리를 재현해 놓은 신요코하마 라멘박물관의 모습은 요즘 우리나라에서 유행하는 레트로 콘셉트와도 맥을 같이한다. 여기에 후쿠오카 텐진의 포장마차 거리와 도쿄 츠키지 시장의 초밥집 거리 등 현대 일본의 요소를 접목해 과거와 현재가 공존하는 독특한 분위기를 만들어냈다.

• 이벤트 콘셉트_복고풍이 묻어나는 다양한 거리

　에도와 쇼와 분위기를 연출하기 위해 가장 공을 들인 부분은 목조공사다. 건물 외부에 목재 덧대는 작업을 포함해 건물 전체를 복고풍의 목조건물로 탈바꿈하는 데 꼬박 3개월을 투자했다. 흉내 내기 차원이 아닌 제대로 된 건축물을 완성하고자 직영 인테리어팀과 함께 일본을 수차례 오가며 완성도를 높였다.

　외관 곳곳에는 각기 다른 간판을 달아 마치 커다란 건물의 위아래 층에 여러 개의 가게가 모여 있는 듯한 이자카야 마을 분위기를 연출했다.

출처 : 월간식당, 2019. 02. 18일자, 글-박선정 기자, 사진-이종호 차장

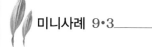

미니사례 9·3____

조명으로 매출 20% 올리는 법. 매출을 밝혀라!

전쟁터 같은 외식업계에서 살아남으려면 음식의 맛은 기본, 오감 만족으로 고객을 감동시켜야 한다. 특히 요리의 첫인상을 좌우하는 시각(비주얼)은 조명에 의해 결정되는데 색, 온도, 밝기 등에 따라 고객이 느끼는 맛은 확연히 다르다. 최근 조명이 기능적인 역할과 더불어 매장의 이미지를 표현하는 중요한 인테리어 요소로 자리 잡았다. 오브제로서 눈을 즐겁게 하고 더 나아가 고객이 원하는 분위기를 조성해서 재방문율과 매출 상승에도 영향을 미칠 수 있다는 것이 전문가들의 이야기다.

❖음식을 더욱 맛있고 근사하게

고객은 맛있는 음식을 보면 입맛을 다시면서 인증샷을 찍기 위해 휴대폰을 꺼내 든다. 하지만 식당에 따라 음식을 봐도 식욕이 생기지 않는 경우가 있다. 많은 사람이 음식을 맛으로 평가하기도 하지만 먹기 전에 시각적인 것으로도 먼저 평가하기 때문이다. 음식을 내놓았을 때 입맛이 당기는 것과 아닌 것의 차이는 냄새, 데커레이션, 식기의 종류 등 많은 것이 영향을 미치겠지만 조명 때문이기도 하다.

심리적으로 식욕을 자극하는 색깔은 따뜻한 느낌의 오렌지색 계열이다. 식당에서 주황빛이 도는 전구색 조명을 많이 사용하는 이유다. 전구색 조명은 더운 음식을 더 따뜻하게 느껴지도록 하고 요리에 광택과 윤기를 준다.

반면 형광등은 파란색이 감도는 흰빛이기 때문에 찬 음식을 더욱 차게 느끼게 하고 샐러드나 녹색 음식을 더욱 선명하게 해준다. 식당에 형광등만 설치하면 붉은빛이 부족해서 요리의 매력을 잃게 만든다는 단점이 있기 때문에 전구색 조명의 사용으로 이런 단점을 보완해야 한다.

❖조명, 레스토랑 공간 연출의 완성

음식의 맛과 함께 식당 선택의 중요한 요소로 작용하는 것이 분위기다. 고객은 자신이 방문한 매장에서 원하는 분위기를 경험함으로써 정서적인 만족을 느낀다. 분위기에 결정적 영향을 미치는 것이 바로 조명이다. 조명은 회전율과 재방문을 결정한다.

음식 단가가 올라갈수록 고객은 고급스러운 분위기를 기대한다. 오래 머물면서 대화를 나눌 수 있는 아늑하면서도 차분한 분위기를 선호하는 것이다. 이럴 때는 매장의 전반적인 조도를 낮추고 테이블의 조도는 상대적으로 높여서 빛으로 공간을 구분 짓는 조명 연출이 필요하다.

오픈 주방의 경우 주방 내부는 조명을 밝게 하고 바깥을 어둡게 만들면 주방을 하나의 볼거리로 강조시키는 방법이 된다. 주방 안에서 요리하는 모습이나 동적인 모습을 엔터테인먼트적인 요소로 활용하는 것이다.

영업시간에 따라 조명의 밝기도 달라져야 한다. 식사 위주인 점심시간에는 밝은 조명으로 회전율을 높이고 주류 판매가 늘어나는 저녁시간에는 조도를 낮춰서 좀 더 편안한 분위기를 연출한다. 이외에도 고객층, 상권, 자연광의 활용 등 여러 조건에 따라 조명이 달라져야 한다고 전문가들은 조언한다.

❖업종별 조명 트렌드 & 매장 적용 사례

외식업소에서 조명의 역할이 점점 더 중요해지고 있다. 조명 하나로 매장의 콘셉트를 나타내는가 하면 조명 연출을 어떻게 하느냐에 따라 객단가도 달라진다. 각 분야 전문가가 추천하는 업종별 조명 트렌드와 설치 사례를 소개한다.

• Case Study 01_한식당 – 조명에 따라 달라지는 분위기

한식당은 대개 전통적이면서도 고급스러운 분위기를 내기 위해 한지 등을 많이 사용한다. 하지만 최근에는 카페형 인테리어가 인기를 끌면서 트렌디하면서도 젊은 감각의 조명을 설치하는 한식당도 늘고 있다.

• Case Study 02_파인다이닝 – 조명 하나만 바꿔도 객단가가 올라간다

　음식 가격대가 높아질수록 분위기에 대한 고객의 기대수준이 높아진다. 따라서 고급 레스토랑의 경우 분위기 연출요소로서 조명이 중요하다. 특히 이탈리안이나 프렌치 레스토랑에서는 식사에 와인 등 주류를 곁들이는 경우가 많은데 이때 조명 연출을 어떻게 하느냐에 따라 매출이 달라지기도 한다.

• Case Study 03_카페 & 베이커리 – 심플하고 모던한 북유럽풍 조명 대세

　외식업계가 카페형 인테리어를 지향하면서 카페에 설치되는 조명이 트렌드를 이끌고 있다고 해도 과언이 아니다. 몇 년 전부터 인더스트리얼 인테리어의 영향으로 심플하고 모던한 철제 느낌의 조명기구를 많이 찾는가 하면 최근에는 북유럽풍 가구가 인기를 끌면서 덴마크나 핀란드 등 북유럽 디자이너들의 조명을 찾는 곳도 늘고 있다.

출처 : 월간식당, 2017. 12. 11일자, 글-이동은 기자, 사진-이종호 팀장, 각 업체 제공

PART_4

외식산업의 운영실무

외식산업의 운영지침

Chapter_10

01 외식산업의 운영지침 준비

1. 운영지침의 중요성

음식 서비스의 운영지침서나 운영 매뉴얼을 준비해 나가는 것은 사업계획에 있어 중요한 첫 단계가 될 수 있다. 잘 준비된 운영지침서는 음식 서비스설비에 있어 사업자의 기대나 의도하려는 부분을 잘 나타내줄 수 있다. 또한 운영지침서는 건축업자나 음식 서비스 컨설턴트 외에도 다른 부문의 전문가들에게 기획하고 디자인하는 데 도움을 줄 수 있다.

운영지침서는 음식 서비스시설을 운영하는 데 있어 경영방침이나 목적 그리고 이러한 것들을 결정하는 데 영향을 미칠 수 있다. 과거 경험에서 알 수 있듯이 운영지침서가 상세하게 작성되었다면 나머지 단계는 보다 쉬워질 수 있다.

따라서 운영지침서는 특정한 사업에 있어 개념적인 전략을 제시하여줄 수 있어야 한다. 즉 마케팅·회계·운영 정책 및 그 밖의 다른 특성과 관련된 개념들이 운영지침서에 포함될 수 있어야 한다.

운영지침서의 개발로서 총체적인 디자인개념에 영향을 주는 모든 요소들과 이와 관련된 요소들에는 어떠한 것이 있는지를 파악할 수 있도록 조직적인 접근이 가능하게 된다. 운영지침서는 계획을 위한 지침이 될 수 있기 때문에 계획이 진행되어

가면서 정보나 결정이 바뀔 수 있으며 때로는 이것이 바람직할 수도 있다. 이러한 변화는 많은 정보가 수집되면서 새로운 아이디어나 개념들이 개발되는 것을 조명할 수 있으며, 아울러 최종적 디자인을 향상시키려는 목적과 더불어 변화되어야 한다. 제안된 정보분야들은 운영지침서에 포함될 수 있으며, 결국 대략적인 양식에서 제시된다. 대략적인 것은 제일 먼저 상업적 음식 서비스시설에 중점을 두기도 하지만, 다른 유형의 운영목적으로 쓰이기도 한다. 운영지침서 안에 포함되는 여러 요소들 간의 상호 유기적 관계를 보여주는 것은 매우 중요할 수 있다.

2. 고객 및 이용자의 특성

운영지침서를 시작하기 위한 가장 좋은 방법은 디자인이 잘 된 음식 서비스설비를 사용하는 잠재고객이나 이용자들을 조사하고 분석하는 일이다. 따라서 다음과 같은 범주의 여러 항목별 특성으로 바람직한 정보의 체계가 인식되고 마련되어야 한다.

1) 직업

이용자나 고객의 직업을 파악하는 것은 사업계획의 결정에 있어 매우 중요할 수 있으며, 또한 운영지침서의 기타 다른 요소들을 위해서도 중요하다. 이렇게 파악된 정보들은 계획진행과정 중 후반부에서 이용되기도 한다. 메뉴개발·음식 크기·서비스방법·가격·식사분위기 등의 여러 유형들은 잠재고객과 이용자들의 직업을 적절히 파악하는 데 있다. 주어진 분야에서의 직업 데이터는 인구조사 자료나 지방상공회의소로부터 얻을 수 있다. 대체로 계획단계는 특정 그룹은 물론 여러 분류의 직업을 위해 디자인될 것이다.

2) 소득수준

연간 소득수준 또한 인구조사자료나 상공회의소로부터 얻을 수 있다. 다양한 곳의 자료로부터 얻은 정보들은 가족소득을 나타낼 수 있다. 말할 것도 없이 소득수준이 높을수록 외식의 기회는 많을 것이다. 고소득층의 고객을 표적으로 한다면 음식 서비스 설비들은 질적으로 상당한 주의를 기울여 디자인되어야 한다. 운영지침서를 위한 소득자료는 개인이나 가족단위의 그룹 비율로 나타날 수 있다. 특정 지역에서 개발되어질 음식 서비스 시설들은 소득수준과 상호 관련되어야 한다.

3) 연령

음식 서비스 시설을 이용하는 잠재고객이나 이용자의 연령대를 파악하는 것은 메뉴개발이나 식사하는 곳의 분위기를 파악하는 데 중요한 자료가 될 수 있다. 메뉴에 올려지는 음식종류별 유형이라든지, 음식의 크기·가격 등은 고객을 유인하거나 지속적으로 확보하기 위해 특정 연령대의 고객들에게 맞추어져야 한다. 10대 청소년들이나 중장년층의 젊은이들은 식사할 때 실내 분위기에 민감하므로 이러한 요소는 고객들이 어떤 곳에서 식사할 것인지를 결정하는 데 중요한 요소가 될 수 있다. 인구조사는 특정지역에서의 연령별 데이터를 수집하는 데 이용될 수 있다.

4) 성별

음식 서비스 시설들은 우선적으로 남성 또는 여성이 가지고 있는 특성을 위해 디자인된다. 예를 들어, 여성들을 위해 디자인된 시설들은 유쾌한 실내 분위기, 넓고 안락한 휴게실, 특이한 장식물, 특별 메뉴 등으로 특성이 부각될 수 있다. 음식의 양을 적게 하는 것도 여성들에게 호감을 줄 수 있다. 반면 남자를 위해 디자인된 설비들은 딱딱하게 공식적이지 않으며, 충분한 식사량과 더불어 다양한 메뉴를 제공할 필요가 있다.

5) 교육수준

고객들의 교육적 수준은 외식의 소비습관에 있어 중요한 고려요소로서 인식되어 왔다. 일반적으로 교육수준이 높으면 외식 빈도는 높아지는 것으로 알려져 있다. 또한 교육수준은 고객들이 새로운 또는 다양한 음식을 맛보려는 욕구와 다양한 메뉴항목 선택결정에 영향을 미치는 것으로 보인다.

6) 동기

고객들이 외식하려는 동기를 파악하는 것은 기획자나 사업자에게 성공적인 음식 서비스 시설을 운영하는 데 도움을 줄 수 있다. 이러한 외식동기요소의 이해는 음식 서비스 시설의 전반적인 판매나 홍보를 향상시키는 데 도움이 될 수 있다.

7) 소비습관

식사의 소비습관은 직업·연령·소득 및 그 밖의 다른 요소들과 관련이 있으며, 정확히 측정하기가 매우 어렵다. 다른 종류의 항목들, 즉 자동차·가구·생활사치품 등의 물품에 대한 소비를 연구·분석하는 것은 사람들이 얼마나 많이 외식소비를 하는가를 나타내줄 수 있다. 일반적으로 외식비지출액은 대부분 연령층에 있어서 공통적으로 증가추세에 있다. 이러한 경향들은 특히 젊은 세대에서 명확히 나타나고 있다.

8) 외식관련 활동

음식 서비스 설비의 전반적인 디자인계획에 있어 또 다른 지침요소는 잠재고객이 포함되는 외식관련 활동을 파악하는 데 있다. 이러한 많은 외식관련 활동은 특정위치나 지역에 제한적으로 반영되고 특정입지가 선정되기 전에는 큰 의미가 없다. 외식과 관련된 활동을 요약하면 다음과 같다.

① 쇼핑
② 여행
③ 회의참석
④ 방문
⑤ 상용회의
⑥ 스포츠·극장관람 등의 오락활동
⑦ 사교모임

이러한 외식관련 활동을 분석·평가하는 것은 음식 서비스 시설 운영을 위한 연회장, 칵테일 라운지 및 회의실처럼 특별한 시설들을 디자인하는 데 도움을 줄 수 있다.

9) 도착유형

고객들의 도착유형에 따른 디자인 결정 고려요소에는 식사 테이블의 크기와 좌석의 배열, 서빙시간 등이 있다. 도착유형은 운영시간의 피크타임이라는 견지에서 볼 때 설비 디자인에 영향을 미칠 수 있다. 방문고객수와 고객의 그룹별 형태를 측정하는 것은 바로 이러한 목적을 위해 필요할 수 있다. 단위시간당 고객도착 유형의 관점에서 볼 때 추가적인 정보는 때때로 측정되어질 수 있으며, 계획단계에 많은 도움을 줄 수 있다. 분당 또는 시간당 식사를 제공받는 고객의 수를 파악하는 것은 음식 서비스 설비계획에 필요한 디자인결정에 지침이 될 수 있다.

10) 부가적 요소

고객이나 이용자의 여러 항목별 특성 이외에 부가적인 다른 요소를 파악하는 것은 디자인 목적에 유용할 수 있다. 이러한 부가적 요소들의 중요성과 필요성은 사업자 당사자나 음식 서비스 컨설턴트에 의해 결정되어질 수 있다.

부가적인 요소들은 다음과 같다.

① 인종적 배경
② 음식 기호
③ 먹는 습관
④ 서비스 기호
⑤ 결혼 여부
⑥ 교통수단
⑦ 외식 선호 주기
⑧ 외식하고 싶은 날

고객과 관련된 많은 정보들은 운영지침서의 나머지 부문 개발에 이용될 수 있다. 이러한 정보는 적절한 메뉴개발과 서비스유형 및 분위기 그리고 음식 서비스 설비의 운영특성에 결정적일 수 있다. 운영지침서의 이러한 분야들의 개발은 시장 특성과 밀접한 관련을 맺고 있다.

02 메뉴의 개발

외식업체의 메뉴는 신중하게 개발하여야 한다. 메뉴의 종류에 따라 외식업체의 배치와 그 밖의 설계가 달라지기 때문이다. 메뉴는 여러 가지 음식의 아이템들을 준비하기 위한 정보의 원천이다. 메뉴가 요구하는 조리절차와 진행과정을 고려하여 공간과 장비를 결정하여야 한다. 그리고 메뉴는 판매 창출과 유지를 위한 판매촉진 계획을 세우는 데 영향을 준다. 소유주나 외식업체 컨설턴트는 메뉴의 외식시설 설계에 미치는 영향을 충분히 고려하여 메뉴를 개발하여야 할 것이다. 메뉴를 개발할 때에는 판매되는 시장의 환경과 생산의 용이성, 그리고 레이아웃이 고려되어야 한다.

메뉴는 형태에 따라 다른 특성을 가지고 있기 때문에 다양한 음식 아이템을 개발할 때에는 그 아이템을 관리하는 감독자나 종업원의 형태, 종업원 트레이닝에 영향을 준다. 표본 메뉴가 제시되지 못하면 운영지침서는 완성된 것이라 볼 수 없다.

1. 메뉴가 변화하는 빈도에 의한 분류

메뉴를 개발할 때 가장 먼저 결정하여야 할 사항은 메뉴를 얼마나 자주 교체할 것인지에 관한 것이다. 메뉴는 전혀 변화하지 않은 고정된 메뉴일 수도 있고, 매일 변화하는 메뉴가 될 수도 있다. 메뉴에 관한 의사결정 시 이러한 변화빈도에 대한 결정이 중요한 이유는 각종 창업계획의 진행절차가 메뉴의 변화빈도에 의해 크게 바뀔 수 있기 때문이다.

고정된 메뉴를 제공하는 외식업체의 시설계획은 매일 변화되는 메뉴를 제공하는 업체에 비해 훨씬 간단할 수밖에 없다. 매일 변화되는 메뉴는 주로 단체급식에서 많이 사용되고 있다. 그러나 일반 외식업체는 그 업체만의 특성을 살린 메뉴로 자유롭게 메뉴를 개발하는 것이 좋다. 예를 들면, 특정식사를 할 때에는 고정메뉴를, 다른 식사에는 변화메뉴를 사용할 수 있다.

일반적으로 아침식사 시에는 주로 고정메뉴를, 점심과 저녁식사 시에는 주로 변화메뉴를 사용한다. 이러한 메뉴 변화빈도에 따른 메뉴의 구분은 다음에 잘 나타나 있다.

1) 완전한 고정메뉴

많은 패스트푸드와 전문적인 업체의 운영에서는 완성된 고정메뉴를 사용한다. 고정메뉴란 고객에게 제공될 메뉴항목을 메뉴판에 인쇄하여 일정기간 동안 같은 항목을 반복하여 제공하는 메뉴를 말한다. 메뉴에 변화를 주고자 할 때는 메뉴의 인기도·수익성·생산용량 등을 고려하여 메뉴항목을 첨가하거나 삭제한다.

2) 계절적 변화에 따른 고정메뉴

계절에 따른 메뉴변화는 계절적인 음식의 아이템에 있어서 시기적절하게 사용된다. 대개 이러한 형태의 변화는 적어도 1년에 2~4회 시도하는 것이 좋다. 이러한 변화는 대개 메뉴 아이템을 완전하게 변화시키는 것은 아니고, 계절에 따라 인기 있는 메뉴항목들에 주로 국한된다.

3) 그날의 특별요리만 변화시키는 고정메뉴

고정메뉴가 변형된 하나의 형태로 분류될 수 있다. 그날의 특별요리는 매일 바뀔 수 있고, 그 변화내용은 메뉴판이나 게시판에 명확히 기재되어 있어야 한다. 이러한 메뉴는 단순한 고정메뉴의 형태가 이상적이지만, 반복고객의 식상함을 극복하기 위하여 제공된다.

4) 매일 변화하는 메뉴

이러한 메뉴변화의 형태는 운영에 있어서 완벽한 형태를 띠어야 한다. 이것은 메뉴에서 매우 제한된 음식 아이템을 유지할 수 있어야 하고, 반복 고객이 많을 때 사용된다. 휴양지나 리조트나 캠프장 주변의 고정고객을 위한 메뉴로 적합하다. 또한 제한된 시간이나 기간에만 영업하는 경우에도 적합한 메뉴이다.

5) 주기적으로 반복되면서 매일 변화하는 메뉴

메뉴를 주기적으로 변화시키는 형태는 외식사업의 운영에 있어서 반복적으로 사용되어 왔다. 예를 들어 직원식당·학교급식 및 산업체급식의 사업에서 널리 사용된다. 변화의 주기는 대개 2~6주까지 이루어진다. 계절적인 변화들도 이러한 메뉴변화에 따라 고려될 수 있다.

6) 표준 아이템에 추가로 주는 변화

이것은 기본적인 표준 아이템에 추가로 변화를 주는 것으로 기본 아이템에 인기 있는 즉석요리의 아이템을 추가하는 것을 말한다. 스테이크와 포크찹과 같은 항목이 대표적인 메뉴 아이템들이다. 메뉴를 개발함에 있어서 다르게 고려할 점은 메뉴의 제공형태를 결정해야 한다는 것이다. 일부 고객은 정식(세트)메뉴를 선호하기도 하지만, 고객들은 대부분 일품요리a la carte를 선택한다. 대부분 개인적으로 일품요리를 선택할 경우에도 정식메뉴를 주문하여 식사할 경우와 동일한 서비스를 기대하게 된다. 그래서 정식요리와 일품요리가 결합된 식사가 일정한 시간에 주어져야 하는 것이다. 또 다른 변화의 가능성으로서 아침식사에는 정식요리를 제공하고, 점심 및 저녁식사에는 일품요리를 제공하는 것이다.

2. 메뉴의 형태

1) 품목변화 정도에 의한 분류

(1) 고정메뉴

고정메뉴the fixed menu는 메뉴품목이 변하지 않고 지속적으로 제공되는 메뉴형태이다.

고정메뉴의 장점은 다음과 같다.
- 노동력이 감소된다.
- 재고가 감소된다.
- 통제나 조절이 용이하다.
- 품목마다 품질을 높일 수 있다.
- 남는 음식이 적다.
- 식자재 비용이 낮아진다.
- 상품에 관한 지식을 가질 수 있다.
- 상대적으로 교육훈련의 필요성이 적다.

또한 고정메뉴의 단점은 다음과 같다.
- 메뉴에 싫증을 느낀다.
- 계절변화 메뉴조정이 잘 안된다.
- 시장이 제한적이다.

(2) 주기메뉴

주기메뉴the cycle menu는 월별 또는 계절별 등과 같이 일정한 주기를 가지고 변화하는 메뉴형태이다.

주기메뉴의 장점은 다음과 같다.
- 고객에게 변화된 느낌을 줄 수 있다.
- 계절적으로 메뉴조정이 가능하다.

또한 주기메뉴의 단점은 다음과 같다.
- 메뉴가 너무 자주 순환되면 메뉴에 싫증을 낸다.
- 식자재 재고가 남을 수 있다.
- 아주 숙련된 조리사가 필요하다.

(3) 변동메뉴

변동메뉴the changing menu는 영업상황 또는 식재료가격의 변동 등을 감안하여 불규칙적으로 품목이 바뀌는 메뉴형태이다.

변동메뉴의 장점은 다음과 같다.
- 메뉴에 대한 싫증이 제거된다.
- 새로운 메뉴 아이디어를 상품화시킬 수 있다.
- 계절별·월별 또는 매일 메뉴의 변화가 가능하다.

또한 변동메뉴의 단점은 다음과 같다.
- 재고식재료가 증가된다.
- 숙련된 인력이 필요하다.
- 통제력이 저하된다.
- 노동비가 증가된다.

2) 서비스방법에 의한 분류

(1) 일품메뉴

일품메뉴a la carte menu는 일반적으로 소규모업체나 패스트푸드업체에서 많이 사용하는 메뉴형태로 메뉴 품목마다 개별적으로 가격이 책정된 메뉴이다. 즉 앙트레 뿐만 아니라 샐러드·수프·애피타이저 등을 고객의 마음대로 따로따로 주문할 수 있다.

(2) 정식메뉴

정식메뉴table d' hote menu는 호텔이나 대규모 업체에서 많이 사용하고 있는 메뉴형태로 주메뉴 외에 몇 가지 단일메뉴를 합쳐서 한 가격으로 제공하는 메뉴이다.

3. 메뉴의 제공방법과 정도

메뉴에서 매우 중대한 의사결정은 얼마나 다양한 메뉴를 제공할 것인지를 결정하는가에 달려 있다. 외식시장을 구분하여 볼 때, 거기에는 다양한 형태의 메뉴를 제공하는 외식업체가 있고, 제한된 메뉴를 제공하는 여러 가지 형태가 있다.

한정된 메뉴는 여러 가지 입장에서 볼 때 아주 바람직하다고 할 수 있다. 간단한 계획에는 설비와 간단한 아이템들 몇 가지를 포함하여 수립할 수 있고, 한정된 메뉴는 적은 공간과 최소한의 설비만을 요구할 것이다. 그러나 결점은 운영상의 이익을 달성하기 어렵고, 고객의 입장에서는 충분하게 고객 지향적이지 못하다는 것이다. 많은 종류의 메뉴들은 다양하고도 꼼꼼한 계획을 요구하는데, 이것은 생산자의 입장에서는 더욱 어려운 과제이기도 하다. 그러한 서비스들은 결과에 있어서 서비스의 속도와 설비에서 많은 공간과 비품들을 요구하기도 한다.

그러나 그러한 서비스의 특성은 더 큰 시장으로서의 접근이며, 바람직한 결과이기도 하다. 다행히 많은 곳에서 외식 서비스를 위해 다양한 형태의 메뉴뿐만 아니라 제한된 종류의 메뉴에도 적합한 설비를 유지할 수 있다. 이렇게 다양한 메뉴항목은 영업이 시작되고 고객욕구를 더 잘 파악할 수 있을 때 어느 정도 부분적으로 수정할 수 있다.

비슷한 종류의 음식들이 저녁 외의 다른 형태의 식사를 위해서 개발될 수 있다. 먼저 몇 종류의 메뉴가 식사시간에 제공될 것인가가 문제이고, 그다음 단계는 메뉴에 나타날 음식 아이템을 어떻게 선택하는가 하는 문제이다.

다음은 메뉴항목을 선별함에 있어서 고려해야 할 요소들이다.

1) 대중성을 띤 판매

이것은 성공적인 운영에 있어서 가장 중요한 문제로 발생할 수 있는 요소이므로 판매시장에서 잘 활용하여야 한다. 음식의 아이템은 신중하게 결정하여 판매하여야 하며 너무 배타적인 아이템이어서는 안된다. 여러 가지의 다양한 음식의 형태는 바람직하며, 손님들이 메뉴를 선택할 때 너무 단조롭거나 기대를 저버리는 느낌을 주어서는 안된다.

2) 음식항목의 수익성

각 음식항목별로 식재료 원가와 인건비 및 기타 비용을 공제하고도 가장 큰 이익을 남길 수 있도록 각 아이템의 세밀한 분석을 요구한다. 수익성이 높다고 하여 반드시 인기 있는 메뉴는 아니기 때문에 메뉴를 작성할 때 수익성과 인기도는 균형있게 조화를 이룰 수 있어야 한다. 메뉴는 높은 이익만을 남기는 아이템만으로 구성되어 있지 않으며, 모든 아이템이 전부 인기 있을 수는 없다는 것이다.

3) 조리방법, 용이성 및 생산속도

주방의 효율적 기능이 결과로 바로 나타나 직접적인 영향을 가져온다. 쉽게 가공처리되는 메뉴는 최소한의 시간을 투자하여 생산할 수 있고, 최소한의 노력과 최소한의 장비를 요구한다. 가공처리하기 어려운 메뉴항목들도 조리할 때 사용할 수 있게 잘 다듬고 적합한 크기로 준비될 경우 주방의 속도를 높일 수 있다. 다른 방법으로는 한 가지 도구만을 이용해서 조리할 수 있는 단일품목으로 간단하게 조리·생산해 낼 수 있도록 생산과정을 단순화시키는 것이다.

4) 재료공급과 이의 변화

메뉴의 모든 식재료 아이템에서 식재료항목을 항상 공급할 수 있으면 이상적이지만, 그렇지 못한 것이 현실이다. 만약 식재료 공급처가 계속해서 재료를 공급할 수 없다면 메뉴에 그 항목을 포함시키지 않는 것이 좋다.

각각의 음식 아이템은 공급에 따라 여러 가지에 영향을 주기도 하고, 계획을 진행시킴에 있어서 단순화를 가져올 수도 있으므로 현명한 판단을 할 수 있는 기회를 제공한다.

5) 음식 아이템 생산에 필요한 종업원

예상되는 메뉴항목을 생산하는 데 필요한 조리사의 자질·기술·경험 등이 먼저 평가되어야 한다. 계속해서 높은 품질의 음식항목을 생산할 수 없는 경우라면 메뉴에 배치하는 것은 아무런 의미가 없다.

6) 요구되는 주방장비와 사용법

메뉴에 나타나는 음식 아이템은 조리방법과 자기식당이 소유한 생산설비의 사정을 충분히 고려하여야 한다. 조심스럽게 각 음식항목을 생산하는 데 필요한 설비의 형태를 분석하여야 하고, 또한 각각의 음식 아이템을 준비하는 데 걸리는 설비의 사용시간을 충분히 검토하여야 한다. 이러한 분석은 메뉴의 개발이 끝난 뒤에 주방설비가 잘 활용되고 있는지를 확인하기 위하여 수행된다. 많은 음식 아이템은 주방설비를 보다 잘 활용할 수 있도록 언제나 수정이 가능한 것이다.

7) 1인분의 크기

1인분의 크기가 외형적인 모양새와 가격·비용 및 기타 다양한 아이템에서 충분한 양을 선호하는 고객에게는 많은 양을 제공하고, 적은 양의 메뉴를 선호하는 고객에게는 적은 양을 제공함으로써 모두에게 만족을 줄 수 있을 것이다. 시각적인 모양은 1인분의 크기를 결정할 때 고려해야 할 중요한 사항이다. 1인분의 크기와 몇 인분의 양으로 생산할 것인지에 대한 계획은 주방에서 사용할 도구나 장비의 용량을 결정하기 이전에 이루어져야 한다.

8) 적합성

음식의 색채·질감·향기 및 시각적인 특성은 음식물을 평가함에 있어서 중요한 항목들이다. 정식을 주로 판매하는 외식업체 운영은 서로 잘 어울리는 음식항목을 조심스럽게 선택할 수 있어야 한다.

9) 가격 책정

고객들은 자신들이 지불한 가격에 대해 메뉴의 가치를 감각적으로 느끼고 싶어한다. 이것은 낮은 가격의 아이템을 메뉴에 첨가함으로써 고객들이 지불하는 메뉴가격에 대해 적절한 가격을 지불하고 있다는 확신을 심어줄 수 있다. 제안해서 2가지의 메뉴를 결정할 수 있게 할 수도 있고, 또 높은 가격의 메뉴 아이템을 제안함으로써 고객들에게 높은 가격을 제시할 수도 있는 것이다. 가격 결정 시 주의하여야 할 사항은 고객들의 소비패턴이 충분하게 고려되어 가격에 반영되어야 한다는 것이다.

메뉴개발의 중요성은 아무리 강조하여도 지나치지 않다. 특정 외식업체의 메뉴결정에 따라 외식설비도 큰 영향을 받게 된다. 메뉴개발은 가장 중요하게는 그 업체의 수익성과 직결되며, 그 외에 크기·설계·레이아웃·비품·판촉활동 및 업체 운영방침에 영향을 미치는 것이다. 메뉴결정은 장비의 효율적 활용과 균형 잡힌 작업일정을 짜는 데도 중요할 뿐만 아니라, 일단 외식업체가 계획되고 건설되어 영업을 시작한 후에도 계속해서 큰 영향을 미치게 되는 것이다. 실제로 외식업체의 관리는 메뉴에서 시작해서 메뉴로 끝난다고도 할 수 있다. 성공적인 외식업체의 운영을 위하여 메뉴의 역할은 아무리 강조하여도 지나치지 않을 것이다.

03 서비스

외식업체의 서비스형태와 기준은 잠재고객들의 특성과 제공될 메뉴에 의해 결정된다. 특정업체의 서비스는 자기업체의 전반적인 이미지나 특색과 모순이 없어야 하며, 다양한 요소와 함께 일관성 있게 제공되어야 한다. 이러한 서비스의 형태는 어느 정도 변형이 가능하지만, 대부분 고객들은 제공되는 메뉴에 따라 기대하는 서비스의 형태에 대해 특정의 연상을 하게 된다. 따라서 제공되는 메뉴에 적합하지 않은 서비스의 형태는 바람직하지 못하다.

1. 형태

일반적으로 외식업을 시작하기 전에 고려하여야 할 두 가지 기본적 서비스방법들이 있다. 이는 서비스부문과 셀프 서비스부문이다. 서비스부문은 직접적으로 음식을 제공할 때 웨이터 또는 웨이트리스나 다른 직원이 서빙한다. 서비스부문의 중요한 유형은 테이블 서비스, 카운터 서비스, 부스 서비스, 트레이 서비스 그리고 룸

서비스 등으로 나눌 수 있다.

서비스부문에서 각각의 유형과 관련된 디자인과 운영상의 고려는 각각의 서비스를 결정하기 전 단계에서 정해진다. 웨이터 또는 웨이트리스를 통한 테이블 서비스 운영은 여유 있는 식사를 즐기고, 휴식을 바라는 사람들에게 선호된다. 따라서 일반적 테이블 서비스의 운영은 다른 유형의 서비스부문보다 더 많은 좌석당 공간 점유율을 요구한다.

카운터 서비스는 빠른 식사를 원하는 개인들에게 적당하다. 제한된 메뉴와 고객의 높은 회전율을 바라는 아침과 점심시간의 운영에 이상적이다. 카운터 서비스의 운영은 음식준비와 서비스가 같은 장소에서 행해지므로 최소공간을 필요로 한다.

부스booth 서비스의 운영은 보통 먹는 동안 약간의 프라이버시를 원하는 10대들과 젊은 작업자 및 여행자들이 선호한다. 부스 서비스의 이용은 대규모 시장으로 음식 공급을 희망하는 중간가격대의 시설에 권하여진다. 부스 서비스는 다양한 메뉴는 물론, 제한된 메뉴에도 양쪽 다 이용될 수 있다. 더 많은 다양한 사람들에게 흥미를 끌려는 시도로 테이블·카운터 그리고 부스 서비스부문을 결합시켜 단일 시설로 사용할 수 있다. 각각의 서비스에 제공할 좌석수는 도착하는 고객 패턴에 의존한다. 카운터와 부스 서비스는 많은 인원의 단체고객에게는 이용되지 않는다.

트레이tray 서비스부문은 주로 병원과 기내식과 드라이브 인의 운영에서 이용된다. 특별한 디자인은 이런 종류들의 시설에서 음식의 결합작업·저장·배치에 필요하다. 룸서비스는 호텔·모텔·모터 인·리조트를 위한 전문형태의 서비스부문이다. 이 서비스형태의 시설은 룸서비스 카트를 놓아둘 개별공간을 필요로 한다.

셀프 서비스부문의 주요 유형은 카페테리아 서비스, 뷔페 서비스, 테이크아웃take-out 서비스와 자동판매 부문이다. 셀프 서비스부문은 많은 사람들에게 빠른 서비스가 필요할 때 선택된다. 카페테리아 서비스부문은 바쁜 쇼핑객들·실업가들의 가족들에게 적당하다. 요리에서 주문구역이 제공될지라도 보통 중저가로 준비된 식사가 특징이다. 뷔페 서비스는 다른 종류의 서비스와 겸하거나 단독으로 사용될 수 있다.

몇몇 운영에서는 특별한 식사와 아침 또는 점심 및 다른 식사를 위한 다른 종류의 서비스에 뷔페 서비스 이용을 결정할 수도 있다. 뷔페 서비스는 특별한 날이나 보통 더 많은 사람들이 참석한 행사에 매우 적합하다. 테이크아웃 서비스는 저가와 제한된 메뉴운영에 매우 인기 있게 되었다. 테이크아웃 서비스는 빠른 식사에 대한 요구를 충족시켜 줌으로써 대규모 시장에서 흥미를 끈다. 자동판매부문은 학교·공공단체·공장에서 중간식사 스낵이나 제한된 시간의 식사에 전형적이다. 시설을 위해 서비스형태가 디자인 결정에 큰 영향을 주기 때문이다.

제공될 서비스형태는 서빙장비형태와 필요한 서빙인원을 결정할 것이다. 서비스의 형태를 계획하는 사람은 서빙 또는 식사지역에서 서비스인원의 동선을 평가하여야 한다. 이는 음료 서비스에 대한 조항 또는 운영지침서의 일부로 평가될 것이며, 주류가 많이 팔릴 것을 예상했을 때 중요하다. 이때 확정된 서비스와 관련된 다른 부분은 음식시설에서 요구되는 서비스의 기준을 포함시킨다. 테이블 덮개·식기류·유리제품·접시류의 선택은 메뉴와 서비스방법을 반영해야 한다. 이러한 항목과 관련된 결정들은 단순하고 통일된 디자인을 제공하기 위해서 초기에 이루어져야 한다.

2. 분위기

운영지침서를 준비하는 데 있어 다른 중요한 면은 음식시설에 요구되는 바람직한 식사분위기를 찾아내는 것이다. 계획취지를 위해 고객과 메뉴제공 및 서비스방법과 연관된 환경형태에 관한 간단한 설명이 필요하다. 메뉴 제공과 서비스방식은 어느 정도까지는 그 업체의 분위기를 잘 반영할 수 있어야 한다. 이 두 요인들은 잠재적 고객들의 기대와 일치될 때 계획될 분위기의 형태에 단서를 제공할 것이다. 예를 들어, 주요고객 그룹이 여성 쇼핑고객들로 구성된다면 카페테리아 서비스와 중간가격대의 메뉴제공은 자연스럽다. 조용하고, 화려하고, 매력적으로 장식된 식사장소의 규정은 계획을 완성할 것이다.

많은 요인들이 식사 분위기를 구성한다 해도 계획과정단계에서 분위기를 확정하는 가장 쉬운 방법은 기술적 특징에 의한 것이다. 사용되는 보통조건은 형식적, 비형식적, 조용한, 급한, 시끄러운, 밝은, 즐거운, 편한, 화려한, 유쾌한, 친밀한 모습을 포함한다. 만일 위치, 독특한 건물 모양, 또는 테마와 같은 독특한 특징이 강조된다면 요구되는 환경에 기여할 수 있다. 분위기에 대한 초기 확인은 디자인과 배치에 대한 모든 면에 영향을 미치기 때문에 계획팀과 모든 구성원에게 도움을 준다. 외부 디자인은 고객에게 분위기에 대한 빠른 인상을 전달시키는 데 중요하다. 분위기를 계획하는 것은 각각의 음식 서비스 시설형태에 따라 달라진다. 일반적으로 호텔 식당으로 계획된 분위기는 다른 운영형태보다 더 호화롭다.

분위기를 다시 바꾸는 재디자인 횟수는 계획구상에서 중요한 사항이다. 많은 음식 서비스 운영자들은 식사분위기가 고객들의 변화하는 욕구와 일치시키기 위해 정기적으로 변화를 가져야 한다고 믿는다. 매 5년마다 분위기를 바꾸기 위해 재디자인하는 횟수는 음식 서비스 시설의 경쟁적 장점을 유지하기 위해 바람직할 수 있다.

그러므로 분위기의 최초개발은 미래에 재디자인하는 것을 간단하게 할 수 있는 요소들을 포함시켜야 한다. 예를 들어, 분위기에서 주기적 변화를 예상하여 최소한의 고유한 특징들이 사용되어야 한다. 이는 최소경비로 변화를 가능케 하는 것이다.

04 외식 서비스 시설운영상의 특징

제안된 외식 서비스 운영상의 특징들은 많은 정보에 의해 확인되고 있다. 운영상의 특징 대부분은 음식 서비스 상담자에 의해 결정되고, 경험과 성공적 운영방식에 관한 지식에 기초한다.

운영지침서를 작성하는 데 필요한 정보는 다음에 잘 나타나 있다.

① 소유권
② 법적 조직
③ 영업시간과 요인
④ 예상되는 고객수
⑤ 구매, 생산, 서비스, 세척, 폐기물처리, 쓰레기처리, 주문받기, 유지와 청소에 관한 조치

⑥ 비용, 구매, 검수, 저장, 출고, 양portion, 현금, 지불 급료 총액, 안전에 대한 관
  리방법

⑦ 직원요건과 정책

⑧ 회계업무

⑨ 훈련·감독·운영에 대한 특별직무

⑩ 종업원 복지시설과 고객시설

1. 규제조항

규제조항은 시설을 어떻게 고안하고 운영하는지에 직접적인 영향을 주므로 운영
지침서의 부분에 포함된다. 사항들이 제안된 계획에 얼마나 영향을 미치는가를 보
이기 위해 조사된 항목의 예들을 정리하면 다음과 같다.

1) 용도구획 법령

대부분의 용도구획 법령들은 상업적 음식 서비스 시설이 사회에서 세워지고 운
영될 지역을 지시할 것이다. 용도구획 요건변동이 유용할지라도 종종 많은 시간이
소요되고, 계획을 지연시킬 수 있다. 구획법령은 주차요건, 대지요건, 최소건물 규
모, 건물높이, 그리고 간판사용의 제한과 같은 항목들을 제한할 수 있다.

2) 건물규약

이 규약들은 구조의 모든 면을 포함하고 허용할 수 있는 디자인 강도와 건축재료
를 상술한다. 또한 포함시킨 사항은 건축기술, 통풍과 조명에 관한 요건, 전기와 배
관 시스템의 디자인과 가설, 건물 출구수, 화재보호시스템, 그리고 공공건물의 안전
과 관련된 수많은 다른 영역들이다. 계획자들은 규약을 이행하는 데 필요한 시설을
계획하는데, 변경으로 인하여 발생하는 추가적인 비용을 피하기 위해 앞서 건물규
약 요건들에 대한 지식이 있어야 한다.

3) 위생규약

국가와 지역 위생규약은 주로 음식보호와 청결에 관련되어 있어 음식 서비스 시설의 계획과 운영에 영향을 준다.

위생규약에 포함된 전형적 분야는 다음과 같다.

① 홀의 마감재처리 일정
② 위치, 수, 배관, 설비 유형
③ 손 씻는 시설
④ 온수공급과 관련된 사항
⑤ 쓰레기처리 및 저장장비의 유형과 위치
⑥ 조명형태와 밝기 정도
⑦ 요리, 프라이, 접시 닦기 장비와 연관되어 사용되는 통풍장치
⑧ 음식 서비스 장비의 종류와 크기
⑨ 뜨겁고, 마른, 그리고 차가운 음식 저장
⑩ 시설운영의 종류·범위와 형태

건축 전 위생규약에 따라 승인된 새로운 음식 서비스 시설에 대한 계획들을 실시하도록 요구한다. 그러한 지역에서는 계획에 앞서 지방자치단체와 상의하는 것이 현명하다.

4) 법조항 제약규정 확인

잦은 문제점은 아니더라도 법조항에 자산의 소유와 사용을 제한하고, 또는 개인과 공익회사 및 다른 기관에 편익을 주는 데 있어 제한규정이 없다는 것을 확실시하기 위해 조사되어야 한다.

5) 임차계약 제한

쇼핑센터 또는 사무실 건물과 같은 건물장소의 임차와 운영시간, 그리고 다른 운

영절차를 포함하는 외식 서비스 계획은 운영지침서를 만들기 전에 명기하고, 고려되어야 한다.

2. 다른 규제조항

다른 규제조항은 ① 노동법, ② 허가 요건, ③ 보건복지부 산하의 노동안전위생담당기구OSHA, ④ 흡연 법령, ⑤ 오염 조정 법령, ⑥ 장애인을 위한 요건을 포함한다.

이런 몇 가지 규제항목들은 다른 항목들이 운영절차에 주로 적용되는 반면, 전적으로 시설의 디자인과 배치에 영향을 미칠 것이다. 운영지침서 개발은 외식업체 계획과정에 있어서 매우 중요하다.

미니사례 10·1

별미에서 일상음식으로
꼬막 전성시대

　데쳐 먹고 무쳐 먹던 별미음식 꼬막이
'꼬막비빔밥'이라는 메뉴 카테고리를 만들
었다. 엄지네 포장마차와 연안식당을 거치
며 자타공인 히트 메뉴가 됐고 이는 수많은
미투 브랜드의 탄생으로 이어졌다. 대형마
트나 반찬가게에서도 꼬막비빔밥의 인기가 치솟고 있다. 바야흐로 꼬막 전성
시대다.

❖2013년 시작된 꼬막비빔밥, 지난해 대히트 메뉴
　엄지네 포장마차는 2013년부터 강원도 강릉의 로컬 맛집으로 입 소문난 곳

이다. 기본 2~3인 사이즈로 제공되는 꼬막무침에 밥을 두 공기 추가한 꼬막무침비빔밥이 대표메뉴다. 꼬막무침과 비빈 밥을 반반 담은 꼬막무침비빔밥은 고소한 참기름 냄새와 보기만 해도 먹음직스러운 비주얼로 SNS를 장악했다. 오픈 시간이 되면 번호표를 받은 사람들이 식당 앞에 장사진을 이루고 주말의 경우 문을 연 지 2~3시간 만에 번호표가 마감될 정도다. 2017년 12월 속초에 엄지네 포장마차 2호점 오픈 이후 '강릉엄지네꼬막집'이라는 상호명으로 서울 광진구, 강서구, 경기도 분당구, 대구 수성구 등 4곳이 문을 열었으며 각종 백화점에 플래그십 스토어가 생기며 인기는 더욱 거세졌다.

엄지네 포장마차로 시작된 꼬막비빔밥을 대중화시킨 것은 연안식당이다. 마포갈매기, 백제원, 도쿄하나를 운영하는 (주)디딤이 2017년 9월 론칭한 연안식당은 일부러 찾아가서 먹어야 했던 꼬막비빔밥을 언제 어디서든 먹을 수 있는 아이템으로 끌어올렸다. 기본 2~3인분을 한꺼번에 냈던 엄지네 포장마차와는 달리 1인분씩 먹을 수 있도록 하여 양에 대한 부담을 줄이고, 비빔공기 위에 꼬막무침이 담긴 접시를 올려내 비주얼을 높였다. 고객의 기호대로 꼬막의 양을 정해 비벼 먹을 수 있고, 참기름도 직접 넣어 먹을 수 있도록 했다. 연안식당은 2018년 1월 가맹사업을 개시한 이후 현재 전국에 180개점 개설을 확정할 정도로 반응이 폭발적이다.

❖ 미투 브랜드 확산, 단품메뉴 신설도

연안식당의 빠른 성장은 생생4계절, 자갈치식당, 꼬육포차식당, 전복서커스 등 미투 브랜드 탄생의 원동력이 됐다. 생생4계절은 채선당이 론칭한 해산물 식당 브랜드로 꼬막비빔밥에 김가루를 올려 연안식당과 차별화를 뒀고, 자갈치식당은 1인용 꼬막비빔밥과 2~3인 양의 꼬막볶음밥을 판매 중이다. 24시간 육회전문점 빨간육회로 시작한 꼬육포차식당은 꼬막비빔밥의 인기에 힘입어 2017년 말 꼬막비빔밥을 출시한 뒤 상호명도 변경했다.

2017년 론칭한 전복서커스는 전복뚝배기, 꼬막비빔밥 전문점으로 숙성 새우 간장을 사용해 전복내장밥과 함께 비벼 볶음밥의 식감으로 내는 것이 특징이 다. 전복서커스 김종범 대리는 "꼬막비빔밥은 제철음식 시즌까지 맞물려서 각광받고 있다. 꼬막은 조개류로는 드물게 철분을 함유해 빈혈 예방을 돕고 아미노산의 일종인 타우린과 베타인, 아스파라긴산이 들어 있어 숙취 해소에도 탁월하다. 고단백 저지방 식품으로 영양까지 챙길 수 있어 인기가 좋다"고 말했다. 이어 "조리가 간편해 주문부터 음식이 나오기까지의 소요시간이 약 5분밖에 되지 않고 고객의 식사시간도 짧아 회전율이 높은 것도 장점"이라며 "밥은 미리 완성돼 있고 데친 꼬막에 양념을 무친 뒤 밥과 비벼 나가기 때문에 시간이 절약된다"고 밝혔다.

채선당 행복 가마솥밥(가마솥밥&꼬막비빔밥), 영월애곤드레(새꼬막정식), 순남시래기(시래기 꼬막정식), 이바돔 감자탕(꼬막비빔솥밥정식), 스쿨푸드 딜리버리(어간장 꼬막비빔밥) 등은 꼬막비빔밥을 메뉴로 추가해 '꼬막 특수'를 누리고 있다. 특히 스쿨푸드 딜리버리의 경우 제주 전통 어간장을 사용한 어간장 꼬막비빔밥의 월평균 주문량이 1만 2,000건에 달한다.

한식 뷔페에서도 꼬막비빔밥이 인기다. 계절밥상에서는 셀프 꼬막비빔밥을, 자연별곡에서는 꼬막비빔밥과 꼬막전을 즐길 수 있다. 스시 뷔페 수사에서는 꼬막무침군함과 꼬막죽 등 꼬막비빔밥에서 착안한 메뉴를 판매 중이다.

❖ 대형마트, 반찬가게에서도 꼬막무침·꼬막비빔밥 인기

꼬막비빔밥의 인기는 업소뿐만 아니라 도시락, 편의점, 마트에서도 높다. 지난해 12월 본도시락이 겨울 메뉴로 출시한 여수꼬막불고기도시락은 출시 한 달 만에 전국 320여 개의 매장에서 10초에 1개씩(약 9만 개/월) 판매됐으며, GS25와 GS슈퍼마켓에서는 꼬막무침 남도새꼬막을, 이마트24에서는 꼬막비빔밥과 꼬막비빔삼각김밥을 출시했다. 이 밖에 코스트코, 이마트, 빅마켓 등 대형마트에서도 간편하게 바로 먹을 수 있는 꼬막비빔밥을 판매 중이다.

반찬 전문점에서도 꼬막무침과 꼬막비빔밥 판매가 늘어났다. 집반찬연구소는 꼬막무침과 꼬막비빔밥을 판매 중이며 더반찬, 진가네반찬, 몽촌반찬에서도 꼬막무침 메뉴를 판매하고 있다. 프리미엄 식품 배송업체 마켓컬리에서도 게방식당, 탐나는밥상, 미자언니네 등의 업체들이 꼬막무침을 판매 중이다.

집반찬연구소 박종철 대표는 "단품으로 판매되는 꼬막무침과 꼬막비빔밥 속 꼬막무침의 양념을 달리해 소비자들의 선택의 폭을 넓혔다. 꼬막무침은 새콤달콤하게, 꼬막비빔밥의 꼬막무침은 간장과 고춧가루, 참기름을 넣어 고소한 맛을 극대화했다"며 "꼬막무침보다 꼬막비빔밥이 훨씬 많이 판매된다. 현재 판매되고 있는 수백 가지 반찬 중 10위 안에 들 정도"라고 밝혔다. 이어 "당초 꼬막비빔밥은 2~3인분의 대용량(360g)으로만 판매했으나 현재 1~1.5인분의 소용량(190g)도 판매 중이다. 그러나 꼬막이 조개류이다 보니 해감에 신경 써도 문제가 발생할 수 있어 크게 주의를 요하는 식재료"라고 말했다.

❖ '빠르고 간편한 별식'으로 포지셔닝

꼬막은 해감도 어려울뿐더러 뜨거운 물에 삶은 뒤 껍데기를 까 속살을 꺼내야 하기 때문에 시간과 공을 들여야 한다. 따라서 집에서 해 먹기에는 손이 많이 가 매일 먹을 수 있는 음식이 아닌 별식으로 인식되고 있다. 그런데 외식업소에서 꼬막비빔밥을 손쉽게 먹을 수 있다는 점과 감탄을 일으킬 정도의 '엄청난 맛'은 아니지만 꼬막무침을 한번이라도 먹어봤다면 아는 맛, 대중화된 맛이기에 더욱 매력적일 수 있다.

특히 꼬막비빔밥은 '빠르고 간편하게' 먹기를 원하는 고객들의 소비 트렌드와도 맞아떨어진다. 주문을 하고 나오기까지 걸리는 시간은 약 5분이다. 보통 꼬막은 하루 사용할 분량을 미리 삶아 껍질을 벗겨두고 양념도 미리 만들어놓기 때문에 주문이 들어오면 꼬막을 무쳐 밥과 함께 내기만 하면 된다. 지난해에 이어 올해도 간편식·건강식 소비가 높을 것으로 예상되는 가운데, 간편하게 빨리 먹는 것을 선호하는 고객들의 니즈에 부합하면서 영양까지 챙길 수 있다는 것이 강점이다.

꼬막비빔밥은 '술안주와 식사' 모두를 아우르는 힘도 갖췄다. 엄지네 포장마차에서 술 한 잔 기울이며 먹던 꼬막비빔밥은 연안식당을 통해 '식사 메뉴'로 완전히 자리를 잡았고 홍대 홍맛술, 접대, 연남족발1987에서는 술안주로 꼬막무침을 판매해 인기를 얻고 있다. 여기에 비주얼까지 좋아 'SNS 사진용 메뉴'로도 인기가 높다. 인스타그램 해시태그 검색에서 꼬막비빔밥은 약 11만 개, 꼬막무침은 약 9만 9,000개가 올라와 있다.

❖전남 여수 여자만, 전체 새꼬막 양식량 80% 이상 차지

꼬막은 크게 참꼬막, 새꼬막, 피꼬막(피조개)으로 나뉜다. 꼬막비비밥에 사용되는 것은 새꼬막이다. 참꼬막은 갯벌 속 4~5cm 아래에서 서식해 양식이 되지 않고 3년가량 키워야 하며 손으로만 캘 수 있어 공급량이 많지 않아 가격대가 1kg당 2만 5,000원에 달하는 반면, 양식이 가능한 새꼬막과 피꼬막은 각각 1kg에 4,000~5,000원, 1,000~2,000원대다. 특히 새꼬막은 참꼬막과는 달리 1~1년 6개월이면 가장 맛이 좋아 가격뿐만 아니라 생산성 면에서도 탁월하다.

갯벌 수심 10cm 내외, 갯벌 속 10cm 내외에서 자라는 새꼬막은 전체 70~80% 이상이 청정지역인 전라남도 여수의 여자만에서 생산된다. 여자만은 갯벌이 부드럽고 찰져 새꼬막 양식에 최적이다. 충청남도 태안, 경기도 화성시 해역에서도 양식되고 있지만 갯벌보다 모래가 많아 여수 꼬막이 더 우수하다는 평가다.

꼬막의 유통방식은 생물과 자숙으로, 자숙은 다시 냉장과 냉동으로 나뉜다. 대표적인 꼬막 양식·유통 업체는 여수새고막주식회사와 (주)벌교꼬막이다. 여수새고막주식회사는 여자만과 등량만 일원에서 새꼬막 양식업에 종사하는

어업인 100여 명이 주주로 참여해 만든 법인어업회사다. 이 업체는 생물과 냉장 자숙으로 유통을 한다. 엄지네 포장마차에는 생물로 공급하며, 학교, 병원, 군부대, 회사 단체급식용으로는 냉장 자숙하여 유통하고 있다.

(주)벌교꼬막은 300ha의 꼬막양식장을 운영하고 있으며 일일 최대 약 25t의 꼬막을 채취, 원물 생산부터 가공·납품까지 모두 이뤄진다. 현재 연안식당과 업무협약을 체결해 생물로 공급하고 있으며 생물과 자숙

(냉장)을 기본으로 꼬막소스(조미료), 통조림, 고추장, 된장, 쌈장, 다시다와 꼬막 쥐포, 미네랄 칼슘제까지 다방면으로 개발 중이다.

새꼬막 가격 변동 추이 (단위: 원)

❖ 매년 채취량 일정치 않아 안정성 다소 떨어져

꼬막 산란기인 6월 말~8월 초까지 종패를 얻기 위한 채묘작업을 하고 8월 말부터 종패를 양식할 갯벌 밭에 뿌려 1~2년가량 키우며 1년 후부터 채취해

상품화한다. 산란을 끝낸 10월께부터 살이 두툼해지고 쫄깃해지며 제철인 11~3월에는 담백하면서도 부드럽고 씹을수록 짠맛이 도는 게 특징이다. 꼬막은 양식업으로 분류돼 있지만 인공사료가 아닌 바닷물에 서식하는 식물성 플랑크톤이나 유기 세편을 섭취해 살아가는 난류성 패류이기 때문에 새꼬막 양식은 자연환경에 영향을 많이 받는다고 볼 수 있다.

2018년 겨울에는 수온 상승으로 플랑크톤 번식이 활발해져 종패 폐사율이 낮아 2017년보다 3배 이상 높은 200t을 수확했다. 생산량이 크게 줄었던 2017년에는 꼬막의 양이 60~70t선이었다. 이에 따라 2017년 12월 기준 1kg당 8,000~9,000원대였던 꼬막의 가격이 2018년 12월에는 3,000~4,000원선까지 떨어졌다.

꼬막 양식은 매년 예측이 불가해 식재료로서의 안정성은 다소 떨어진다고 볼 수 있다. 당장 올해 꼬막수급에는 어려움이 없을지 모르지만 내년 예측은 불가한 것이 현실이다. 전복서커스 김종범 대리는 "전복서커스는 직접 거래하는 업체가 있기 때문에 당장 납품에 대한 어려움은 없다. 하지만 꼬막비빔밥 유행으로 인해 프랜차이즈 업체가 많아지면서 꼬막 수급을 위한 전쟁이 벌어질 수도 있을 것"이라고 말했다.

❖"꼬막 구입 문의 쇄도, 일일 조업량 늘어"-리린수산 진동 대표

꼬막 양식·유통전문 업체 리린수산은 여수에서 직접 양식한 꼬막을 채취·가공해 식당, 반찬가게, 식자재 마트에 유통한다. 과거에는 거래처 수에 큰 변동 없이 유통을 하였으나 꼬막비빔밥 열풍이 시작된 지난해부터 닭발, 족발 업소에서도 꼬막 구입 요청이 들어와 일일 조업량이 늘어났다. 양식장에서 건져 올린 꼬막은 해감작업을 하고 빈 껍질이나 썩은 꼬막을 선별한 뒤 세척해 생물로 10~20kg을 한 망으로 포장해 각 업체에 배송한다.

진동 대표는 "여름에는 꼬막을 취급하지 않던 식당에서도 꼬막철을 맞아 계절 메뉴로 추가하고 있다. 꼬막무침이나 꼬막비빔밥이 인기를 얻으면서 '나도 한 번 해볼까?' 하는 점주들이 늘고 있다. 기존의 거래업체가 아닌 새로운 업체들의 주문이 많아지는 추세다. 반찬가게에서 들어오는 주문량도 늘었다"라고

밝혔다.

새꼬막의 인기가 높아지면서 꼬막 유통업체에도 반향이 일고 있다. 진동 대표는 "기존에는 피꼬막을 판매하는 업체들이 많았다. 그러나 새꼬막이 유행하면서 업종을 바꾸는 분들도 생겨났다"고 말했다.

지난해 꼬막 수확량이 많아 꼬막비빔밥 판매업체가 늘어도 당장은 주문량에 대한 공급이 원활하지만 꼬막의 수확량이 매년 일정하지 않고 들쑥날쑥해 이에 대한 대비가 필요하다고 조언한다.

 출처 : 월간식당, 2019. 02. 19일자, 글-최민지 기자, 사진-이종호 차장각 업체 제공

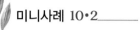

미니사례 10·2_____

'4차 산업혁명의 길목에서 외식창업을 디자인하라' 5탄
무인 레스토랑이 가능할까?

아무도 없는 식당에서 직접 식사를 만들어 먹어야 한다면 어떨까? 집에 있을까 아니면 호기심에 한번쯤 가볼까? 2015년 네덜란드 암스테르담에 직원 없이 손님이 스스로 요리하는 푸디시(Foodsy)라는 첫 번째 무인 레스토랑이 오픈했다. 푸디시는 일류 요리사인 에드윈 샌더(Edwin Sander)가 직원이 없어도 레스토랑 운영이 가능할 것이라며 실험적인 취지로 만들었다고 전 세계에 홍보했다.

레스토랑에는 방문하는 손님이 쉽게 요리할 수 있도록 장비 사용 지침과 몇 가지 메뉴, 요리 레시피 카드가 비치되었다. 식사하는 손님은 요리를 위해 준비되어 있는 음식재료를 사용하거나 경우에 따라 미리 준비되어 있는 수프 또는 스튜를 사용하기만 하면 된다.

맥주는 생맥주를 따르는 손잡이인 탭을 사용하는 방법, 식사 후 커피도 마실 수 있도록 머신 사용법과 만드는 방법을 설명해 놓은 안내문을 비치해 놓았다.

식사비용은 식사 후 레스토랑에 비치된 iPad앱을 사용하여 지불하며 직원이 없기 때문에 식사비용은 다른 레스토랑보다 훨씬 저렴하다. 푸닥거리는 언론과 사람들의 관심을 끌었다. 어떤 사람들은 자신이 직접 음식 만들기를 좋아하며 재미있을 거라고 생각하는 사람들도 있었고, 자신의 여가시간에 요리하는 요리사가 되어 남편이나 아내, 혹은 연인과 함께 귀중한 시간을 만든다는 것에 푸디시 무인 레스토랑의 새로운 콘셉트가 사람들에게 매력적으로 다가갔다. 그것은 새로운 경험이며, 때로는 좋은 경험일 수도 있고, 나쁜 경험일 수도 있다. 왜냐하면 요리부터 뒷정리까지 모든 것을 스스로 해야 하기 때문이다.

신문은 이 새로운 콘셉트에 대해 기사를 쓰고 사람들은 레스토랑이 오픈하는 당일에 방문하여 새로운 콘셉트의 무인 레스토랑을 즐기고 경험하였다.

하지만 이 무인 레스토랑은 네덜란드의 노동조합 연맹인 FNV가 레스토랑에서 일하는 종사자들의 저임금에 관심을 갖도록 고안한 하나의 캠페인이었다. 네덜란드의 노동조합 연맹 FNV는 레스토랑이 문을 열었던 주말 다음날인 월요일, 식사를 하고 간 사람들이 남긴 지저분하고 엉망이 된 레스토랑 내부의 사진을 공개했다. 네덜란드의 노동조합 연맹은 이 무인 레스토랑이 직원 없이도 운영될 수 있다는 것을 보여주는 대신, 직원이 없으면 운영되지 못하며 존재할 수 없다는 것을 보여주기 위한 단순한 계책이었다.

네덜란드에서 2014년 4월 이후 호레카(HORECA : Hotel, Restaurant, Cafe의 철자를 따서 만든 단어. 호텔, 레스토랑, 카페 등의 산업을 통칭함) 부문은 공식적인 임금협상 대상에 포함되지 않았다고 노조는 전했다. 2년 동안 호레카업계의 고객 회전율은 계속 상승했지만 호레카 종사자들은 그에 합당한 이익을 얻지 못했다고 노조는 밝혔다. 이런 노조의 계책으로 전체적인 사건에 사람들은 많은 관심을 가지며 효과는 있었다. 하지만 무인 레스토랑이 노동조합 연맹 FNV의 계책이라는 것을 알았을 때 레스토랑을 방문했던 사람들을 비롯하여 많은 사람들은 매우 실망했다. 이 무인 레스토랑이 좋은 취지긴 했지만 소비자의 입장에서는 좋은 방법이 아니었다. 사람들은 투명성을 중요하게 생각하고, 바보짓 하는 것을 좋아하지 않기 때문이다. 이 일에 동참한 요리사 에드윈 샌더(Edwin Sander)도 이미지가 손상되었고 무인 레스토랑은 그렇게 호레

카에 종사하는 사람들의 처우에 대한 관심을 일으키고 해프닝으로 끝났다. 하지만 이 사건 기사의 대부분, 특히 결론은 이 무인 레스토랑이 비즈니스 아이디어의 포인트로 네덜란드에서는 여전히 관심을 갖고 있다는 것이다.

이 무인 레스토랑 콘셉트가 사업 아이템으로 긍정적인 생각은 든다. 외식사업을 한번이라도 해본 사람들이 이구동성으로 말하는 가장 어려운 부분이 직원 관리다. 본인 역시 외식음료 프랜차이즈 회사부터 크고 작은 많은 다양한 외식사업을 창업하고 운영했었던 경험자로서 가장 어려웠던 점이 직원 채용과 이직관리, 인건비와 관련한 일들이었다. 무인 레스토랑이 이런 직원과 관련된 어려움을 다소 해결해 줄 수 있는 아이템이 될 수 있다. 또한 요즘은 여성들에게 자신이 직접 요리 실력을 선보여 요리를 대접하고 싶어 하는 니즈(Need)를 가진 남성들이 많이 생겼다. 스타 셰프의 영향도 크지만 각종 매스컴에서 요리 잘하는 남자가 섹시하고 멋있어 보인다는 여성들의 얘기가 한몫했으리라 생각된다. 그리고 생일과 같은 특별한 날 특별한 경험을 선사하고 싶은 커플들에게도 좋은 장소가 될 수 있다.

이런 부분들로 볼 때 이 무인 레스토랑은 새로운 개념의 레스토랑 비즈니스 모델로 아이디어는 훌륭해 보인다.

하지만 네덜란드 방식의 무인 레스토랑을 그대로 도입하는 데는 무리가 있다. 요리 준비부터 조리와 식사 후 음식물 처리, 식기세척까지 모든 것을 고객이 해야 하는 시스템으로는 우리나라에서 사업에 성공하기는 어려워 보인다. 여러 가지 운영방식과 시스템의 문제점들을 보완해야 할 것이다.

가령, 원하는 요리재료의 칼질과 조리, 플레이팅 실력만 선보일 수 있도록 필요한 모든 재료들은 세척과 기본 손질이 되어 있고 식사와 후식을 즐긴 후 테이블을 치우거나 세척은 레스토랑에서 스태프가 처리하는 방식이라면 괜찮아 보인다. 완전한 무인이 아닌 적절히 시스템을 연구하여 고객의 니즈(Need)만을 채워주는 방식이라면 괜찮아 보인다.

비즈니스 모델을 디자인하는 데 있어 고객이 원하는 가치 제공은 중요하다. 푸닥거리 무인 레스토랑에서 엿볼 수 있는 비즈니스 아이디어의 혁신적인 부분은 직원 관리에 대한 사업주의 고민을 덜어주는 것과 비즈니스 모델 구축에서 주목되는 공유경제와 경험경제를 제공하는 부분이다.

갈수록 더 치열해지는 외식산업분야에서 인력운영과 더불어 인력대체에 대한 고민도 꾸준히 이어져 오고 있다. 이런 무인 레스토랑과 같은 아이템들을 시작으로 앞으로 인공지능(AI : artificial intelligence) 로봇을 앞세워 인력을 대체하는 시대가 올 것이다.

유명 셰프와 같은 전문가의 전문적인 서비스나 우리가 흔히 얘기하는 음식의 손맛이나 정성과 같은 감성은 사람을 따라갈 수 없다 할지라도, 시대에 따라 고객의 니즈(Needs)는 계속 변해가고 비용이나 시간 측면에서 인공지능(AI : artificial intelligence) 로봇은 인간의 효율성과 균일성에서 압도할 것이다.

우리는 어떤 준비를 해야 할까?

출처 : 브런치, 2019. 07. 27일자, Apache Park

이미지 출처 : evadingen.nl, rtlz.nl

미니사례 10·3_____

낮에는 한식당 밤에는 와인 & 다이닝으로 변신하는 공유식당
단상

　　공유주방 위쿡을 운영하는 심플프로젝트컴퍼니가 일식당 부타이에 이어 두
번째 공유식당 단상을 오픈했다. 단상은 하나의 주방을 2개의 팀이 공유하는
형태로 낮에는 '푸디푸리'팀이 한식 식사 메뉴를, 밤에는 '단상 다이닝'팀이 와
인과 함께 즐길 수 있는 한식 다이닝을 선보인다.

　　평일 점심을 제외하고는 외부에서 유입되는 인구가 대부분인 안국역 상권
특성상 '찾아올 만한 가치가 있는' 메뉴 구성에 중점을 뒀다. 점심 영업을 담당

하는 푸디푸리팀은 위쿡과 함께 서울창업허브에서 1년간 실전 장사를 하며 실력을 인정받은 여성 2인조다. 대표메뉴는 10시간 수비드한 갈비를 두툼하게 썰어 구워낸 수비드 라갈비(LA갈비, 2pcs 3만 2,000원). 식사메뉴로는 라갈비 한상차림인 라갈비 정식(1만 9,000원)과 육회비빔면(1만 3,000원), 더덕시래기밥(1만 2,000원) 등이 있다.

단상 다이닝팀은 최근까지 국내 유명 외식업체의 R&D를 담당하던 엄선용 셰프를 주축으로 한다. 여름철에는 '더운 여름과 보양 그리고 안주'를 주제로 숙성한우 안심구이와 고사리 트러플소스(2만 4,000원), 통영 성게알을 올린 성게알소스 냉국수(1만 9,000원), 장어솥밥과 제철반상(2인 3만 8,000원), 강원도 더덕구이와 매실간장에 구운 송고버섯구이(1만 4,000원) 등 식사와 안주를 겸할 수 있는 10여 가지 요리를 내고 있다. 와인과 제철 식재료의 페어링을 콘셉트로 하는 만큼 계절별로 주제를 달리한 다양한 요리를 제공한다는 계획이다. 프랑스와 일본을 거쳐 최근 국내에서도 인기를 얻고 있는 내추럴 와인(포도 재배에서 양조 전 과정에 걸쳐 화학적 요소를 최소화한 와인)도 20여 가지나 구비했다.

공유식당의 가장 큰 장점은 임대료나 인테리어, 기기·기물 등 초기투자비용 없이 조리기술과 장사 노하우만으로 자신의 식당을 운영할 수 있다는 점이다. 위쿡의 공유식당 부문을 담당하는 임동현 부대표는 "임대료 대신 매출 대비 수수료를 지불하고, 수도광열비 등 공동비용은 점심과 저녁 각각의 수익을 기준으로 셰어한다"며 "음식에만 집중해 장사할 수 있는 시스템"이라고 강조했다.

위쿡은 여기에 홍보는 물론 메뉴 개발까지 지원해 준다. 임동현 부대표를 중심으로 한 R&D팀은 공유식당의 입지와 콘셉트, 푸드메이커의 특기를 살려 함께 메뉴를 기획하고 발전시키며 완성도를 높여나간다. 임동현 부대표는 "단순히 공간만 공유하는 것이 아닌 브랜드와 콘텐츠를 공유한다는 점이 가장 큰 차이점"이라며 "공간과 시간, 비용으로부터 푸드메이커를 자유롭게 하는 것이 우리의 역할"이라고 말했다.

위쿡은 8월 부타이(일식) 2호점, 9월 라무라(라멘) 등 다양한 형태의 공유식당을 계속해서 오픈할 계획이다.

A 서울시 종로구 북촌로2길 11
T 02-741-8333
O 11:00~17:00, 18:00~01:00(일 휴무)
M 라갈비 정식(1만 9,000원), 육회비빔면(1만 3,000원), 숙성한우 안심구이와 고사리 트러 플소스(2만 4,000원), 통영 성게알을 올린 성게알소스 냉국수(1만 9,000원)

출처 : 월간식당, 2019. 08. 05일자, 글-박선정 기자, 사진-이종호 차장

외식산업의 메뉴관리

상품개발은 메뉴육성정책과 메뉴별 전략을 함께 생각해야 할 문제이나, 위 두 개 부분은 종합적인 전략에서 다루기로 하고 본 장에서는 메뉴개발 측면에서 몇 가지를 설명하고, 새로운 메뉴의 실험판매에 있어서 구매력 평가방법과 수요예측에 대한 내용을 사례중심으로 설명하기로 한다.

01 메뉴활성화의 기본 테마

메뉴개발의 기본단계는 메뉴에 대하여 당해 기업의 기본이념이 어떻게 설정되어 있는가에서 시작된다. 미국의 coffee shop 업체인 데니스나 빅보이와 같은 기업의 기본 개념은 다음과 같다.

① 연중무휴로 영업하는 조건에 맞출 수 있을 것
② 영업시간이 장시간이라도 제공이 가능한 메뉴일 것
③ 좋은 장소location에서 서비스할 수 있을 것
④ 적정한 가격이 되도록 할 것
⑤ 기존 주방기기로 (가능한) 제품화할 수 있는 것

이와 같은 기본 전략에 의해 메뉴전략을 입안한다.

1. 메뉴개발의 기본 전략

상기 전제한 조건을 기준으로 메뉴개발을 할 때 기본 전략으로 하는 내용으로는 다음과 같은 것이 있다.

① 고객이 가치를 인정할 수 있는 범위 내에서 메뉴를 개발한다.
② 체인스토아 시스템에서 적용 가능한 메뉴를 개발한다.
③ 고객으로부터 외면당하지 않는 메뉴를 개발한다.
④ 지역별 전략, 경쟁의 전략측면에서 메뉴를 개발한다.

핵심은 어디까지나 고객의 기호에 맞춘 메뉴와 경쟁사에 이길 수 있는 제품개발이 되어야 한다.

2. 메뉴의 개선을 위한 기본 요령

고객의 욕구를 충족시킬 수 있는 메뉴개발을 위해서는 마케팅 리서치marketing research와 상품개발·판매촉진 등 전략이 종합적으로 진행될 수 있어야 한다. 개발의 구체적 목적·목표를 갖고 실시함으로써만이 개발목적에 맞춘 판매전략으로 시장에서 우위를 확보할 수 있기 때문이다. 고정고객을 만족시킬 수 있기 위해서는 기업의 기본 개념이 흐트러지지 않는 패턴에서 신메뉴가 개발되어야 한다. 또한 기존 점포의 판매증진을 위한 메뉴 개선의 포인트는 다음과 같다.

① 기존 메뉴의 문제점을 체크한다.
② 어떤 요일, 어느 시간대에 고객이 증가하고 감소하는가, 그 이유는 무엇인가를 조사한다. 매 시간대별 고객이 어떤 메뉴를 선호하는가를 분석한다.
③ 언제 어떤 목적으로 자기점포 혹은 타 경쟁점포에 내점하는가를 조사한다. 그

리하여 어떤 메뉴를 주로 찾는가를 조사한다.

④ 마케팅 리서치를 기초로 한 메뉴개발과 Test를 행한다. 동시에 메뉴 북menu book을 수정해 간다.

02 메뉴개발 시스템의 정립

점포 활성화는 계속적으로 이루어져야 하고, 그 방법의 하나로써 메뉴개발이나 개선업무가 필연적으로 따르게 되는데, 이 메뉴개발 업무는 시스템화할 필요가 있다. 메뉴개발을 시스템화하기 위해서는 단계별 플로우차트flow-chart가 필요하다. 예를 들면 [그림 11-1]과 같은 내용이다.

[그림 11-1] 메뉴개발 단계의 시스템화

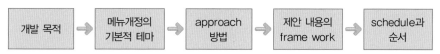

다음은 market need에 대한 메뉴 플래닝 시스템과 메뉴개발 방향에 대한 Frame Work표이다.

[그림 11-2] 메뉴 Planning의 시스템화와 메뉴개발 방향

1. 목적

구체적으로 몇 가지 목표를 설정한다.

① 고객이 희망하는 맛있는 제품을 제공한다.

② 고객이 희망하는 가격대의 상품을 제공한다.

③ 자기 회사의 기업이미지를 연출해 낼 수 있는 메뉴나 메뉴 북을 제공한다. 자기 회사의 concept를 실현할 수 있는 작업효율이 높은 메뉴를 제공한다.

2. 메뉴개선의 기본적 테마

1) 시장성

잘 팔리지 않는 제품을 제거시키고 팔리고 있는 제품, 잘 팔릴 가능성이 있는 신상품의 도입

2) 경쟁

경쟁상대와 경쟁상 없어서는 안될 제품, 즉 강한 맛을 잃지 않고 약한 것, 요리의 종류, 소재, 미(맛), 약한 가격대를 강화

3) 고객층

이후 강화하려는 타깃이 고객층, 예를 들면 여성OL, young, young 미세스, 주부 혹은 어린이 등에게 받아들여질 수 있는 제품

4) 시간대

저녁 시간대에 일정 수준으로 강화시킨 뒤 다음 단계로 런치타임을 강화시키는 스타일

5) 지역성

지역 특성에 맞는 상품 개발

6) 기존 메뉴

현재의 메뉴를 수정해서 종류를 변경

3. 어프로치 방법

다음과 같은 단계로 정보 및 데이터를 수집하여 분석한다.

1) 메뉴기획을 위한 고객 need조사

2) 메뉴 구성요소의 분석

① 자기 회사나 경쟁사의 메뉴의 질·양(아이템 수)과 가격대의 강·약을 분석
② 상품의 포지셔닝 분석에 의하여 메뉴의 전략적 위치구축, 전략상품이나 중점
　 상품을 육성, 성장성과 시장점유율에 의한 메뉴의 중요성 분석
③ 아이템별 ABC분석(중요성 조사)

3) 고객의 제품평가, 시장에서 히트하고 있는 상품의 분석

① 모니터제도에 의해서 고객의 품평을 듣는 방법
② 점포에서 직접 고객의 반응을 듣는 방법
③ 시장에서 히트상품을 수집·검토

4) 메뉴 제안 내용의 Frame Work

[그림 11-3] Frame Work

[STEP 1] 현재 상황의 파악 ⇩	1. 시장환경의 동향 2. 고객동향 3. 경쟁동향 4. 품목별 동향	1. 주방기기별 품목수 2. 원자재의 수와 조립 3. 경쟁사와의 비교
[STEP 2] 현 상황 파악을 기준한 기본방식의 제정과 품목수 ⇩	1. 메뉴제안의 기본방식 2. 메뉴 Book에 대한 　 기본방식	1. 품목수의 설정 고객의 need와 주방시스템과 식재료수를 감안한 가장 적합한 품목수의 선정

[STEP 3]	메뉴의 위치결정	목표구성비
기본 방식과 품목수 제정에 기초한 메뉴	기준메뉴	( ) %
⇩	변동메뉴	( ) %
	정책메뉴	( ) %
[STEP 4]		
카테고리별 품목수 구성비에 의해 cost 결정	카테고리별 품목수 구성비에 기준한 상표 FC의 설정(FC = Food Cost)	
⇩		
[STEP 5]	·정책적으로 강화하려는 메뉴의 범위	
카테고리별로 본 메뉴의 위치와 방향	·정책적으로 판매 중단하려는 메뉴의 종류	
⇩	·메뉴 Mix에 의해 객단가를 상승케 하는 메뉴	
[STEP 6]	고객의 need에 맞춘 MENU의 제안	
STEP 1에서 STEP 5까지 MENU에 대한 정리		

5) 메뉴 도입 스케줄

하나의 메뉴가 결정되기까지는 체인 레스토랑의 경우 수개월이 소요된다. 어떠한 메뉴가 많은 고객으로부터 지지를 받을 것인가 하는 문제는 간단치 않다. 사람들의 기호는 다양하고 생활패턴이나 유행은 항상 변하며 이 생활패턴의 변화에 따라 외식의 기호도 변하기 때문이다.

여기에 대응해서 계속적으로 기존메뉴의 품질은 개선하고, 신제품을 개발해야 한다. 유행에 뒤떨어지는 기업은 존립할 수 없기 때문이다.

① 메뉴개발의 정책
② 상품개발
③ 모니터 회의
④ Test Marketing
⑤ 매입선 결정
⑥ 가격의 결정
⑦ 메뉴기준 결정

⑧ 메뉴 북 작성
⑨ 점포교육
⑩ 개선 MENU의 도입

메뉴개발의 수단으로써 PPM분석에 의한 메뉴의 전략적 위치 설정방법이 있다.

03 메뉴의 운영

1. 운영 메뉴설정의 기본방향

현대의 외식고객은 식품의 안정성, 건강지향, 식품피해 등에 대해 지나칠 만큼 과민반응을 보이고 있다. 따라서 이러한 현대인의 식품에 대한 감각이나 의식에 맞추어 메뉴개발이 추진되어야 함은 당연한 것이다.

1) 메뉴설정

메뉴설정은 다음과 같이 세 가지 방향에서 이루어져야 한다.

(1) Drugless(비약품성)제품

외식업의 메뉴는 그 식재료 사용부터 안정성이 있는 것을 선정해야 한다. 즉 메뉴선정 시 사용되는 식재료에 농약이나 중금속이 함유되어 있거나, 그러한 가능성이 있는 물품 또는 자연환경 오염이 심한 중화학공업단지 등에서 재배된 원료는 사용해서는 안된다.

그러므로 자기 점포에서 사용하는 식재료는 청정해역 또는 고랭지에서 재배한 해초나 야채, 버섯이라는 것을 판촉의 일환으로(원산지 표시) 점포 내의 POP로 고지하면 좋을 것이다. 최근 선진국에서 사용하는 유기야채나 청정야채 등은 재배에서 유통과정에 이르기까지 중금속에 오염되지 않는 시스템으로 연구되어 고객에게 큰 호응을 얻고 있다.

어디까지나 유기야채이고 그 유기야채의 적정 중금속함유량 허용치는 어느 정도인가를 규정하는 데는 애매한 부분이 없지 않으나, 식품의 안정성이 가장 예민한 부분인 것만은 틀림없다. 종전과 달리 비브리오균이 발견되었다든가, 어느 지역에서 생산되는 미역이나 김 등에 허용치 이상의 인체 유해물질이 분석되었다는 뉴스만 나와도 산지에 관계없이 그것을 원료로 하는 외식메뉴나 식재료 자체가 슈퍼 등에서 전혀 매매되지 않을 정도로 고객의 반응은 민감하다.

(2) Overless(비비만성)제품

미국의 사회적 문제 중 하나가 국민 대다수의 FAT(체중초과)현상이라고 하는 식품영양학자의 이야기를 들은 적이 있다. 이 FAT현상은 미국 국민을 성인병화시키는 요인이라고 하며, 이를 퇴치하기 위한 각종 다이어트 식품을 개발하고 있으나 별로 효과가 없다고 한다. 따라서 향후 메뉴개발 방향에서 또 하나 중요시할 것은 지나치게 지방질이 많은 식품류, 체중을 증가시키는 탄수화물이 많이 함유된 원자재 사용메뉴는 피하는 것이 좋다고 한다.

우리나라 청소년들은 남녀 구분 없이 체중증가에 대해 공포를 느끼고 있으며 체중감소를 위하여 지나치게 편식을 하거나 식사를 하지 않아 거식증에 걸리는 환자가 증가하고 있다고 한다. 이와 같이 다이어트에 방해가 된다고 생각하는 메뉴선정은 장기적으로 보아 문제가 있을 것으로 본다.

지금 돈육구이 전문점이 IMF 이후 성업 중에 있으나 장기적으로 보아 계속 성장할 것인지는 의문시되며, 필자가 알기로는 10대 고객이 돈육전문점을 찾는 경우는 거의 없다고 생각된다.

FAT에 직접 관련되는 원료를 사용하는 외식메뉴는 젊은 세대가 날씬한 체격유지를 위하여 기피하는 것으로 생각할 수도 있겠지만, 사실은 그보다 이 FAT로 인한 각종 성인병 발생이 더 큰 문제가 된다. 따라서 앞으로의 메뉴개발은 FAT이 잘 안되는 측면에서 연구·분석되어야 할 것이다.

(3) Medical(의약품성)제품

이것은 일종의 건강식 메뉴개발 방향이라고 설명할 수 있다. 이제까지 우리는 체내에서 생성되지 않는 비타민을 영양소의 제일로 취급해 왔다. 그러나 이제는 약품으로써가 아닌 식품 그 자체가 건강유지에 필요한 제품이 되어야 한다.

예를 들면 등푸른 생선 등은 DHA(불포화지방산)를 많이 함유하고 있다. DHA는 성인병 예방에 특효가 있다고 하여 이 요소가 많이 함유된 고등어나 참치 등이 건강식 원자재로 널리 사용되고 있다. 또 암 예방이나 성인병 예방에 효과가 있다고 하여 팽이버섯, 표고버섯, 느타리버섯을 원료로 한 메뉴가 개발되어 고객의 호응을 얻고 있다.

최근의 예이기는 하지만 버섯불고기, 버섯샤브샤브, 팽이버섯, 북어찜 등은 약간 고가의 메뉴지만 전 소비계층에 걸쳐 선호되는 메뉴이다. 즉 이제는 약효(藥效)보다는 식효(食效)가 인체에 좋다는 방향으로 자연스럽게 전개되고 있으므로 외식메뉴는 이러한 경향을 놓쳐서는 안될 것이다.

2) 메뉴운영의 기본 요령

(1) 조리사의 경험이나 기술수준을 과신하지 말 것

메뉴의 맛과 메뉴의 종류는 점포의 얼굴에 해당되기 때문에 당연히 가장 중요한 외식 서비스업의 상품이 된다. 그런데 이 상품은 주방책임자 또는 조리책임자가 바뀌면 일시에 변경되는 사례가 많아 이제껏 고생해서 확보해 둔 고객을 잃어버리게 되는 예를 종종 볼 수 있다. 이것은 점포조리의 기본 콘셉트가 없이 조리사의 개인능력이나 솜씨에 지나치게 의존했기 때문에 생기는 일이다. 특히 소규모 점포는 이런 양상이 자주 나타난다.

점포 자체에 뚜렷한 메뉴 콘셉트가 설정되어 있으면 고급인재를 채용할 때도 점포 수준과 시장여건을 사전에 설명하여 이들의 축적된 기술을 자기점포의 수준에 알맞게 활용할 수 있으나, 자기주장만 하는 조리사는 오히려 점포에 마이너스 요인으로 작용할 수도 있다.

소규모 점포에서 경영자가 요리를 잘 모를 때에는 조리 책임자가 자기의 권위와 기술전보만을 위하여 주방업무에 일절 타인의 간섭을 배제하는 경우가 많은데, 이것은 이들의 성장과정(외식업 근무과정)이 충실하지 못하였기 때문이며 기술이 부족하고 보잘것없기 때문에 감추려 하고 자기의 좁은 영역을 보존하기에 안간힘을 쓰는 것이라고 생각된다. 따라서 점포의 규모와 시장여건에 맞는 메뉴 콘셉트를 명확히 함으로써 요리사의 개인기술에 좌우되는 무원칙한 점포가 되지 말아야 한다.

(2) 경영주의 개인기호에 의해 메뉴가 설정되거나 변경되어서는 안된다

경영주 중에는 자기의 기호나 자기방식에 따라 점포의 메뉴를 설정하는 경향이 많다. 특히 전문조리인 출신 경영자 중에는 자기의 기술에만 의지해서 자기가 좋아하는 메뉴, 자기가 자신있는 메뉴만을 고집하는 경우가 많다. 이것이 실패의 커다란 원인이 될 수 있다. 경영주가 좋아하는 메뉴는 경영주 한 사람만의 고객이 원인이 될 수 있으나, 많은 다른 고객에게는 그것이 받아들여지지 않으면 그것은 부적당한 메뉴가 되는 것이다.

또, 한 가지 품목을 오랫동안 판매해 온 경영주는 시장여건이 바뀌거나 다음 지역으로 점포를 옮겨도 이제까지 자기가 판매해 오던 메뉴에 고집하는 것을 볼 수 있다.

메뉴는 한 사람의 고객에 불과한 경영주의 기호에 의해 결정될 것이 아니라 점포가 존재하는 지역의 시장여건과 점포규모에 따라 그리고 객단가, 원가율, 조리인의 기술수준 및 주방기기의 성능 등에 의해 적절한 수준에서 설정되는 것이 원칙이다.

(3) 볼륨감과 고객에게 선택의 다양성을 줄 수 있는 메뉴 개발이 중요하다

한 개 메뉴를 식사하면서 자연스럽게 다른 메뉴의 추가 주문을 가능케 하는 메뉴나 그런 메뉴의 식사코스개발이 중요하며 또 고객이 일부 조리작업에 직접 참여하도록 하는 메뉴설정도 연구해 봄직하다.

예를 들면 국수전골을 조리하는 경우 3인의 젊은 고객그룹이 왔을 때 그들의 왕성한 식사량을 생각해서 3인분 국수전골을 식사하게 한 뒤 국수국물에 공기밥 2인분 정도와 약간의 야채를 섞어 야채볶음밥을 서비스한다면 젊은 고객들은 공기밥 두 그릇의 추가주문에 지불하는 대가보다 훨씬 큰 만족감으로 식사의 볼륨감을 느낄 수 있을 것이다. 점포 측에는 고객에게 추가 주문에 따르는 심리적 부담감을 주지 않으면서 매출을 증가시키는 효과가 있음은 두말할 필요가 없다.

또 하나 현대인의 개성적인 생활을 이해한다면 조리사가 조리한 메뉴를 그냥 그대로 식사하는 것보다 고객이 조리과정의 일부 진행에 참가하는 형태의 메뉴연구도 필요하다고 생각된다.

야채샐러드 제공 시 드레싱(사우전드 아일랜드·화이트 소스 등)을 미리 토핑 Topping하여 제공할 것이 아니라, 고객이 자기가 좋아하는 드레싱과 드레싱의 양을 결정하도록 하는 방법 등을 생각하면 이러한 조리방법의 테마성을 이해할 수 있을 것이다.

김포에 있는 추어탕 전문점에 가보면 테이블 위에 추어탕에 넣어서 식사할 수 있는 조미료로 산초가루, 풋고추 양념장, 그리고 들깨가루 등을 비치해 두고 고객의 기호에 따라 자유롭게 양념을 결정토록 하는 방법으로 서비스하고 있었다. 고객에게 메뉴의 선택은 물론, 맛의 선택까지 일임한다는 발상의 하나일 것이다.

(4) 요리와 기물의 조화를 시도한다

외국에는 '요리디자이너'라는 전문직업이 있다. 아직 우리나라에는 이런 종류의 직종은 볼 수 없으나 요리의 구성이나 그릇담기는 뚜렷한 전문직업이 있을 정도로 중요한 내용을 갖고 있다.

요리를 담는 그릇의 모양과 요리 내용의 조화는 고객에게 크게 어필할 수 있다. 늘 보던 식기나 컵보다는 뭔가 특수하고 점포의 특성을 나타내는 식기나 컵으로 메뉴를 제공했을 때 고객은 신선한 충격을 받게 된다. 개성이 강하고 언제나 새로운 것을 찾아 이동하는 현대의 외식고객은 진부함을 거부한다. 큰 그릇에 보잘것없는 양을 제공하는 메뉴, 적은 그릇에 넘치듯 제공되는 메뉴는 불신과 불안을 함께 제공하는 꼴이 될 수 있다.

식당의 맛이란 무엇인가? 혀끝으로 느끼는 미각도 중요하지만 요리의 디자인, 그릇의 모양, 보조용기나 보조 서빙기구의 색상과 모양(예를 들면 커피스푼, 이쑤시개의 디자인과 모양), 점포분위기, 접객태도 등에서 오는 감각미도 무시하지 못할 것 중 하나이다.

아기자기하고 예쁜 커피잔, 은은하고 고풍스런 한식집의 식기, 정갈한 상차림, 메뉴이름의 참신성, 친밀감 등은 또한 식당의 중요 상품이 될 수 있다.

여기서 한 발짝 더 나아가 한식, 일식, 양식그릇으로 서빙한다든가, 한식에 일식 기류 서빙기기(예를 들면 안심, 등심류를 회요리 목기로 제공하는 등)로 서빙하는 발상의 전환도 필요하다. 변화 및 대체성이 강한 외식 경쟁시대에 따라가는 전략이 아닌 앞서가는 전략, 즉 무조건 의외성이 아닌 앞서가는 발상의 전환이 필요하다고 생각된다.

(5) 메뉴의 브랜드화를 기대해 본다

메뉴의 브랜드화는 미국, 일본 등 선진국의 단체급식 식당에서 채택하는 Branding 시스템을 식당에도 원용하는 메뉴개발방법이다. 브랜딩 시스템은 천편일률적인 메인디쉬와 반찬류 제공의 1종류 또는 2종류 배식방법에서 탈피하여 단체급식 식당 내에 유명 브랜드 메뉴코너를 도입하여 이용자에게 선택의 다양성을 제공하는 시스템이다.

식당에서도 자기점포 이름이나 조리기술자의 이름을 붙인 메뉴개발을 시도해 봄직하다. 점포명이 금밭이라면 금밭국수전골, 금밭샤브샤브, 이소선할매곰탕 등과 같이 메뉴를 계속 개발·연구하여 자기점포의 오리지널 메뉴로 브랜드화하는 전략도 필요하다.

고박사냉면, 명동칼국수, 나주곰탕 등은 이미 브랜드화되어 있는 유명 메뉴다. 다만, 춘천막국수, 전주비빔밥, 동래파천, 나주곰탕 등은 상표등록을 할 수 없어 너도나도 이 이름을 사용함으로써 브랜드화는 어렵다고 보나, 이명숙철판구이, 명화당칼국수 등의 브랜드는 상표화할 수 있을 것이다.

(6) 다기능의 메뉴를 개발해 본다

우리의 생활환경도 24시간 연속되는 세계화 속에 놓여 있다. 따라서 아침, 저녁, 심야영업도 계속해서 이루어질 수 있다. 이와 같이 장시간 시간대별로 이용될 수 있는 메뉴를 개발하는 방향도 필요하다.

영업이 장기화되면 여러 가지 메뉴가 필요하므로 메뉴 수가 증가되고 점포규모도 주방기능을 확대해야 하기 때문에 일정규모 이상이 되어야 하는 문제점도 있고 메뉴 자체에 개성이 없어지는 단점도 있으나, 어떤 테마성을 부여한 다기능의 메뉴

개발은 필요할 것 같다.

다만, 테마성이 있는 메뉴를 개발하기 위하여 점포의 인테리어 시공시점부터 테마성 있는 점포 만들기가 선행되어야 할 것이다. 이 테마성을 메뉴의 국적, 시대성, 원자재의 사용종류 등에 따라 만들어갈 수 있는 방법을 찾으면 된다.

예를 들면, 고려시대의 궁중요리를 테마로 한 간이식, 정식, 풍류음식은 원자재를 전부 개성지역(고려의 수도)에서 구입한 것만을 사용하는 메뉴를 만든다는 방향설정이다.

멕시칸요리의 20종류, 아침, 점심, 저녁, 심야시간대별로 핵심메뉴로 봉사하며, 이 메뉴의 원자재 대부분은 야채를 제외하고는 전부 멕시코에서 수입하였다는 등의 캐치프레이즈와 함께 멕시코인 조리사 이름까지 내놓는다면 하나의 테마성을 갖게 되는 것이다. 물론 소규모 점포에서 이런 업무는 불가능하겠지만, 어떤 형태든 테마성을 만들어가면 개성 없는 메뉴는 조리되지 않을 것이다.

(7) 한 가지 핵심 원자재로 여러 가지 메뉴를 조립할 수 있는 방법으로 메뉴를 개발하자

전반적으로 메뉴 수를 적게 운영하는 것이 여러 가지 면에서 좋은 결과가 생성될 수 있다. 그러나 고객의 요구는 다양하다.

따라서 중요 핵심원료를 사용하되, 다른 부수재료만 추가하면 바로 여러 가지 메뉴를 만들 수 있는 방법을 찾아야 한다. 이것은 핵심원자재를 많이 사용함으로써 원료조달방법이 간편하고 구입단가를 낮출 수 있는 이점이 있으며, 주방의 조리작업도 간편하게 이루어질 수 있으므로 '적은 종류의 원자재로 많은 종류의 메뉴를 제공'할 수 있는 장점을 갖게 된다.

예를 들면 같은 소스와 국수, 면류 같은 것을 사용하여도 토핑 부자재만 달리하면 유부국수, 막국수, 김치국수, 칼국수 등을 간단히 조리할 수 있다. 만두류도 같은 만두를 이용하여 만둣국, 떡만두, 고기만두, 군만두, 비빔만두 등을 간단히 조리할 수 있는 것이다. 다른 메뉴도 이러한 발상으로 연구하면 소위 '줄줄이 메뉴'가 탄생할 수 있을 것이다.

(8) 고객의 구입단가는 화폐단위를 기준하여 결정하는 경향이 있으므로 메뉴수준을 결정할 때는 이를 참고할 필요가 있다

다른 제품은 다른 제품대로 고객의 구입기준이 있을 것이지만, 매일 3회 이상 먹는 건강유지요소인 식사는 가정내식이 아닌 외식의 경우 고객의 외식메뉴 구매단위는 화폐단위 500원, 1,000원, 5,000원, 10,000원이 기준이다. 10원, 100원 주화가 있으나, 외식 메뉴단가 결정에는 영향을 줄 수 없을 것이다.

초·중·고교 학생 중심의 일부 메뉴는 분명 500원, 1,000원에 근접하는 단가제품이 많다. 그리고 직장인이나 가족단위 메뉴의 가격결정을 보면 5,000원, 10,000원 단위에 가까운 쪽이 많다. 메뉴를 개발할 때에는 이런 고객심리를 파악하여 현재의 경제여건이라면 5,000원 또는 10,000원, 15,000원, 20,000원 선에 근접하는 중저가, 고가, 특별가격으로 개발되어야 할 것이다.

(9) 메뉴는 영업상황에 따라 융통성 있게 운영해야 한다

모든 메뉴가 똑같은 종류로 요일별·시간대별 구분 없이 운영되는 것은 시장세분화의 마케팅전략으로 볼 때 현대의 시장상황에 부적절한 내용이다.

점포단위에서 운영하는 메뉴는 고객의 변화 다양성에 맞추어 가변적으로 변경 운영해야 한다. 따라서 소규모 점포에서 일 년 내내 같은 메뉴를 고객에게 제공하는 것은 전혀 발전적인 정책이 될 수 없다. 메뉴는 평상시의 경우 바쁜 현대인의 생활욕구에 맞추어 시간을 절약할 수 있게 빠른 서비스가 가능한 메뉴save time, 주머니 사정에 알맞은 적정한 가격의 메뉴save money, 그리고 쉽게 이용할 수 있는 편리성이 있어야 한다. 이것이 일상식(日常食) 메뉴의 특징이다. 회전형 점포에서 중식시간대의 고객에 대하여는 위와 같은 메뉴정책을 채택하여야 한다.

그러나 점포의 콘셉트가 객단가형 점포이든가 일상식을 주로 한 메뉴를 운영하는 점포라도 특수한 날의 메뉴, 예컨대 생일축하 메뉴, 단체연회 메뉴, 회갑연의 메뉴 등 고급수요에 맞춘 메뉴도 갖추어야 한다. 동일 점포라도 영업의 상황에 따라 변화를 주는 운영이 현대의 점포 경영에는 필수적인 것이다.

(10) 특수메뉴 운영도 필요하다

일반적으로 현재 우리나라 외식점포는 주로 건강한 사람을 위주로 한 통상적인 메뉴가 주류를 이루고 있다. 이것은 업태·업종에 관계없이 유사한 상황에 있다고 생각된다.

그러나 향후의 시장여건을 볼 때 유아용 메뉴, 노인계층의 메뉴개발이 필수적이다. 특히 고혈압, 당뇨병, 신장병 환자에 대한 메뉴는 전혀 고려되지 않고 있다. 이들 특수환자들은 병원급식에 의해 관리되는 이외에는 거의 무방비상태에 놓여 있다. 국민의 건강관리를 책임진 외식점포는 어떤 방식으로든지 이러한 고객을 위한 메뉴대비책이 필요하다.

최근 미국의 외식업계는 맛과 영양을 주테마로 주로 조리사에 의해 운영되어 오던 외식점포의 메뉴를 영양사에 의해 운영되도록 변화를 기도하고 있다. 즉 영양사에게 조리기술을 습득하도록 하여 요리의 맛과 영양의 밸런스를 갖춘 외식업계의 등장이 거론되고 있다. 이것은 미국이 중요한 국가사회의 문제로 대두된 비만을 질병으로 규정할 만큼 큰 사회문제로 대두됨으로써 외식점포가 국민건강상 중요한 역할을 해야 한다는 필요에서 착안된 것이다. 우리의 경우도 이러한 시대조류에 맞춘 메뉴개발전략을 변화시켜 가는 전략이 필요할 것이다.

2. 간판메뉴의 설정방법

점포의 간판메뉴는 영업이 진행되는 과정에서 판매되는 메뉴의 수량과 점포의 이익공헌도를 분석해 가면서 설정해야 하며 여름, 겨울, 가을 등의 계절에 따라 메뉴 판매수량에 큰 변동이 있으므로 어느 정도의 시간이 경과한 뒤 매출상황을 분석하여 설정하는 것이 원칙이다.

3. ABC분석에 의한 간판메뉴의 설치방법

표 11·1 메뉴의 판매상황

순위	메뉴명	판매수량	단 가	금 액	비율(%)	누계(%)	비 고
1	커 피	2,899	4,000	11,556,000	41.6	41.6	
2	스파게티 및 소스	311	7,000	2,177,000	7.8	49.4	
3	스파게티나포리탄	181	7,000	1,267,000	4.6	54	
4	레몬티	312	4,000	1,248,000	4.5	58.5	
5	스파게티 그라탕	155	7,000	1,085,000	3.9	62.4	
6	프레쉬 오렌지주스	112	7,000	784,000	2.8	65.2	
7	술이그라탕	125	6,000	750,000	2.7	67.9	
8	맥 주	100	7,000	700,000	2.5	70.4	
9	야채그라탕	125	5,000	687,000	2.5	72.9	
10	토스트	98	7,000	686,000	2.5	75.4	
11	카페오레	98	7,000	686,000	2.5	77.9	
12	후르츠 요구르트	108	6,000	648,000	2.3	80.2	
13	밀 크	121	4,000	484,000	1.7	81.9	
14	시푸드필랍	111	4,000	444,000	1.6	83.5	
15	오렌지	101	4,000	404,000	1.5	85.0	

〈표 11-1〉은 점포의 상위 1위에서 15위까지 메뉴의 판매상황이다.

① 이 점포 매상고 1~5위까지의 메뉴판매고 총합계는 전체 매출의 62.4%를 차지하고 있다(우수점포의 경우 70~75%까지 이르는 경우도 있다).

② 10위까지의 매상고는 전체의 75%를 차지한다.

③ 10위 이하의 메뉴분포는 다음과 같다.

표 11·2 메뉴의 판매량

순 위	월간 판매 개수	1일 평균 판매 개수	비 고
11	98	3.2	

순 위	월간 판매 개수	1일 평균 판매 개수	비 고
12	108	3.6	
13	121	4.0	
14	111	3.7	
15	101	3.3	

11위에서 15위까지 메뉴는 1일 평균 3.2~4.0개이나 이는 어디까지나 평균수치일 뿐 일자에 따라서 하루 4개, 4~6개가 판매되기도 하고 매출이 전혀 이루어지지 않을 수도 있어 메뉴로써 가치가 적다고 판단된다.

물론 이 11~15위 메뉴 중 개발해서 신상품으로 제시한 것은 별개의 문제이며 고객에게 제시한 기간이 6개월 이상 되어도 같은 수치를 보인다면 분명 문제가 있는 메뉴이며 개선하거나 신제품을 개발하여 대체해야 한다.

위 메뉴 중 커피는 가장 많이 팔리고 있으나 음료류이기 때문에 식사메뉴 중에서 간판메뉴를 육성해야 할 것으로 본다.

4. 간판메뉴의 선정방법

1) 우선 매상고 1~5위까지의 메뉴를 분석한다

2) 이 중에서 커피를 제외한 품목을 후보로 선정한다

3) 선정요건은 다음과 같다

① 작업성이 편리할 것 : 대량으로 주문이 들어와도 쉽게, 빠르게 조리하여 제공할 수 있어야 한다.

② 원자재 조달이 연간 평균적으로 편리한 메뉴일 것 : 아무리 우수한 메뉴라도 원자재 조달이 계절적으로 한정되어 있으면 간판메뉴로 선정하기는 곤란하다.

③ 가능한 점포의 분위기(이미지)에 어울릴 수 있는 메뉴일 것 : 시너지효과를 얻으면 유리하다.

④ 이왕이면 이익공헌도가 높은 제품일 것 : 이익공헌도가 높다는 것은 이익액 기준으로 기여도가 높은 제품을 말한다. 예를 들면 A제품 판매가 5,000원, 원

가율 30%, 판매개수 10개, B제품 판매가 8,000원, 원가율 40%, 판매개수 10개일 때 A, B제품의 이익공헌도를 계산해 보자(작업시간, 서빙방법 등 모든 조건이 동일하다는 전제에서 계산한다).

A제품 이익액 = 5,000원 × 70%(100 − 30%) × 10 = 35,000원

B제품 이익액 = 8,000원 × 60%(100 − 40%) × 10 = 48,000원(이익공헌도가 높다)

이익공헌도는 단일품목의 원가율에 의해서만 결정되는 것은 아니다.

⑤ 맛있는 제품 쪽을 선택한다 : 고객의 설문조사 등을 수회 실시해서 결정한다.

5. 간판메뉴의 육성방법

1) 점포의 모든 판촉방법을 간판메뉴 중심으로 실시

점포에서 실시하는 판촉방법의 하나인 무료시식권 발행도 간판메뉴 중심으로 실시하고 또 포인트 카드 시스템을 도입할 경우에는 간판메뉴를 구입하면 2배수의 가산점을 부여한다든가 또는 일정한 기간 내에 간판메뉴에 대한 집중적인 선전이나 대대적인 할인판촉도 실시한다.

2) 원가율보다는 맛과 양 중심으로 메뉴를 개선

맛을 개선하거나 서빙량을 증가시킴으로써 원가가 상승하더라도 맛이 좋아지고 볼륨감이 있어 고객이 좋아한다면 그것으로 충분하며, 간판메뉴로 성장하면 판매수량 확대로 원가상승분은 얼마든지 커버할 수 있다.

3) 서빙용기나 숟가락 등도 특별한 것으로 선택하여 타 제품과의 차별화 시도(서빙용기의 고급화 시도)

4) 상차리기(그릇에 담기) 등도 특별한 배려가 필요

이 메뉴를 제공받은 고객은 최상의 고급감, 볼륨감과 더불어 최고의 만족감을 얻을 수 있도록 해야 한다(귀족이 된 기분, 백만장자가 된 듯한 기분을 느끼게 한다면 더 말할 필요가 없을 것이다).

5) 서빙속도는 무조건 빠르게 실시

주방을 충분히 정비하고 훈련하여 간판메뉴 오더가 들어오면 단시간 내에 즉시 제공되어야 한다. 간판메뉴는 맛, 분위기, 서빙속도 등에서 고객의 감각을 최대한 만족시킬 수 있도록 설정되고 고도의 훈련을 거쳐야 육성될 수 있다.

6) 간판메뉴의 효과

① 객석회전율을 높인다. 간판메뉴의 판매수량이 증가하면 이에 대한 충분한 사전준비를 함으로써 메뉴조리시간이 단축되고 주문과 동시에 제공되는 서빙시스템을 갖추게 되어 객석회전율도 높아져 판매극대화를 기할 수 있다.

② 주방의 조리작업과 원자재 정리작업이 쉽게 이루어져 소수인원으로도 다량의 메뉴가 조리될 수 있다.

③ 원료구입 숫자가 줄어드는 대신 같은 종류를 대량 구매함으로써 대량 구매 – 가격 다운 – 원가 절감의 효과로 이어질 수 있다.

④ 소비자에게 안심감을 준다. 맛있다. 서빙이 빠르다. 신뢰할 수 있는 느낌을 고객이 가질 수 있으므로 안심하고 이용할 수 있게 된다.

⑤ 점포의 지명도를 높인다.

⑥ 전문점 시대에 알맞은 메뉴 콘셉트 구성이 가능하다.

⑦ 간판메뉴의 운영이 합리화되고 관리시스템의 전산화가 잘 이루어지면 요일별·시간대별 간판메뉴 설정도 가능하다. 패스트푸드의 경우 시간대별 간판메뉴를 앞세워 더욱 빠른 서빙을 할 수 있으며, 한식의 경우 중식시간대, 저녁시간대 및 평일과 주일의 간판메뉴를 설정함으로써 매출의 극대화를 기대할 수 있다. 물론 이런 경우는 점포의 간판메뉴 관리라기보다는 시간대별 핵심메뉴관리라는 표현이 적절할 것으로 본다.

미니사례 11·1

배달의민족, '메리고키친' 오픈…
외식업 미래기술 한곳에

▲ 미래식당 콘셉트로 꾸며진 '메리고키친' 전경(사진=우아한형제들 제공, 2019. 07. 23.)

배달앱 업계 1위 '배달의민족'을 운영하는 푸드테크 기업 우아한형제들은 스마트오더, 자율주행 로봇 등 미래 외식산업에 활용될 최신기술을 한곳에 집약시킨 '미래식당'을 선보인다고 23일 밝혔다.

우아한형제들은 서울 송파구에 위치한 이탈리안 퓨전 레스토랑 '메리고키친'(Merry-Go-Kitchen)에 그동안 연구, 개발해 온 외식업 미래기술을 적용했다. 각각의 기술은 주문, 서빙, 매출 관리 등 음식점 운영 전반에 걸쳐 있다.

메리고키친에 들어서면 '미래식당'이라는 콘셉트에서 느껴지는 최첨단 이미지와는 달리 '자연 친화적' 분위기의 인테리어가 고객을 맞는다. 기능은 미래 지향적이되 고객에게는 익숙한 편안함을 주기 위해서다. 하지만 레스토랑 곳곳에는 신기술이 스며들어 있다.

주문은 '배민스마트오더'로 한다. 배민스마트오더는 QR코드 주문방식이다. 배달의민족 앱을 열어 각 테이블에 부여된 QR코드를 찍으면 메뉴 확인과 주문, 결제까지 비대면으로 가능하다. 메뉴 전체를 여러 장의 사진과 동영상으로 미리 볼 수 있어 선택의 고민을 덜어준다. 고객은 기다림 없이 앉은 자리에서 편하게 음식을 주문하면 된다.

서빙은 로봇이 맡는다. 우아한형제들은 매장 내 테이블 구성, 고객과 직원의 동선, 주방과 테이블 간의 거리 등을 감안해 레스토랑에 가장 잘 맞는 로봇 두 종을 배치했다. 각 로봇은 식당 운영의 효율화를 높임으로써 고객과 점주 모두를 만족시키는 역할을 하게 된다.

매장 안을 돌아다니는 자율주행 서빙 로봇은 한번에 최대 4개 테이블에 음식을 나를 수 있다. 매장 내 직원이 음식 쟁반을 서빙 로봇에 담아 테이블 번호를 입력하면 로봇이 최적의 경로로 주문자의 테이블까지 가져다준다. 장애물이 나타나면 알아서 피한다.

벽 쪽에는 모노레일을 타고 움직이는 두 대의 로봇이 있다. 홀을 돌아다니는 서빙 로봇과 마찬가지로 직원이 로봇에 테이블 번호를 입력하면 음식을 실은 로봇이 주문자가 앉은 테이블 앞에 정확히 멈춰 선다.

배달앱 업계 1위 '배달의민족'을 운영하는 푸드테크 기업 우아한형제들은 스마트오더, 자율주행 로봇 등 미래 외식산업에 활용될 최신기술을 한곳에 집약시킨 '미래식당'을 선보인다고 23일 밝혔다.

뿐만 아니라 업주의 주문 매출관리를 편리하게 만들어줄 매장 관리전용 프로그램도 시범 운영한다. 음식점을 운영하는 입장에서는 주문접수, 서빙, 결제 뿐 아니라 매출 및 비용 관리까지 간편해지기 때문에 고객서비스에 더욱 집중할 수 있다.

▲ 우아한형제들의 '메리고키친'에 '배치된 자율주행 서빙 로봇'(사진=우아한형제들 제공, 2019. 07. 23.)

'메리고키친' 운영은 배달의민족과는 직접 관련이 없는 일반 외식업주가 맡는다. 메뉴 구성, 요리, 직원 관리, 매출 관리 등 운영 전반을 점주가 책임진다. '메리고키친'이라는 이름도 점주가 직접 정한 이름이다. 우아한형제들은 이곳에 외식업관련 미래기술을 구현하고 관리하는 것으로 역할을 구분했다.

메리고키친은 지난 15일부터 일주일간 우아한형제들 임직원을 대상으로 시범 운영을 마쳤고 23일부터 일반인 고객을 대상으로 서비스를 오픈한다. 운영 시간은 오전 10시부터 밤 11시까지이며, 월요일은 휴무로 운영상황에 따라 향후 변동될 수 있다.

우아한형제들 신사업부문 윤현준 부사장은 "메리고키친은 일반 고객을 위한 레스토랑인 동시에, 미래 외식업의 쇼룸이기도 하다"며 "이곳에 적용된 기술들이 머지않아 일반 음식점에도 널리 쓰이게 될 것인 만큼 외식업 관계자 및 자영업자분들도 많이 오셔서 직접 체험해 보시기를 권해 드린다"고 말했다.

출처 : 뉴시스통신사, 2019. 07. 23일자, 이진영 기자

미니사례 11·2_____

배달의민족, UCLA연구소와 요리로봇 개발 착수

식재료 자르고 팬 뒤집는 등 활용··· 확장성 높인 다양한 공정 소화

'배달의민족'을 운영하는 푸드테크(food-tech) 기업 (주)우아한형제들(대표 김봉진)은 우리나라 출신으로 세계적 로봇 공학자 데니스 홍(Dennis Hong) 교수가 이끄는 미국 캘리포니아대학 로스앤젤레스 캠퍼스(UCLA) 산하 로봇연구소 '로멜라'(RoMeLa)와 함께 요리로봇 개발에 착수했다고 밝혔다.

우아한형제들은 로멜라연구소(소장 데니스 홍)와 요리로봇 개발 프로젝트를 통해 인간의 식생활을 혁신할 기술을 개발하고 현실화해 나간다는 계획이다. 그동안 자율주행 배달로봇 개발을 위한 다양한 활동을 벌여왔던 배달의민족은 이로써 '요리로봇'까지 연구개발영역을 확장하게 됐다.

이번 프로젝트는 제조업 등에 활용되어 온 공장용 '로봇 팔'과는 다른 '요리전용' 로봇을 만들어 향후 레스토랑이나 음식 제조시설은 물론, 개인용으

▲ 우아한형제들 김봉진 대표

로 가정이나 사무실 등에서까지 활용될 수 있는 수준까지 발전시키는 것을 목표로 하고 있다. 최소 3~4년의 기간은 소요될 중장기 프로젝트라고 배달의민족 측은 설명했다.

이미 햄버거 등을 자동으로 만들어내는 로봇은 나와 있지만 기존 조리 로봇들은 보통 단일과제만 수행할 수 있는 초보적 수준에 머물러 있었다. 코드명 'YORI'(요리)로 명명된 이번 로멜라연구소의 프로젝트는 요리로봇이 식재료를 자르고, 팬을 뒤집는 등 다양한 동작과 기능을 소화해 낼 수 있도록 할 계획

이다.

음식을 만드는 데 필요한 다양한 과제를 수행할 수 있도록 해 로봇 활용의 확장성을 높이고 요리할 수 있는 메뉴의 폭도 크게 넓힌다는 것. 하드웨어에 더해, 식자재 주문 공급 및 레시피 다운로드 등 소프트웨어까지 더해지면 호텔 셰프의 고급요리를 로봇의 도움을 통해 집에서 즐기는 것도 가능해질 전망이다.

프로젝트를 이끌 데니스 홍 UCLA 교수는 "이번 프로젝트의 핵심은 오랫동안 굳어져 왔던 인간의 식생활을 혁신하는 데 있다"며 "로봇은 우리가 그리는 미래를 앞당길 수단이며 로봇을 개발하는 과정은 곧 우리 삶을 보다 풍족하고 편리하게 변화시켜 가는 흥미진진한 과정이 될 것"이라고 말했다.

우아한형제들 로봇딜리버리셀의 김요섭 이사는 "로멜라와 함께 우리 생활에 자연스럽게 스며들 수 있는 실용적인 로봇기술을 단계적으로 발전시켜 나갈 계획"이라고 말했다.

로멜라는 UCLA 산하 로봇연구소로 제자리에서 1m 이상 뛰어오를 수 있는 4족 보행로봇 '알프레드2', 스프링 방식의 다리로 높은 장애물을 쉽게 오르는 '나비', 헬륨 풍선과 2족 보행로봇이 결합된 '발루' 등을 개발하며 세계적인 명성을 이어가고 있다.

▲ 로멜라연구소 소장 데니스 홍 박사

배달의민족은 2017년부터 외식산업 인프라 개선 및 고도화, 자영업자 토털IT 솔루션에 적극 투자해 왔다. 최근엔 자율주행 서빙로봇, QR코드 스마트오더 등 외식업 미래기술을 한 곳에 집약한 미래식당 '메리고치킨'을 선보였다.

출처 : 데일리스포츠한국, 2019. 08. 06일자, 박상건 기자

미니사례 11·3

농식품부, 20개 청년 한식당 신메뉴 개발에 최대 2,000만 원 지원

식당서 실제 판매… 조리법도 홈페이지 공개

농림축산식품부가 20개 청년 한식당을 선정해 국산 식재료를 활용한 신메뉴 개발에 최대 2,000만 원을 지원한다.

농식품부는 재단법인 한식진흥원과 함께 2019년 청년한식당 국산 식재료 활용 지원 사업자 20곳을 선정했다고 7일 밝혔다.

농식품부는 창업 3년 이내의 젊은 셰프(만 20~39세)를 지원하고 국산 식재료 소비도 활성화하고자 지난해부터 이 사업을 펼치고 있다. 올해는 지난해 10곳에서 두 배

▲ 지난해 청년 한식당 '경한식'이 농림축산식품부·한식진흥원 지원으로 개발한 우리 농산물 활용 신메뉴 '사발묵회' 모습.(사진=청년 한식당 신메뉴 리플릿 제공)

로 확대 운영한다. 농수산물가격안정(농안)기금 4억 원을 투입할 예정이다. 한 곳당 최대 2,000만 원의 신메뉴 개발비용 일체를 지원한다. 조리법 저작권료와 우수메뉴 선정 및 포상, 온·오프라인 홍보혜택도 있다.

올해 선정된 청년 한식당은 서울 양천구 '고래아방'과 충남 천안시 '그니식당', 서울 동대문구 '독립식당', 경기도 파주시 '모아냉면', 서울 강남구 '미아전' 등 20곳이다.

새로 개발한 요리는 이들 식당에서 실제 판매된다. 또 이 조리법은 한식포털

과 한식진흥원 홈페이지에 소개돼 누구나 직접 만들 수 있도록 할 예정이다.

농식품부는 오는 20일 서울 한식문화관에서 청년농업인연합회 등이 참여하는 청년 한식당과 농업인 연계행사를 열고 각 한식당 특성에 맞는 농산물 품목과 생산자 탐색기회도 제공한다.

국내 한식당 수는 2017년 기준 약 31만 개로 전체 음식점의 45%를 차지한다.

농식품부 관계자는 "한식당에 국산 식재료 활용 신메뉴 개발을 지원하면 한식당 경쟁력 강화는 물론 국산 식재료 소비 확산에도 도움이 될 것"이라고 말했다.

한편 지난해 청년 한식당 10곳이 개발한 대표 메뉴는 '더 외식' 홈페이지(외식산업정보-외식정보자료실-국내정보)에 '청년 한식당 신메뉴 리플릿'이란 이름으로 소개돼 있다. '사발묵회', '양 기름 떡볶이', '소불고기 김치전', '홍어 그라탕' 등이 있다.

출처 : 이데일리, 2019. 05. 07일자, 김형욱 기자

Chapter_12

외식산업의 식재료관리

01 식재료관리의 의의

식재료관리란 영업활동에 필요한 식재료를 효율적으로 관리하기 위한 과학적인 관리기술이라 할 수 있으며, 식재료관리는 영업활동에 필요한 품목을 명확히 파악하는 때부터 시작된다.

식재료관리의 과정은 구매관리·검수관리·저장관리·재고관리·출고관리의 순서로 행하여진다. 부적절한 구매 및 잘못된 재고관리의 관행은 구매비용을 상승시키며, 상품의 가치하락 및 재료의 높은 부패율을 초래하여 식재료원가는 올라가고 이윤의 폭은 떨어지는 결과로 이어지기 때문에 식재료관리가 중요하다.

그러므로 외식업 운영에 있어서 식재료를 언제, 어디서, 누가, 어떻게 구입하느냐의 문제가 영업에 미치는 영향은 매우 크다. 양질의 식재료를 구입하기 위한 노력은 곧바로 업소의 이익과 직결된다. 일반적으로 외식업체들의 식재료구매는 대형 유통업체에 일임하거나 전문업체와 직접 거래하기도 하며, 도매시장이나 식재료 마트에서 구입하는 형태이다.

1. 식재료의 개념 및 관리의 목적

외식산업의 영업활동에 수반되는 물자는 원자재, 부자재, 소모품, 비품, 저장품,

제공품, 매입상품, 기계·장치·설비와 이의 보수·유지에 사용되는 부속품, 금형, 소모성 공구 및 각종 영선자재 등이 총망라되어 완벽하게 갖추어진 가운데 효율적으로 운영되어야 한다.

그러나 어떠한 외식업체라도 이 같은 내용을 모두 갖추고 영업을 한다는 것은 대단히 어려운 실정이다. 일반적으로 외식업체에서는 식재료의 범위를 원재료로 한정한다. 원재료란 음식을 만들기 위하여 직접적으로 투입되어 소모되는 소재들을 의미하는데, 원가가 보통 30~40% 정도 차지하는 만큼 식재료관리는 중요하고, 필요한 식재료를 알맞게 구매하여 최선의 상태를 유지함으로써 이윤창출에 공헌하며, 소비되는 자재를 줄여서 식재료의 질을 높이고, 최상의 상품을 유지하는 것이 식재료관리의 목적이다.

2. 식재료의 특성 및 문제점

1) 식재료의 특성

(1) 유통기한 존재

식재료는 공산품과 달리 일정기간 내에 사용해야 하는 기간이 정해져 있다. 일정한 기간 내에 사용하지 않으면 식재료로 부적합하기 때문에 재고가 남아 있지 않도록 공급이 소량이면서도 지속적으로 이루어져야 한다. 이러한 식재료의 특성으로 인하여 재고가 지속적으로 남아 있지 않도록 하나하나에 대한 관리가 이루어져야 한다.

(2) 가격의 불안정

농수산물의 대부분은 날씨의 영향을 크게 받고 생산 공급이 불안정하기 때문에 가격 및 공급량의 변동 폭이 크다. 이러한 현상은 식재료의 가격이 일정하지 못한 특성을 가지고 있다.

(3) 규격화의 곤란

농수산물은 동일한 품종이라도 생산량과 품질이 균일하지 않기 때문에 표준화가 곤란하고, 자동화가 어려워서 인력을 많이 필요로 하는 특성이 있다.

(4) 조리기술상의 과다

대부분의 농수산물은 가격에 비하여 무게와 부피가 상대적으로 크기 때문에 운송에 많은 시간과 비용이 소요되어서 산지가격에 물류비를 계산하면 생산원가에 비해서 가격이 비싸다.

2) 식재료의 문제점

공산품처럼 규격화나 저장성이 약하기 때문에 가격 및 공급량의 변동 폭이 크고, 식재료가 다양하므로 균일화·규격화시키기가 어려운 것도 하나의 문제점이지만, 외식업체 경영자 측면에서 보면 품질의 문제, 유통의 문제, 가격문제, 조작성의 문제가 외식업을 운영하는 경영자에게 주된 문제점이 된다.

(1) 품질문제

외식산업은 여러 식재료를 이용하여 요리한 메뉴를 고객에게 제공하는 업이다. 최종요리를 마치는 단계에서 높은 품질의 요리가 만들어지는 것이다. 외식산업에 있어서 이용하는 식재료의 선택은 이 점을 기준으로 선택하여, 식재료 가공처리기술도 이러한 관점에서 평가되는 것이다.

(2) 유통문제

국내 식재료시장은 유통구조가 체계적이지 못하고 복잡하기 때문에 가격형성이 일정하지 않다. 또한 실제 식재료의 산지나 유통기간·품질등급 등을 속여서 폭리를 취하는 유통업체도 있으며, 고객에 따라서 가격대가 틀리게 형성되는 것이 관행이므로 외식업체 입장에서는 거래하는 업체를 신뢰하지 못하여 효율적인 구매가 이루어지기 힘든 실정이다.

(3) 가격문제

가격문제에서는 싼 값으로 식재료를 구할 수 있느냐 하는 것과 매입가격을 장기간 고정화시킬 수 있느냐 하는 문제이다. 매입가격을 장기간 고정화시킬 수 있으면 안정된 영업을 할 수 있으나, 매입가격이 시종 변동하면 경영 자체가 안정되지 않는다는 어려움이 있다.

(4) 조작성의 문제

외식산업을 요리의 관점에서 보면, 식재료를 독특한 조리기술로 가공하여 음식을 제공하는 것을 기본으로 하는 경우와 다른 한편으로는 조리부분이 가능한 기계장치로 대체하여 요리과정을 시스템화시켜 생산하는 경우로 나눌 수 있다. 이 같은 작업 시스템의 상황에서 식재료를 취급하기 위해서는 자체의 조작성 우열에 크게 지배받게 된다.

3. 식재료의 분류

외식업체에서 소비하는 식재료는 매우 다양하기 때문에 효율적인 관리를 위해서는 유사한 성격 및 특성이 존재하는 식재료를 분류하여 관리하는 것이 최상의 방법일 것이다. 식재료의 분류는 일반적으로 음료와 식료로 분류하고, 다시 국산과 수입산으로 구분한다. 이것을 다시 육류·가금류·육가공품류·생선류·어패류·유제품·향신료·야채류·과일류·잡품류 등으로 대분류하고, 필요에 따라서 중분류·소분류한다(나정기, 1997 : 46-50).

음료의 경우에는 위스키, 진, 보드카, 럼, 브랜디, 리큐르, 와인, 아페리티프, 샴페인, 맥주, 주스류 및 소프트 드링크, 기타 등으로 분류한다. 위스키의 경우에는 특히 산지에 따라서 스카치 위스키, 아일리쉬 위스키, 아메리칸 위스키, 캐나디안 위스키로 분류하고, 다시 스카치 위스키를 스카치 위스키 프리미엄, 스카치 위스키 스탠다드로 분류하기도 한다. 또한 와인은 레드와 화이트로 구분하여 저장하고, 산지별로 구분하여 저장한다.

식음료재료는 저장하는 장소에 따라 분류하고, 때에 따라서는 구매와 검수의 절차를 걸쳐서 들어온 식재료가 저장창고에 저장하느냐, 혹은 주방으로 직접 가느냐에 따라서 식재료를 분류할 수도 있다.

1) 저장장소에 따른 분류

식재료를 저장할 장소는 냉동창고와 냉장창고 및 일반 저장창고로 나누어지는데, 식재료의 종류와 상태에 따라서 장기간 보관할 수 있는 식재료가 있는가 하면, 식재료의 특성상 단기간 보관할 수밖에 없는 품목들도 있다.

(1) 냉동창고 보관 식재료

주로 냉동된 육류·생선류·야채류 등으로 냉동창고에서 냉동상태로 보관한다. 냉동식재료지만 함께 보관하는 것이 아니고, 식재료의 특성을 고려하여 각각 분류하여 냉동창고에 보관한다.

(2) 냉장창고 보관 식재료

비교적 너무 장시간 사용하지 않는 식재료를 신선하게 사용하기 위해서 보관하는 장소로 주로 야채·생선류·육류·난류·가공식품·유제품·생선류·어패류 및 신선한 가금류 등을 품목별로 분류하여 보관하는 것이 이상적이다.

(3) 일반저장창고 보관 식재료

일반창고에 보관하는 식재료의 경우에는 상온에서 보관이 가능하며, 비교적 보관기간이 긴 식재료로는 곡물류·소스류 및 각종 향신료 등이 여기에 속한다.

(4) 음료저장창고

최상의 상태에서 음료를 분류할 수 있게 만든 창고이며, 음료의 특성에 따라 상온에서 보관하는 것과 시원한 상태로 보관하는 음료가 있다. 또한 음료의 보관을 위해서는 와인 셀러wine cellar를 갖추어야 한다.

2) 검수 후 식재료 보관에 따른 분류

(1) 저장구매

저장구매store purchase는 식재료가 구매되어 검수를 거친 후 일단 저장고로 입고 (入庫)되는 품목을 말한다. 주로 보관기간이 장기간인 냉동된 식재료·곡물류·가공식품·캔종류 등이 여기에 포함된다.

(2) 직접구매

직접구매direct purchase는 식재료를 구매하여 저장하지 않고 바로 영업장이나 주방으로 보내어 생산 및 판매가 이루어지도록 하는 식재료를 말한다.

3) 일반적인 식재료 분류

조리를 위해 일반적으로 축산물·농산물·수산물·유지·가공식품·음료·비식품류 등이 식재료로 사용되고 있으며, 이를 상세히 분류하면 〈표 12-1〉과 같다.

표 12·1 일반적인 식재료 분류

식재료 구분		내 용
축산물	육 류	쇠고기, 돼지고기, 가금류(닭, 오리, 칠면조 등), 기타(양고기 등)
	유제품류	우유, 치즈, 버터, 요구르트
	육가공류	베이컨, 햄, 소시지
농산물	곡 류	쌀, 보리, 밀 등
	야채류	잎채소류(셀러리, 시금치 등), 뿌리채소류(당근, 감자, 우엉 등)
	과일류	사과, 배, 포도, 오렌지 등
수산물	어 류	광어, 조기, 참치 등
	갑각류	게, 가재, 새우, 바닷가재 등
	패 류	조개, 석화(굴)
	연체류	오징어, 문어
	해조류	김, 미역
유 지	각종 동·식물성 기름	참기름, 들기름, 올리브유, 라드유
가공식품	일반가공품	옥수수캔, 냉동만두, 건포도, 잼, 각종 소스, 토마토케첩
	조미료류	소금, 후추, 다시다, 설탕 등
음 료	주 류	소주, 맥주, 와인, 양주
	음료수류	커피, 주스류, 콜라, 사이다
기 타	비식품류	종이냅킨, 세제, 요지 등

4. 재고관리

1) 재고관리의 의의

재고관리란 생산판매에 필요한 자재를 획득하기 위해 자금을 자재로 변화시키는 과정에서 어떤 품목을 얼마나 보유할 것인가를 결정하고, 효과적인 자본효율을 달성할 수 있도록 재고를 적정수준으로 운영하며, 구매한 자재를 적기·적소·적품으로 공급이 가능하도록 저장·분배하는 과학적인 관리기술이다.

식음료재고는 식재료의 제조과정에 있는 것과 판매 이전에 있는 보관 중인 것으로서 식재료는 필요 이상으로 과다하게 보관될 경우 자금이 묶여 유리한 투자기회를 상실하게 되고, 식재료의 손실을 초래하며, 과다한 자본이 재고에 묶이게 되어 필요 이상의 유지관리비가 요구된다. 반대로 재고량이 너무 적으면 식음료상품 구성이 지연되거나 판매기회를 상실하는 손실을 입게 된다.

2) 재고관리의 목적

식재료는 장기간 보존이 불가능하고, 고객의 주문생산에 의존하는 특성을 갖고 있기 때문에 식음료상품의 특성에 맞는 재고관리가 적절히 이루어지지 않으면 안 된다. 재고관리란 한마디로 상품구성과 판매에 지장을 초래하지 않는 범위 내에서 재고수준을 결정하고, 재고상의 비용이 최소가 되도록 계획하고 통제하는 경영기능을 의미한다. 이와 같은 관점에서 볼 때 재고관리는 언제 주문할 것인가와 1회 주문량을 얼마로 할 것인가를 결정하는 문제, 즉 주문시기와 주문량의 결정문제이다.

재고관리의 목적은 다음과 같다.

① 유동자산가치의 파악
② 재고품 양태의 파악
③ 식재료 원가비용과 비실현비용의 파악
④ 재고회전율의 파악
⑤ 신규주문 대비

이 밖에 재고관리는 고객을 위한 서비스가 재고비용과 균형이 이루어지도록 적정한 재고를 유지하는 것이 주요목적이라 할 수 있다. 즉 재고비용을 최소화하면서 고객의 수요에 대응하고, 고객 서비스를 만족시키며, 생산과정에 필요한 원료의 재고부족이 발생하지 않도록 사전통제를 하는 것이다.

3) 전산재고 관리방법

(1) POS

POSPoint Of Sale 관리방법은 백화점이나 할인마트 등에서 사용하는 일체형 관리 시스템이며, 메뉴가 판매되면 자동적으로 각각의 식재료로 분류되어 원가가 계산 되는 시스템이다. 판매된 데이터가 정확히 출력되며, 시간대별·가격대별 판매량 등 일련의 자료가 출력된다. 여기에 메뉴에 투입되는 각각의 식재료를 입력하여 자 동으로 재고를 환산하여 주는 별도의 프로그램이 있다.

(2) 재고 프로그램

일반적으로 식재료 관리의 필요성이 적은 소규모 외식업체에서 많이 사용하는 프로그램이며, 메인 전산과는 연결되지 않지만 유연성이 많아 소규모 사업장에서 사용하기에 알맞다.

이 개별 프로그램으로 재고관리를 할 경우 식재료 자동전산화의 어려운 점은 다 음과 같다.

① 메뉴에 투입되는 식재료의 규격과 질이 일정하지 못하고, 수급 또한 불안정 하다.
② 메뉴생산은 사람의 손으로 하기 때문에 정확하지 못하다.
③ 생산된 메뉴가 저장되지 아니한다.
④ 입고된 식재료가 곧바로 사용되는 것이 아니고 중간단계의 가공품으로 변환 되므로 관리가 까다롭다.
⑤ 기타 적용할 변수가 많이 발생된다. (컴플레인으로 인한 반품, 직원식당, Comp. 폐기 등)

식재료는 하나의 메뉴에 투입되는 각각의 식재료가 여러 가지이고, 또한 매우 소량으로 사용되므로 만일 정확하게 계산되어 원가관리를 하게 된다면 많은 문제점을 야기할 수 있기 때문에 현장에 적용시키기에는 어려움이 많다.

일반적으로 조리할 때 표준량standard recipe이 있어 여기에 맞추어 조리하게 되어 있지만, 이는 조리의 특성상 양까지는 맞추기 어려워 10인분씩으로 레시피recipe를 작성한다. 예를 들어 야채 10kg이 입고되었다면 10kg을 바로 조리하여 사용하는 것이 아니라, 뿌리부분과 줄기부분을 어느 정도 제거해야 하므로 실제 사용되는 양은 5kg쯤 될 것이다. 그러나 4kg이 입고된 것을 2kg으로 환산하여 원가를 설정할 수도 없는 일이다.

(3) 수작업관리

수작업은 먼저 장부에 모든 것을 표기하는 것을 기본으로 하여 규모가 큰 외식업체에서는 다른 표현으로 검수장부와 구매 리스트 및 원가보고서 등으로 분류하고 있지만, 하루를 기준으로 했을 때 모든 거래내역 및 불출내역을 기록하는 것이 가장 쉽고도 안전한 방법이다. 외식업체의 식재료 입고량, 불출내용, 유효기간이 가까운 식재료 등을 적는 작업이며, 기록한 장부를 1주일 단위나 한 달의 단위로 정리하는 방법이 수작업의 기초가 된다. 여기에 분류규칙이 정해지게 되고, 최종 관리방법에 대한 조정만 하면 된다.

이러한 수작업의 장점은 모든 자료가 정확하게 기록되는 것이고, 누구나 손쉽게 할 수 있다는 것과 장부를 잃어버리지만 않으면 영구보관된다는 것이다.

먼저 전산화하기 전에 이러한 수작업을 계속해서 운영·관리해 나가면 전산화의 구도방법이 나타날 것이며, 따라서 전산 프로그램을 구입할 경우, 자신에게 맞는 어떤 프로그램을 선택할 것인가를 알 수 있게 된다.

4) 적정재고량

재고관리에서 가장 중요한 것은 부족하지도 않고 넘치지도 않는 적정량으로 재고관리를 해주는 것이다. 그러나 실제적으로 적정재고량을 유지한다는 것은 매우 어렵고, 복잡한 작업이기도 하다.

① 최대·최소 관리방법 : 일정한 양을 정해두고, 재고량이 감소하면 구매를 하여 항상 일정한 최대재고와 최저재고 내에서 재고량을 상비하도록 관리하는 방법이다.

② 비율법 : 최대·최소의 재고 대신 평균사용량의 비율을 기준으로 하여 관리하는 방법이다.

③ 확률적 통계방법 : 여기에는 확률모델과 통계모델을 구분하며, 통계모델은 수요량·납입기간 등 알려진 결정요소가 확정되었을 때 주문량이나 그 시기를 결정하는 것이다.

5) 재고관리의 비용

재고관리에는 항상 비용이 발생하는데, 비용은 크게 세 종류로 다음과 같다.

① 주문비용 : 식재료를 보충·구매하는 데 소요되며, 청구비·수송비·검사비 등이 포함된다. 이 비용은 고정비의 성격을 띠고 있기 때문에 주문량과는 무관하다.

② 재고유지비용 : 이는 재고보유과정에서 발생하는 비용으로 보관비·세금·보험료 등이 포함된다. 이는 변동비의 성격을 띠고 있다.

③ 재고부족비용 : 충분한 식재료를 보유하지 못함으로써 발생하는 비용을 말한다. 식재료 부족으로 인한 생산기회나 판매상실 및 생산중단 등으로 업소에서 입게 되는 비용이다.

02 구매관리

구매관리란 경영주체가 그 업소의 판매기능을 수행하기 위하여 필요한 원자재와 여타 주변자재들을 필요한 시기에 최소한의 비용으로 다른 경영주체로부터 획득하기 위한 관리활동을 말한다. 구매활동에서 필수적으로 고려되어야 할 것은 품질,

수량, 시기, 가격, 공급원, 장소 등으로 이 모든 것이 조화를 이루어 기업의 원가절감과 상품관리 및 능동적인 고객대응이 이루어질 수 있게 하는 것이다.

또한 식재료를 구매할 때는 다음과 같은 점을 고려해야 한다.

① 어떤 음식을 만들고자 하는가?
② 얼마 정도의 음식을 만들고자 하는가?
③ 필요한 식자재의 질과 양은 어느 정도인가?
④ 어떤 방법으로 구매할 것인가?
⑤ 구매에 대한 결정권과 책임자는 누구인가?
⑥ 필요한 서류는 무엇인가?

구매관리는 납품업체와의 계약방법이나 식재료에 관한 효율적인 사전조사를 통해 최상의 식재료를 최저의 가격으로 적기에 구매하는 하나의 관리기술이므로 이러한 다단계의 구매과정을 효과적으로 수행하기 위해서는 유능한 구매자, 훌륭한 표준구매 규격명세서 그리고 효과적인 구매방법 및 과정이 설정되어 있어야 한다.

구매관리를 종합하여 정의해 보면 다음과 같다.

① 생산활동과정에서 생산계획을 달성할 수 있도록
② 생산에 필요한 식재료를
③ 양호한 거래처로부터
④ 적절한 품질을 확보하여
⑤ 적당한 시기에
⑥ 필요한 수량만을
⑦ 최소의 비용으로 구입하기 위한 관리활동이다.

1. 구매절차

구매업무는 식당의 규모나 물품의 내용에 따라 다소의 차이는 있으나 대체로

〈표 12-2〉와 같이 다섯 단계로 구매절차를 살펴볼 수 있다.

표 12·2 식재료의 구매절차

절 차	내 용
구매의 필요성 인식 ⇩	· 구매업무의 출발단계 · 구매청구서 작성 → 특정품목이나 소요량 파악 · 총괄적 물품소요량에 대한 서류작성
물품요건의 기술 ⇩	· 구매대상품목에 대한 정확한 기술 : 개인적 지식, 과거의 기록자료, 상품안내책자 활용 · 오류발생 방지 → 비용발생 억제 → 영업기회 상실방지
거래처 설정 ⇩	· 시장조사 → 가격과 공급시장의 여건 · 견적서 접수
구매가격 설정 ⇩	· 최소비용, 최고품질 · 생산성과 수익성 고려
발주 및 주문에 대한 사후점검 ⇩	· 주문은 서류작성이 원칙 · 주문서 사본작성 → 검수부, 회계부, 물품사용부서, 재고관리부서 · 주문서 도착확인 → 적시공급
송장의 점검 ⇩	· 주문내용과 송장내용 비교 → 물품내역, 가격 · 송장의 내용과 검수부의 수령내용을 비교
검수작업 ⇩	· 구매주문서에 의한 현물 확인·대조 · 주문내용에 대해 발생된 차질의 처리 및 반품 · 검수일지 작성(수령일보) · 입고 확인
기록 및 기장관리	· 구매내용의 정리·보관 · 주문서 사본, 구매청구서, 물품인수장부 검사 또는 반품에 대한 보고기록

(1) 제1단계

필요한 상품을 생산하는 데 적합한 품질과 기타 요소들을 고려하여 필요한 자재를 결정한다.

(2) 제2단계

필요한 품목을 적합한 가격과 최상의 상품으로 시장 내에서 지속적으로 공급받을 수 있는지를 찾아내는 단계이다.

(3) 제3단계

시장조사로 얻어진 자료를 토대로 품목조사 및 구입결정 여부를 정하는 단계이다.

(4) 제4단계

구매품목이 결정되면 구매자와 판매자 사이에 구매시기·구매량·구매가격·배달방법·결제방법 등과 같은 상세한 내용을 협상하게 된다.

(5) 제5단계

제5단계는 품목사용에 따른 효율성과 경제성을 평가하는 마지막 단계이다. 효율성과 경제성이 제대로 평가되지 않으면 구매활동이 제대로 이루어졌는지 그 여부를 알 수 없다. 경제성과 효율성은 가치분석을 통하여 알 수 있는데, 가치분석은 구매가 완료되었을 때 최적의 구매가 이루어졌는지를 평가하는 것으로, 상품의 질을 성능과 만족도 및 납품업체의 서비스로 측정하는 것이다.

2. 구매활동의 목표

1) 적절한 수준의 공급유지

적절한 재고수준은 식재료 공급부족으로 인하여 판매되지 못하는 불상사를 방지할 수 있으며, 과다한 재고를 보유하면 현금의 유동성을 떨어뜨리고 재고유지비용을 증가시킨다. 또한 장기보관으로 인하여 유효기간이 지나서 식재료를 못 쓰게 되는 경우를 방지할 수 있다.

2) 식재료의 품질유지

좋은 음식을 만들려면 식재료가 좋아야 하는 것은 당연한 것이며, 고객들에게 일정한 음식을 제공하기 위해서는 식재료를 연중 많은 변화없이 구매할 수 있어야 한다.

3) 최저수준의 EPC

동일한 크기와 가격으로 구매한 식재료라도 잘못 구매하면 가식부율EPC : Edible Portion Cost이 낮아지고, 원가가 그만큼 높아지게 된다. 구매자는 가식부율이 높은 식재료를 구매할 수 있는 안목을 키워야 한다.

4) 비교우위 유지

구매담당자는 납품업자들에게 좋은 식재료를 싼가격으로 구매할 수 있도록 노력해야 한다. 여기에는 대량구매·계약구매·경쟁입찰 등 다양한 방법이 있다.

3. 구매활동과 기능

식재료의 구매는 외식업뿐만 아니라 호텔의 경우에도 전체구입액 중 약 60%로 가장 많은 비중을 점유하고 있고, 식재료가 차지하는 비중을 다시 세분하면 육류 및 수산물이 약 55%, 채소류가 12%, 청과류가 7%이며, 곡물류 및 기타 잡류가 25%를 차지하고 있다(월간식당, 2000. 10 : 162). 외식업체의 구매는 직감적인 구매에서 탈피하여 조직적이고 과학적인 구매활동이 이루어져야 하는데, 구매부서의 주요 의무사항은 다음과 같다.

① 구매시기의 결정determine when to order
② 재고량 점검control inventory levels
③ 품질기준 설정establish quality standards
④ 구매명세서 작성determine specifications
⑤ 경쟁적 입찰자 획득obtain competitive bids
⑥ 납품업자 사전조사investigate vendors
⑦ 배달조건과 시기 결정oversee delivery
⑧ 배달감독oversee delivery
⑨ 반품에 대한 조건결정negotiate refunds
⑩ 과잉구매 혹은 과소구매상황의 조절handle adjustments

⑪ 신상품의 허가approve new products

⑫ 대금결제invoice payment

1) 최적량의 재고유지와 관리

최적량의 재고관리는 외식업체 운영에 있어서 매우 중요한 의미가 있는데, 식재료 재고량이 과소하면 잦은 식재료 부족으로 인한 영업의 손실 및 서비스질의 저하로 고객에게 불신감을 줄 수 있기 때문이다. 또한 과잉재고는 많은 비용 및 저장시설이 필요하고, 운전자금도 많이 든다. 적정량을 보관하기 위하여 업소의 지배인과 구매담당자가 함께 정기적으로 재고를 파악하고 있어야 하며, 이를 위해서는 재고량을 일정한 재고양식에 기입·서명한 서류를 효과적으로 관리해야 한다. 이를 통하여 창고의 재고품이 너무 오래 보관되면 외식업체 상품의 질이 저하된다.

2) 구매량 결정

식재료의 구매량을 결정하는 데에는 여러 가지 변수를 고려하여야 한다. 식재료의 경우 일반자재와는 달리 저장상의 문제, 예측의 어려움, 계절성을 지닌 구매시장의 조건 등과 같은 변수가 구매하여야 할 적정량의 결정에 영향을 미치기 때문에 현실적으로 납득할 수 있는 수치적인 구매량의 결정이 어려운 것은 사실이다.

경제적 주문량EOQ : Economic Order Quantity 결정공식은 다음과 같다.

$$경제주문량 = \sqrt{\frac{2FS}{CP}}$$

F : 1회 주문에 소요되는 고정비용

S : 연간 매출액, 또는 사용량

C : 관리비용(보험, 이자, 저장)

P : 단위당 구매원가

예를 들어, 특정 레스토랑에서 특정 아이템의 연간 사용량이 1,000kg이고 관리비용이 재고가치의 15%, 단위당 구매원가 12원, 그리고 주문에 소요되는 고정비용이

8원일 때 경제주문량은 다음과 같다.

$$EOQ = \sqrt{\frac{2 \times 8 \times 1,000}{15\% \times 12}} = \sqrt{\frac{16,000}{2.0}} = 89.4\text{kg}$$

$$EOQ - 1,000 \div 89.4\text{kg} = 10.6\text{회}$$

즉, 1년간 경제적 주문횟수＝365÷10.6＝34일마다 주문하면 된다.

위의 계산에서 보여주듯이 1년간 몇 회를 주문하여야 하는지를 알고 싶다면 연간 사용량을 경제적인 주문량으로 나누면 된다.

적정량의 재고를 유지한다는 것은 계산적으로 되는 것이 아니다. 수요와 소비에 대한 꾸준한 분석이 있어야만 적정량에 가까운 재고를 유지할 수 있다.

4. 식재료구매

1) 식재료구매 기본과정

효율적인 식재료구매를 위해서는 식음자재의 질·서비스·가격 등 원가에 미치는 제반요인을 고려해야만 합리적인 구매가 이루어진다. 이를 위해서는 대략 다음과 같은 8가지의 기본적인 과정이 충분히 검토 및 수행되어야 한다.

(1) 정확한 구매시기 결정

적절한 발주가 적시에 이루어지게 하기 위해서는 창고사정, 평균사용량, 납품소요시간을 고려해야 한다. 평균사용량은 계획된 수량과 과거사용량에 의하여 결정되며, 납품소요기간은 구매요청서의 작성과 승인에 따르는 기간, 납품업체에 견적을 요청하여 평가하고 발주하는 데 소요되는 기간, 제품생산기간을 포함한다.

(2) 상세한 구매요청서의 기록

일반적으로 구매활동이 시작되는 근거로는 1일식재료 구매요청서 재발주 목록이 있다. 구매요청서는 1일식재료 구매품목 이외에 모든 자재의 구매요청에 사용되며, 구매주문서로 쓰이기도 한다. 1일 식재료 구매요청서는 신선도와 보관문제로 매일 구매해야 하는 식재료에 대해서는 자재관리직원이 재고량을 기재하여 주방장에 전달하면 익일 소요량을 고려해서 신청량을 정한 다음 구매부로 전달하여 요청된다. 재발주 목록은 창고에 저장 가능한 품목들에 대해 납품소요시간과 지리적 특성, 정부의 수입규제 여부, 환율, 창고사정 등을 고려해서 작성한다.

(3) 납품업체의 선정

공급처의 선정을 위해서는 업체의 과거실적평가나 카탈로그 및 전문지·전시회 등을 통한 신규업체 개발이 필요하며, 안정된 공급과 유리한 구매를 위하여 품목별로 3개업체 이상의 공급처를 선정하는 것이 바람직하다. 지리적 위치, 인적 관리, 공급가격 및 품질을 고려해서 납품업체를 선정해야 한다. 이를 통해서 특히 운송시간, 기상적 요인, 사고위험으로부터 탈피하여 원만한 납품공급이 이루어져야 한다.

(4) 납품조건의 평가

견적요청은 같은 가격과 서비스에 대한 것이어야 하며, 견적서 제출은 같은 시기에 공정성을 잃지 않아야 한다.

(5) 협상

구매계획을 수행하고, 공급자와 구매자 간 상호 만족을 꾀하는 것이다. 가장 낮은 가격으로 구매상품 및 납품업체가 결정되겠지만, 최저가격 견적업체에는 질이나 납품에 위험부담확률도 높다고 할 수 있다. 공정한 가격으로 최적의 질을 구매하는 것이 협상이며, 그 목적은 신속하게 질·양·납품·서비스가 수행되도록 하고, 납품업체 원가분석을 통해 적정한 구매가격을 결정하며, 장기적으로 납품업체와의 유대관계를 향상시키는 데 있다. 협상의 순서는 시장조사, 구매관의 평가방법 개발, 목적 및 목표 제시·설정, 협상, 협상에 대한 상호협약으로 이루어진다.

(6) 발주

구매주문서는 구매요청에 의해 결정된 사항을 상세히 기록해 경리부·재고관리과·구매과·검수과로 보내진다.

(7) 납품관리

여러 가지 여건에 의하여 납품이 정상적으로 이루어지지 않는 경우가 많으므로 이런 문제를 체계적으로 방지하기 위해서는 납품업체를 독려하고 경고할 수 있는 관리를 해야 한다.

(8) 검품과 업체관리

구매주문서에 약정된 대로 납품이 이루어지는지에 대하여 점검해야 한다. 결정된 질의 품목이 정확한 양으로 기술된 가격에 납품되어 사용할 수 있는지를 확인하는 과정이다.

2) 구매방법

외식업체의 영업규모나 저장시설의 유무에 따라서 구입방법이 결정되는데, 구매방법으로는 경쟁입찰방식과 수의계약방식이 있다. 경쟁입찰방식은 다시 일반경쟁입찰과 지명경쟁입찰로 구별된다.

(1) 경쟁입찰방식

구매자가 다수의 공급업자들로부터 일시에 특정식재료에 대하여 견적을 받아서 일정기준에 의하여 공급자를 선정하는 방법이다. 경쟁입찰방식은 구매시간이 많이 걸리고, 절차가 복잡하지만, 가장 경쟁적인 가격에 양질의 물품을 구매할 수 있다.

표 12·3 계약의 방법

① 전화구매방식

전화구매방식call sheet은 구매명세서를 보고 전화를 통하여 요구되는 양만큼 신청하는 방법이며, 전화를 통하여 납품업자의 서비스와 기타 여러 가지 요소들을 평가하고 가격표를 작성하여 조건이 좋은 납품업자들로부터 구매를 결정한다.

② 입찰

입찰bid은 공개적인 방법으로 3개 업체 이상을 접촉하여 여러 정보를 평가하여 가장 적합한 한 개 업체를 선택하는 방법이다. 여러 가지 정보는 양과 질, 포장, 배달, 일반적인 상태, 계산서, 견본품 등이 해당된다.

(2) 수의계약방식

수의계약방식은 계약내용을 이행할 수 있는 자격을 가진 특정인과 계약을 체결하는 방법이다. 특정품목에 대하여 구매자와 공급자 쌍방 간의 계약에 의하여 구매납품하는 방식으로 절차가 간단하고, 구매시간이 적게 걸린다. 그러나 수수료 지불의 가능성으로 인하여 물품비용이 많이 들 가능성도 있다.

① 일반수의계약

납품업자의 신뢰성을 바탕으로 가능한 가장 좋은 가격으로 구매자에게 공급을 해주는 계약방법이다.

② 인상구매

납품업자와의 합의로 구매품목들의 비용에 일정액을 추가하여 원하는 물품들을 제공받기도 한다.

(3) 기타 구매방법

① 상용구매

계속적으로 사용되는 물품의 구입 시 필요한 수량만큼 그때의 상황에 맞춰서 구매하거나 재고량이 최저수준에 이르면 구매한다.

② 일괄구매

구매하고자 하는 물품이 소량이면서 다양한 경우에는 특정업체에게 구입원가를 명백히 책정하여 일괄 위탁하여 구매하는 방식이다.

③ 투기구매

식재료의 가격수준이 가장 낮을 때 많은 수량을 구매하고, 가격이 상승함에 따라서 소용량 이외의 자재는 재판매함으로써 가격변동에 다른 투기이익을 얻고자 하는 방법이다.

5. 구매명세서

1) 구매명세서의 정의

구매명세서는 특정한 음식의 조리에 필요한 식재료의 품질·크기·중량·개수 등 그 특성에 대하여 간단하게 기록하는 양식이며, 구매품목에 대한 설계도라고 할 수 있다. 구매명세서에 기록되는 각 사항은 상품을 발송 또는 수령하는 데 있어서 구매자나 납품업자 그리고 검수인을 위한 적절한 지침 혹은 점검표가 되므로 가능한 상세히 기록해야 한다.

구매명세서의 예시 및 표시되어야 할 내용은 다음과 같다.

① 식품품목의 이름
② 수량 및 구매단위
③ 품목의 등급수준, 브랜드, 기타 품질에 대한 정보
④ 포장방법, 포장크기 등
⑤ 가격산출 근거 : 파운드, 케이스, 조각, 다스 등
⑥ 생산지역, 품목검사 통과 여부 등

표 12·4 구매명세서의 예

구매부서		주문일자 및 시간				납품업체	
신 청 자		납품일자 및 시간				납품확인자	

관리번호	품 목	규 격	단 위	수 량	계	물품상태	비 고

2) 구매명세서의 효율성

구매명세서를 이용함으로써 얻을 수 있는 효용은 불명확한 의사소통으로 인한 실수를 줄임으로써 불필요한 비용의 지출을 방지해 계획대로 원가관리를 할 수 있으며, 오해로 인하여 발생하는 불화의 여지를 제거할 수 있어서 돈독한 인간관계 형성에 도움이 된다.

구매명세서의 다음과 같은 효율성을 제고시키기 위해서는 구매명세서가 우선적으로 개발되어야 한다.

① 구매명세서는 품질관리기준의 역할을 한다.
② 구매자, 납품업자, 식재료의 사용자(주방장, 조리사), 경리담당자 간의 오해를 제거하여 명료한 의사소통기구의 역할을 한다.
③ 구매자가 부재 중일 때 다른 직원이 그의 직무를 대신할 수 있다.
④ 회사 내 총지배인과 지배인 또는 보조적인 구매담당자들의 교육자료로 사용이 가능하다.
⑤ 납품업자의 선정 시 매우 중요한 정보를 제공해 주고, 공급자는 이것을 바탕으로 가격과 거래조건 및 서비스 등에 대한 견적을 제시한다.

03 검수관리

1. 검수의 의의

사전에 정한 구매절차를 거쳐 구매되어 납품되는 모든 식재료는 일반적으로 검수과정을 거치게 되는데, 확인과정이 주업무이다. 확인하기 위해서는 확인할 내용에 대하여 지식이 있어야 함은 물론이거니와, 다음 단계의 통제를 위한 정보수집과 정리가 이루어지기 때문에 그 중요성을 아무리 강조하여도 지나치지 않다. 그럼에도 불구하고 대부분의 외식업에는 검수단계를 수령한 물품에 대한 확인 정도의 기능으로 과소평가하고 있는 듯하나, 구매에 대한 효율성도 높일 수 있는 단계임을 인식할 필요가 있다.

2. 검수의 목표와 필수요건

1) 검수의 목표

검수의 주요목표는 구매된 식재료가 정확한 품질과 정량으로서 구매기준에 맞는가 점검하고, 수령된 자재를 통제하는 일이다.

2) 검수의 필수요소

(1) 유능한 검수원

검수원이 갖추어야 할 기본자질로는 두뇌, 정직성, 직업에 대한 흥미와 의욕, 식재료에 대한 지식 등이 있다. 검수원은 다양한 상품의 질에 대해 평가할 수 있는 능력을 갖추어야 하고, 필요한 서류작업과 컴퓨터를 이용한 기록관리 등을 적절히 수행할 수 있는 사무능력도 겸비해야 한다.

(2) 적절한 검수장비

식재료의 무게를 달고 길이를 잴 저울과 자 등은 가장 기본적인 검수도구이다. 그 외에 레이저 건이나 핸드트럭 및 지게차 등도 외식사업체 검수과에서 보유하고 있으면 매우 편리하다.

(3) 적절할 검수시설

전체 검수지역은 검수원과 배달원 모두 작업하기에 편리하도록 지역이 확보되어야 하고, 작업자들의 안전을 확보하고 식재료를 관찰할 수 있도록 충분한 조도가 유지되어야 한다.

(4) 적절한 검수시간

검수시간은 사전에 계획되어야 한다. 가능하다면 배달시간을 시차제로 하여 일시에 검수작업이 몰리는 것을 피하여 검수지역이 혼잡해지는 일이 없도록 해야 한다.

(5) 정확한 구매명세서

검수원이 항시 참조할 수 있는 각 품목의 분명한 기준이 명시된 구매명세서가 검수지역 내에 비치되어야 한다. 예를 들면 주문한 회사의 특정물품이 없어 납품업자가 동일하다고 판단된 대체물을 배달했을 때 이를 수령할 것인지 재주문할 것인지에 대한 판단근거로서 구매명세서가 매우 유효하게 이용될 수 있기 때문이다.

(6) 구매주문서 사본

검수원은 배달될 자재에 대해 사전에 잘 알고 있어야 검수할 준비를 용이하게 할 수 있다. 이와 같은 준비작업에 있어 구매주문서 사본은 매우 유용하게 쓰인다.

3. 검수절차와 주의사항

1) 검수에 필요한 장비

① 2륜 손수레
② 저울
③ 책상과 파일
④ 작은 사다리

⑤ 고무장화와 동계용 외투 등

2) 검수절차

① 검수원은 주문서를 배달자로부터 넘겨 받는다.

② 배달자의 입회하에 각 품목의 수량을 확인한다. 상자인 경우 상자의 표시와 양을 확인하고, 납품업자보관용 영수증과 구매자보관용 복사본에 서명한 후, 구매자보관용은 주문서에 첨부시켜 경리부로 보낸다.

③ 신선한 야채, 과일류 및 냉동식품류와 같이 쉽게 상하는 식품인 경우에는 구매명세와 동일한지 더욱 깊게 심사한다. 이때 검사하면서 수용불가능한 상품은 거절하여 돌려 보내고, 배달영수증과 주문서 양쪽에 그 내용을 표시한다.

④ 검수에서 불합격한 품목이 있으면 검수원은 동일한 납품업자에게 더 좋은 품질의 물품을 다시 가져오게 할 것인가, 아니면 구매자가 다른 납품업자에게 주문을 다시 할 것인가를 결정한다.

⑤ 무게에 따라 가격이 책정되는 모든 식재료는 검수원이 직접 무게를 달아보아야 한다.

⑥ 육류의 검수에는 상품이나 상자에 라벨표시가 있더라도 검수원이 다시 무게를 달아야 한다.

⑦ 검수부에서 주문서를 갖고 있지 않는데, 물품이 도착했다면 구매담당자나 업장지배인과 연락을 취해 필요한 지시를 받는다. 만약 확인할 근거가 없으면 되돌려 보내는 것이 바람직하다.

⑧ 주문서에 있는 품목이 배달날짜에 도착하지 않으면 지시받은 검수원은 구매자나 경영자에게 즉시 통보해야 한다.

3) 검수 시 주의사항

① 포장으로 인한 과대중량인 경우

② 최상의 상품을 상자 위쪽에 보기 좋게 놓은 경우

③ 구매명세서와 다른 내역의 상품배달

④ 배달자가 물품을 절취하는 경우

⑤ 주문량만큼 선적하지 않은 경우

⑥ 하역된 상품을 빼돌리는 경우

⑦ 구매명세서 물품에 대한 상세한 내역이 없는 경우

⑧ 타 부서로부터의 지원부재인 경우

⑨ 납품업자의 자의에 의한 초과공급량의 배달

⑩ 납품업자로부터의 선물 또는 뇌물

검수는 외식업체의 운영에 있어 가장 중요한 관리활동 중 하나인 만큼 검수원들에게 우수한 질의 식재료를 인지할 수 있도록 하는 훈련을 시켜야 한다.

4. 검수법의 종류 및 검수비용절감법

1) 검수법의 종류

(1) 송장검수법

송장은 외식업체에서 필요한 물품을 구매명세서에 근거하여 보내면 구매명세서대로 이와 유사한 것으로 납품점에서 보내는 서류인데, 송장은 개개품목의 수량, 가격과 기타 사항들을 기록하고 있는 문서로 배달된 품목들의 수량, 품질, 특성, 가격 등을 대조한다. 구매관리자는 구매명세서와 송장을 보면서 검수사항을 대조한다. 송장검수법invoice receiving은 검수법에서 가장 널리 사용되는 방법이다.

송장검수법의 절차는 다음과 같다.

① 납품업체로부터 배달원이 도착하면 우선 검수창고를 열고 송장과 비교하여 조사한다.

② 배달된 식재료의 품질을 검사한다.

③ 각 품목의 단가와 품목별 총액을 납품업자의 견적서와 송장을 비교하여 조사한다.

④ 수량, 품질, 가격 등이 주문과 다를 경우 즉시 구매담당자를 소환하여 이와

같은 사항을 처리하도록 한다. 가격의 차이는 가급적이면 빨리 전화로 알린다.

⑤ 품목마다 검수날짜를 기입하여 식재료의 변질 및 낭비를 줄일 수 있게 한다.

⑥ 점표식법을 사용하여 구매된 모든 식재료에 날짜와 가격을 표시한다. 날짜별로 다른 색깔의 점으로 된 스티커를 물품마다 붙여둔다.

⑦ 육류의 경우에는 2장으로 된 육류꼬리표를 사용한다. 한 장은 관리목적으로 구매부나 경리부로 보내고, 다른 한 장은 주방에서 꼬리표가 붙은 육류를 사용할 때 꼬리표를 떼어 다시 경리부로 보내면, 경리부에서는 보관하고 있던 다른 한 장의 꼬리표와 이를 대조하여 재고목록에서 이 품목을 삭제한다.

(2) 표준순위검수법

표준순위검수법standing order receiving은 송장 대신 배달 티켓이 물품과 함께 검사원에게 보내지는 방법이며, 정기적으로 동일한 물품을 납품받을 때 사용하는 방법이다.

(3) 무표식 검수표

무표식 검수표blind receiving에는 송장에 물품이름만 적혀 있으며, 물품이름과 가격, 수량·품질·특징 등의 상세한 내용을 담은 송장은 하루 전에 구매부나 경리부로 전달된다.

(4) 우편배달

주문한 물품이 우편배달mailed delivery이나 항공화물로 배달될 경우에는 화물표가 송장의 역할을 대신한다.

(5) 대금상환

대금상환code delivery은 검수원이 배달원에게 물품을 받음과 동시에 물품대금을 지불하는 것이며, 검수원은 배달원과 함께 품목을 조사하여 일치하는지를 확인해야 한다.

(6) 검수방법

① 전수검수법

외식업체에 납품되는 모든 아이템을 일일이 검수하는 방법이며, 식재료가 소량이면서 고가인 경우나 희귀한 아이템의 경우가 여기에 해당된다.

② 발췌검수법

납품된 아이템 중에서 몇 개의 샘플만을 뽑아 사전에 설정된 아이템의 표준기준과 비교하는 방법이며, 주로 원가 면에서 하나하나의 중요도가 낮은 아이템이나 대량으로 납품되는 아이템 등을 일일이 검수하는 것은 시간과 비용의 낭비일 때 사용한다.

2) 검수비용절감법

검수관리를 소홀히 하지 않고서도 검수비용을 절감할 수 있는 일반적인 방법들로 다음과 같은 방법이 있다.

(1) 전문검사자의 활용

전문적인 검수관field inspector을 활용하여 검수하기 때문에 사내 검수원이 가격과 품질·수량 등을 세세히 검사할 필요가 없으므로 사내 검수원의 업무가 매우 감소되지만, 비경제적이다.

(2) 검수의 전산화

UPCUniversal Product Code를 이용하여 검수시간을 단축시키고, 가공식품이나 농산물 검수에 매우 효과적이다.

(3) 심야 또는 새벽 배달의 활용

외식업체에서 교통체증으로 유발되는 추가비용을 제거하기 위해서 차량의 통행량이 적은 심야나 새벽에 식재료를 배달토록 하는 것으로, 배달원이 심야에 검수지역에 들어갈 수 있는 열쇠를 가지고 배달된 식재료를 내려놓고 검수창고를 잠근

후에 떠나기 때문에 납품업자와 배달원 그리고 구매자 사이에 깊은 신뢰가 형성되어 있어야 가능한 것이다.

5. 불합리한 납품관행

외식업체와 납품업자 간에는 신뢰할 수 있는 관계가 정립되어야 하지만, 간혹 부정한 행위가 발생함으로써 불합리한 납품관행이 이루어질 수 있으며, 이는 식재료의 관리 면에서 대단히 장애가 된다.

① 신용전표 없이 불완전한 선적으로 발송하는 것
② 지불된 등급보다 낮은 질의 육류를 선적하는 것
③ 수산물과 같은 상품에 얼음이나 물을 과도하게 더하여 중량을 늘리는 것
④ 무게를 증가시키기 위해 과대 포장재료를 이용하는 것
⑤ 가장 싼 고기는 중량이 초과되고, 가장 비싼 것은 중량 미달인 것을 알고서도 고의로 수령원으로 하여금 모든 육류의 중량을 한꺼번에 점검하게 하는 행위
⑥ 무게를 재거나 점검하지 않고 주방이나 저장실로 곧장 운반하는 것
⑦ 좋은 질의 식품을 용기 상부에, 나쁜 질의 식품을 바닥에 두는 것
⑧ 검수과정이 끝나고 검수 도크로부터 식재료를 옮겨 자신의 트럭에 다시 싣는 행위
⑨ 비어 있는 체하며 식품이 담긴 상자나 콘테이너를 트럭 뒤쪽에 다시 두는 행위
⑩ 주문한 양을 초과 배달하여 공급자가 판매를 고의로 증가시키는 행위
⑪ 점검하지 않을 것을 기대하여 바깥쪽에 실내용보다 무게나 개수가 많이 표시된 상자에 식품을 포장하는 것

6. 품목별 검수요령

검수할 품목은 매우 다양하고, 검수요령도 복잡하지만, 외식업체에서 많이 사용하는 식재료를 중심으로 살펴보기로 한다.

1) 육류

육류는 거의 냉동상태이기 때문에 고깃덩어리를 골절기로 절단한 다음 마블링 marbling을 검사해야 한다. 마블링이란 지방조직이 근육 속에 펼쳐진 정도를 말하는데, 그물 같은 하얀색 지방이 촘촘하게 많이 나타날수록 좋은 고기이다. 육류도 유통기한이 있는데, 패킹packing 날짜로부터 2년이기 때문에 반드시 패킹날짜를 확인해야 하고, 해동 후 재냉동의 여부와 색깔 등을 세밀히 관찰해야 한다.

2) 해산물

해산물은 냉동상태가 대부분인데, 특히 자세히 검수해야 할 것이 물 코팅water coating이다. 물 코팅은 해산물의 건조를 막는 데 필수이고, 실제 중량은 박스에 표기되어 있으나 낱개로 입고할 경우에는 실중량net weight을 파악해야 한다. 물까지 입고될 수 있기 때문이다. 물 코팅은 너무 얇아도 안되고, 너무 두꺼워도 안되며, 총중량의 15%를 넘지 않아야 한다. 해산물은 고가이고, kg당의 단가가 높기 때문이다.

3) 공산품

식재료에서의 공산품은 1차 식재료가 2차 가공되어 제품화된 식재료를 의미하는 것이며, 외식업체에서 가장 중요하게 생각하는 것은 위생이다. 식품의 위생은 외식업체의 이미지와 직결되므로 상당히 중요한 부분을 차지한다. 때때로 불시에 실시되는 위생검열에 적발될 경우, 외식업체의 이미지는 물론이고, 영업에도 지장을 초래하게 한다.

이러한 위생검열에는 자주 검사되는 것이 공산품이기 때문에 입고에서부터 유통기한이 짧거나 정식 통관을 하지 않는 공산품, 유통기한이 표시되지 않는 수제품 등은 미리 차단되어야 한다. 관리규정상 1차 농산물은 유통기한이 없고, 1차 농수산식품을 조제·가공·분쇄한 것은 어떠한 경우라도 유통기한을 표시하게 되어 있다. 특히 햄종류는 많이 사용하면서 유통기한이 20일을 넘지 않기 때문에 별도로 관리를 해야 한다. 2차 식재료이면서 유통기한이 없는 품목이 있는데, 증류수, 빙초산, 소금, 설탕 등이 해당된다.

공산물을 검수할 때의 주의사항은 다음과 같다.

① 유통기한이 지나지 않아야 한다.
② 유통기한이 지나지 않았다 해도 유효기한이 많이 남아 있어야 한다.
③ 수입품 중 관세필증이 없으면 밀수품이므로 반품시켜야 한다.
④ 유통기한의 훼손 여부를 확인하여야 한다.
⑤ 포장상태가 불량인 것은 유통기한이 지나지 않았어도 반품시켜야 한다.
⑥ 맥주는 국산 병맥주는 유통기한이 없는데, 외국산 병맥주는 유통기한이 있으니 이 점을 유념해야 한다.
⑦ 공산품창고는 유통기한을 표시한 리스트를 작성해서bin card면 더 좋다 관리해야 하고, 선입선출FIFO : First In First Out을 가급적 준수해야 한다.

4) 야채검수

야채는 식재료구매 중 가장 어려운 부분으로서 거의 모두 반품의 대상이 된다. 왜냐하면 검수의 기준은 마련되어 있지만, 시장의 상황이 계속 변하여 일정한 입고가 힘들기 때문이다.

야채검수의 유의사항으로는 다음 같은 것이 있다.

① 무조건 잘라보아야 한다. 거의 만져보면 단단한 것이 좋은 상품이다.
② 가지런하게 정리되어 있고, 물기가 없어야 한다.
③ 상처가 있으면 안된다.
④ 습기보존을 위해서는 비닐봉투의 포장은 안되고, 모두 종이박스로 포장되어야 한다.
⑤ 배송 시 눌려 있으면 안된다.
⑥ 여름에는 반드시 냉장탑차로 배송해야 한다.
⑦ 모든 야채는 너무 성장한 것보다는 적당히 어린 것이 좋다.

04 저장관리

1. 저장관리의 의의

저장관리란 검수과정을 거쳐 입고된 식재료를 최상의 상태를 유지하여 부패와 손실없이 보관하여 출고가 원활히 이루어지도록 관리하는 데 의의가 있다. 생산에 지장이 없도록 적정재고관리가 유지되기 위해서는 도난이나 부패의 방지와 능률적인 재고·출고관리가 이루어지도록 특정인에게 책임을 위임하여 관리할 수 있는 제도장치가 마련되어야 한다.

1) 식재료 저장관리 시 고려사항

① 물자의 저장위치를 명확히 하기 위하여 재고위치제도를 적용하여 물품별 카트에 의거하여 물자의 소재를 언제든지 손쉽게 찾아 쓸 수 있도록 한다.
② 재료의 명칭·규격·용도 및 기능별로 그 종류를 분류하여 저장해야 한다.
③ 품질보존의 차원에서 재료를 저장함에 있어 사용가능한 상태로 보존할 수 있어야 한다.
④ 재료의 저장기간이 짧으면 짧을수록 재고자산의 회전율이 높고, 자본의 투자가 효율적으로 이루어질 수 있다.
⑤ 저장시설에 있어서 가장 중요한 것은 보온 및 충분한 저장공간이다. 저장공간은 저장 물자의 양과 부피에 따라 결정되며, 물자 자체가 점유하는 점유공간 외에도 물자 운반장비의 가동공간이 고려되어야 한다.

2) 저장관리의 목적

① 폐기에 의한 식음료의 손실을 최소화하여 식음료 원재료의 적정재고를 유지하려는 데 있다.
② 식료의 출고가 올바르게 이루어지도록 하려는 데 있다.
③ 출고된 식음료에 대해서는 매일매일 그 총계를 내어 관리하도록 한다.

④ 물품청구서에 의한 식음재료의 출고는 특별한 사유가 없는 한 그것이 사용되
는 시점에서 이루어지도록 하는 데 있다.

2. 저장 중 손실요인

1) 도난으로 인한 손실

식재료 창고와 저장실에서 식재료를 도난당하는 행위로, 열쇠관리를 철저히 하고,
접근자의 수를 제한하여 방지하며, 감시카메라를 통해서도 도난방지를 할 수 있다.

2) 사내 직원의 절도에 기인하는 손실

직원들이 지배인이나 경영자의 정식 허가절차 없이 음식을 소모하는 것으로, 미
국식당협회는 전체 외식업체 총매상의 4%가 직원들의 비리로 유출된다고 발표했
다. 이를 위해서는 객장이나 조리과정에 대한 관리·감독 및 식재료 창고와 보관지
역의 관리·감독을 철저히 해야 한다.

3) 식재료 변질과 부패로 인한 손실

부적당한 저장조건 및 관리는 부패와 변질의 원인이 되고, 그 결과는 원가상승으
로 이어진다. 저장 시에는 저장온도·기간·환기·위생·재고회전 등에 유의해야
한다. 이러한 손실을 방지하기 위해서는 정기적인 냉장고 청소는 물론 부패가 쉬운
물품은 자주 체크하고, 슬로 아이템은 조리부에 수시로 알려서 소비를 해야 한다.
저장은 일반적 원칙인 선입선출법을 잘 지켜야 한다.

3. 저장관리 목표달성의 필수요소

저장관리목표의 효율적인 달성을 위해서는 다음과 같은 요소들이 필수적으로 지
켜져야 한다.

저장관리는 재고조사와 아주 밀접한 관계가 있으므로 이 부문도 미리 계획·운영
되어야 한다. 초기의 기물과 식자재의 계획이 완성되지 않아 초기의 관리 시스템 구

축을 소홀히 하다가 나중에 수정·보완하는 데 상당한 시간과 작업이 필요하게 된다. 재고의 부족은 식자재의 저장관리에 어려움을 주고, 식음매출의 손실과 직결된다.

먼저 저장관리에서 기본적인 관리는 빈 카드bin card 관리이다. 빈 카드란 식재료의 불출과 입고현황을 일자별로 작성·기록하여 관리하는 양식이며, 정확한 재고현황과 상세한 입·출고내역을 기록하므로 식재료의 이동상황을 한눈에 파악할 수 있는 장점이 있다. 하지만 식재료의 종류가 많을 때에는 이 빈 카드만 관리하는 것도 힘들기 때문에 가장 중요하고 고가인 식재료만을 빈 카드에 작성하여 관리하는 것이 원칙이다.

다음은 저장할 식재료의 배열순서가 미리 정해져야 한다. 이것은 자동발주와 관계가 있고, 레이아웃lay out을 정해놓지 않으면 재고파악과 유통기한관리 등을 어렵게 할 수도 있다. 창고의 레이아웃을 결정할 때 고려해야 할 상황으로는 식재료 소모의 주기를 파악해야 하고, 만약 식재료 소모가 빠른 것이면 입구 쪽에 위치를 정해야 입·출고가 용이하다. 개별 박스단위에 의하여 레이아웃이 달라지는데, 무거우면 입구 쪽에 위치해 있어야 한다. 특히 육류 1박스가 30kg 이상으로서 상당히 무거운 편이다. 다품종·소량의 식재료는 선반이나 기타의 비품이 필요하고, 사용빈도가 낮은 품목이 많으므로 가장 안쪽에 위치시켜야 한다. 저장공간에 따라서도 레이아웃을 고려해야 한다. 보통 시장과의 거리를 생각하고, 냉동의 크기를 고려하여 식재료의 저장량을 결정해야 한다.

1) 적절한 공간과 시설

외식업체의 일반적인 저장용 창고의 기준은 객장의 테이블 1개당 0.45㎡이며, 일반적인 시설요건을 보면 다음과 같다.

① 방화와 침수방지설비 및 방부장치인 냉동·냉장 창고를 설치한다.
② 창고의 진입로는 운반과 통행이 편리해야 하고, 하역·적하·정리가 가능한 공지를 확보한다.
③ 창고의 출입구는 2개 이상 설치한다.
④ 도난방지시설을 설치한다.

⑤ 환기·채광시설을 만든다.

⑥ 위험한 품목의 보관을 위한 특수시설을 만든다.

⑦ 사용면적이 경제적으로 고려되어야 한다(적당한 넓이와 높이).

2) 적당한 온도와 습도 유지

외식업체의 식재료 저장시설 유지의 가장 큰 문제점 중 하나가 다양한 물품의 적당한 온도와 습도의 유지이다.

일반냉장고, 냉동고, 보관용 대형 워크-인 냉장고 등의 청결상태·소독·방역과 건자재의 보관 및 저장실의 적절한 온도는 위생점검의 필수사항이다.

(1) 냉장식품의 보관지침

① 포장에서 꺼낸 식품은 청결하고 위생적인 용기에 뚜껑을 덮어 보관하고, 보관 용기에는 반드시 품목명을 붙여둔다.

② 냉장고의 온도를 정기적으로 점검한다. 농산물의 냉장온도는 7℃ 또는 그 이하, 육류와 낙농유제품은 4℃ 또는 그 이하, 해산물은 -10℃ 또는 그 이하로 유지한다.

③ 식품을 창고바닥이나 지하실바닥 위에 그대로 보관해 두지 않는다.

④ 정기적으로 냉장고와 보관장비 및 창고를 청소한다.

⑤ 수령한 모든 식재료는 날짜를 표시하고, 사용 시 선입선출에 의한다.

⑥ 과일과 야채류는 섞이지 않도록 매일 점검한다.

⑦ 유제품은 강한 냄새를 갖고 있는 식재료와 별도로 분리하여 보관한다. 특히 생선은 다른 식재료와 함께 보관하지 않는다.

⑧ 저장장비나 시설의 안전유지를 위한 프로그램을 활용한다.

(2) 냉동식품의 보관지침

① 냉동식품은 수령 즉시 -18℃ 또는 그 이하의 온도에서 보관한다.

② 냉동고의 온도를 수시로 점검한다.

③ 모든 음식물은 뚜껑을 덮어서 보관한다.

④ 가능한 성에를 자주 제거해야 하는데, 가급적이면 냉동실에 최소한의 저장물이 있을 때 하도록 한다.

⑤ 냉동고의 문 여는 사람을 정하고, 필요한 물품을 한꺼번에 꺼내도록 하여 냉동고의 문을 가급적이면 자주 열지 않는다.

⑥ 모든 물품에 입고날짜를 기입하고, 선입선출의 원칙에 따라 재고를 회전시킨다.

⑦ 선반과 바닥은 항시 깨끗하고 청결하게 유지한다.

⑧ 설비와 장비의 안전한 사용관리지침을 수립한다.

(3) 건류저장물의 보관지침

① 물품을 바닥으로부터 떨어진 깨끗한 곳에 보관하여 바닥청소를 할 수 있는 여유를 두고, 음식물의 변질을 막는다.

② 노출된 하수도 위나 근처 및 물이 스미는 벽면 근처에 물품을 두지 않는다.

③ 독성을 품고 있는 화학제품이나 세제 및 방충살균제 등은 건류저장물과 함께 보관하지 않는다.

④ 일단 개폐된 용기의 식재료는 뚜껑이 있는 다른 용기로 옮겨 담아 표식을 해 둔다.

⑤ 선반과 보관대 주변을 항시 깨끗이 한다.

⑥ 건조장소를 정기적으로 청소한다.

⑦ 수령 즉시 모든 물품에 날짜를 기입하고, 재고회전은 선입선출에 의한다.

⑧ 빈번하게 사용되는 물품은 입구로부터 낮은 선반에 보관한다.

⑨ 무거운 물품은 낮은 선반에 보관한다.

표 12·5 미국식당협회(NRC)의 지침에 따른 적정습도의 수준

① 육류와 가금류 : 0~2.2℃에서 75~85% 습도
② 생선류 : -1~1℃에서 75~85% 습도
③ 유제품 : 3.3~4.4℃에서 75~85% 습도
④ 과일·채소류 : 4.4~7.2℃에서 85~95% 습도
⑤ 비냉장·건저장물 : 10℃(이상적 온도), 15.6~21℃(적정온도)에서 50~60% 습도

3) 편리한 위치

저장시설과 보관창고는 검수 도트와 조리부서에 근접해 있어야 하므로 모두 동일층에 위치하는 것이 바람직한데, 이는 곧 작업시간을 절약하고, 음식의 수요가 집중되는 시간대에도 능률적으로 작업할 수 있는 동선을 배려한 설계이다.

4) 적절한 유지관리

저장실에 보관되어 있는 식재료들의 관리소홀로 인하여 못쓰게 되면 기업에 많은 불이익을 초래하게 되는데, 이것을 방지하기 위하여 시설물관리를 잘 해야 한다.

5) 유능한 직원

보통의 외식업체에서 직무분담이 명확히 이루어지지 않고 한 명의 직원이 식재료를 검수·저장하고 조리까지 담당하는 예는 허다하다. 그러나 대규모 업소에서는 검수와 저장관리를 위해 유능한 직원이 반드시 필요하며, 훌륭한 검수와 저장관리 체계만으로도 외식업체 전체 판매액의 2%를 절약할 수 있다고 전문가들은 전언한다.

표 12·6 식품별 저장조건과 기간

식품 종류		온도(℃)	습도(%)	저장기간	저장설비	비 고
상온 식품	쌀	상온		20일~1개월	쌀통	1주일
	밀가루	상온		1개월	식품고	
	통조림류	상온		12개월	식품고	
냉 장 식 품	빵	0~1		3~5일	냉장고	당일소비
	설 탕	7				
	주 류	4.5~7				
	포도주	10	85	6개월		
	벌 꿀	-0.5~10			냉장고	
	잼	1	75	6개월	냉장고	
	시 럽	7		6주	식품고	
	버 터	4~8	60~70	2주	보냉고	박스보관
	마가린	4~8		2주	보냉고	박스보관
	샐러드유	13		6개월	식품고	
	우 유	4~8		3일	보냉고	
	치 즈	1	60~70	3개월	보냉고	용기째
	아이스크림	-20~-25		3개월	냉동고	박스보관

식품 종류	온도(℃)	습도(%)	저장기간	저장설비	비 고
계 란	-1~0	85~90	9개월	냉장고	용기째
계 란	5	85~90	3개월	냉장고	15℃~30일
쇠고기	0~1	88~93	1~6일	냉장고	24℃~10일
돼지고기	0~1	85~90	3~7주	냉장고	간편포장
닭고기	0		1주	냉장고	간편포장
간 류	0~1		2일	냉장고	간편포장
베이컨	2~10	85	2~3개월	냉장고	간편포장
햄	3~5	85~90	25일	냉장고	간편포장
소시지	3~5	85~90	20일	냉장고	포장상태
비엔나	3~5	85~90	5일	냉장고	포장상태
신선한 생선	1~4	90~95	5~15일	냉장고	날것
신선한 생선	1~4	90~95	2~5개월	냉장고	토막생선
훈제류	4.4~10	50~60	6~8개월	냉장고	
염장류	4.4~10	90~95	6~8개월	냉장고	
연제품	0~2	80~85	1~2주	냉장고	
새우, 조개류	0~1	90~95	3~7일	냉장고	
양배추	0~2	90~95	3~4주	냉장고	
당 근	0~2	90~95	4~5개월	냉장고	
무	0~2	90~95	10~14일	냉장고	
무	0~2	90~95	2~3개월	냉장고	봄 파종
무 청	0~2	90~95	4~5개월	냉장고	가을 파종
브로콜리	0~2	90~95	7~10일	냉장고	
시금치	0~2	90~95	10~14일	냉장고	
양배추	0~2	90~95	3~4주	냉장고	
셀러리	0~2	90~95	2~3개월	냉장고	
아스파라거스	-0.6 / 0	85~90	2~3주	냉장고	
가 지	0	85~90	10일	보냉고	
오 이	7.2~10	85~95	2~3주	보냉고	
호 박	7.2~10	70~75	2~6개월	보냉고	
양 파	10~12.8	70~75	6~8개월	냉장고	
풋강낭콩	0~2	85~90	8~10일	보냉고	
피 망	7.2	85~90	1~2주	보냉고	
버 섯	0~1.7	85~90	3~5일	냉장고	
그린피스 (Green Peas)	0~2	85~90	1~2주	냉장고	
토마토	4.5~10	85~90	7~10일	보냉고	
감 자	3.5~10	85~90	2개월	식품고	
고구마	13~15.5	90~95	4~5개월	식품고	
사 과	-1 / 0	85~90	4개월	냉장고	
바나나	13.5~22	85~95	수입	식품고	
앵 두	-0.6 / 0	85~90	10~14일	냉장고	
레 몬	12.5~14.5	85~90	1~4개월	보냉고	

냉장식품 (세로 표시)

05 출고관리

1. 출고의 의의

1) 출고의 정의

출고란 저장창고로부터 물품인출에 대한 관리를 의미하나, 광의에서는 직접구매 direct purchase에 의한 물품의 취급까지도 물품저장고에서의 출고와 함께 출고관리 영역에 포함된다고 할 수 있다. 구매를 거쳐 업소에 입수된 물품을 조리부서나 실용자에게 공급하는 일련의 과정으로 식재료에 대한 통제와 관리를 수반하며, 원가관리에 필요한 정보를 제공하는 수단이 된다.

2) 출고재의 종류

(1) 직접출고재

식재료의 성격에 따라서 필요시점 직전에 식재료를 구입해야 할 경우가 있는데, 이것은 보관기간이 짧고 식재료의 질이 짧은 시간 내에 하락하기 쉽기 때문에 구입 당일날 소모되도록 하여야 한다. 예를 들면 신선한 과일·야채·유제품 및 무방부제의 제과류 등이 직접출고재에 해당한다.

(2) 저장출고재

즉각적으로 소모되지 않아도 어느 한도 내에서는 그 품질의 현격한 저하가 염려되지 않는 식재료이다. 적당한 상태에서 보관만 된다면 하루 이상 수개월간 재고로 보관될 수 있으며, 수용예측에 의거하여 구매되어 즉시 사용하지 않고 필요가 발생되는 시점에서 사용된다. 필요가 발생하면 보관된 상태 그대로 조리부서나 실제 사용부서로 출고된다. 이때 출고된 양의 식재료는 사용 당일의 비용으로 계산된다.

3) 식재료 출고 시 유의사항

치밀한 구매계획에 의해 입고된 식재료는 다음과 같은 사항에 유의하여 출고하여야 한다.

① 식재료청구서에 대한 신속한 처리를 하기 위해서, 그리고 자재관리부의 인원 관리의 효율화를 위해 서류의 접수와 처리시간을 오후로 나누어 시간의 한계를 설정하는 것이 좋다.
② 창고출납담당자는 식재료의 규격 및 무게를 정확히 기재하고 기록을 남긴다.
③ 식재료청구서는 창고관리장부에 보관하도록 한다.
④ 출고된 품목은 매일 업무종료와 함께 집계하여 정리한다

따라서 저장관리는 물론, 출고 또한 통제가 있지 않으면 안된다. 출고 시 주의점은 다음과 같다.

① 재고현품의 관리 또는 책임의 소재를 분명히 하여야 한다.
② 출고현품의 원가를 개별로 산출하고, 그 원가가 어느 부문에서 저장되어야 하는가를 명확히 한다.
③ 출고원가 일계표를 작성하여야 한다.

2. 출고요청서와 원가계산

1) 출고요청서의 작성과 관리

출고요청서는 주방직원이 필요한 식재료의 품목과 수량을 창고로부터 공급받기 위하여 신청하는 양식이다. 모든 출고요청서는 주방장이 사전점검을 하여 필요한 자재가 정확한 양만큼 요청되는지 살펴본 후, 적절하다고 판단되면 주방장이 최종적으로 승인해서 창고관리 담당직원에게 양식을 보낸다.

① 출고요청서에는 이를 신청하는 부서명·직원명을 날짜와 함께 기입하다. 한 장 이상의 사본이 부착되어 요청서를 내는 부서와 더불어 원가관리자와 재고관리담당자에게도 각각 사본을 보내준다.

② 실제로 음식이 판매되기 전에 사전준비를 위한 해당 식재료의 출고요청서가 발급되는 경우 종종 문제가 발생할 수 있다. 2부의 출고요청서를 작성하여 한 부에는 실제로 출고된 날짜를 기입하고, 다른 한 부에는 실제 사용날짜를 기입함으로써 문제를 처리한다.

③ 만일 출고요청서에 의해 주문된 품목의 재고가 보유되어 있지 않다면 출고요청서에 '무(無)' 또는 'Out'이라고 표시한다.

④ 출고요청서에 의해 주문된 품목들의 단위가격과 총액의 기입은 대개 창고관리 담당직원이 맡게 된다.

⑤ 출고요청서는 사전에 일련번호를 매겨 두어 누락되거나 위조된 용지를 즉각 추적해 낼 수 있도록 한다.

⑥ 주방에서도 창고담당직원이 충분한 시간을 갖고 식자재를 출고할 수 있도록 사전에 요청서를 발송하는 것이 좋다.

⑦ 육류꼬리표 시스템을 사용하면 출고와 동시에 원가계산도 할 수 있다. 육류는 검수 당시 책정된 무게가 기록된 꼬리표상의 무게로 출고되기 때문에 출고 시 무게를 다시 재는 번거로움을 제거시킨다.

2) 출고물품의 원가계산

저장출고재가 출고된 후 창고관리담당자는 요청서에 출고된 각 품목들의 가격을 기입하고, 출고된 식재료의 총비용을 결정한다. 이러한 수치는 업소운영에 있어 1일 식재료 원가를 계산해 내는 근거가 된다.

품목별 단위원가를 구하는 방법은 다음과 같다.

① 모든 식재료를 수령하여 저장할 때 포장용기나 상자에 단위별로 구매원가를 기입해 두어 저장관리담당자가 항상 편리하게 이용할 수 있게 한다.

② 모든 식재료의 구매단가를 적어둔 파일이나 장부를 이용한다.

③ 가장 최근의 가격을 상시재고관리 카드에 기입해 둔다.

④ 저장관리담당자가 각 품목의 구매가격을 기억해 둔다.

3) 출고원가의 결정방법

(1) 실제구매원가법

실제구매원가법actual purchase method은 구매 시의 단가 그대로 자산의 출고단가로 하는 방법이며, 대개 일정기간 가격변동이 적은 공산품의 경우 이 방법을 택한다.

(2) 선입선출법

선입선출법first-in, first-out은 먼저 입고된 물품부터 차례로 출고하는 방법이다. 입고할 때마다 구입원가가 다른 식재료를 임의로 출고하여 사용하는 경우, 실제로 어떤 식재료를 사용하였는가에 상관하지 않고 빠른 구입일자의 것부터 사용한 것으로 간주하여 사용식재료의 가격을 산정하는 방법이다.

(3) 후입선출법

후입선출법last-in, first-out은 선입선출법의 반대개념으로 나중에 입고된 물품이 먼저 출고되는 방법이다. 실제 구입원가와 상관없이 가장 최근 구입분의 단가를 사용 식재료의 가격으로 하는 방법이다.

(4) 총평균법

총평균법weighted average method은 자재를 출고할 때는 수량만을 기록하고, 일정기간 말에 이월액과 매입액을 이월매입량과 매입수량의 합계수량으로 나누어 평균단가를 산출하며, 이것을 그 기간 중에 출고단가로 하는 방법이다.

(5) 이동평균법

자재를 구입할 때 그 수량과 금액을 각각 그 앞의 잔액에 합산하여 새로운 평균단가를 산출하는 방법이다.

(6) 최종매입원가법

최후 자재매입분의 단가로 재고상품을 모두 평가하는 방법이다.

(7) 매매법

자재별로 정가를 붙이고 있는 소매점이나 백화점에서는 모든 상품에 대해 일일이 원가를 확인하려면 복잡하므로 기말에 재고자산을 매매가에 의해 실하거나 이를 원가로 환원하기 위하여 여기에 원가율, 즉 원가·매매가를 합하여 얻은 금액을 말기 재고액으로 하는 방법이다.

3. 재고조사

식재료 관리에 있어 재고조사는 업소가 보유하고 있는 물자를 품목별로 수량, 상태, 위치를 정확히 파악하고, 그 결과를 장부상의 기록과 대조하여 차이가 발생된 경우에 그 원인을 규명하고 기록된 장부를 조정함으로써 언제나 장부상의 계정과 현물의 수량·상태가 실제 내용과 일치하도록 관리하는 업무이다.

재고조사의 목적은 정확한 재고자산을 파악하고 관리의 제도적인 개선의 기본요소를 제공하여 물자관리의 모든 문제점을 도출하려는 데 목적이 있다. 식재료의 재고조사방법은 다음과 같이 두 가지 방법에 의한다.

1) 실제재고조사법

실제재고조사법physical inventory은 주요 재고품들을 낱낱이 세는 방법이며, 재고량을 계산하는 데 있어 기초재고량과 기말재고량을 수치로 파악하여야 한다. 보통 2명이 1조가 되어 재고조사를 하는 것이 효율적이며, 일정 회기간의 식자재비용을 계산하는 공식은 다음과 같다.

기초재고량 + 당기구매량 = 총재고량(금번 회기 중 사용가능한 재고량) − 기말재고량
= 회기 중 실제 사용된 총 식재료의 양

2) 계속기록법

계속기록법perpetual inventory은 모든 구매내역과 출고요청서의 내역을 기록하여 항시 정확한 재고파악이 가능하도록 기록해 두는 방법을 말한다. 이렇게 하여 입수

된 상시재고내역은 실질적으로 조사된 실제재고내용과 대조하여 그 정확도를 높인다. 즉 저장실 내 모든 품목의 식재료에 대한 구매와 출고의 기록을 지속적으로 유지하는 방법을 말한다. 그러므로 항시 입고와 출고의 비교내역이 수중에 있는 것이다. 이 방법을 시행하고 유지하는 데 막대한 시간과 인력이 소요되므로 수개월치의 식재료를 한꺼번에 구매하는 초대형의 업소에서 주로 사용가능하다.

계속기록법의 장점은 다음과 같다.

① 언제 재주문할 것인가를 알려준다.
② 과잉 또는 과소구매를 예방한다.
③ 지속적으로 재고상황을 제공한다.
④ 재고품목에 따른 차이를 알 수 있게 한다.
⑤ 월별로 평균보다 높은 변동을 보이는 품목을 정확히 집어내며, 각 품목마다 적정 재고기간을 알려준다.
⑥ 묵은 자재를 제거하는 데 도움이 된다. 재고목록표만 보아도 즉시 어떤 품목이 사용되지 않는지를 보여주므로 이들에 대한 관리를 용이하게 한다.

미니사례 12·1_____

경영자는 요리사다

TV를 틀면 여기저기 온통 맛집과 요리에 관한 프로그램들이다. 하긴 사람 사는 데 먹는 것만큼 중요한 문제가 또 있겠는가? 이제는 배고플 일이 없다 보니 좀 더 맛있게 먹는 방법을 찾는다. 그래서 단순한 끼니 때우기에서 출발한 식사가 이제는 보기에도 좋고 맛도 있는 요리로 발전해 가고 있다.

이강태 CIO포럼
명예회장(명지대 교수)

이른바 인기 예능 프로그램이 거의 전부 먹는 것과 관련이 있다. 오락, 여행, 건강, 힐링 프로그램도 마지막에는 먹는 것으로 끝맺는다. 예전에는 맛집을 찾아다니고 유명한 요리사를 소개하는 프로그램이 많더니 이제는 스스로 해먹는 삼시세끼 유형의 요리 프로그램이 대세다. 덕분에 요리사라고 하기보다는 셰프라고 부르는 것이 더 멋있어 보인다. 이제 요리사에 대한 사회적 인식이 많이 좋아진 느낌이다.

요리 프로그램을 보면서 재미있는 점을 발견했다. 어떤 요리든 하나의 재료로만 만들지는 못한다. 하나의 재료로 맛있게 먹을 수도 있겠지만 요리라고 부를 수는 없을 것이다. 요리란 여러 재료를 섞어서 각 재료가 가진 고유의 맛을 서로 조화롭게 결합시켜서 새로운 맛을 내도록 해야 한다. 그런 의미에서 요리란 식재료의 융합이라고 생각한다. 새로운 요리는 서로 안 어울릴 것 같은, 일반 사람이 생각치도 못했던 식재료의 결합으로 새롭게 탄생한다. 이미 알려진 레시피도 자기만의 비밀 소스가 있다든지, 재료 배합비율을 비밀로 하는 때도 많다.

요리 프로그램을 보다 보면 요리와 경영이 참 닮았다는 생각이 든다. 경영도 여러 부류의 사람을 결합시켜 새로운 기업문화를 만들어 낸다. 그런 의미에서 경영자는 요리사다. 같은 식재료를 써도, 같은 레시피를 써도, 요리사에 따라 맛이 달라진다. 왜 그럴까? 요리는 물리적 결합이라기보다는 화학적 결합이다. 맛은 어떤 객관적 기준을 잡기가 어렵고 각 개인이 느끼는 것이기 때문이다.

기업에서도 비전, 경영목표, 전략을 만들어서 써 붙이고 난리 쳐도 결국에는 직원들 개개인이 회사를 어떻게 느끼는지에 따라 회사 성패가 갈린다. 회사의 객관적인 목표는 만들 수 있어도 직원 개개인 속마음까지는 정의하고 강요하기 어렵다. 스스로 느끼고 동의하고 따라 줘야 한다. 각 직원이 물리적으로는 섞여 있어도 화학적으로 결합되는지 못되는지는 경영자에게 달려 있다. 물리적인 결합에서 화학적 결합으로의 변환에는 경영자의 열정과 정성이 필수다. 마치 어머니 요리가 어느 요리책 레시피보다 더 맛있는 것도 어머니의 가족에 대한 사랑과 정성이 들어가기 때문이다.

어머니 요리를 보면 어려운 시기에 넉넉지 못한 식재료를 가지고 가족을 배부르게 먹이려고 한 정말 창의적인 요리가 많다. 경영을 하다 보면 항상 뭔가 부족하다. 시간, 기술, 자본, 수요, 경기, 정부지원 등 뭔가 부족하고 모자란다. 충분하고 완벽한 경영환경이란 없다고 봐야 한다. 그래서 경영 요체는 부족한 경영요소를 뭔가로 대신하고 보충해서 최선의 경영으로 가는 여정이라고 볼 수 있다. 저녁거리 없으면 텃밭에 나가 이것저것 뜯어 저녁 찬거리를 만들어 내는 어머니의 심정이나, 부족한 경영요소들을 이것저것 섞어서 제대로 된 경영실적을 만들어 내는 경영자나 심정은 같을 것이다.

한국인의 밥상이라는 프로그램을 보면 지역마다 다양한 요리 방법이 있었다는 것을 알게 된다. 대부분 요리는 잔칫날 1년에 한두 번 먹는 요리라기보다는 평소에 어머니가 가족을 위해 그 계절에 나는, 그 지역 식재료로 정성껏 만들었던 요리들이다. 이 요리에는 어머니의 손맛과 사랑이 듬뿍 담겨 있다. 이것저것 준비해서 서로 품앗이해서 푸짐한 양에 건강한 먹거리를 만들어서 가족, 동네 사람들과 같이 나눠 먹는 공통점이 있다. 요리를 나눠 먹는 것은 일종의 공동체 의식이다. 이웃과 서로 품앗이하고 나눠먹는 것은 회사에서 매우 중요한 기업문화다.

한 회사 내에서 각 부서가 서로 품앗이를 하고 업적을 나눌 수 있다면 그

회사는 분명히 성공하는 기업이고 오래가는 기업일 것이다. 요리를 맛있게 하는 것도 중요하지만 누구랑 같이 나눠 먹는지도 매우 중요하다. 경영도 마찬가지다.

우리 요리는 경험을 바탕으로 적당량을 넣도록 돼 있다. 저울에다 달아서 정확한 비율을 지키는 서양 요리가 아니라 어머니 감에 따라 대충대충 넣어도 간도 맞고 맛도 좋은 그런 요리가 나온다. 이른바 손맛이라는 거다. 경영에도 손맛이 매우 중요하다. 경영자가 직접 직원들을 챙기고, 현장 곳곳을 누비고 다니고, 고객을 일일이 만나는 그런 기업은 경영자 손맛이 느껴진다.

요즈음 젊은 사람들은 요리를 하라고 하면 먼저 인터넷에서 레시피부터 찾는다. 그러나 레시피대로 한다고 해서 꼭 맛있다는 보장이 없다. 요리는 스스로 해보면서 스스로 터득해야 한다. 경영에서도 외국의 경영이론을 베끼거나 컨설턴트에게 물어보는 때도 많다. 그러나 그들이 경영결과를 책임져 주지 않는다. 경영에는 경영자의 정성과 열정이 알려진 경영이론보다 더 중요하다. 직접 해보지 않고는 배울 수 없다.

경영자가 요리에서 배워야 할 몇 가지가 있다. 그것은 경영은 직원들을 하나의 경영목표에 매진하도록 화학적으로 결합시키고, 부족한 경영요소를 창의적으로 적절하게 배합해, 주위에서 경영자의 손맛을 느낄 수 있도록 열정과 정성으로 경영하고, 스스로 실패와 성공을 바탕으로 경험을 쌓으면서 경영실적을 창출하고, 경영 과실을 직원, 주주, 사회와 함께 나눌 줄 알아야 한다.

출처 : 전자신문, 2015. 7. 12일자

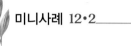

미니사례 12·2_____

음식별 식재료 종류·양, 쉽게 파악한다

질병관리본부, 단체급식용 등 613건 '자료집' 발간
식품·영양소 섭취량 평가·개선 등에 활용 가능

학교와 산업체 등 단체급식소나 외식업소에서 각종 음식에 들어간 식재료의 종류와 양을 쉽게 알 수 있는 자료가 나와 큰 관심을 모을 예정이다.

질병관리본부(본부장 정은경)는 5일 『국민건강영양조사 음식별 식품재료량 자료집』을 발간했다.

위의 자료집은 음식에 따라 식재료의 종류와 양을 나타낸 데이터베이스(음식별 식품재료량 데이터베이스, DB)를 수록한 발간물로, 국민건강영양조사의 식품 및 영양소 섭취량을 산출하는 과정에 활용되고 있다.

식품(두부, 고춧가루 등) 또는 영양소(단백질, 비타민 A 등) 섭취량은 조사대상에게 직접 물어서 조사하기 어렵기 때문에 음식(김치찌개, 오이무침 등) 섭취 내용을 조사하고 여러 종류의 DB를 이용하여 식품 및 영양소 섭취량을 계산하는 방식으로 산출한다.

❖자료원별, 음식군별 공개 건수

음식군명	예시	전체	음식업소 음식	단체급식		
				초등학교	중고등학교	산업체
전체	–	613	191	144	141	137
밥류	잡곡밥, 볶음밥, 비빔밥	61	19	15	16	11
면 및 만두류	칼국수, 스파게티, 만두국	38	15	7	7	9
죽 및 스프류	닭죽, 호박죽	4	–	2	1	1
국 및 탕류	된장국, 오이냉국, 콩나물국	82	5	26	24	27
찌개 및 전골류	감자탕, 김치찌개, 청국장찌개	47	25	9	7	6
찜류	갈비찜, 달걀찜, 깻잎찜	38	16	9	9	4

음식군명	예시	전체	음식업소 음식	단체급식		
				초등학교	중고등학교	산업체
구이류	갈치구이, 불고기, 닭구이	49	19	11	12	7
전, 적 및 부침류	김치전, 달걀말이, 호박전	28	13	4	7	4
볶음류	감자볶음, 오징어볶음, 떡볶이	107	42	21	24	20
조림류	장조림, 두부조림, 연근조림	36	11	6	9	10
튀김류	맛탕, 생선까스	7	3	3	7	–
나물 및 숙채류	가지나물, 콩나물, 취나물	38	6	13	7	12
생채 및 무침류	묵무침, 오이생채, 과일샐러드	76	17	18	17	24
장 및 양념류	짜장소스, 카레소스	2	–	–	–	2

이렇게 산출된 식품 및 영양소 섭취량은 식생활 평가 및 개선대책 마련, 식품안전 관리 등에 다양하게 활용할 수 있다.

국민건강영양조사 음식별 식품재료량 DB는 국민건강영양조사 자료처리를 위해 구축하였으나 관련 연구, 건강증진사업 개발에도 활용할 수 있도록 일반에 공개하고자 한다.

국민건강영양조사 음식별 식품재료량 DB는 국민건강영양조사 홈페이지를 통해 제공하고 있으며, DB 구축방법과 음식 사진을 포함한 책자(PDF 파일) 및 데이터(Excel파일)를 모두 이용할 수 있다.

* http://www.cdc.go.kr → 사업별 홈페이지 → 국민건강영양조사 → 자료실 → 발간자료

❖ 식품재료량 DB 예(고추잡채)

음식총량(ml)				400	
식품명	식품코드	식품 재료량(g)	+/*	사진	
전분, 고구마, 가루	B0140020005a	1.44			
설탕, 백설탕	C0110020009a	0.13			
참깨, 흰깨, 볶은것	E0260020009n	0.21			
고추, 풋고추, 생것	F0180000620a	8.00			
고추, 청양고추, 생것	F0180080000a	0.67			
당근, 뿌리, 생것	F041000B090a	2.47			

음식총량(ml)		400			
식품명	식품코드	식품 재료량(g)	+/*	사진	
마늘, 구근, 생것	F053000B060a	2.29			
부추, 재래종, 생것	F0910040000a	2.25			
양파, 생것	F1320000000a	57.24			
죽순, 순, 통조림	F167000B11Ra	15.90			
파, 대파, 생것	F1910040000a	3.69			
피망, 빨간색, 생것	F196000C020a	7.52			
피망, 초록색, 생것	F196000C050a	99.18			
양송이버섯, 통조림	G018000000Ra	4.09			
팽이버섯, 재배, 생것	G0250040000a	3.62			
표고버섯, 말린 것, 삶은것	G0270000001b	5.28			
표고버섯, 재배, 데친것	G0270020009c	5.45			
돼지고기, 뒷다리, 생것	I014000D100a	9.65			
돼지고기, 등심, 생것	I014000D110a	14.18			
돼지고기, 목심(목심살), 생것	I014000D130a	4.88	*		
돼지고기, 사태, 생것	I014000D140a	4.37	*		
돼지고기, 살코기, 생것	I014000D150a	4.35			

이번에 공개하는 DB는 외식(음식업소 음식, 초・중・고등학교 급식, 산업체 급식) 613건에 대한 자료이며, 2010년부터 2016년까지 음식업소 및 단체급식소의 협조를 받아 수집한 8만여 건의 음식 자료를 이용하여 구축하였다.

* 구축방법 등은 질병관리본부 발간(2019.6.20.), 주간 건강과 질병 12(25) : 831-835 참조

질병관리본부는 우리 국민의 식생활 변화를 반영할 수 있도록 영양 관리에 필요한 DB 구축사업을 지속적으로 실시하고 향후 구축하는 DB에 대해서도 추가 공개할 계획이다.

출처 : 급식뉴스, 2019.07.05일자, 김경호

미니사례 12·3

국제외식산업박람회, HMR 특별존 통해 최신 트렌드 선봬

식품·외식업계의 HMR 트렌드를 한눈에 볼 수 있는 특별한 전시가 마련된다.

'제10회 국제외식산업박람회' 사무국은 오는 4월 17일(수)부터 19일(금)까지 3일간 서울 서초구 양재동 aT센터 제1·2전시장에서 개최되는 국제외식산업박람회에 HMR 특별관을 마련하고 식품·외식업체의 다양한 HMR제품을 전시한다고 밝혔다.

HMR 전시는 국제외식산업박람회를 통해 지난해에 이어 올해 두 번째로 선보이는 특별전이다. 첫해였던 지난해 전시에 대한 참관객들의 뜨거운 호응에 힘입어 전년 대비 전시규모와 품목을 2배로 늘려 진행하게 됐다.

HMR 특별관에는 놀부와 본아이에프, 해마로푸드서비스 등 프랜차이즈 외식업체의 HMR 및 PB 제품을 비롯해 농심과 농협, 오뚜기, 하림 등 식품업체들의 냉동/냉장/상온 레토르트 제품, 교동식품, 태종에프티, 한만두 등 B2B 식품제조업체의 HMR 등 총 40여 개 업체의 500여 가지 제품이 전시될 예정이다.

이와 함께 최근 온라인숍을 중심으로 큰 인기를 얻으며 HMR의 한 카테고리로 자리매김한 밀키트와 노인 및 환자를 위한 케어푸드 제품군을 선보임으로써 최신 시장 트렌드를 한눈에 보여줄 계획이다.

참가업체별 품목 수도 대폭 확대된다. 놀부와 본아이에프, 이목원은 전년 대비 많게는 2배 가까이 늘어난 최대 30가지의 품목을 출품했다. 외식업체가 HMR사업을 공격적으로 확대하는 양상에 따라 업체별 신규품목이 증가한 데 따른 결과다. 지난해 '대중이' '소중이' 삼계탕 시리즈에 이어 최근에는 닭가슴살 HMR제품인 '맘닭'을 론칭한 해마로푸드서비스도 이번 전시회를 통해 20여 가지 HMR을 선보인다.

B2B업체의 제품들도 주목할 만하다. 국·탕류 제조를 전문으로 하는 태종에프디의 레토르트 국·탕 제품을 비롯해 '삼둥이 만두'로 유명한 갈비만두의 주인공 한만두의 다양한 만두제품, 교동식품의 20여 가지 밀키트 등 일반 B2C 전시회를 통해서는 접할 수 없었던 다양한 제품들을 접할 수 있게 되어 현업 종사자들에게 실질적인 도움이 될 것으로 예상된다.

HMR 특별관에는 제품 전시뿐 아니라 HMR시장의 현황과 규모, 전망을 알기 쉽게 정리한 시각자료를 함께 마련해 참관객들에게 깊이 있는 정보를 제공할 예정이다. 케어푸드 분야의 선진국인 일본의 케어푸드 시장현황도 만나볼 수 있다.

출처 : 한국외식산업경영연구원, 2019. 04. 11일자

저자약력

김은숙
세종대학교 호텔경영학과 경영학사
한양대학교 경영대학원 경영학석사
서울여자대학교 대학원 경영학박사
한양여대, 삼육대, 서울여대 강사
세종대학교 미래교육원 조리외식경영학과 주임교수 역임
한국외식산업학회 부회장 역임
한국호텔관광학회 이사 역임

[저서]
현대서비스운영관리, 서비스경영론, 관광사업론, 품질경영,
서비스경영, 호텔경영론, 신품질경영 등

한동여
서울여자대학교 경영학과 경영학사
서울여자대학교 대학원 경영학석사
숙명여자대학교 대학원 경영학박사
현, 경영지도사
숙명여대, 서울여대, 숭실대 등 강사 역임

[저서]
경영학원론, 마케팅원론, 소비자행동, 특수마케팅의 이론과 사례연구 등

저자와의
합의하에
인지첩부
생략

최신 외식산업의 창업 및 경영

2011년 8월 30일 초   판 1쇄 발행
2024년 9월 20일 개정3판 1쇄 발행

지은이 김은숙 · 한동여
펴낸이 진욱상
펴낸곳 백산출판사
교 정 박시내
본문디자인 오행복
표지디자인 오정은

등 록 1974년 1월 9일 제406-1974-000001호
주 소 경기도 파주시 회동길 370(백산빌딩 3층)
전 화 02-914-1621(代)
팩 스 031-955-9911
이메일 edit@ibaeksan.kr
홈페이지 www.ibaeksan.kr

ISBN 979-11-6639-476-8 93320
값 30,000원